U0858960

文成天縱

内蒙古自治区社会科学院图书馆藏

《蒙古秘史》抄本

上册

朝格都那仁　王　智　斯钦巴特尔／主编

广西师范大学出版社
GUANGXI NORMAL UNIVERSITY PRESS
·桂林·

内蒙古自治区教育厅一流学科科研专项项目“百年中国《蒙古秘史》研究史”（项目号：YLXKZX-ND-019）阶段性成果

《蒙古秘史》抄本
MENGGU MISHI CHAOBEN

出版统筹：汤文辉
出 品 人：乔祥飞
策　　划：陈显英
责任编辑：张　宇
助理编辑：冯宇航
责任校对：朱时予
责任技编：王增元
书籍设计：常晋一

图书在版编目（CIP）数据

《蒙古秘史》抄本 ： 上下册 ： 蒙古文 / 朝格都那仁, 王智, 斯钦巴特尔主编. -- 桂林 ： 广西师范大学出版社, 2025. 5. -- ISBN 978-7-5598-8199-1

Ⅰ. K281.2

中国国家版本馆 CIP 数据核字第 2025MN8025 号

广西师范大学出版社出版发行
（广西桂林市五里店路 9 号　邮政编码：541004
网址：http://www.bbtpress.com）
出版人：黄轩庄
全国新华书店经销
三河弘翰印务有限公司印刷
（河北省三河市黄土庄镇二百户村北　邮政编码：065200）
开本：787 mm × 1 092 mm　1/16
印张：37　　　字数：592 千
2025 年 5 月第 1 版　　　2025 年 5 月第 1 次印刷
定价：1500.00 元（上下册）

序

《蒙古秘史》是中华民族历史文化宝库中的一颗璀璨明珠，也是一份珍贵的世界文化遗产。遗憾的是，原版的畏兀儿体蒙古文《蒙古秘史》已经失传，因此，汉文音译本成为这部珍贵文献跨越数百年而流传至今的唯一传世形式。目前存世的各种不同版本的《蒙古秘史》，都是通过汉字“纽切其字，谐其声音”的独特方式拼写成蒙古语的，也因此被称为“特殊形式的汉字史籍”。其特殊之处在于每个蒙古语单词的右旁都附加了汉译文，每节内容之后又附上了汉文总译，这种前所未有的编纂方式展现了《蒙古秘史》独特的文化传承形态，具有极高的历史研究价值。1989年，联合国教科文组织将《蒙古秘史》列为世界名著，这进一步彰显了其在世界文明与人类历史文化中的重要地位。

自20世纪以来，国内外学者对《蒙古秘史》的关注与研究日益增强和深化。对于《蒙古秘史》的研究，历经初步探索、抄录各种版本、综合分析、深入研究及细致考究等过程，深刻反映了学术界对《蒙古秘史》的高度重视及持续的研究热情。如今，《蒙古秘史》研究已成为一个方兴未艾的国际性学术领域，并逐步催生了“秘史学”这一学科。该学科的诞生不仅促进了中华民族文化交流与融合，还极大地助力了非物质文化遗产的保护与传承工作。

《蒙古秘史》的汉译不仅是两种文字与文化间的简单交流，更是对宝贵文化的保护与抢救，其研究价值已经远远超出了翻译学的范畴。《蒙古秘史》已引起其他学科研究者的关注，是史学、文学、文献学等多个领域公认的一部杰作，已在中国、俄罗斯、日本、蒙古、德国、土耳其、法国、捷克、美国、匈牙利、英国、韩国、波兰、澳大利亚、伊朗、意大利、西班牙、保加利亚、哈萨克斯坦、罗马尼亚、阿塞拜疆、奥地利、印度、古巴、墨西哥、比利时、拉脱维亚、越南、乌克兰、白俄罗斯等国家出版发行，并被翻译或转写为汉语、俄语、日语、德语、土耳其语、法语、捷克语、英语、匈牙利语、韩语、波斯语、意大利语、西班牙语、波兰语、保加利亚语、阿塞拜疆语、比利时语、拉脱维亚语、越南语、乌克兰语、布里亚特语、卡尔梅克语、哈萨克语、维吾尔语、图瓦语、阿尔泰语、埃斯佩兰托语、藏语，以及畏兀儿体蒙古文、西里尔蒙古文、托忒蒙古文、八思巴文、贝尔文、拉丁字母等30余种语言文字。19世纪至20世纪中叶，阿·马·波兹德涅耶夫（А. М. Позднеев, 1851—1920）、成德公（1875—1932）、服部四郎（1908—1995），以及华塞·都嘎尔扎布（1911—2013）、克实克巴图（1899—1940）、卜和克什克（1902—1943）、阿拉坦敖齐尔（1885—1948）、额尔登泰（1908—1981）、乌云达赉（1907—1989）、巴雅尔（1924—2005）、亦邻真（1931—1999）等学者对《蒙古秘史》进行了大量的还原、转写、翻译、注释和解读工作，为这部史籍的广泛传播与深入研究做出了重要贡献。直至今日，《蒙古秘史》的多语种翻译、出版工作仍在持续进行中。

值得一提的是，阿·马·波兹德涅耶夫不仅完成了《蒙古秘史》（第1—96节）的拉丁文转写，还实现了蒙古文的还原，并以《〈元朝秘史〉转写还原本》（Транскрипция палеографического текста юань-чао-ми-ши）为题，于1897年将其研究成果以石印方式出版，是学术界公认的首部对《蒙古秘史》蒙古文的成功恢复。成德公在1917年则对1908年刊行的叶德辉版12卷本《元朝秘史》进行了蒙古文的复原工作，内容相对最为完整，这一重要的基础性的整理工作为后续研究提供了深入的前提和宝贵的资料，也使得成德公成为《元朝秘史》蒙古文还原及翻译工作的先驱。服部四郎和华塞·都嘎尔扎布以叶德辉的12卷本《蒙古秘史》为底本，合作翻译了《蒙古秘史》第一章（第1—68节），于1939年出版了名为《蒙文元朝秘史》（卷一）的译著，并将本章的人名、地名、氏族名做成小册子，予读者以方便。

随后，克实克巴图对《元朝秘史》进行了蒙古文改写，并于1940年和1941年先后出版了72页版和179页版两个版本。卜和克什克也致力《蒙古秘史》的蒙古文转写，他于1938年完成初稿，其成果于1941年在蒙古文书社以石印方式出版，全书共 298 页。值得注意的是，卜和克什克为《蒙古秘史》所写的序言早在 1930 年就作为论文发表于《蒙古》期刊，但遗憾的是，该序言至今尚未引起足够的重视。阿拉坦敖齐尔则使用现代蒙古文译写了《蒙古秘史》，全书共一卷，196 页，于 1942 年在张家口以铅印方式出版。此外，日本筑波大学图书馆所藏《蒙文白话中的〈蒙古秘史〉》抄本，由哈・朝格都那仁（1984— ）、巴・图布新特古斯（1976— ）于 2023 年在蒙古国影印出版。这一新发现的文献虽然尚未得到深入研究，但无疑为该领域研究者提供了新的视角和宝贵的参考资料。

中华人民共和国成立后，额尔登泰、乌云达赉、巴雅尔和亦邻真等学者在《蒙古秘史》研究领域取得了卓越成就。他们成功复原了《蒙古秘史》畏吾儿体蒙古文，标志着中国学者在《蒙古秘史》的复原工作当中取得了显著进展，达到了世界一流水平，同时也为国际学术界提供了宝贵的研究资料，极大地推动了《蒙古秘史》研究的深入发展。在进行《蒙古秘史》还原、翻译、转写等工作的同时，中国学者也开展了一系列抄写、发行和传播工作，因此，在 20 世纪 50 至 60 年代初，出现了一批珍贵的抄本。其中，内蒙古自治区社会科学院图书馆藏抄本《蒙古秘史》是该时期的一个重要抄本。遗憾的是，该抄本至今尚未得到系统整理与研究。以下对该抄本进行简要介绍。

一、内蒙古自治区社会科学院图书馆藏抄本《蒙古秘史》

2013 年，《中国少数民族古籍总目提要（蒙古族卷）》（中国大百科全书出版社，2013 年）一书在配图部分展示了该抄本的封面，并附带两幅内文图片，但因未对其进行详细解释，并未引起学界广泛关注。后来，我得知该抄本藏于内蒙古自治区社会科学院图书馆。2022 年，内蒙古自治区社会科学院图书馆研究馆员乌・托娅提供了封面图，《〈蒙古秘史〉研究百科全书》（国际蒙古电影出版协会，2022 年）一书附了该抄本的封面图，对其进行了介绍。2024 年 7 月，经内蒙古自治区社会科学院图书馆馆长王智批准，正式启动了该抄本的影印工作。

该抄本原稿共 2 函，6 册，12 卷。第一函背面标有“22.912 26 : 3–5”，内含前三册，分别对应第一册第一卷（第 1—68 节）、第二卷（第 69—103 节），第二册第三卷（第 104—126 节）、第四卷（第 127—147 节），第三册第五卷（第

148—169 节）、第六卷（第 170—185 节）；第二函背面标有“22.912 26：6–8”，内含后三册，分别对应第四册第七卷（第 186—197 节）、第八卷（第 198—208 节），第五册第九卷（第 209—229 节）、第十卷（第 230—246 节），第六册续一卷（第 247—264 节）、续二卷（第 265—282 节）。每册封面均有“内蒙古语言文学研究所藏书”印章，且每卷卷端均有蒙汉双语“内蒙古社会科学院图书馆藏书”印章。该抄本用纸为毛头纸，毛笔抄写，线装，规格为 26.0 厘米 ×28.0 厘米。每节内容的上端均标注了对应的节编号，并对部分词汇做了解释。该抄本没有序跋，也并未提及翻译者、抄录者姓名与抄录时间。

二、内蒙古自治区社会科学院图书馆藏抄本《蒙古秘史》的抄录者

如前所述，除了《中国少数民族古籍总目提要》和《〈蒙古秘史〉研究百科全书》对该抄本有所介绍，外界对其知之甚少。

后据乌·托娅研究馆员提供信息，该抄本是 20 世纪 50 年代由一位名叫达木林的人抄录。为了更深入地了解达木林的身份背景，我们在详细查阅相关资料的同时，还从他的亲属那里获取了一些宝贵信息。经了解，达木林全名为达木林苏荣。他的外甥女、著名歌手阿勒泰介绍说，达木林苏荣 20 世纪 50 年代末 60 年代初期居住在呼和浩特市，一直致力抄录和传播经书，为文化传承做出了积极贡献。

据《镶黄旗名人录》（内部资料）记载，达木林苏荣（1902—1968）出生于商都阿都沁旗（今内蒙古自治区锡林郭勒盟镶黄旗）的阿顿朝鲁地区，是牧民巴图泰达的长子。他幼年时便学习了蒙古文、汉文、满文，展现出了卓越的语言才能。1920 年，达木林苏荣担任商都阿都沁旗都统铁木尔宝力德的秘书一职，为他日后文化传承者的身份奠定了基础。后来，达木林苏荣幸运地结识了张家口王爷蒙文印书馆的负责人铁木尔都希，并通过他阅读了该馆出版的《清史演义》《古今奇观》等书籍，还积极参与了古籍文献的整理、出版工作。1944 年，铁木尔宝力德逝世，其子额尔恒格继位，聘请达木林苏荣为副参领，管理教育和民政工作，使其得以继续在文化领域发挥作用。1947 年，因时局变动，达木林苏荣迁往张家口。然而，他对文化传播的热情并未减退。1950 年，他回到故乡，并在一间小屋内为邻居的孩子们授课。1958 年秋，达木林苏荣全家迁往呼和浩特市，在这里，他与旧友铁木尔都希重逢。在铁木尔都希的介绍下，达木林苏

荣得以在内蒙古语文历史研究所重新开始工作，还曾在内蒙古自治区图书馆、内蒙古师范学院等机构任职。达木林苏荣不仅从事翻译，还致力古代蒙古文图书的抄录和传播，他抄录的《水晶珠》（抄毕于 1960 年）、《蒙古—卫拉特大法典》（抄毕于 1962 年）等珍贵文献，至今仍保存在内蒙古自治区图书馆和内蒙古自治区社会科学院图书馆中。这些抄本的末尾，大多有其署名和抄录时间，如“锡林郭勒盟商都镶黄联旗新宝力格公社达木林，一九六〇年七月”和“锡林郭勒盟商都镶黄联旗达木林，一九六二年十月”等。值得注意的是，达木林苏荣在抄书时习惯将名字缩写为达木林。经与上述《水晶珠》和《蒙古—卫拉特大法典》抄本对照，可以发现抄本《蒙古秘史》笔迹与其高度一致。因此，可以确信该抄本正是达木林苏荣抄写的。据《镶黄旗名人录》，达木林苏荣 1966 年返回故乡，1968 年去世。从上述达木林苏荣专注于抄录的时间段来推断，可知该抄本的抄录时间应在 20 世纪 60 年代初期。此外，该抄本与卜和克什克转写翻译的《蒙古秘史》有着密切关系，这为进一步深入研究《蒙古秘史》提供了线索。未来，我们将继续探索这部珍贵抄本的历史背景和文化价值，以期为推动《蒙古秘史》相关研究贡献力量。

该抄本在形式和内容上呈现出一种独特的风格，它没有使用传统的标点符号，也没有按照诗歌的对偶形式来编排诗篇，而是直接采用连文形式进行书写。在抄写过程中，还出现了一些节段编号的更改情况，例如第 24 节和第 25 节被合并，按常理，它们应分开，并各自拥有独立的节码，这样的处理方式可能会给读者带来误解。又如第一卷（第 1—68 节）在整体上是完整的，节段编号却只标注到了第 67 节，这显然是一个疏忽。此外，该抄本还出现了一些赘余和重复，以及缺位和错位现象，有些单词被加写或漏掉，还有些句子被改写或字词被替换。这些情况表明，达木林苏荣在抄写时按照自己的观点和理解对原文进行了重新编辑。值得注意的是，抄写者在处理词汇时，倾向于将其恢复为原文的音译形式，并括注注释，以帮助读者更好地理解文本内容。这种做法虽然增加了文本的复杂性，但也为《蒙古秘史》研究者提供了更多信息。

综上所述，该抄本在形式和内容上都具有一定独特性，既保留了原文的基本信息，又融入了达木林苏荣的个人理解和编辑痕迹。对于研究者来说，这不仅是一份珍贵的史料，也是一扇窥探当时文化背景和达木林苏荣个人思想的窗口。例如，达木林苏荣没有写“(g)”“(n)”字点，而是力图将其恢复为中世纪蒙古文的形式，即将“[illegible]·[illegible]·[illegible]·[illegible]·[illegible]·[illegible]”换成“[illegible]”的词类，如《[illegible] -

[illegible]·[illegible] — [illegible]·[illegible] — [illegible]·[illegible] — [illegible]·[illegible] — [illegible]·[illegible] — [illegible]·[illegible] — [illegible]·[illegible] — [illegible]》等；将“[illegible]”换成“[illegible]”的词类，如《[illegible] — [illegible]·[illegible] — [illegible]·[illegible] — [illegible]·[illegible] — [illegible]》等。

总之，从编写风格、文字选释等方面来看，内蒙古自治区社会科学院图书馆藏《蒙古秘史》抄本可谓是一个编著本。它在完整展现《蒙古秘史》原貌、体现该书传播痕迹的同时，也因其充满个人风格而为其他研究者提供了新的信息，值得重视。特此影印，以飨读者。

斯钦巴特尔 朝格都那仁

二〇二五年三月六日

目 录

上 册

下 册

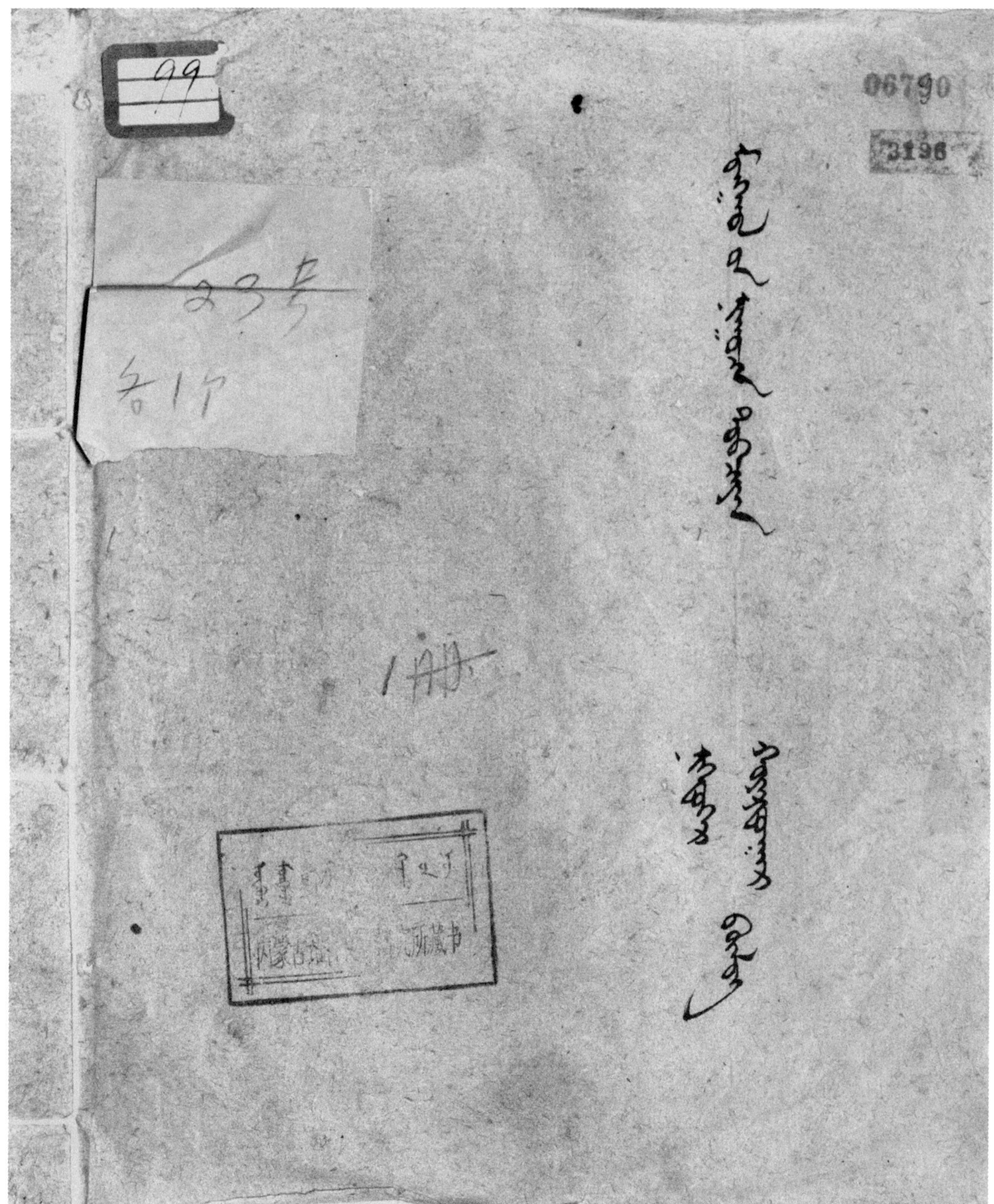

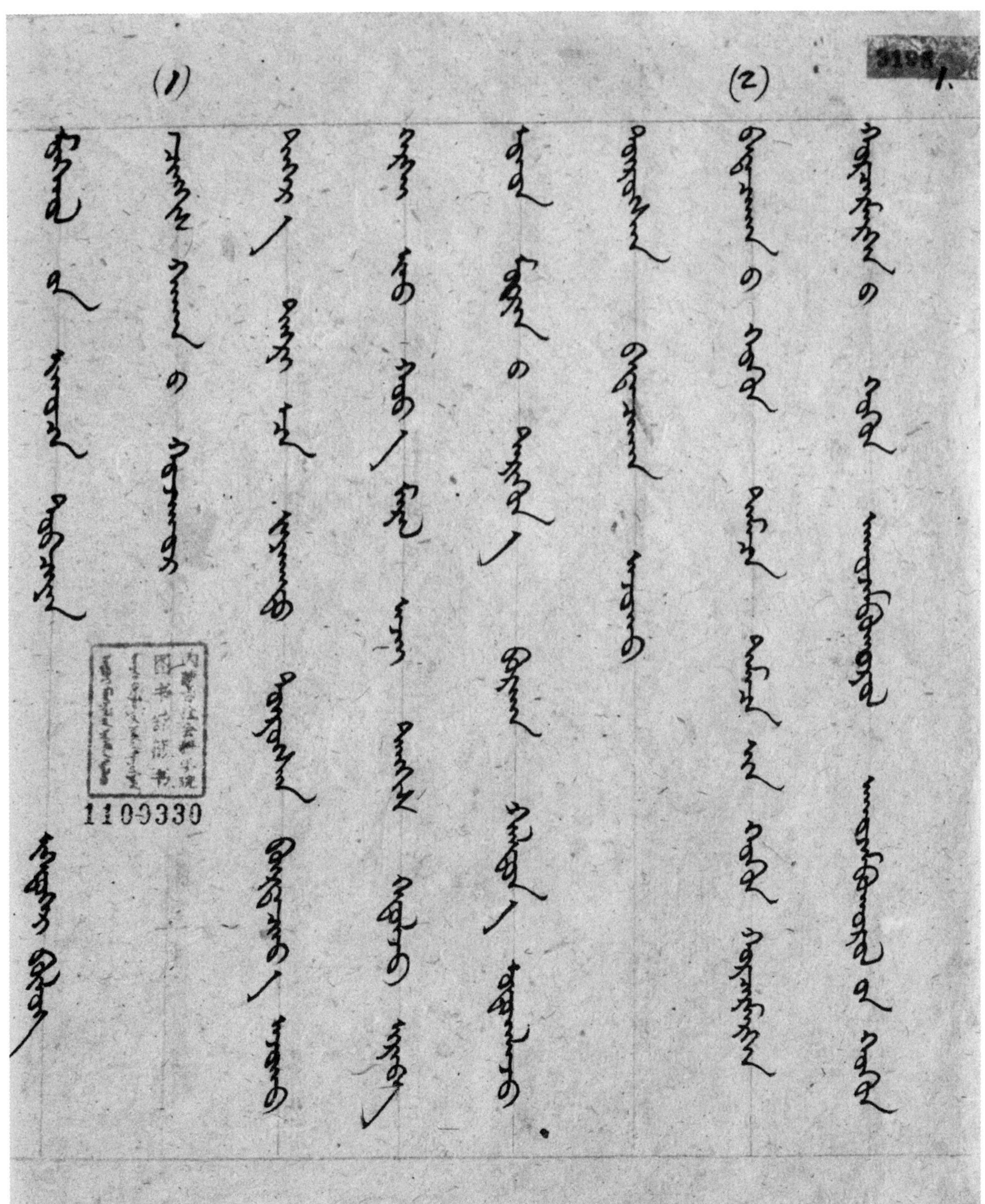

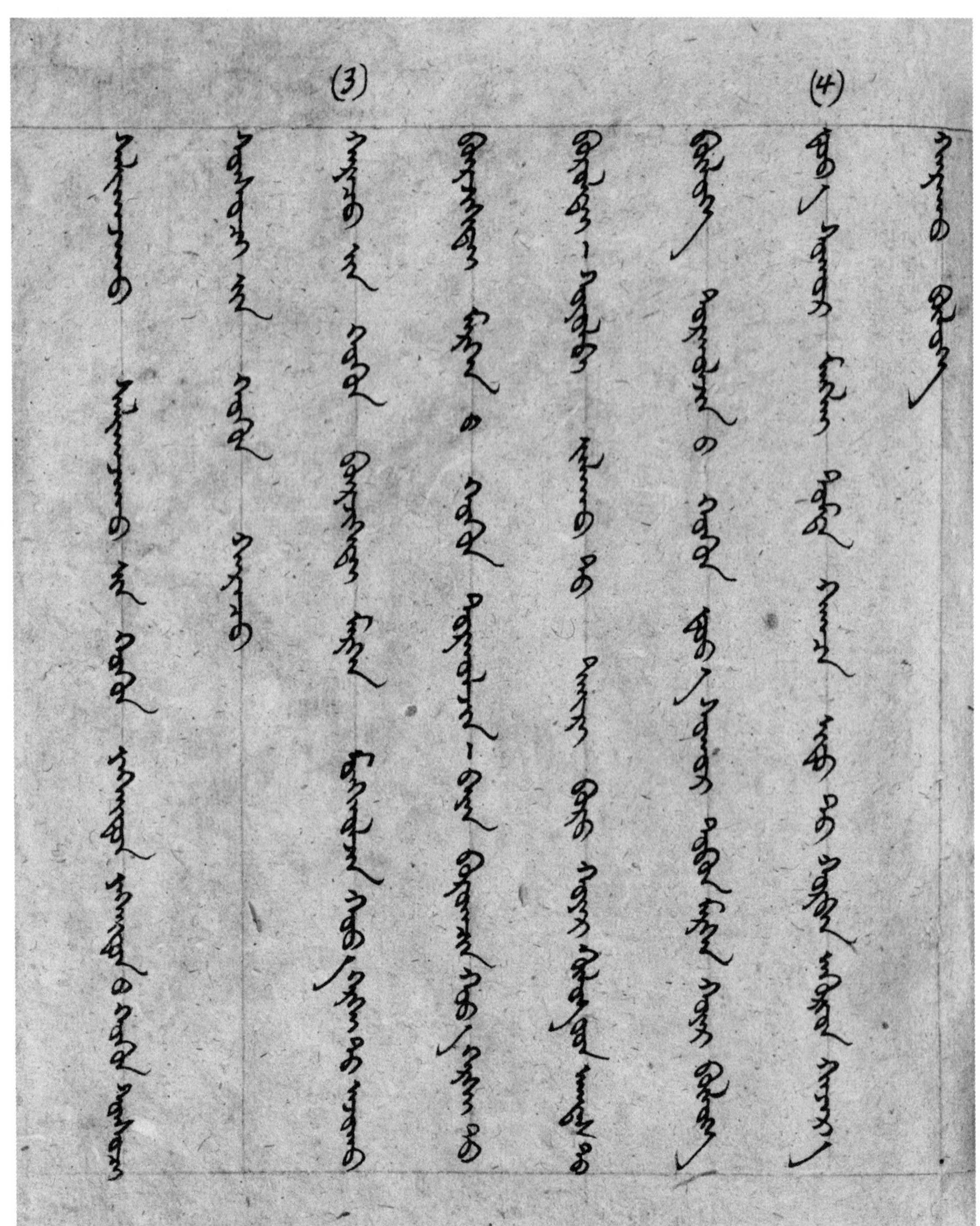

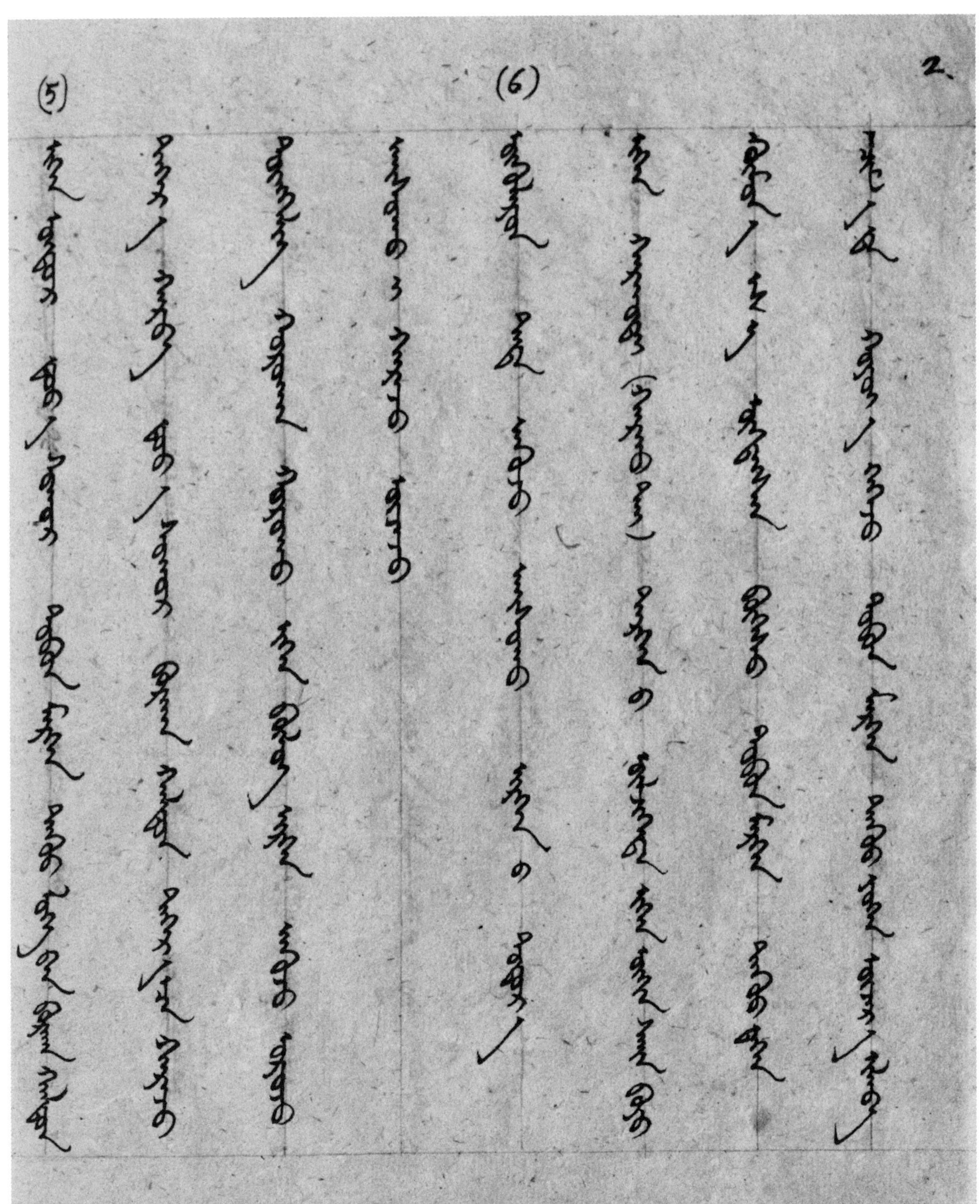

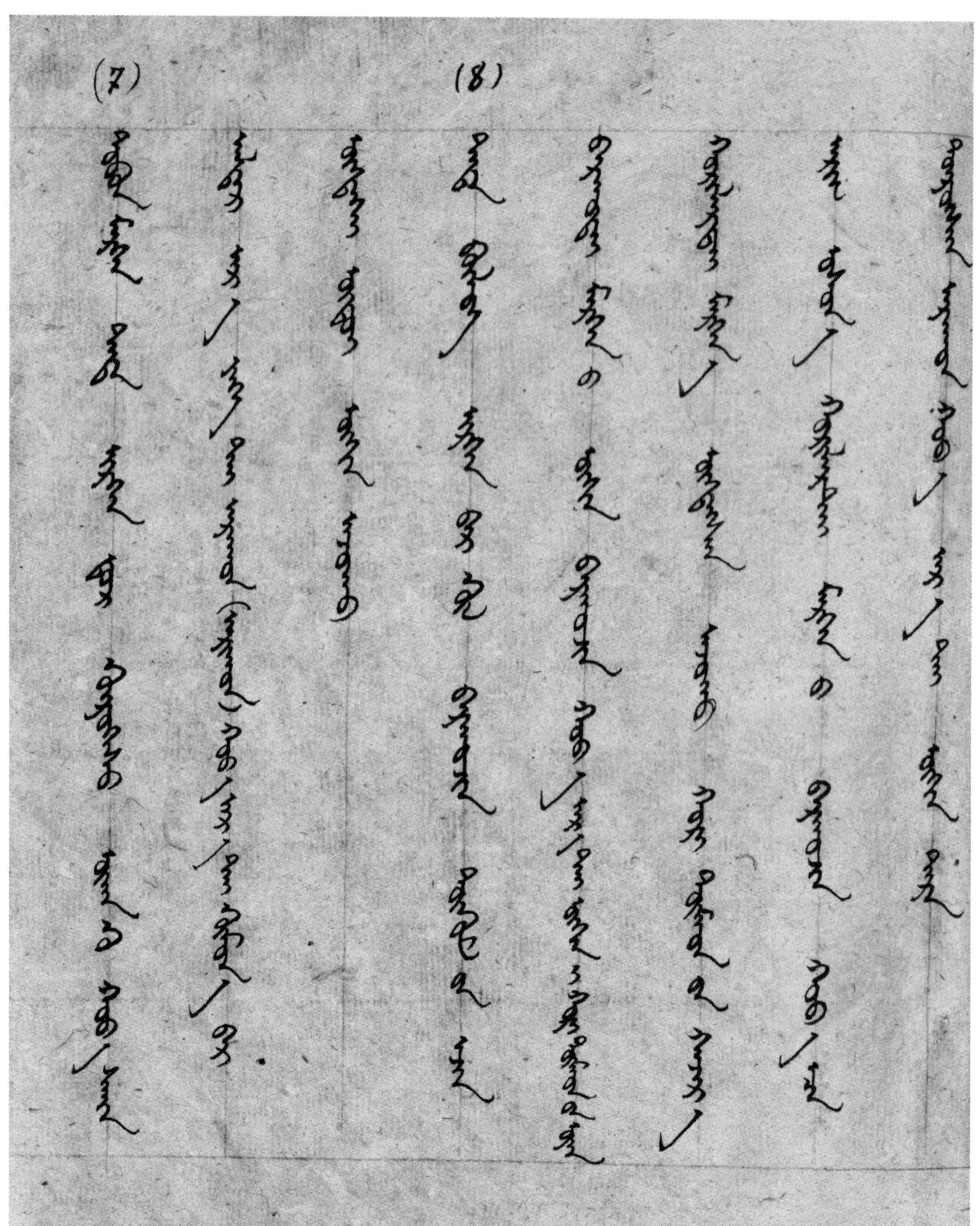

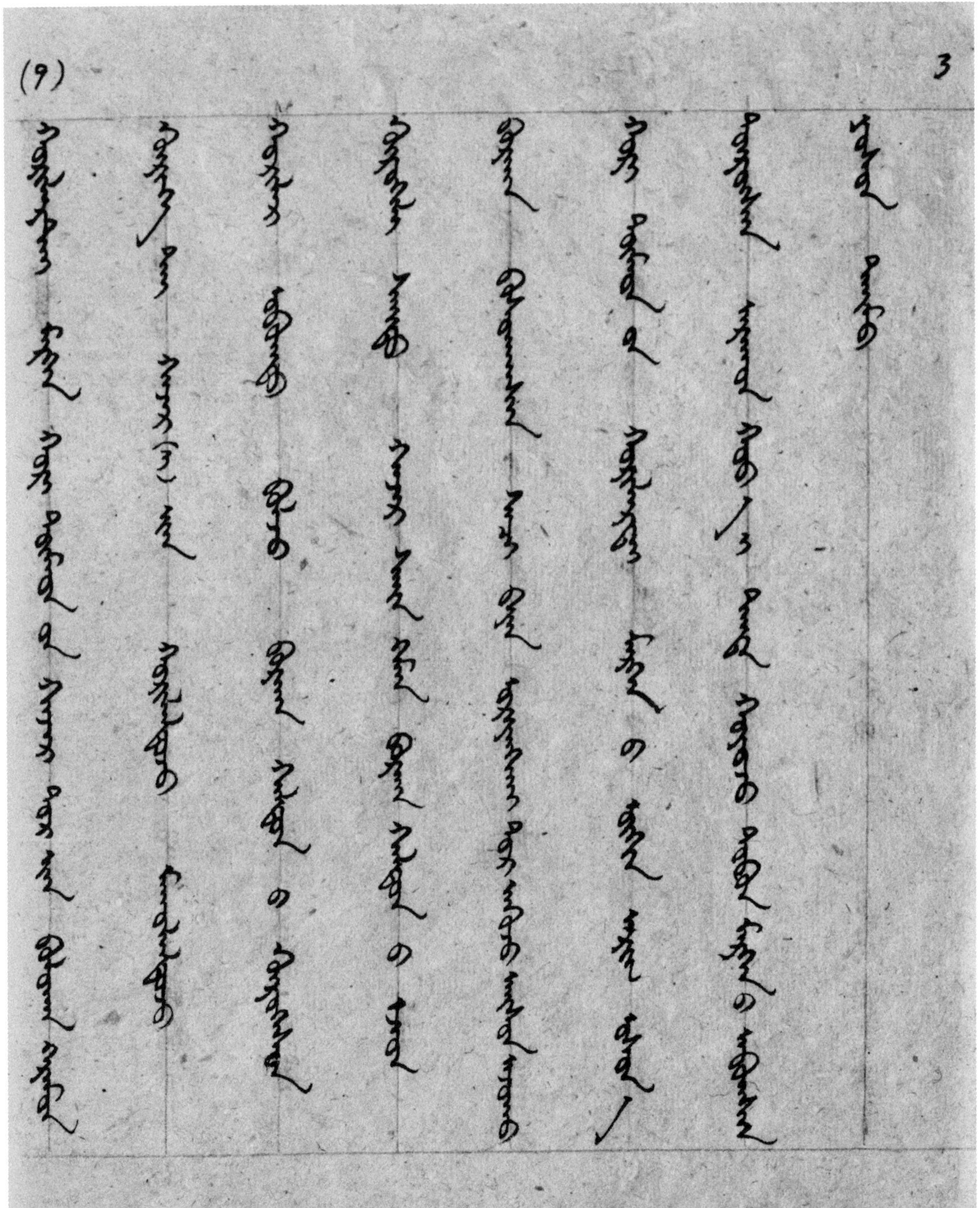

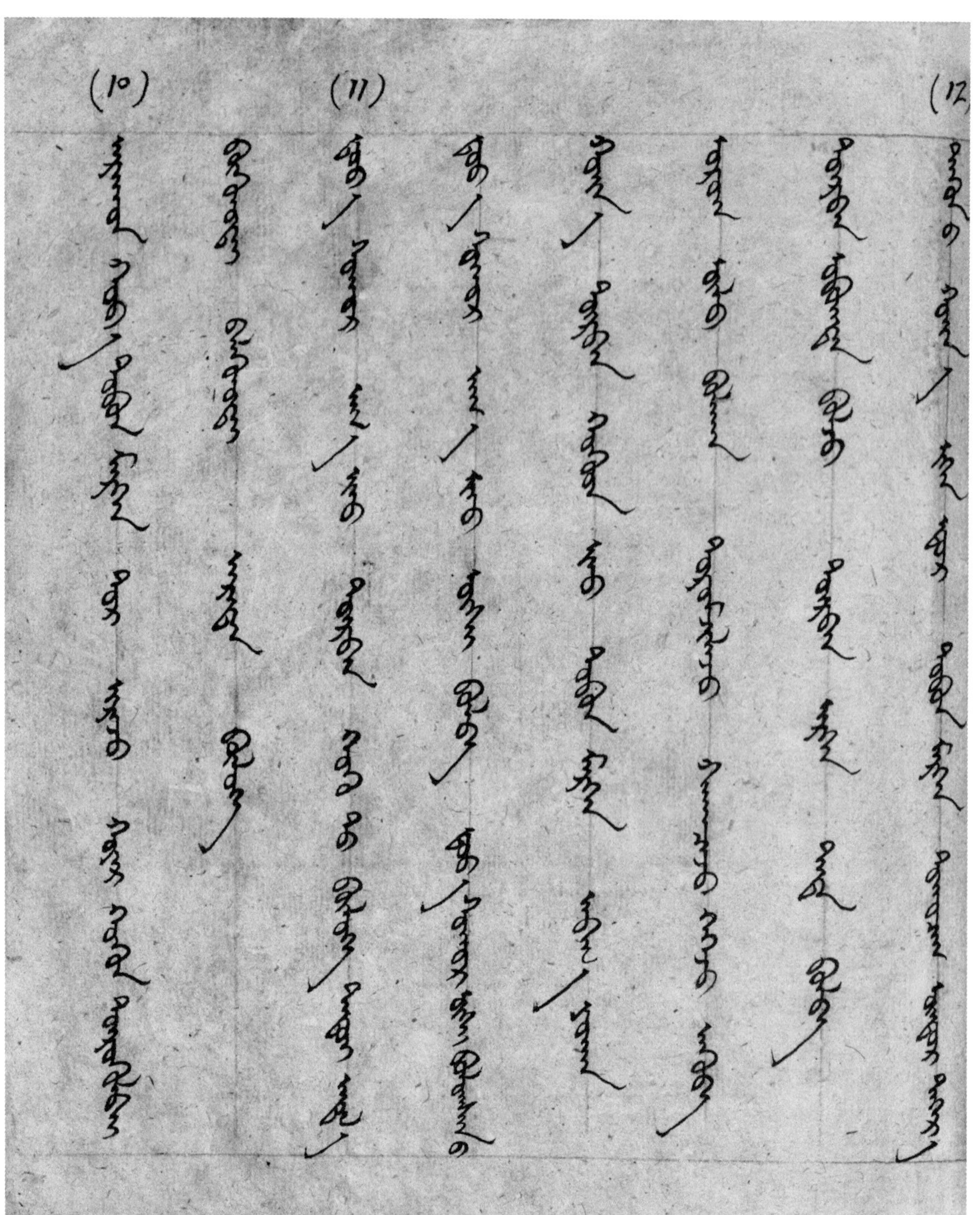

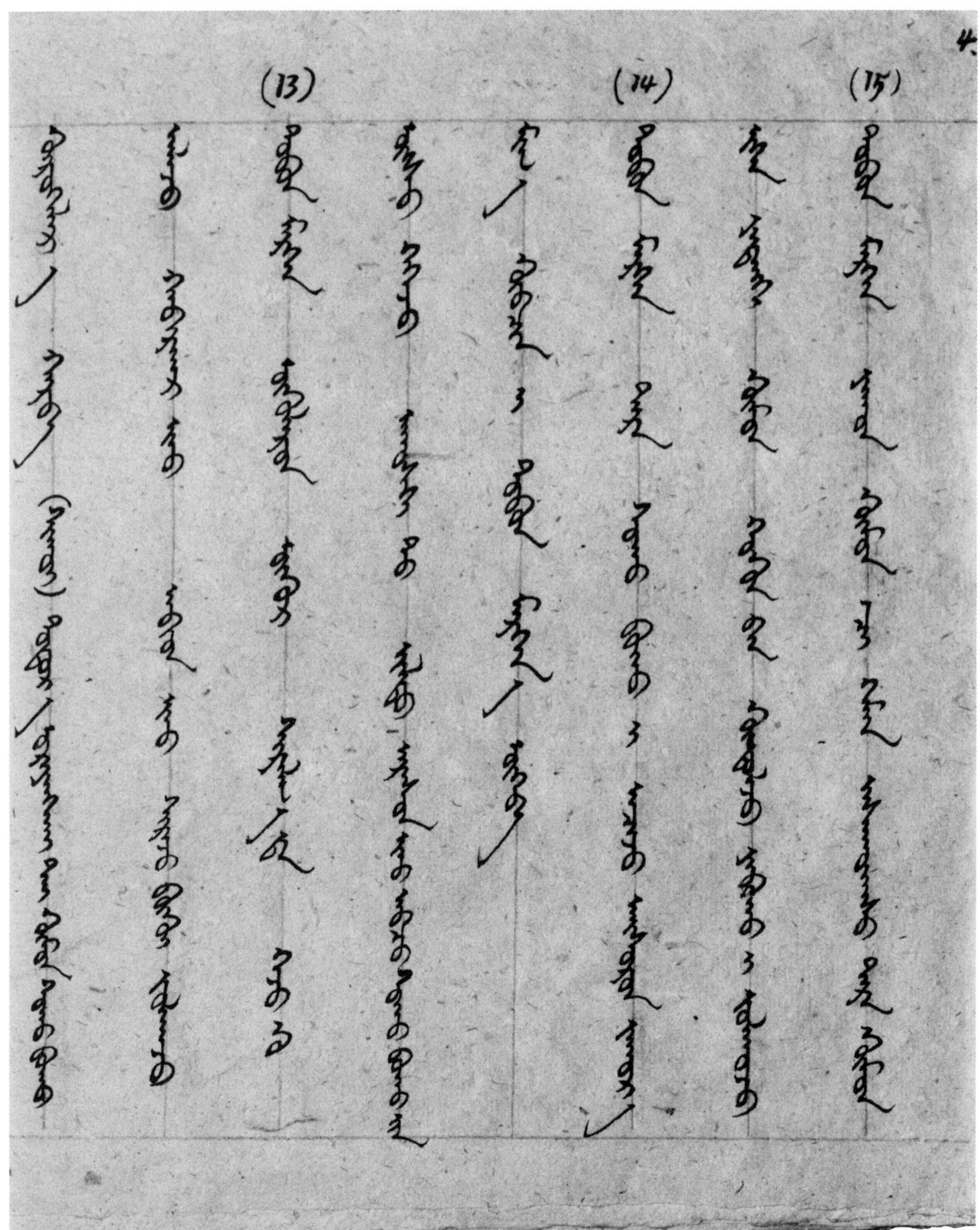

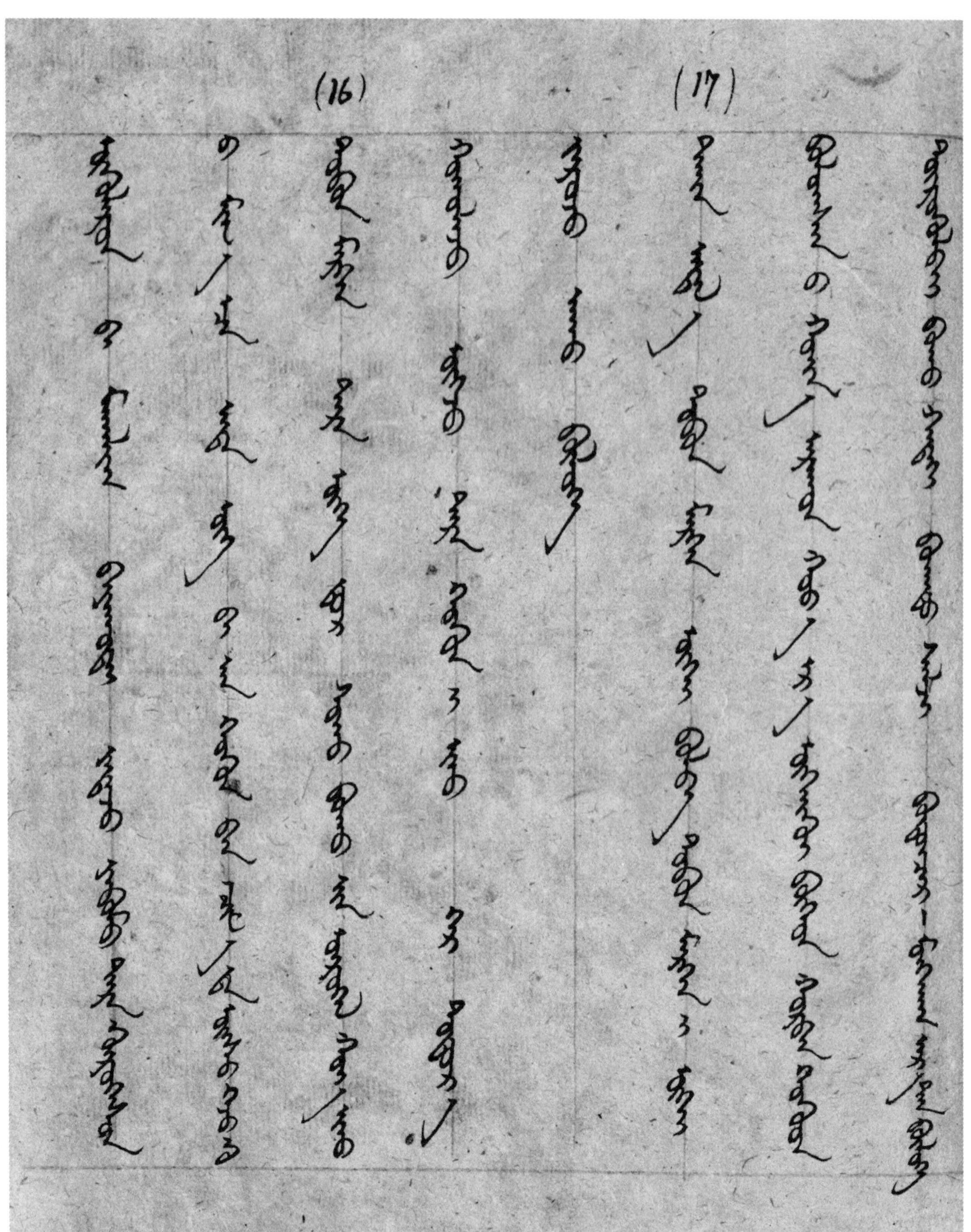
(16)
(17)

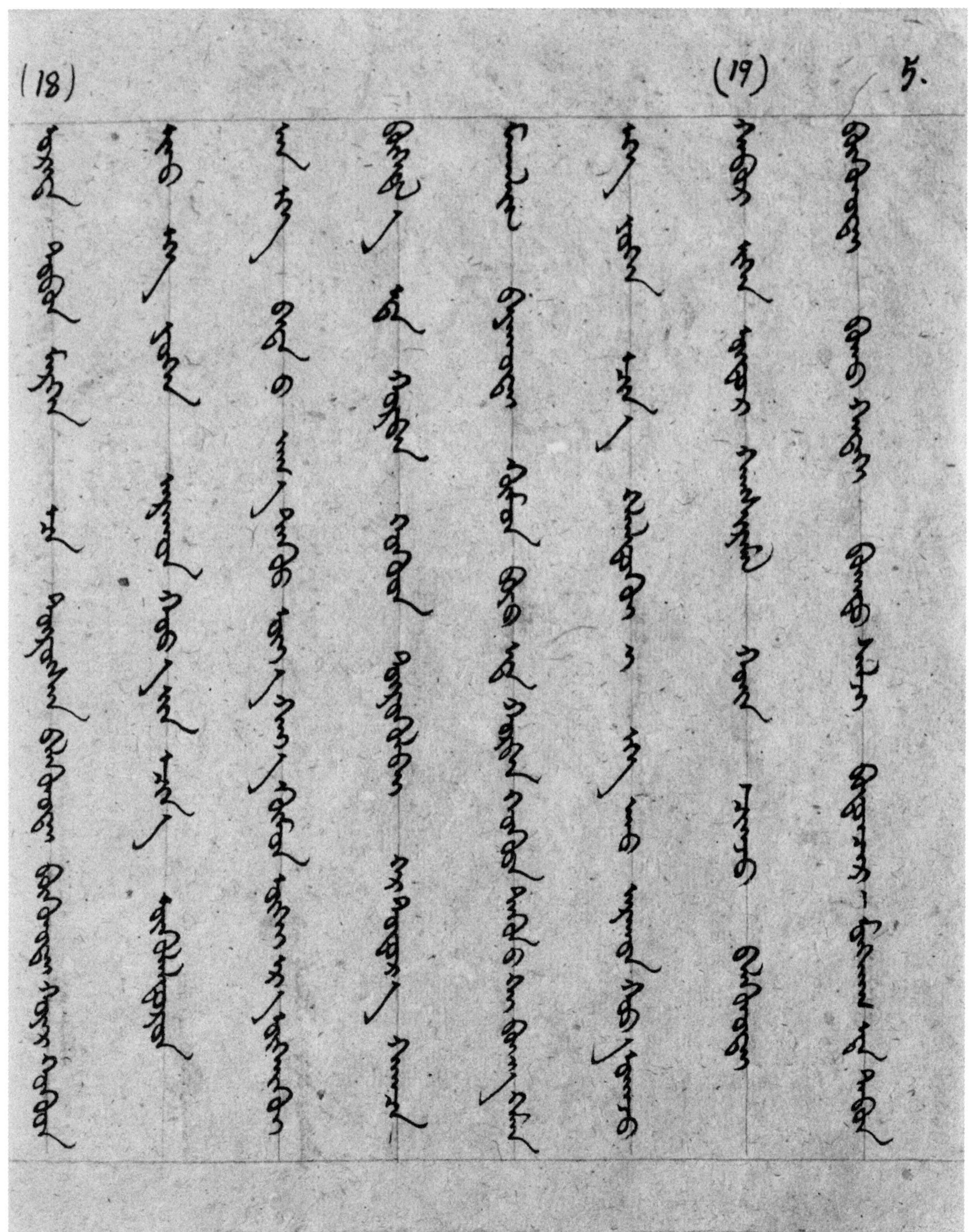

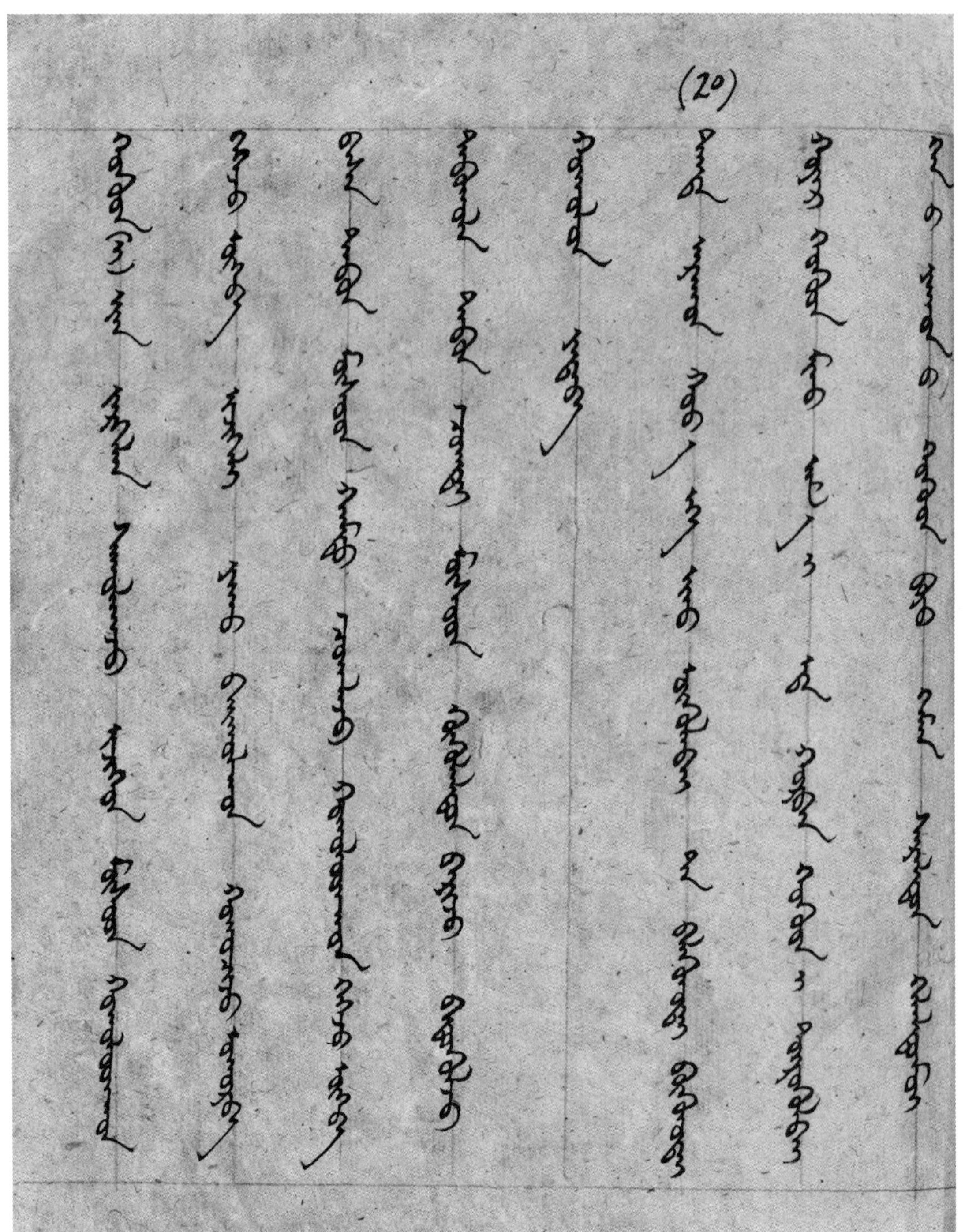

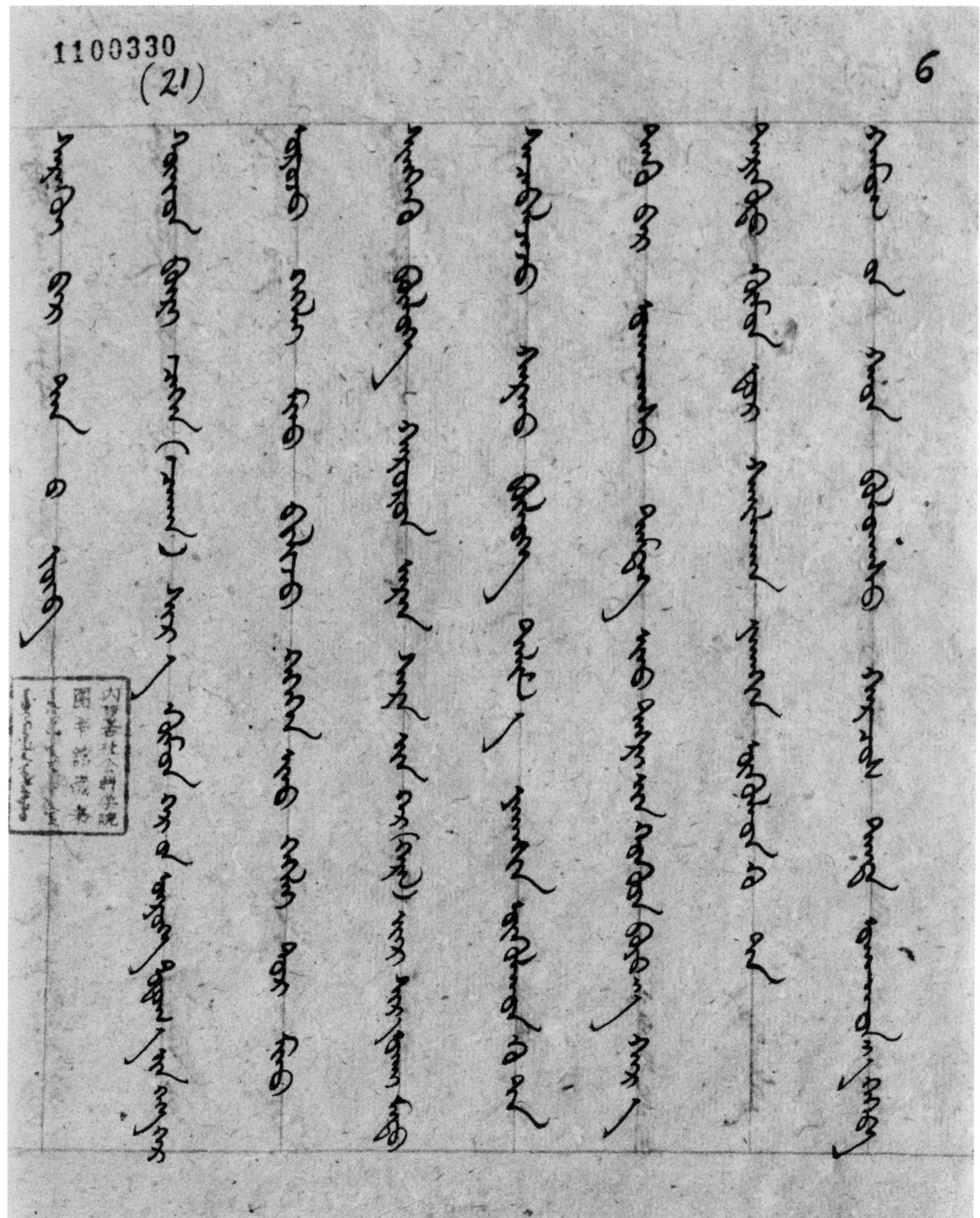
1100330
(21)
6
内蒙古社会科学院图书馆藏书

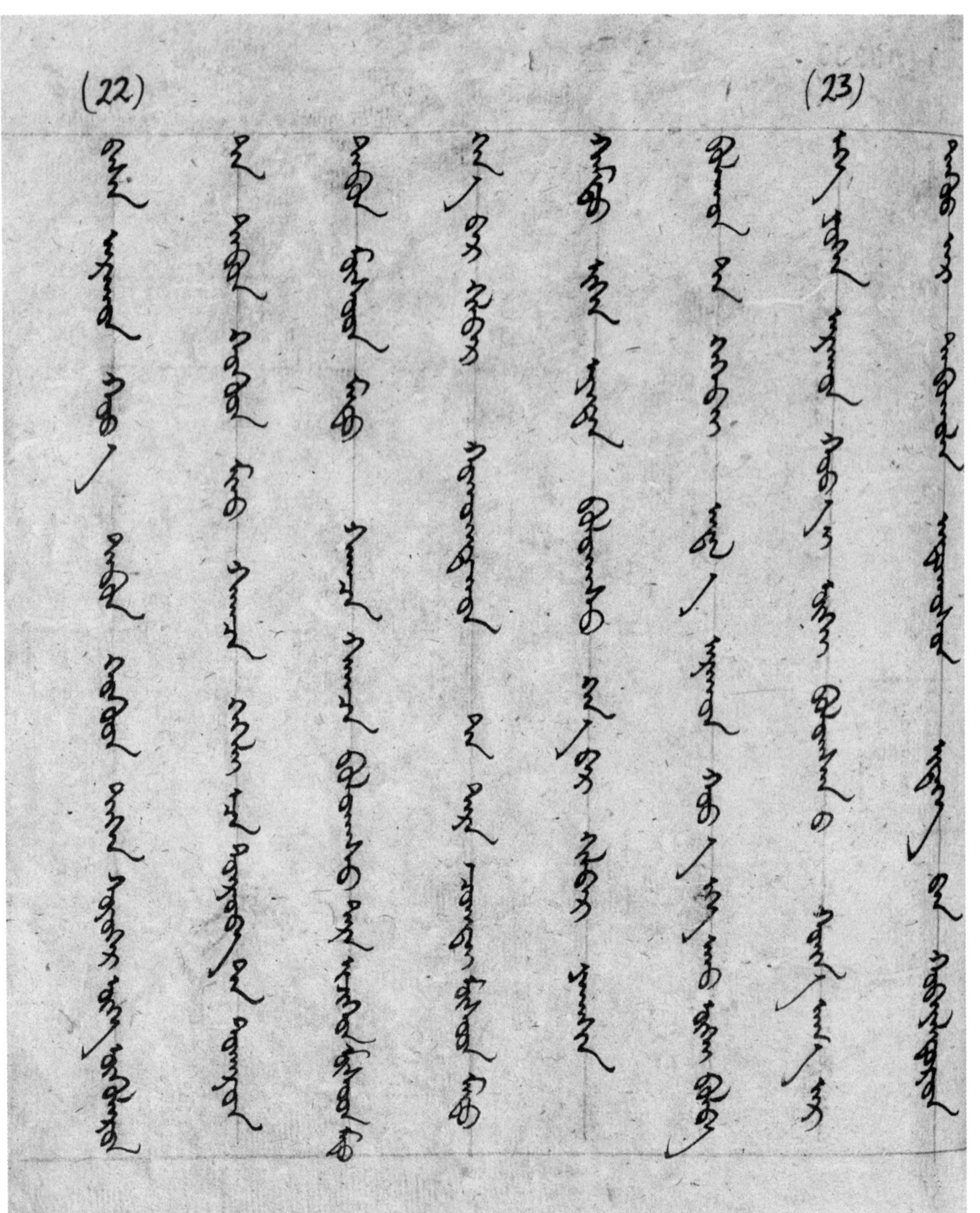

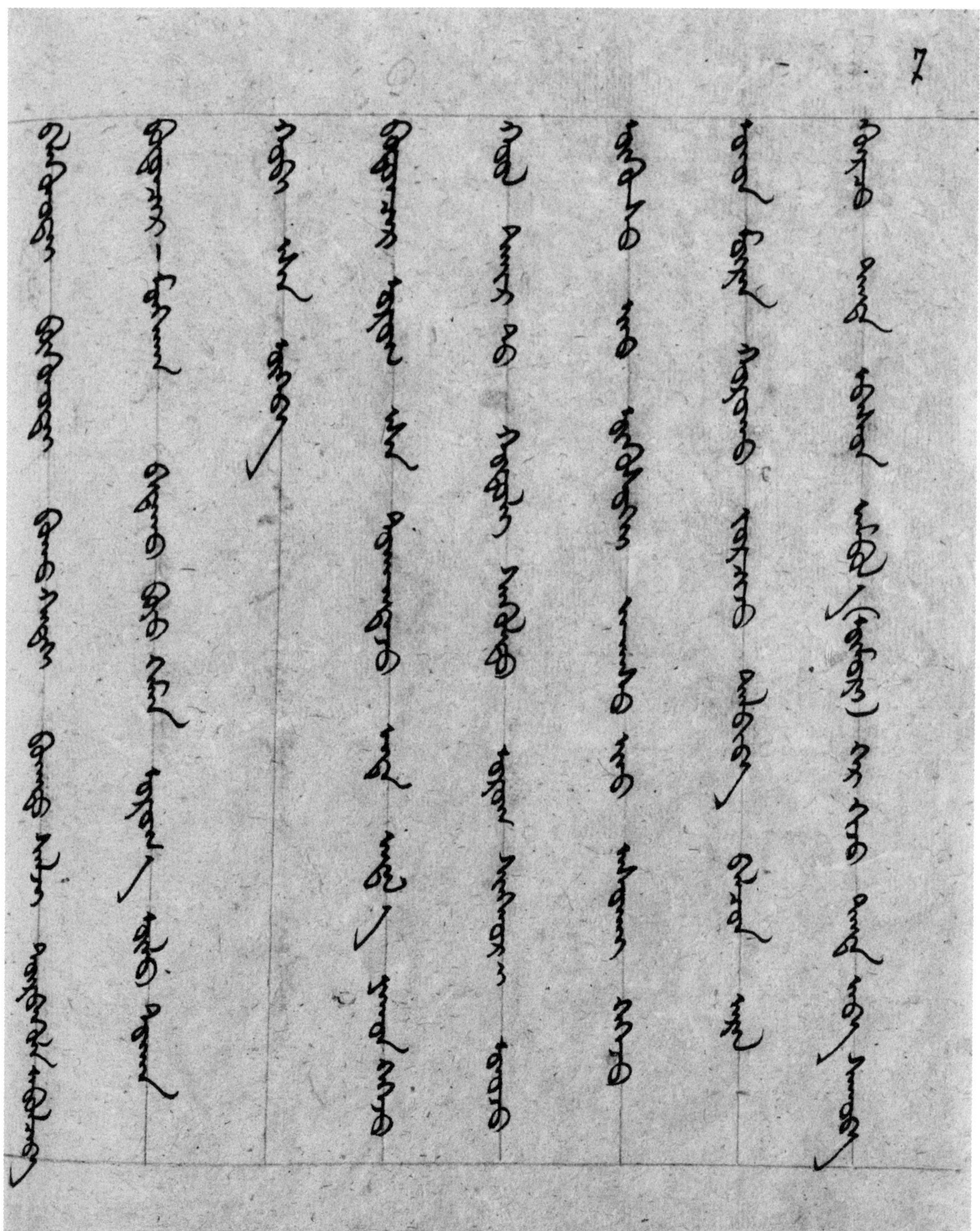

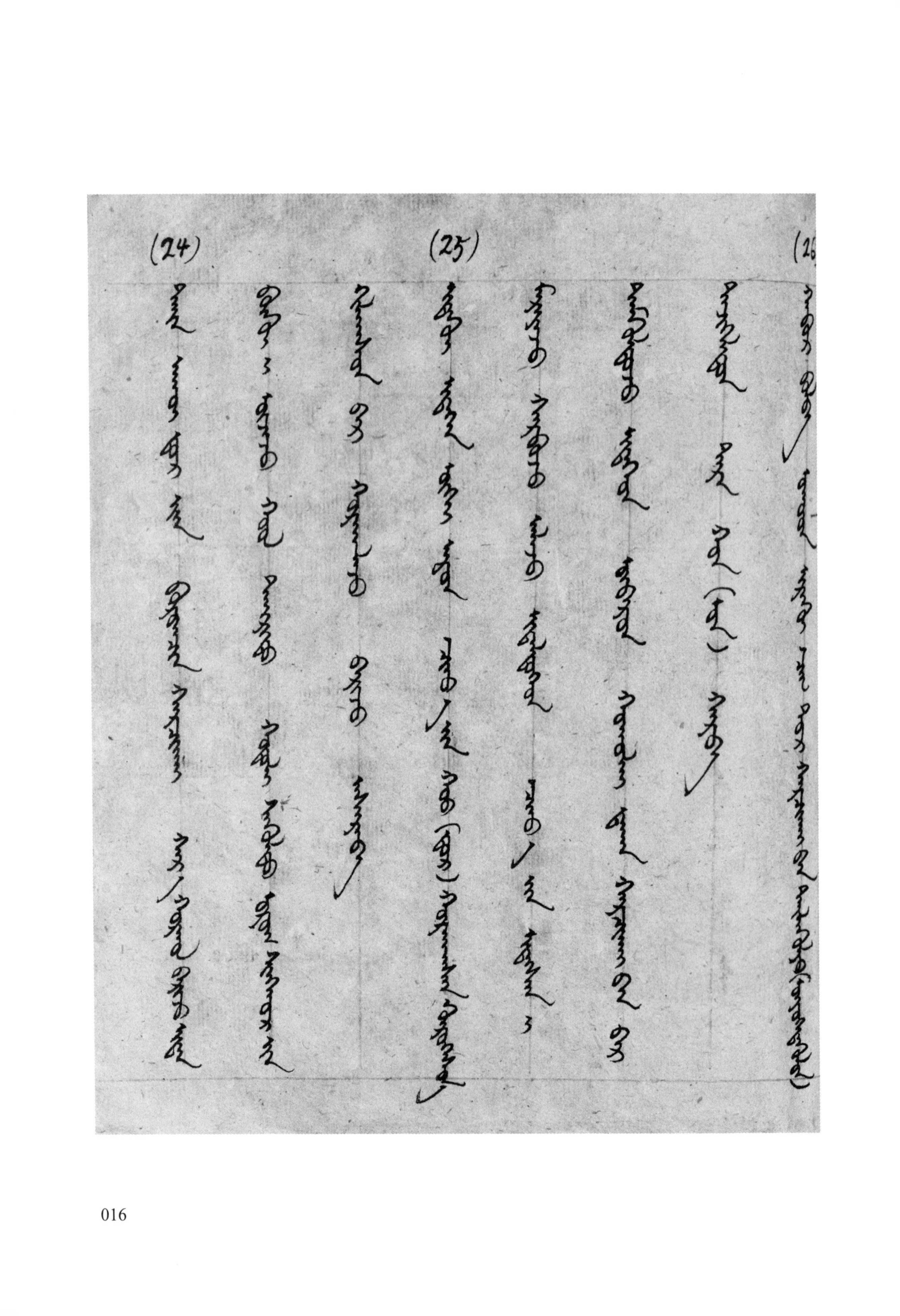

(24)

(25)

(26

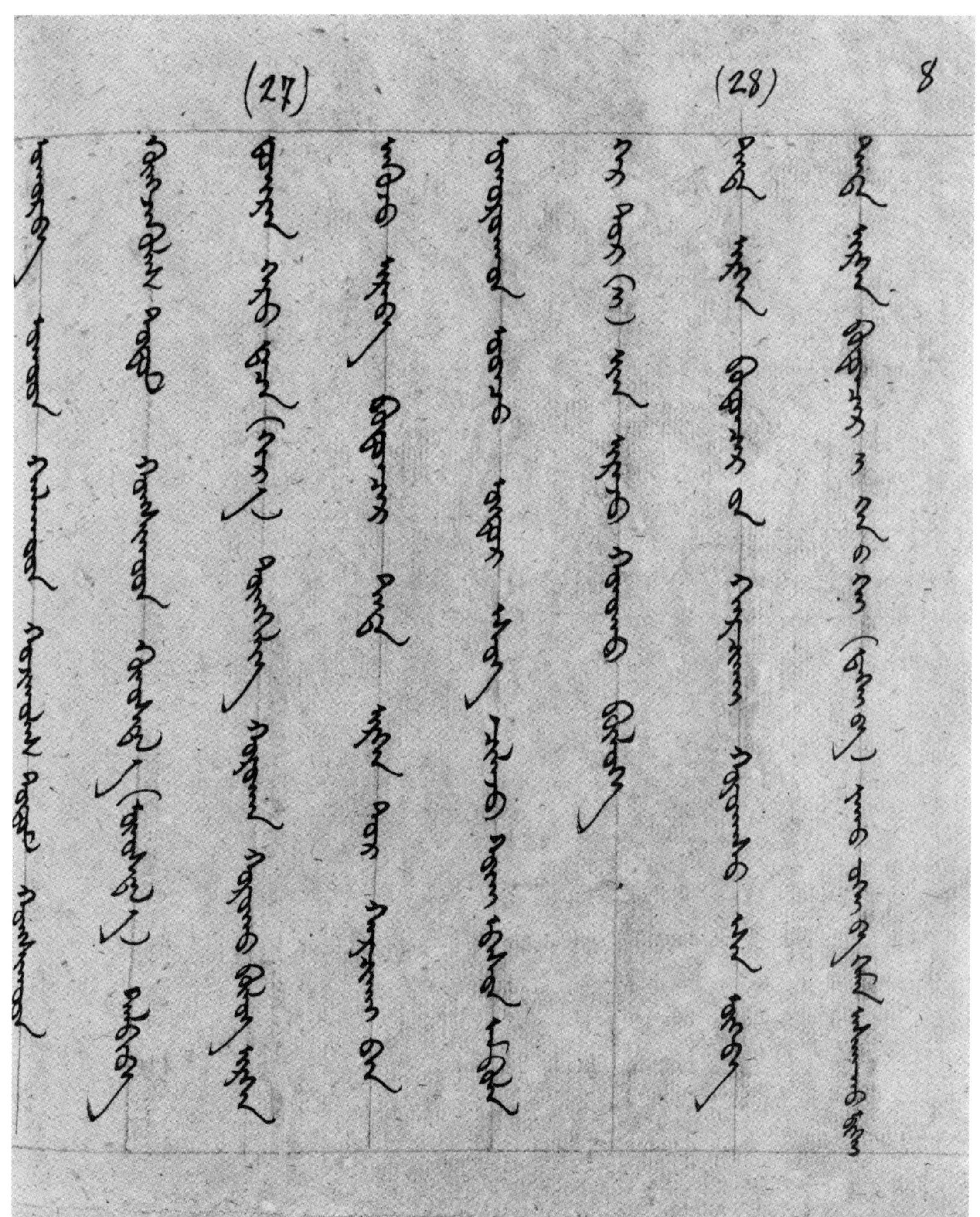
8
(28)
(27)

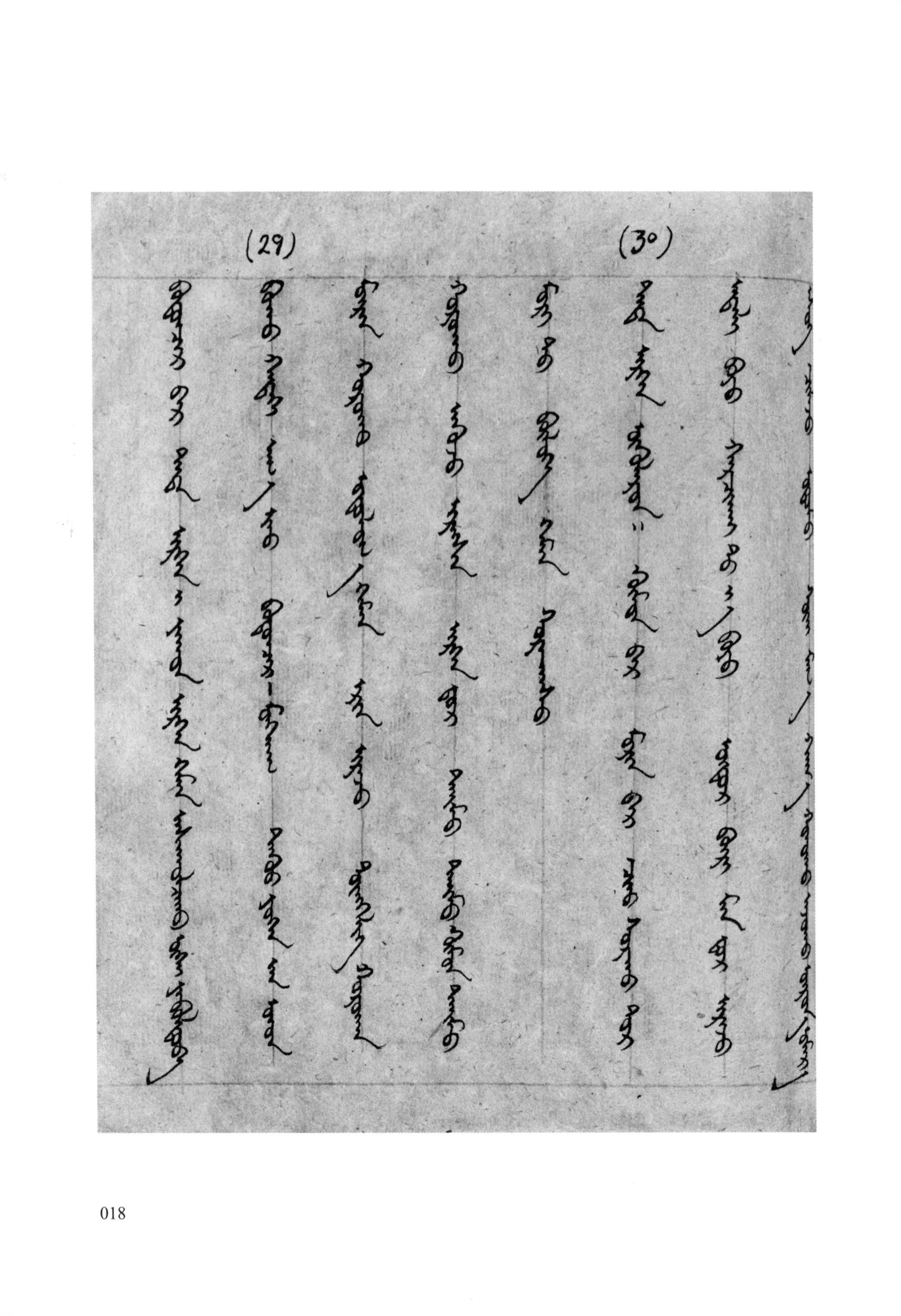

(29)

(30)

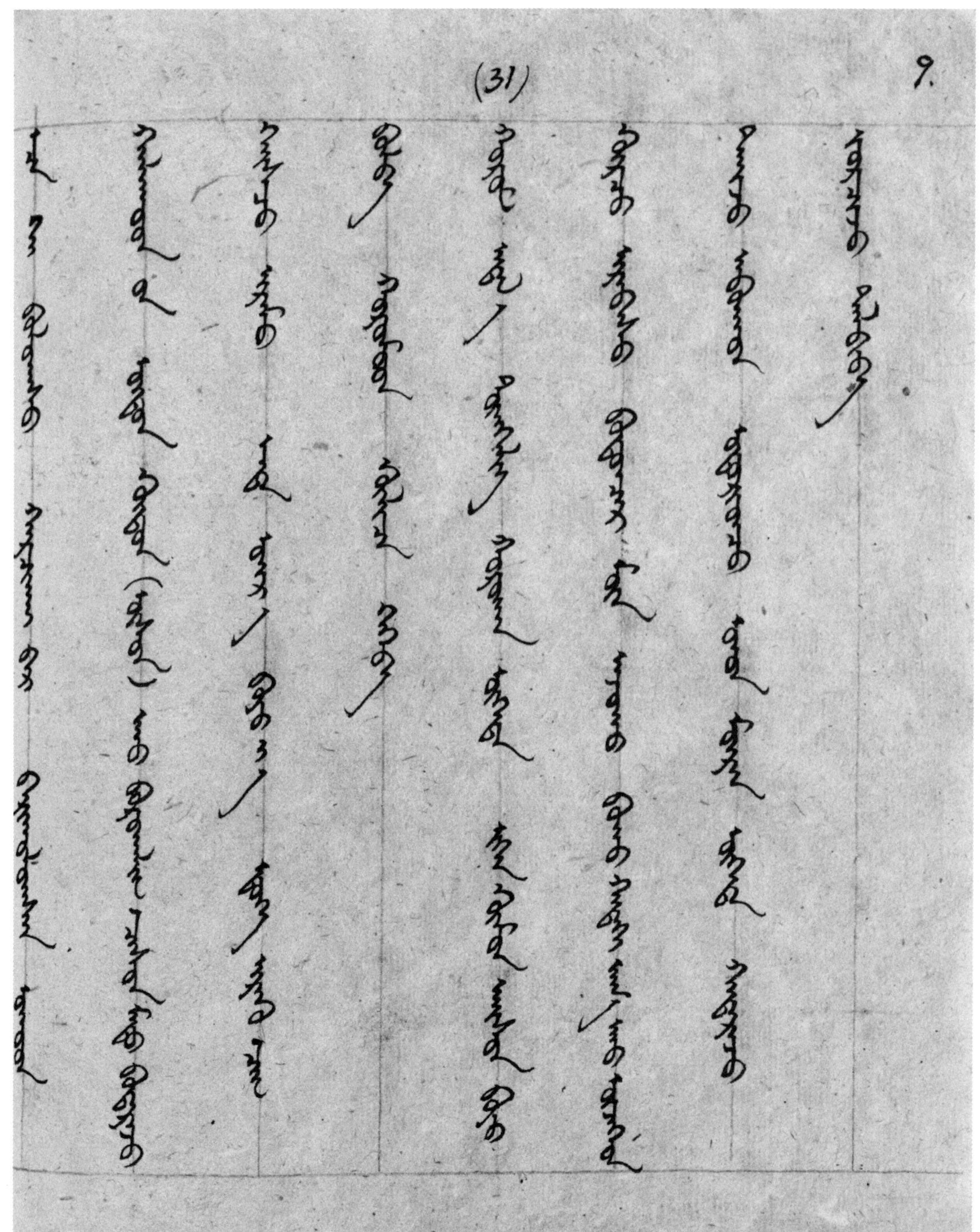

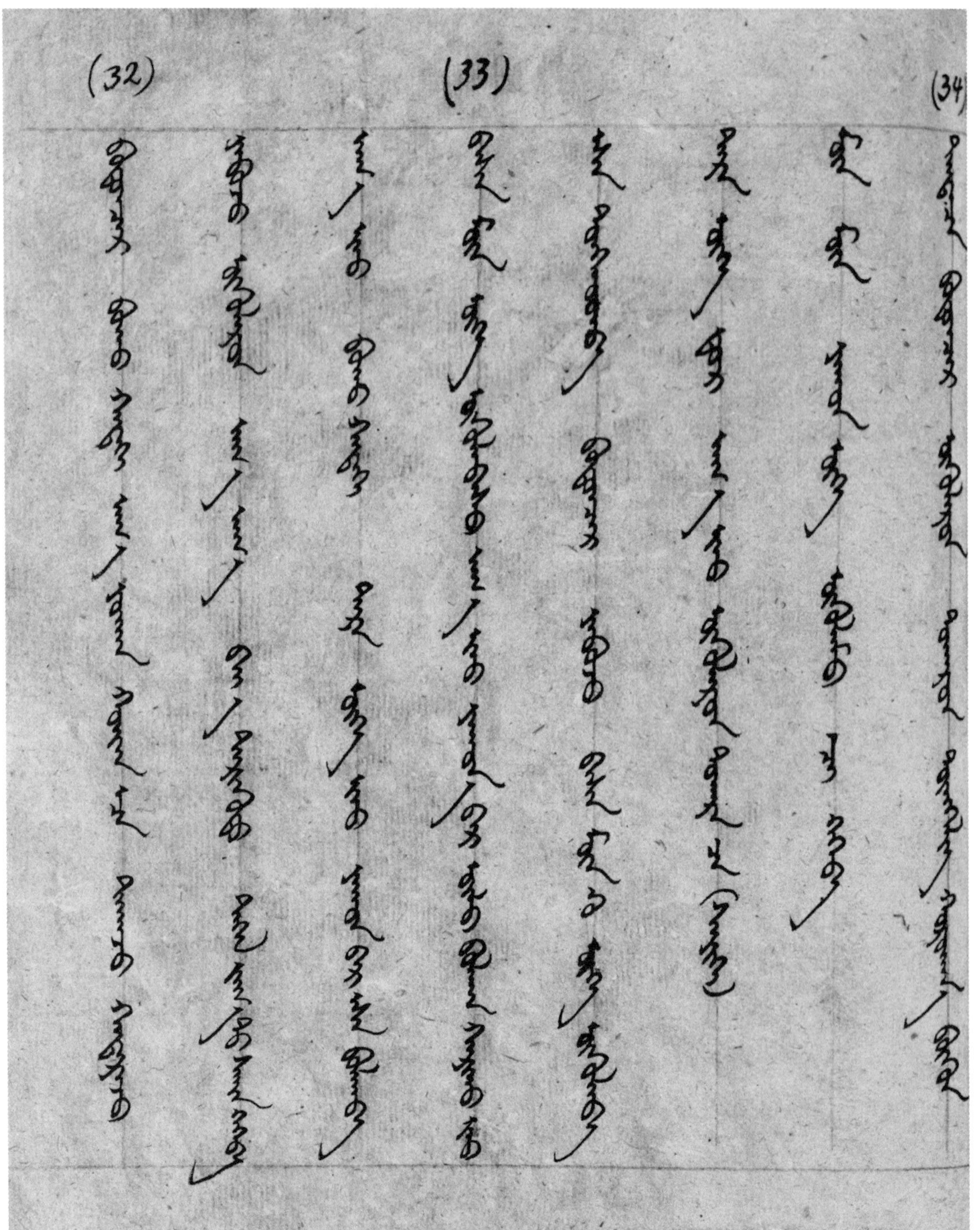

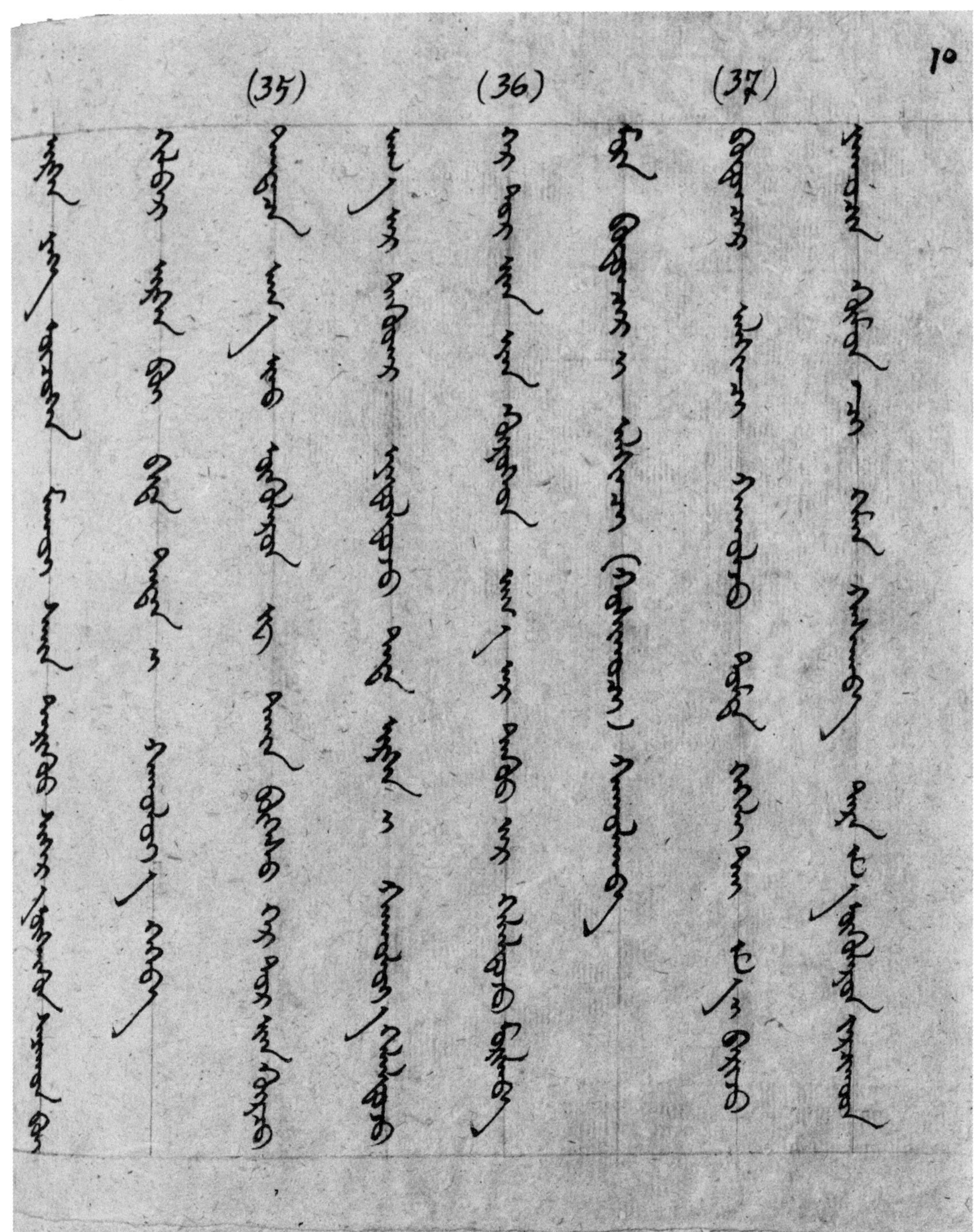
10
(37)
(36)
(35)

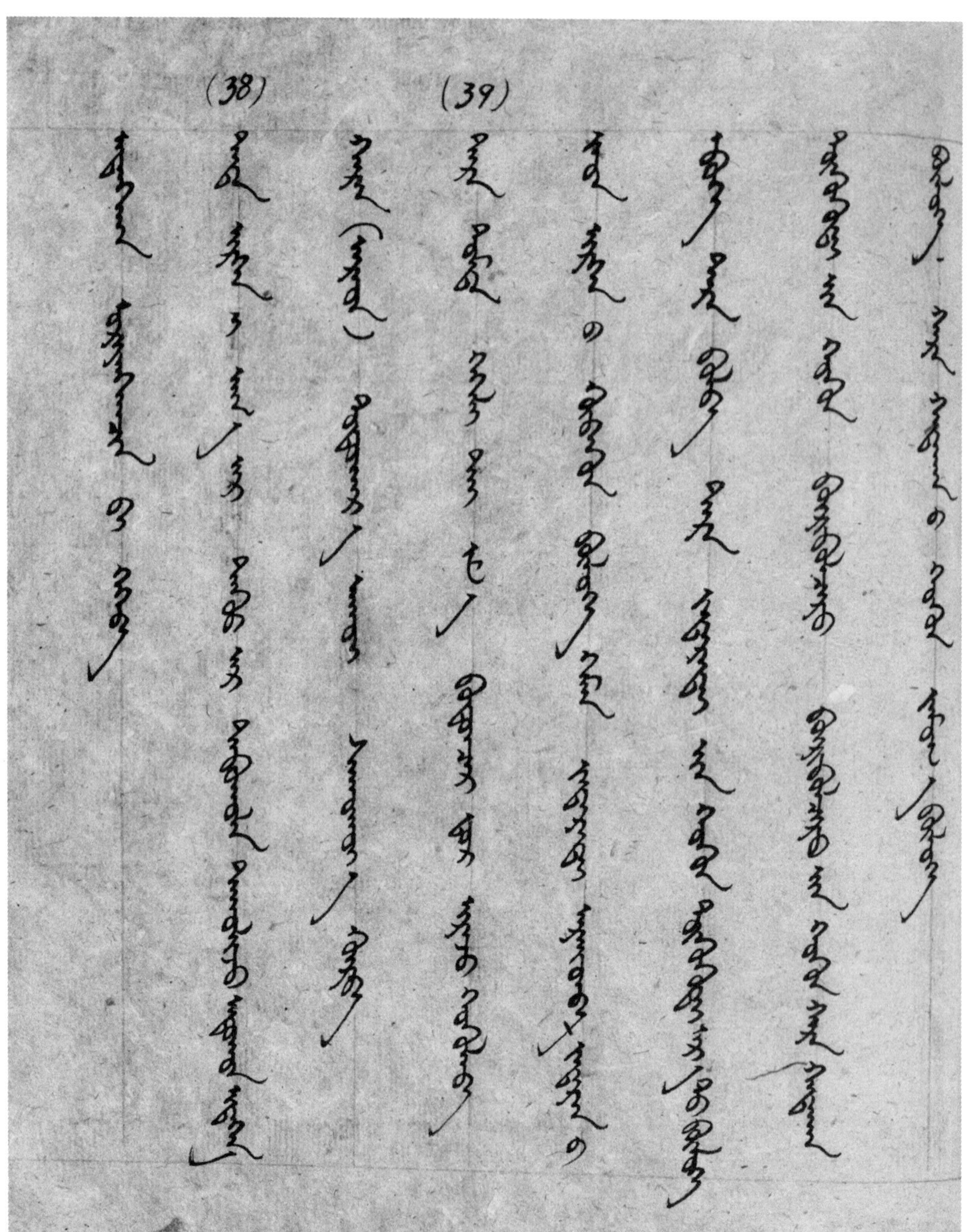
(38)
(39)

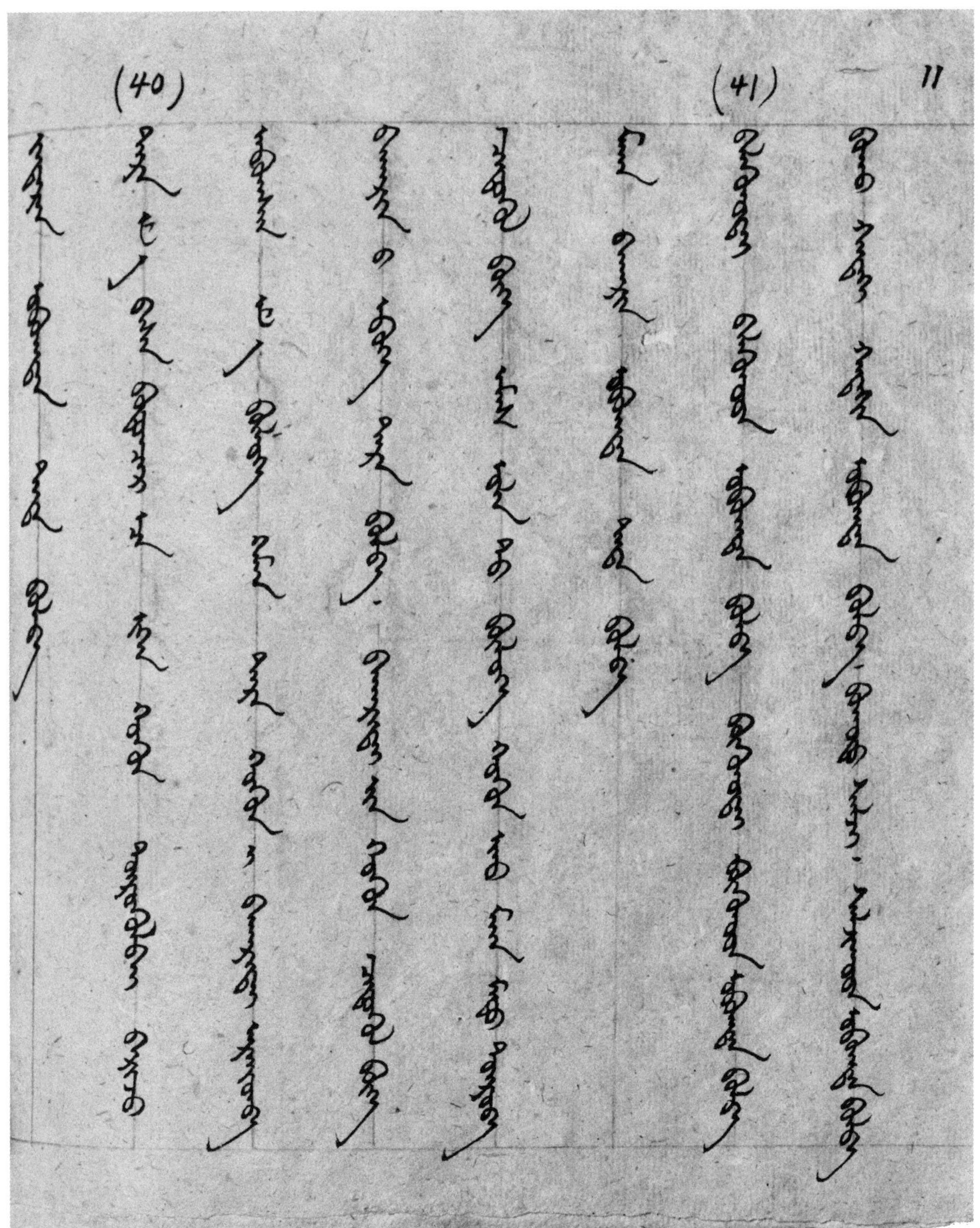
11
(41)
(40)

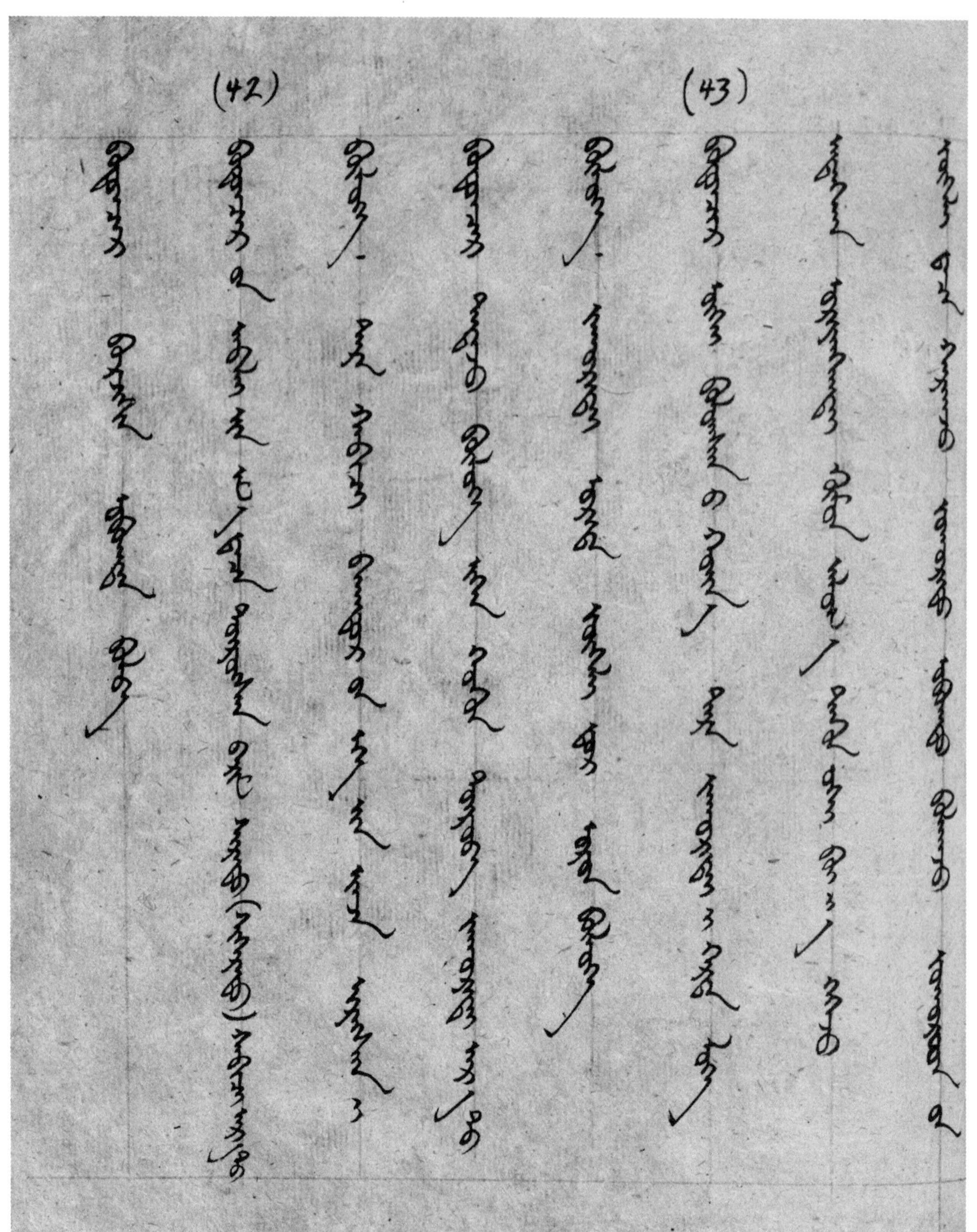

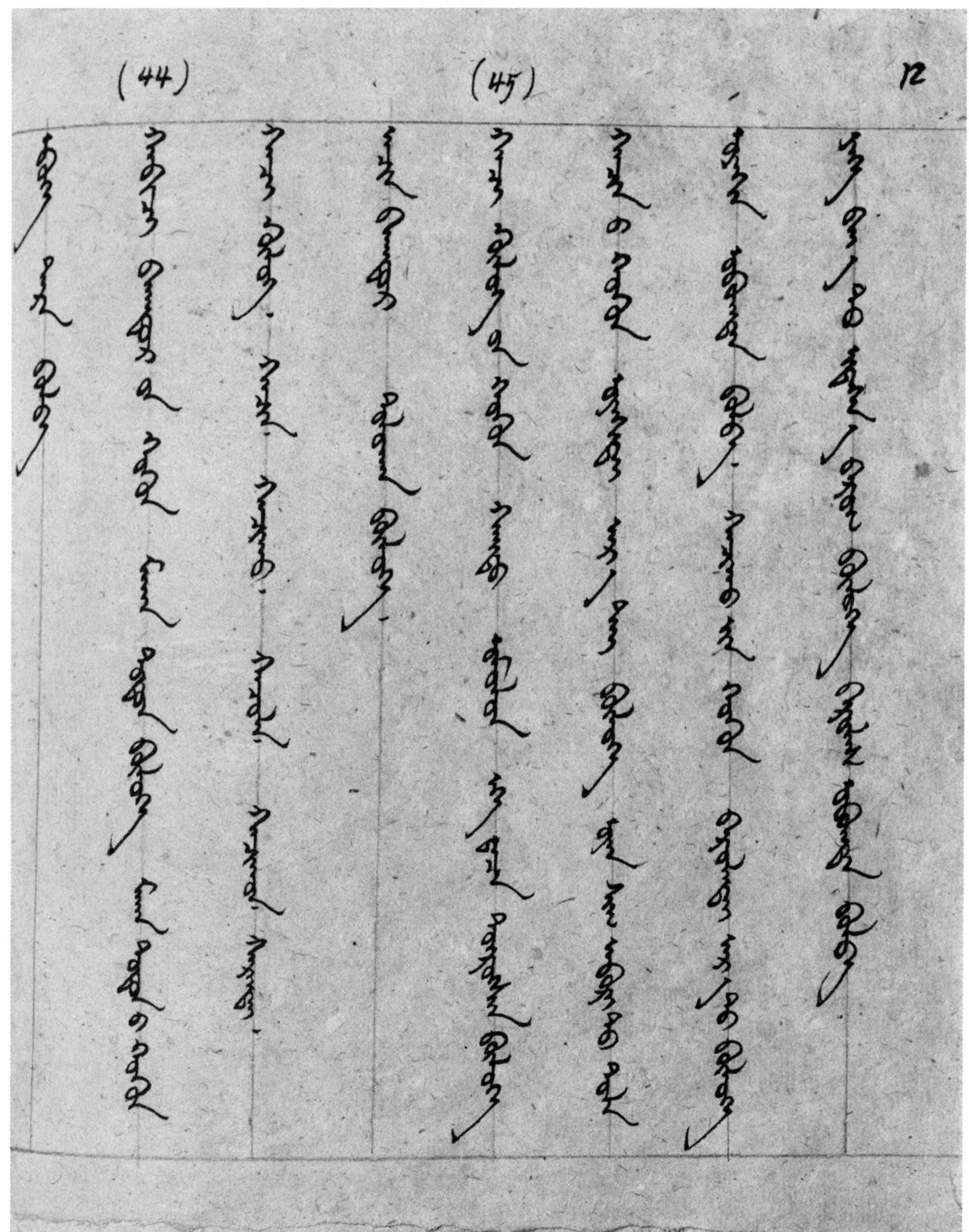

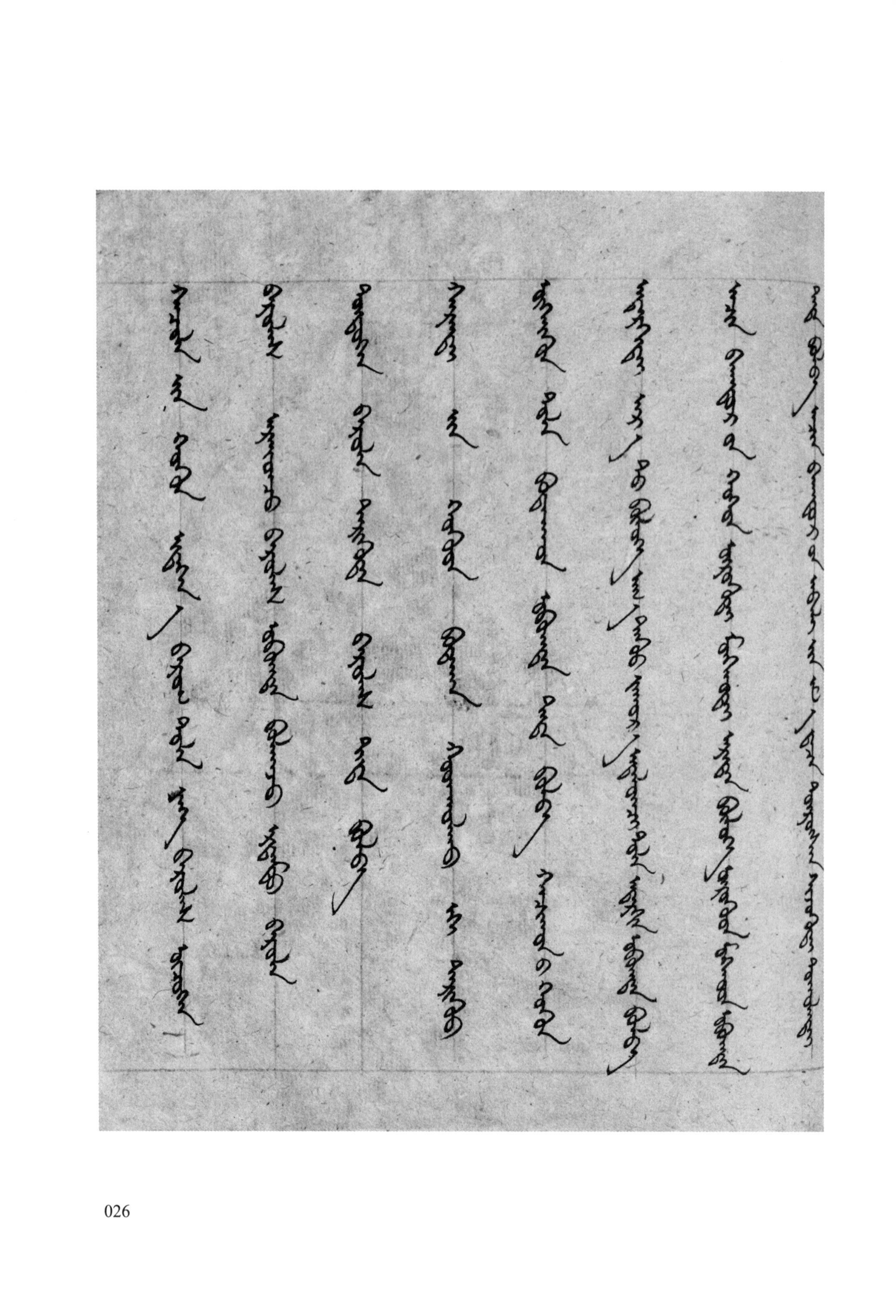

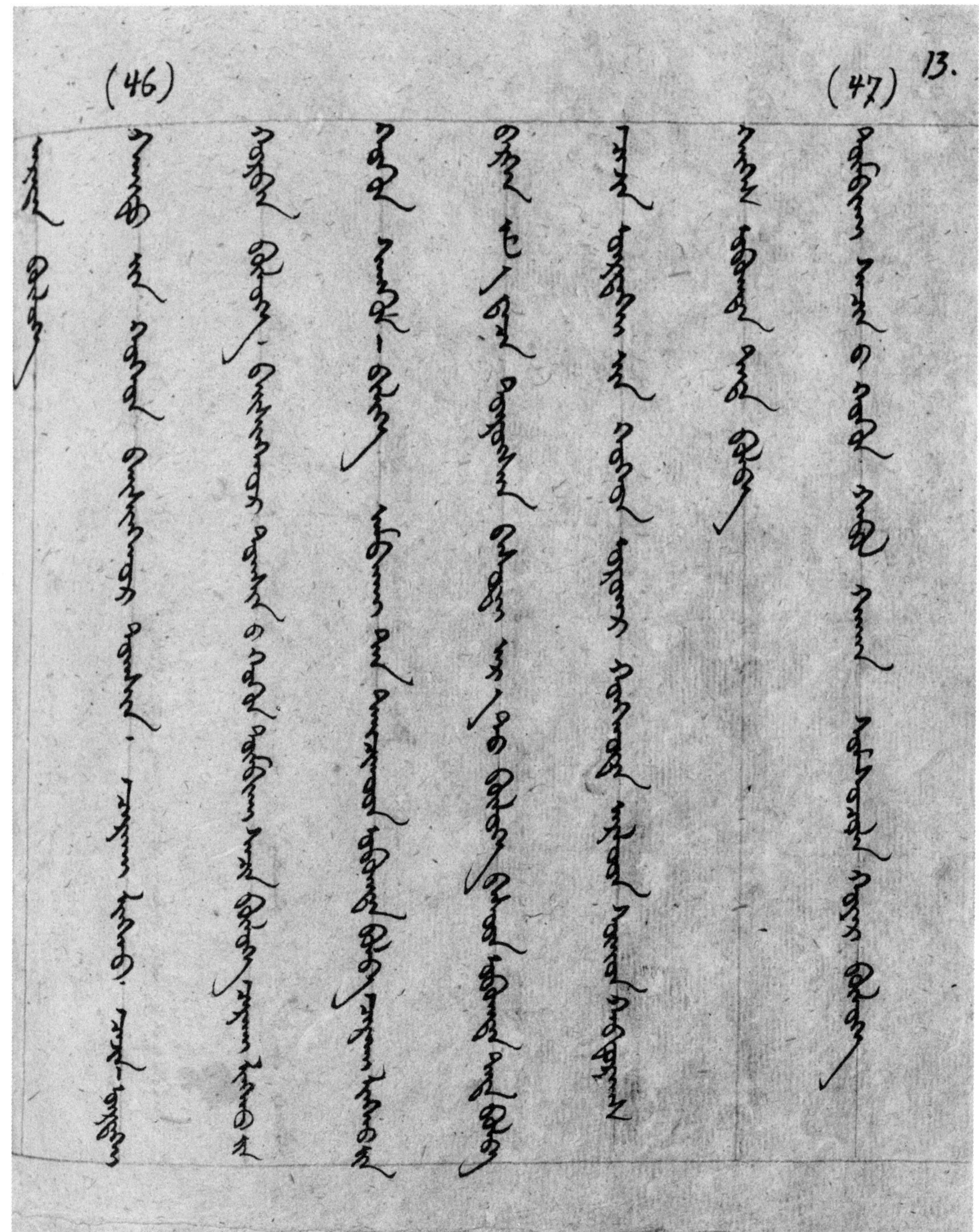
13.
(47)
(46)

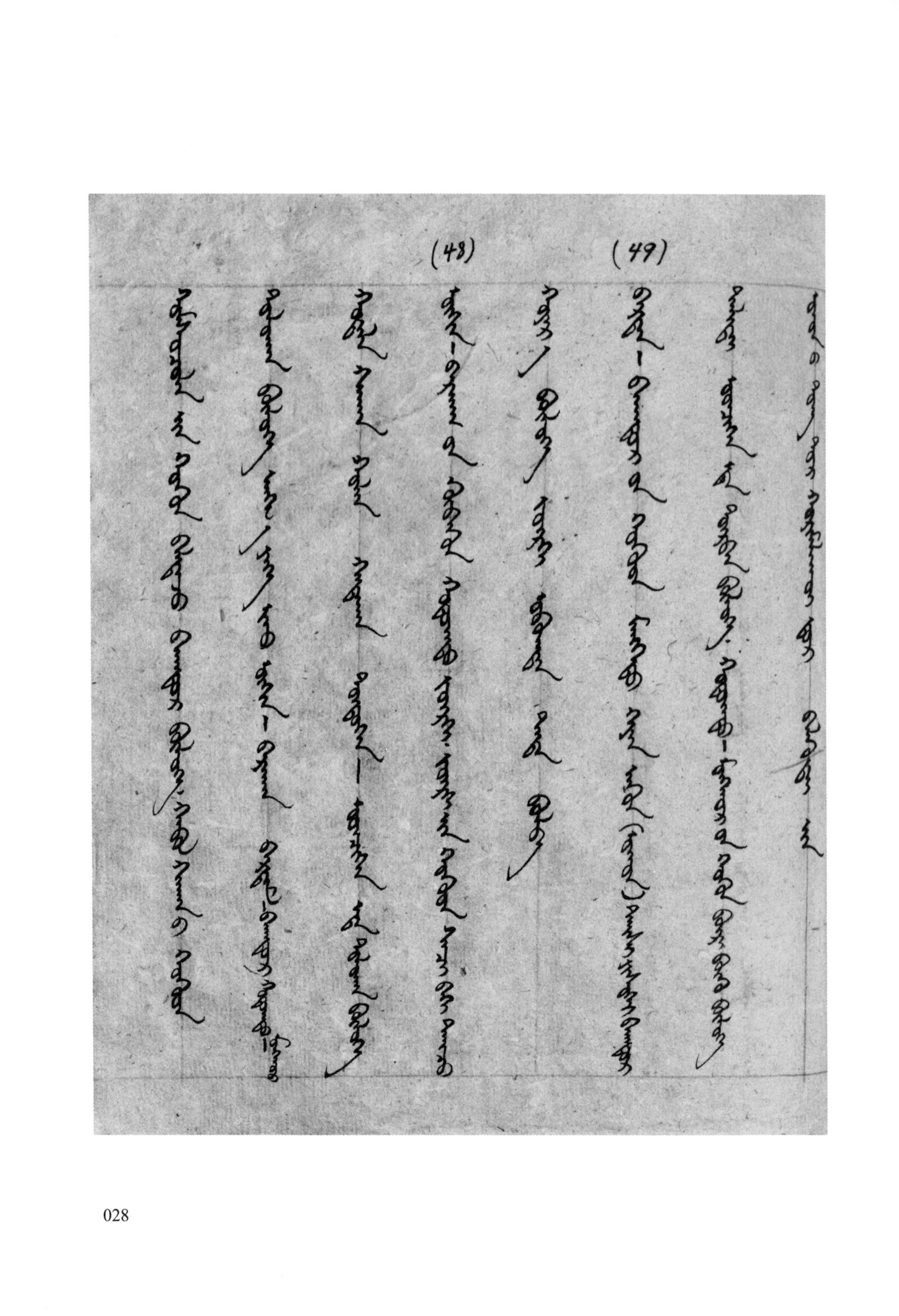

(48) (49)

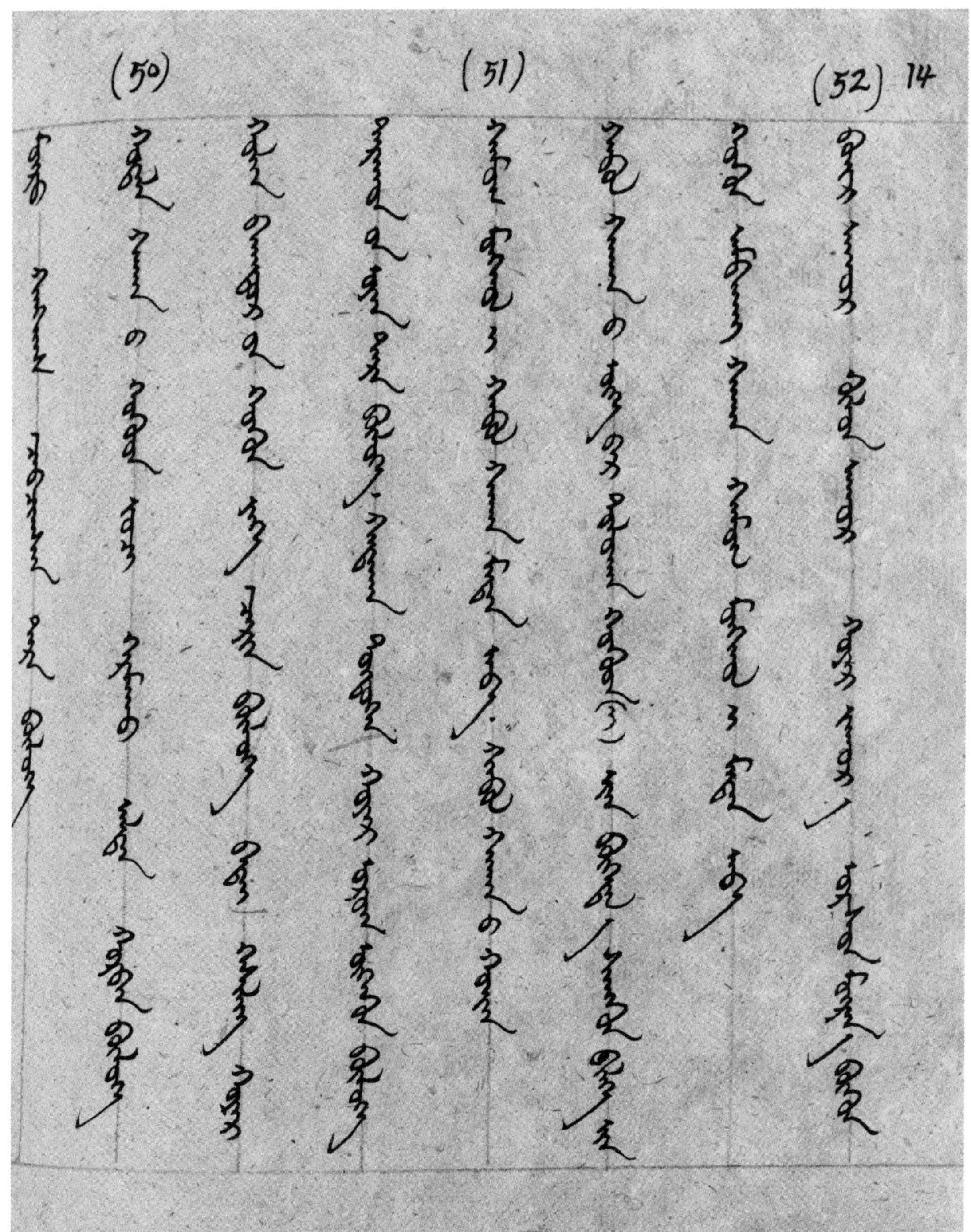

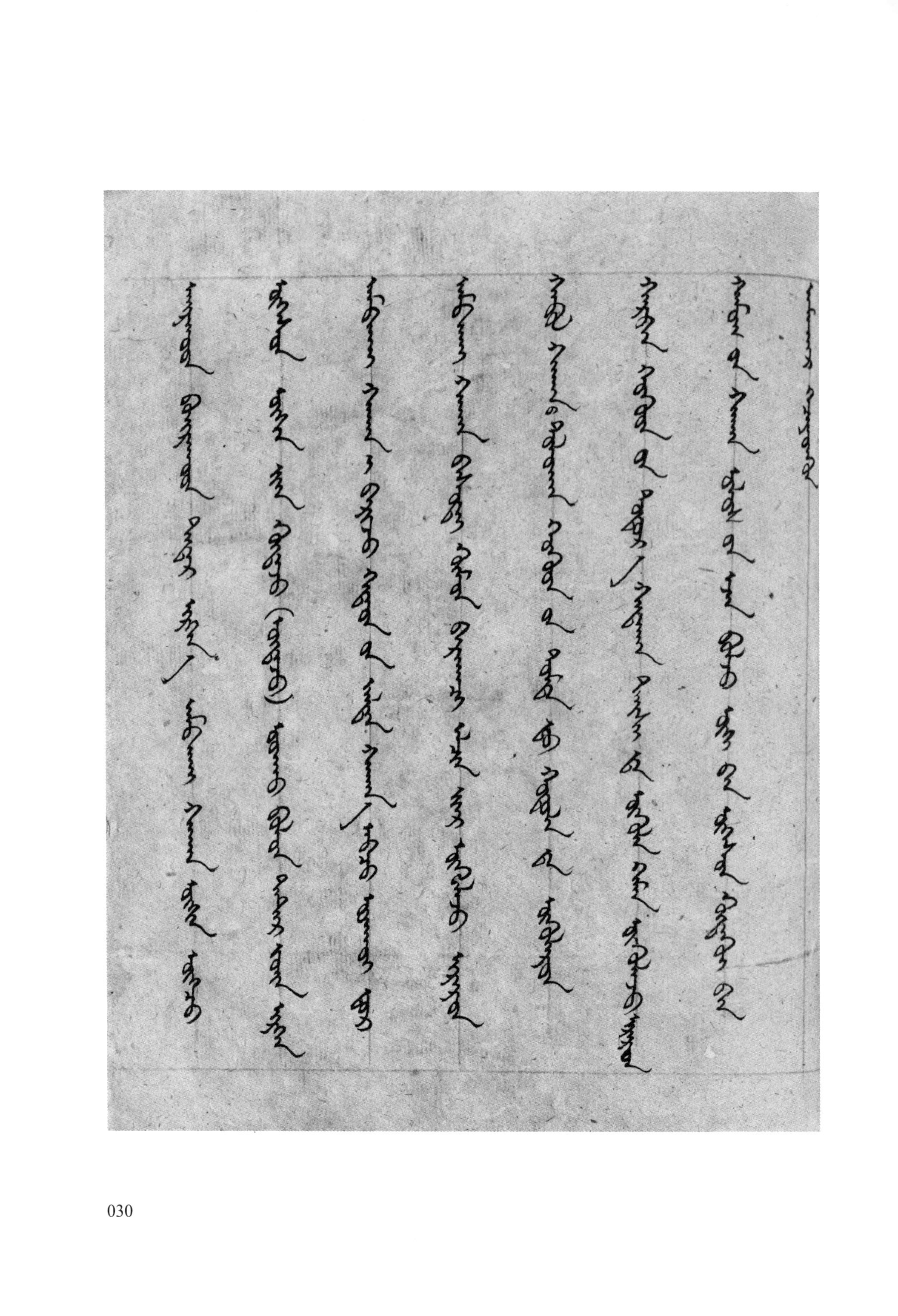

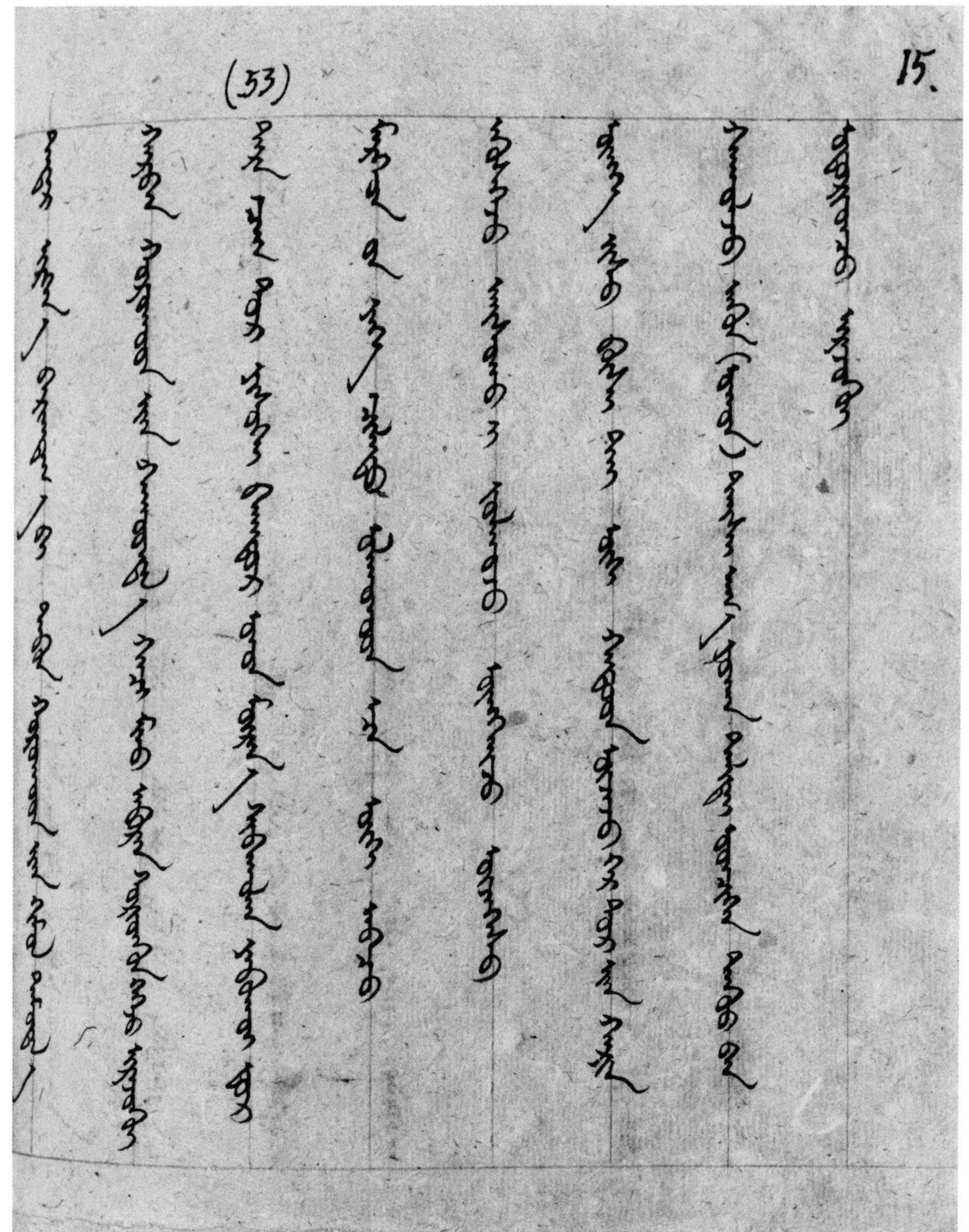
15.

(53)

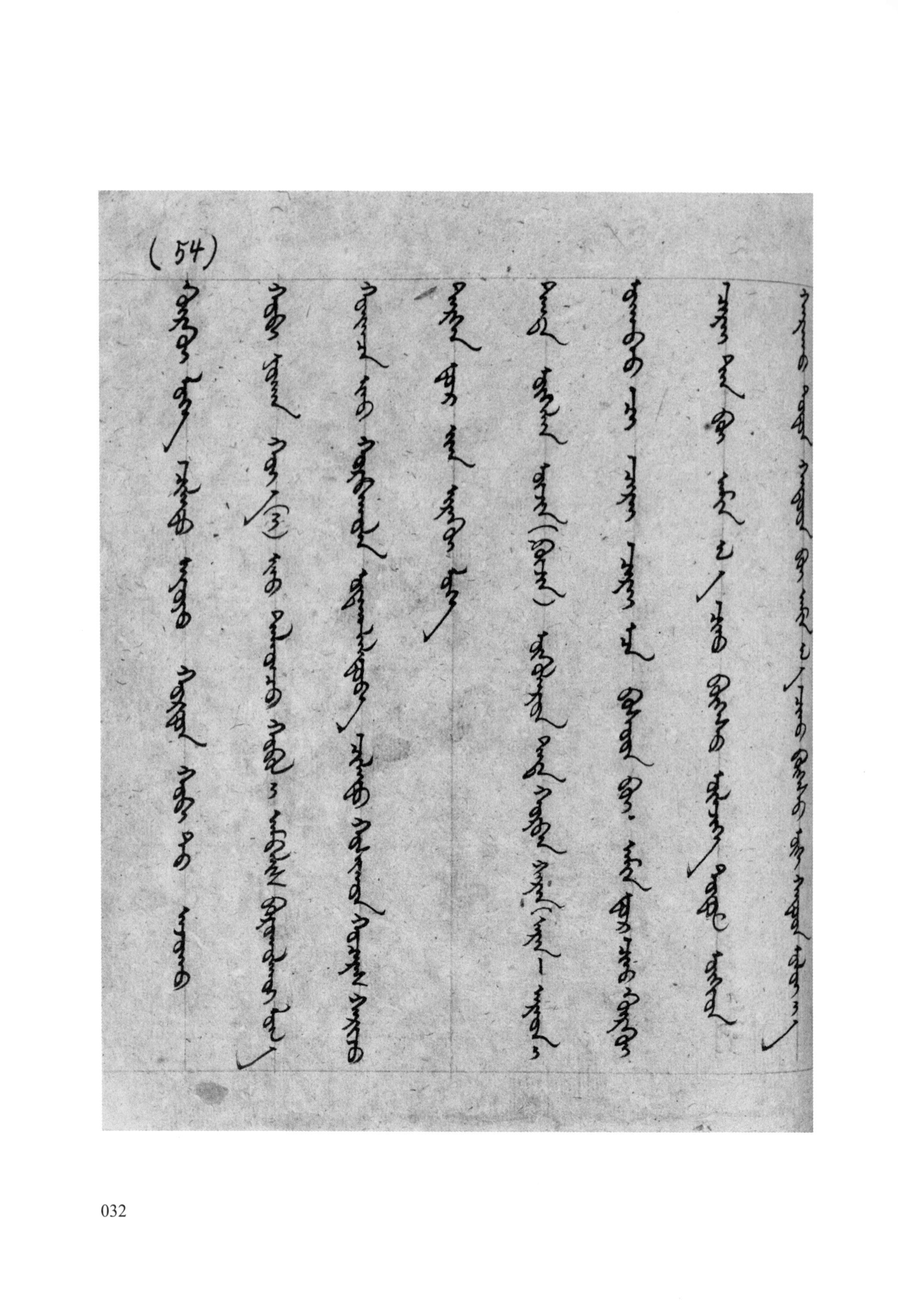

(54)

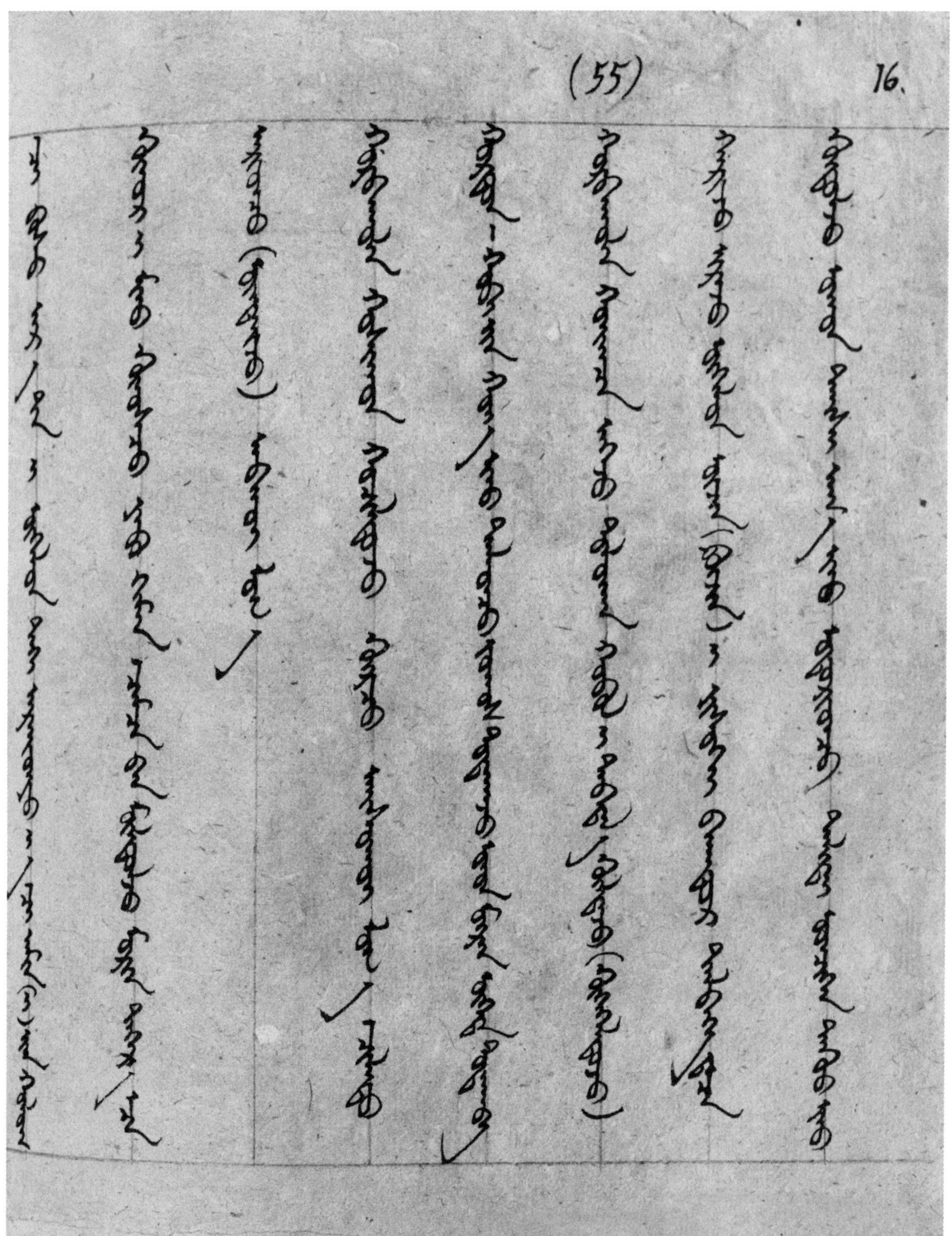
(55) 16.

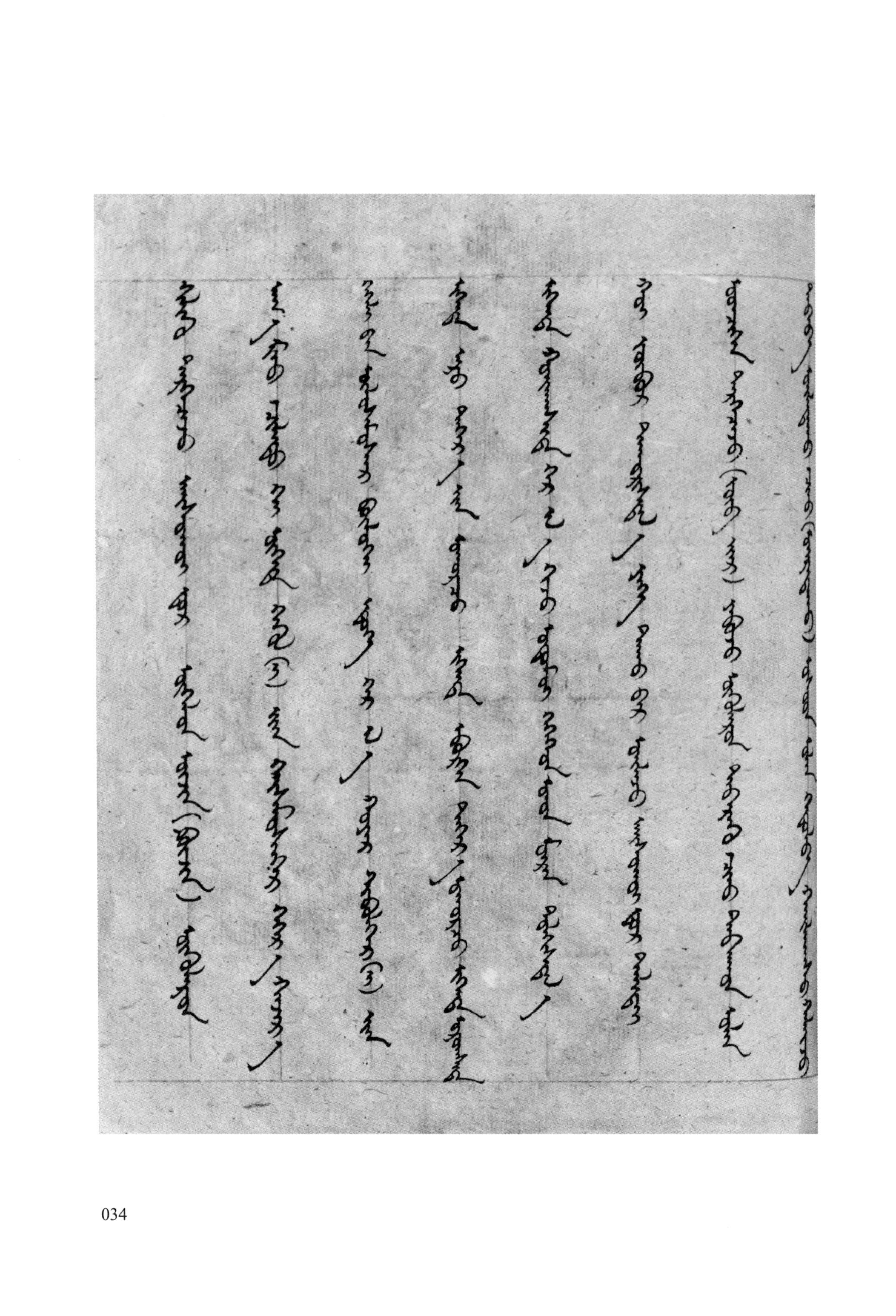

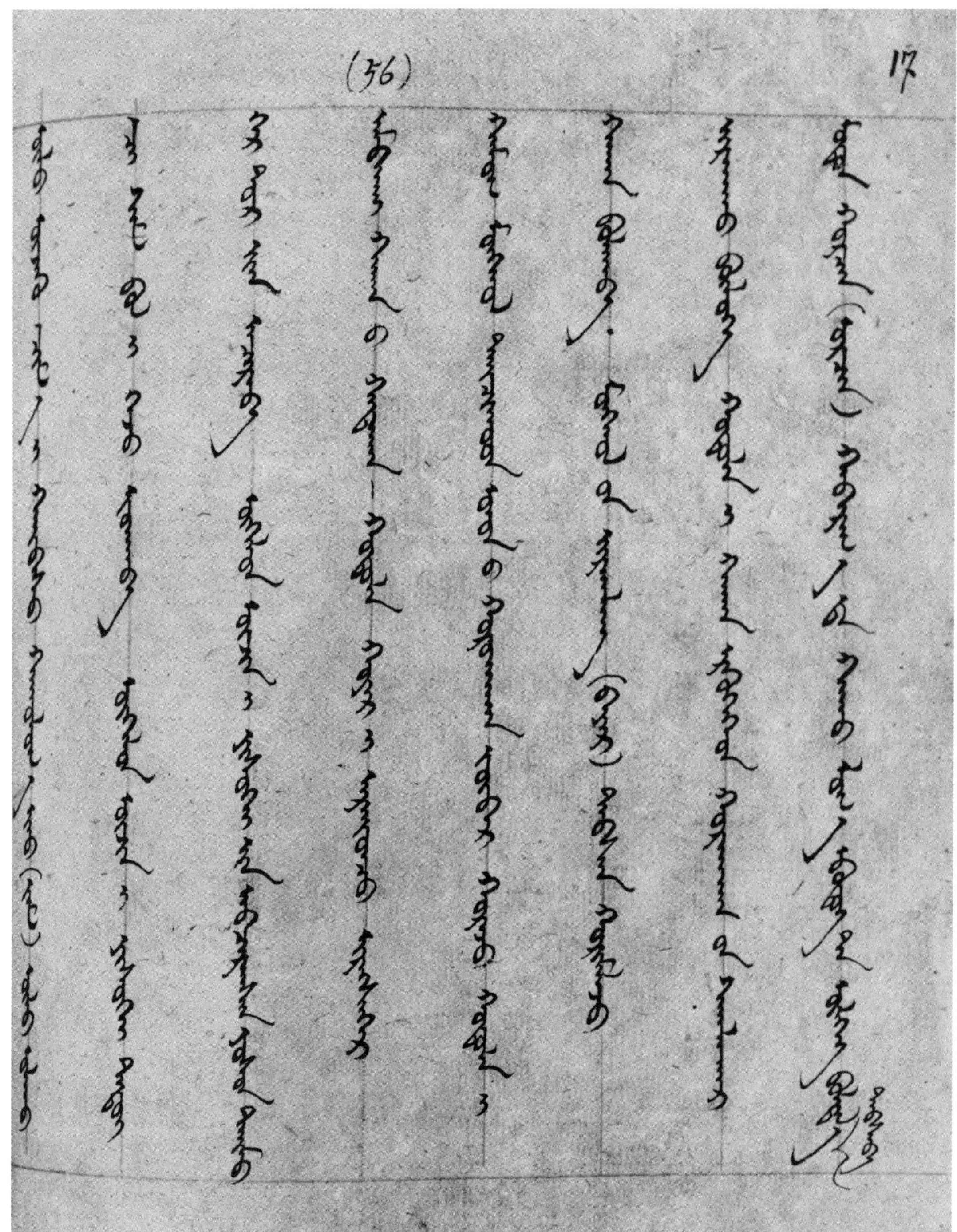
(56)
17

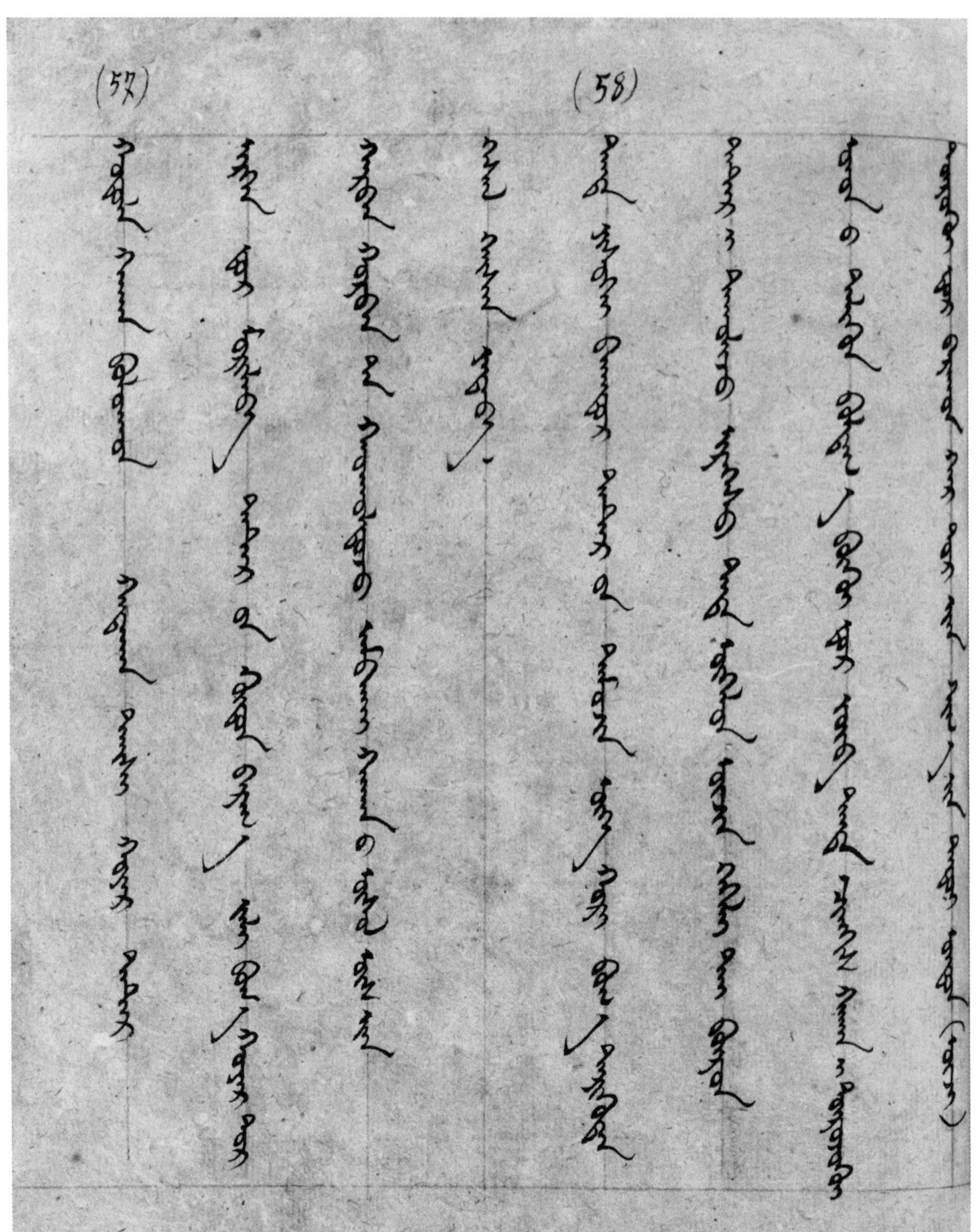
(57)
(58)

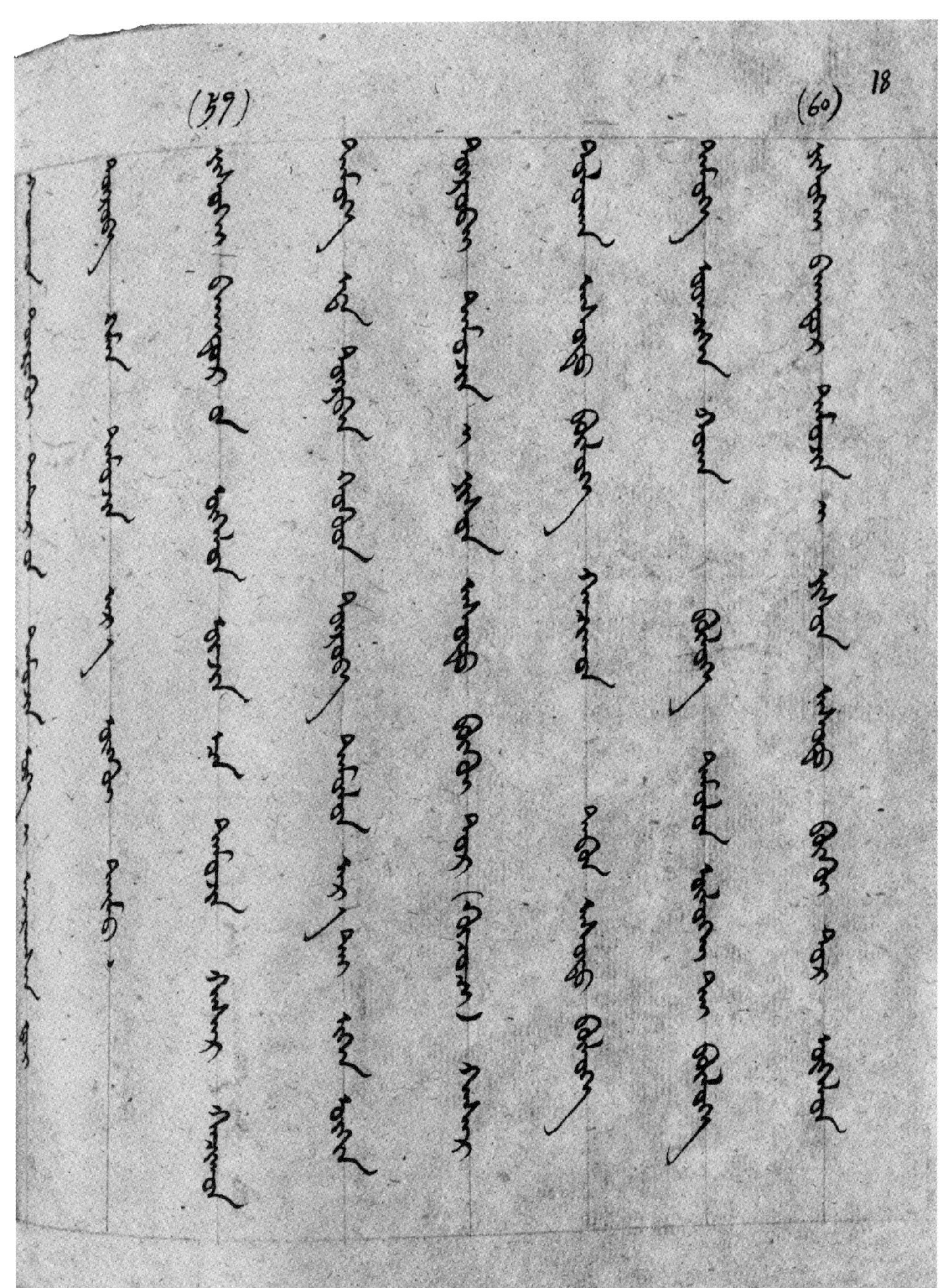

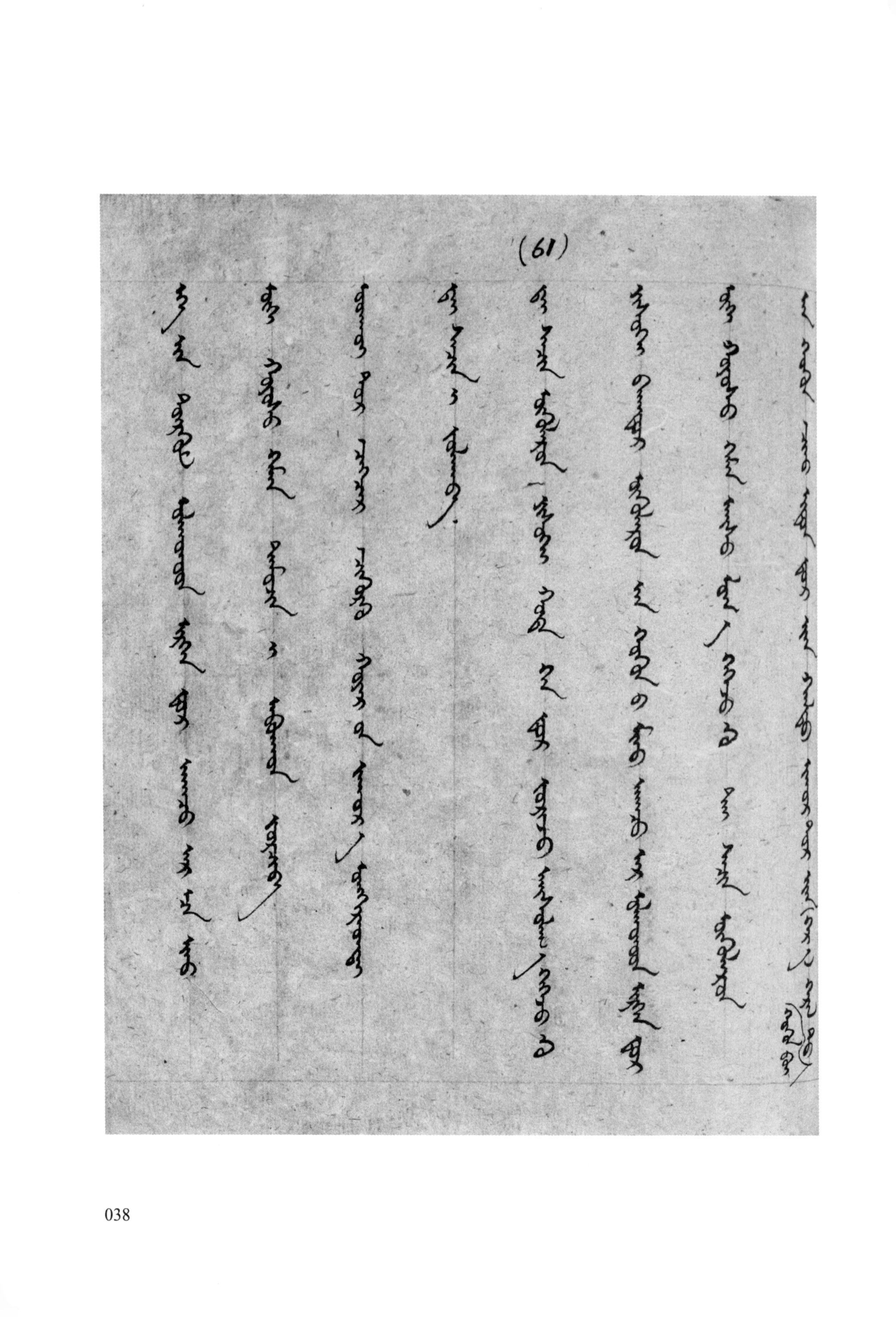

(61)

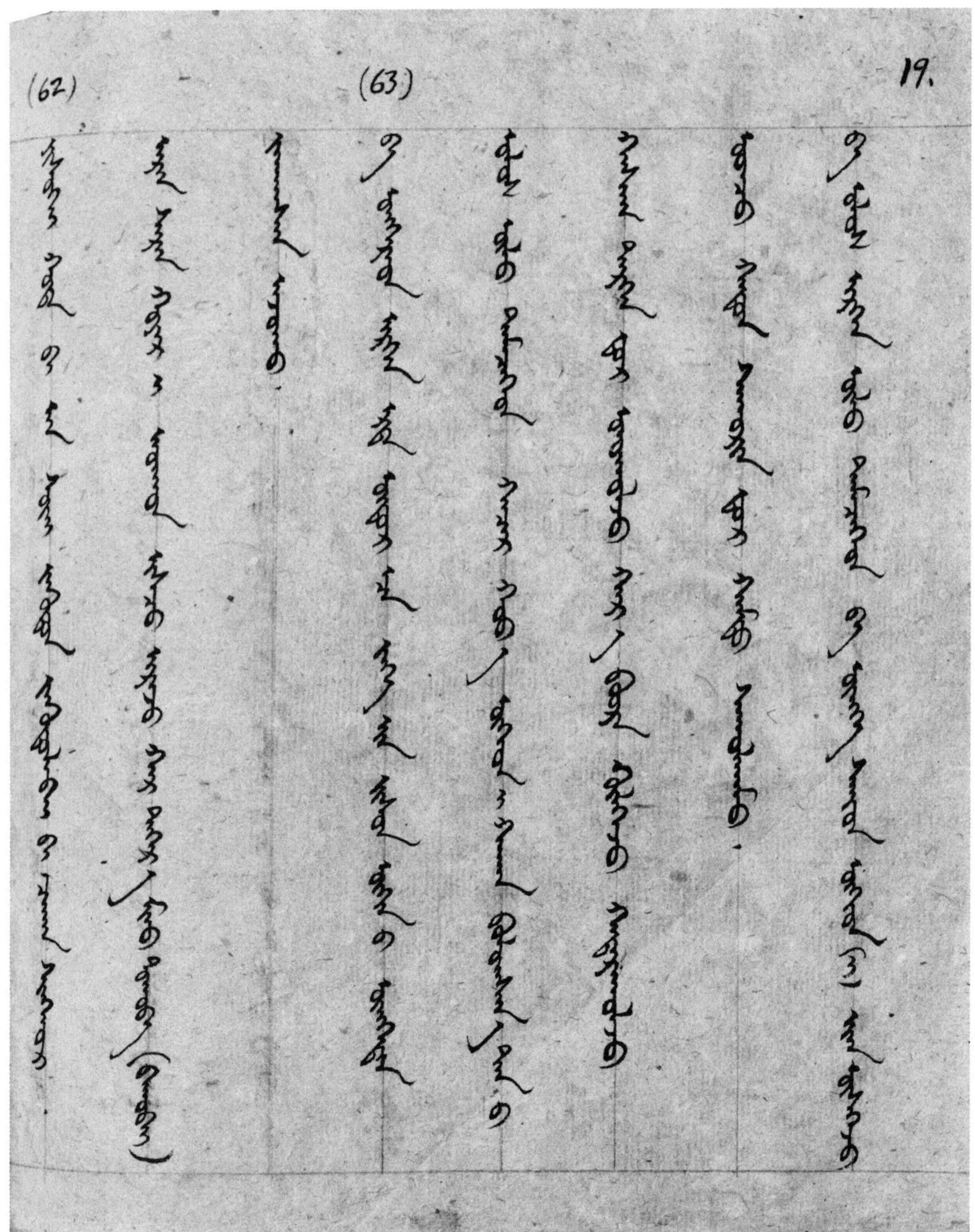

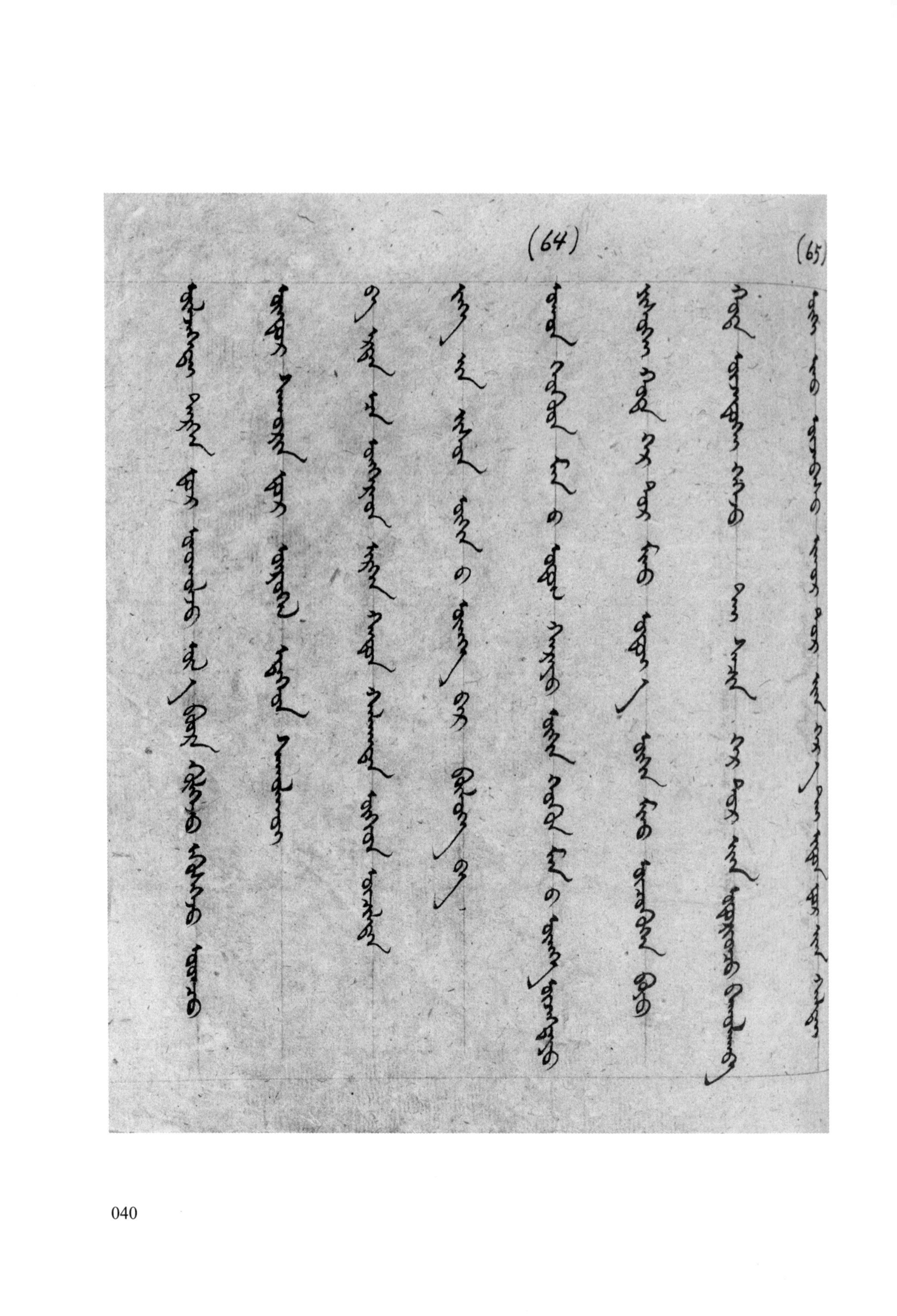

(64)

(65)

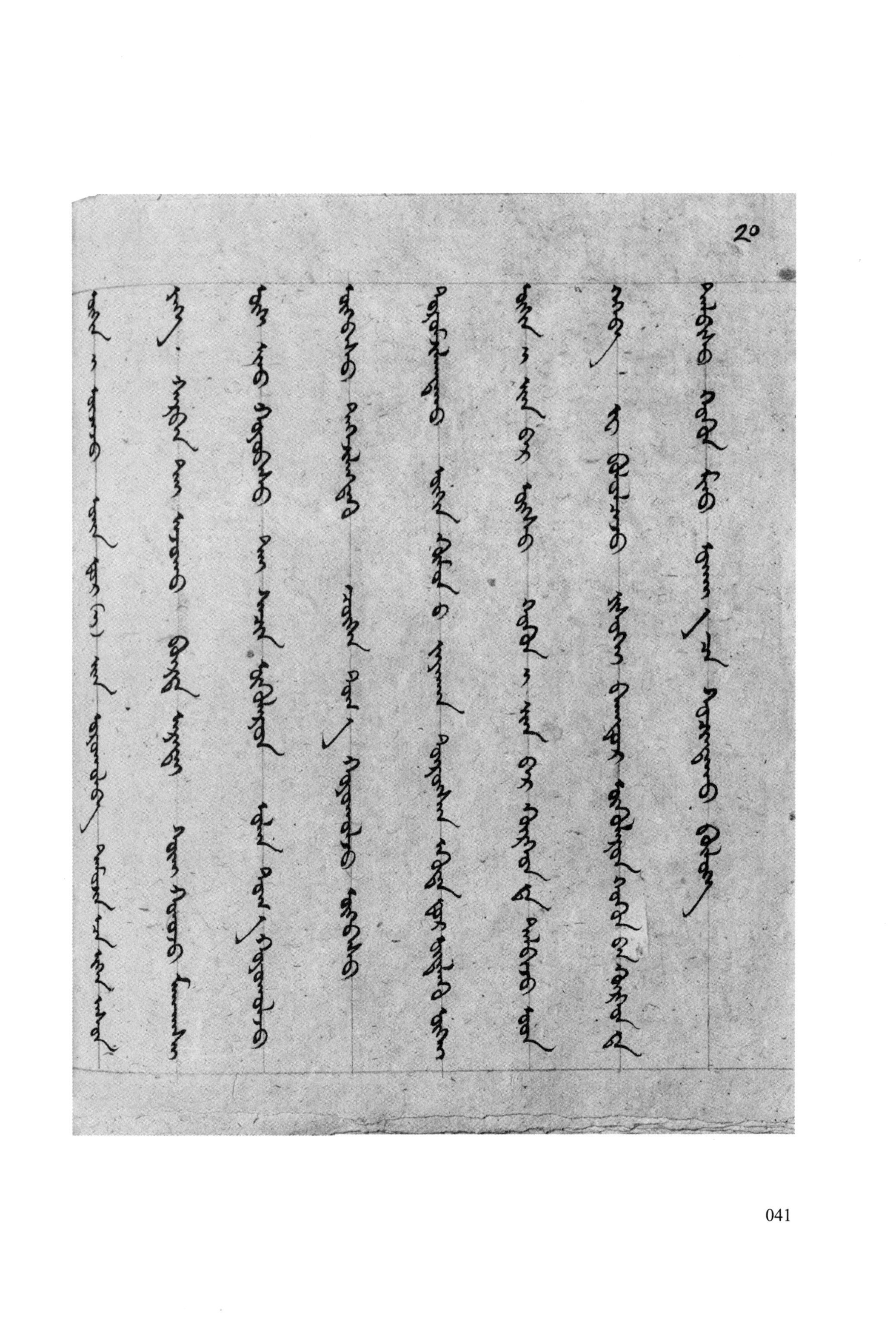

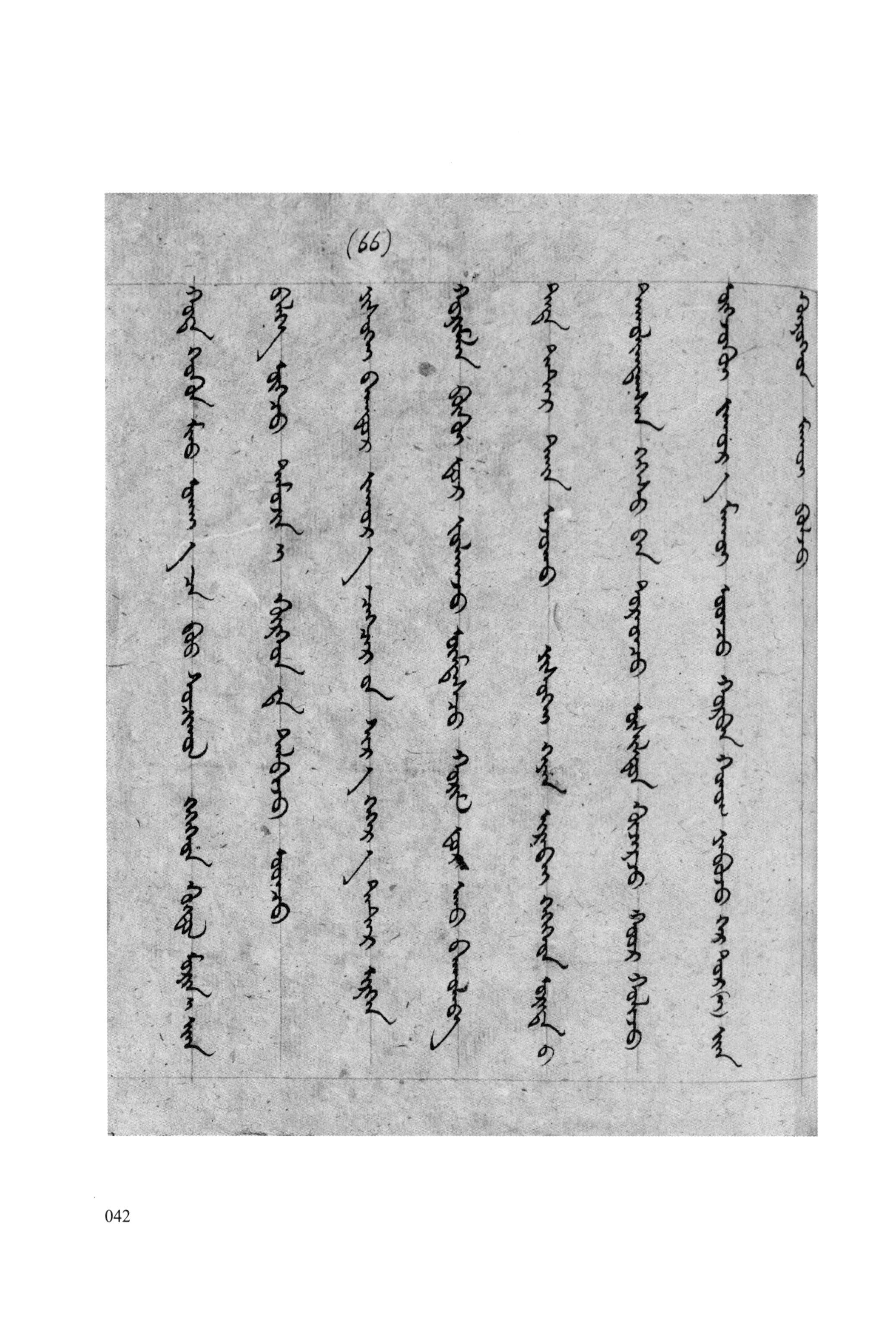

(66)

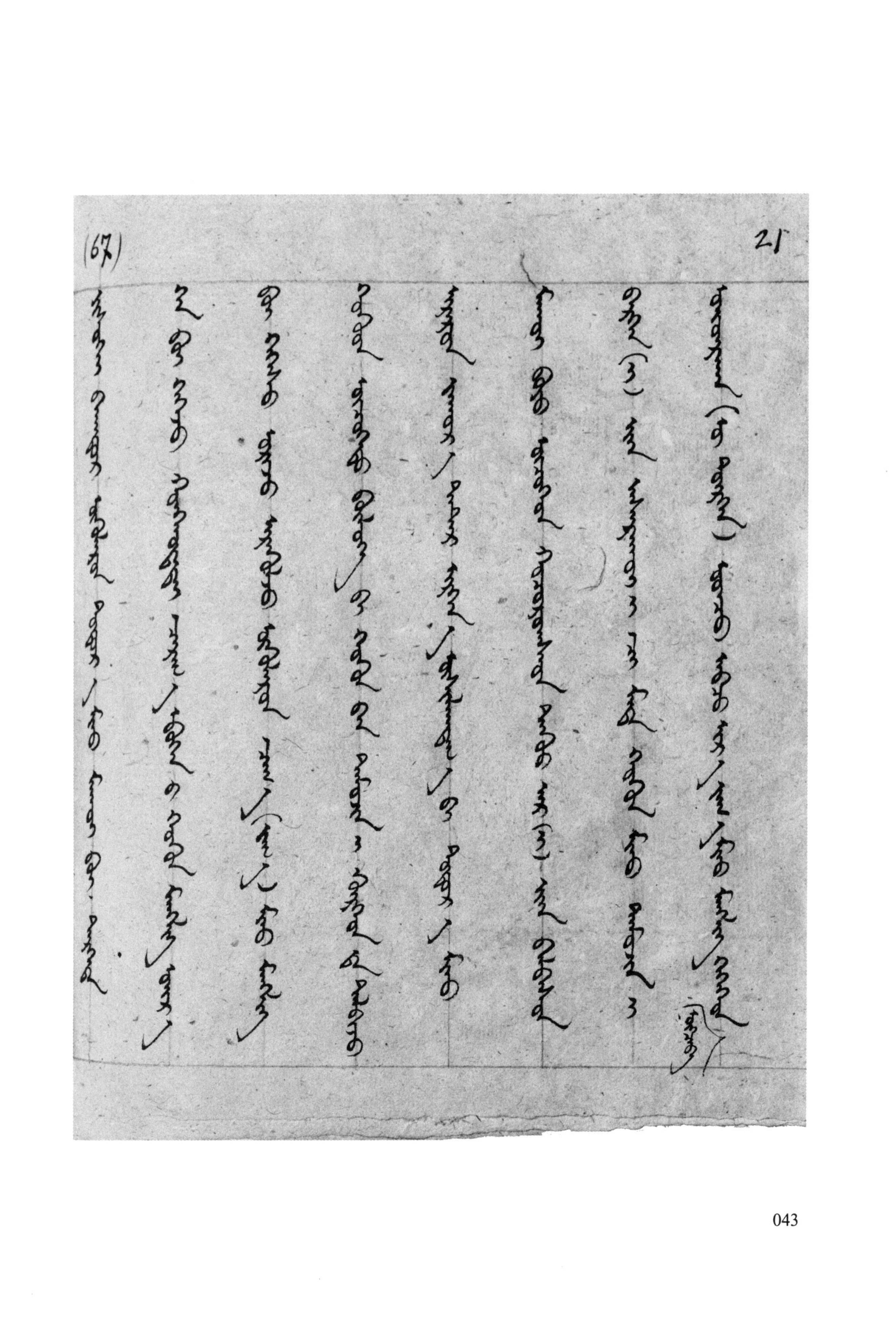

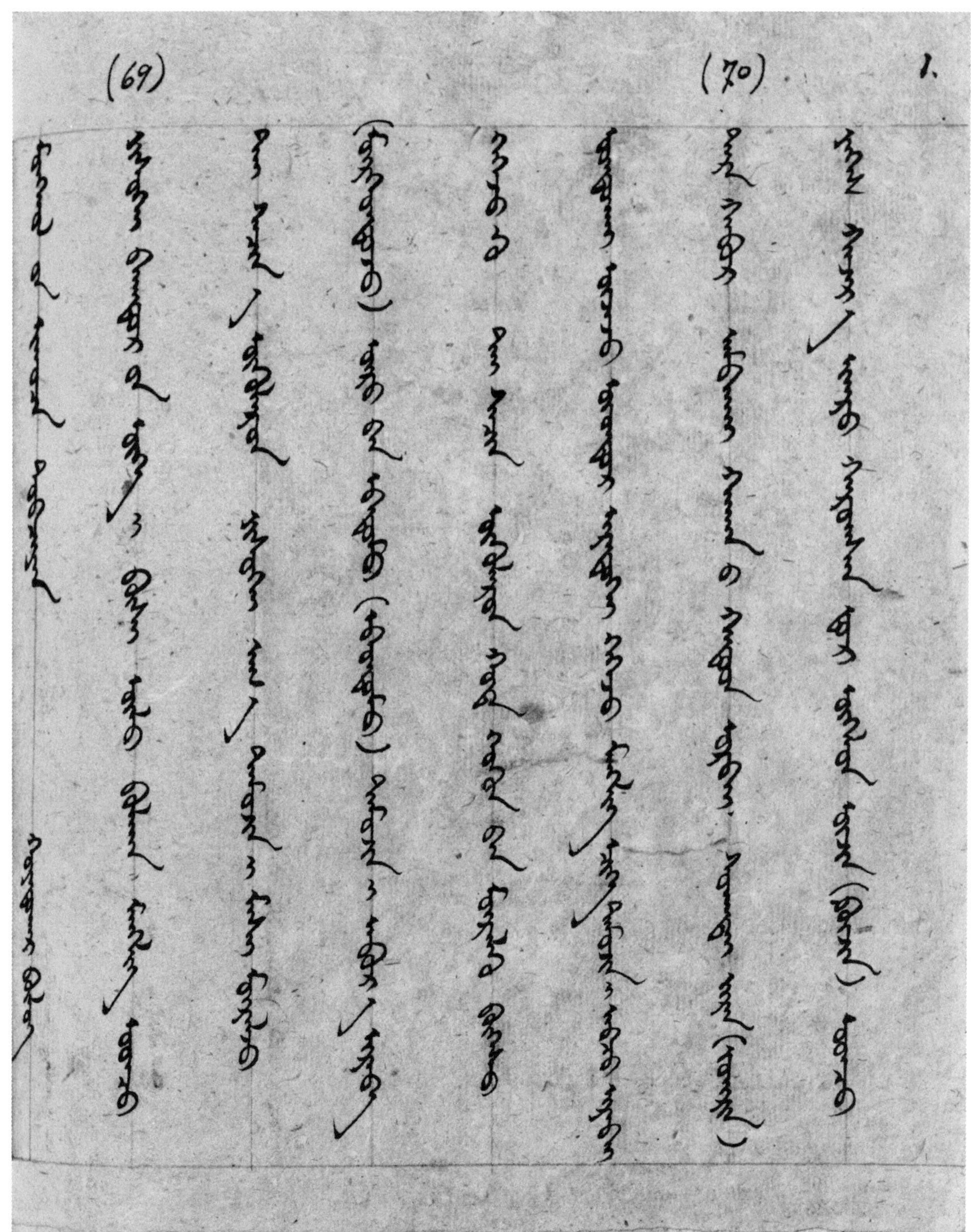

(69) (70) 1.

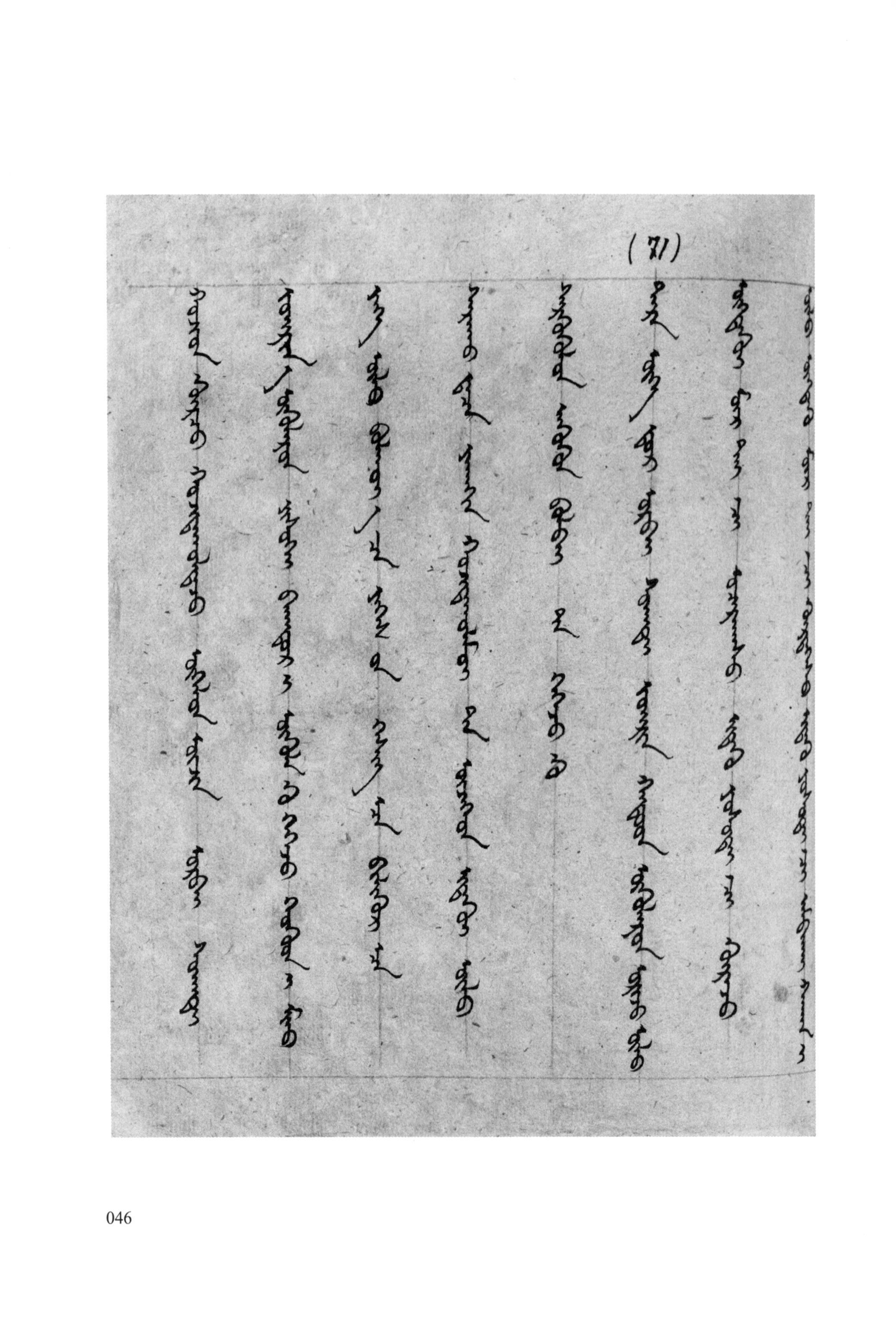

(71)

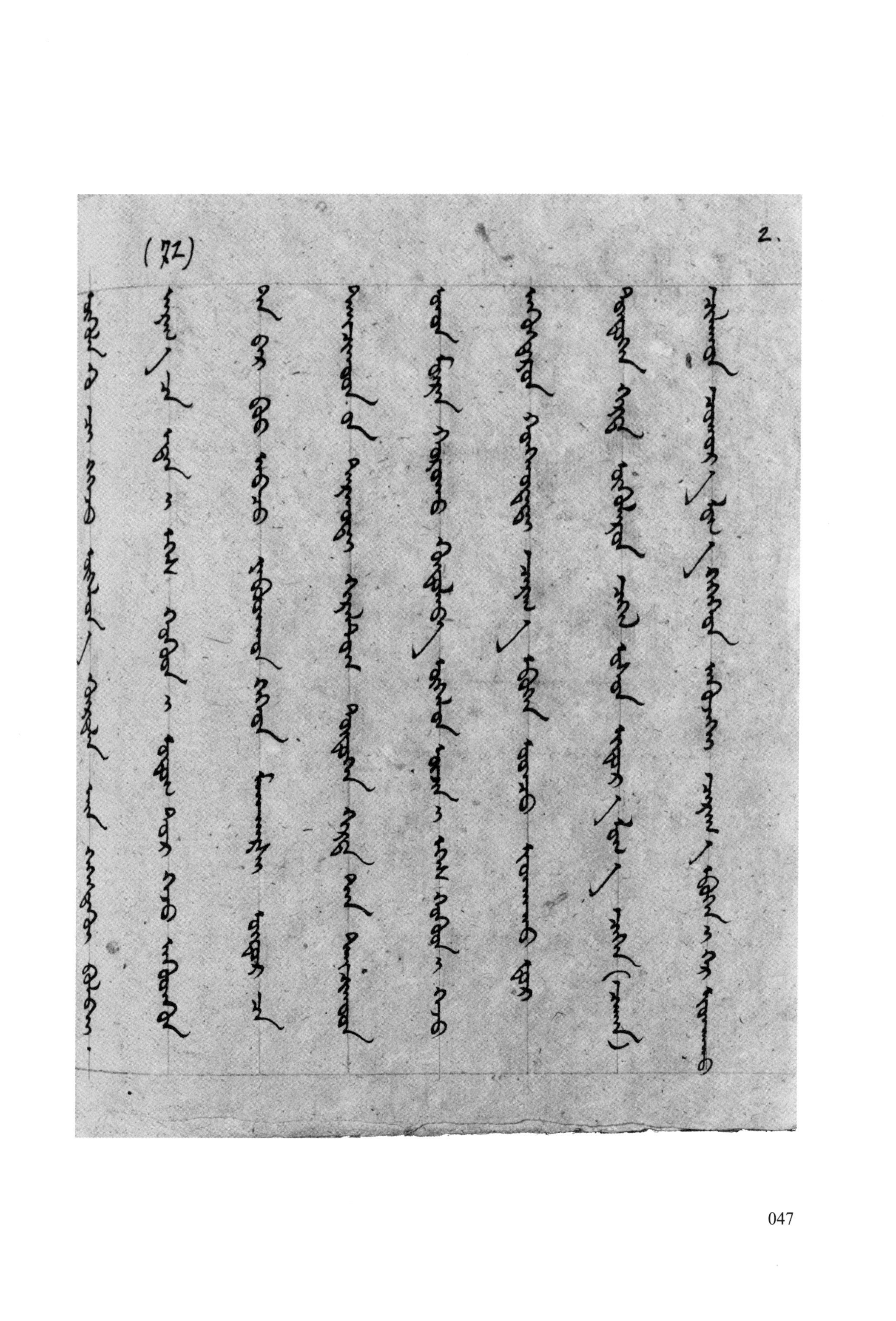

(72)

2.

[illegible]

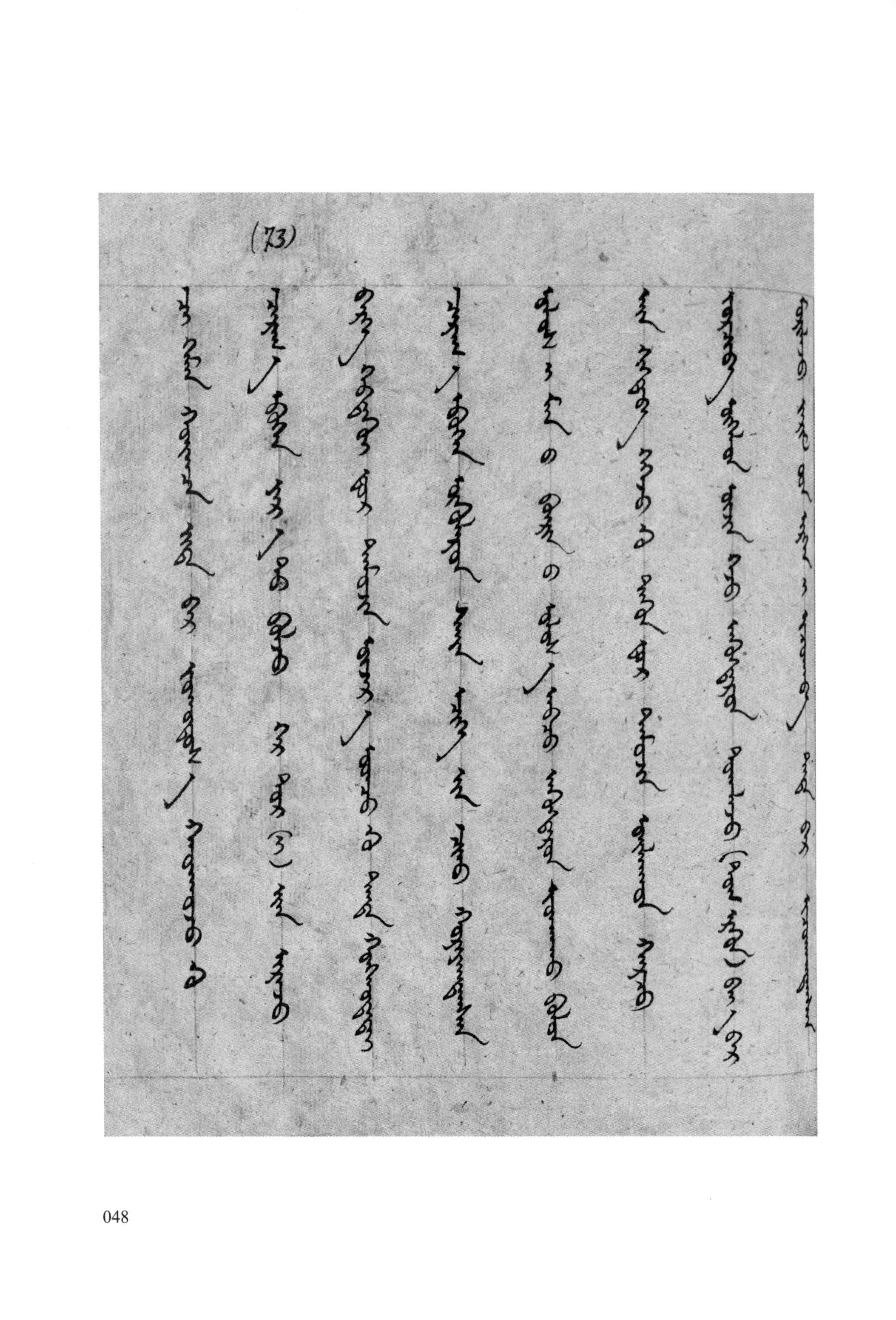

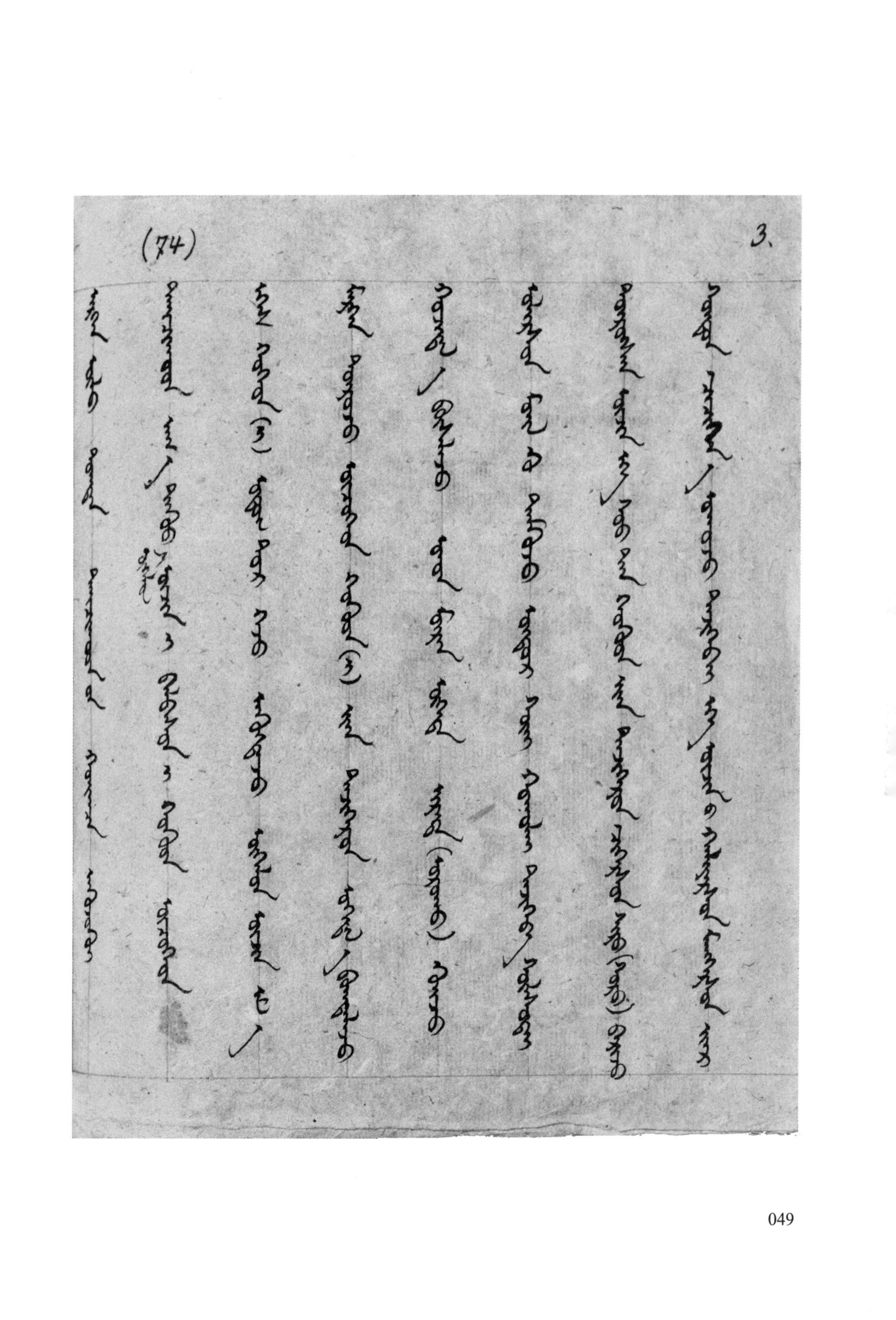

(74)

3.

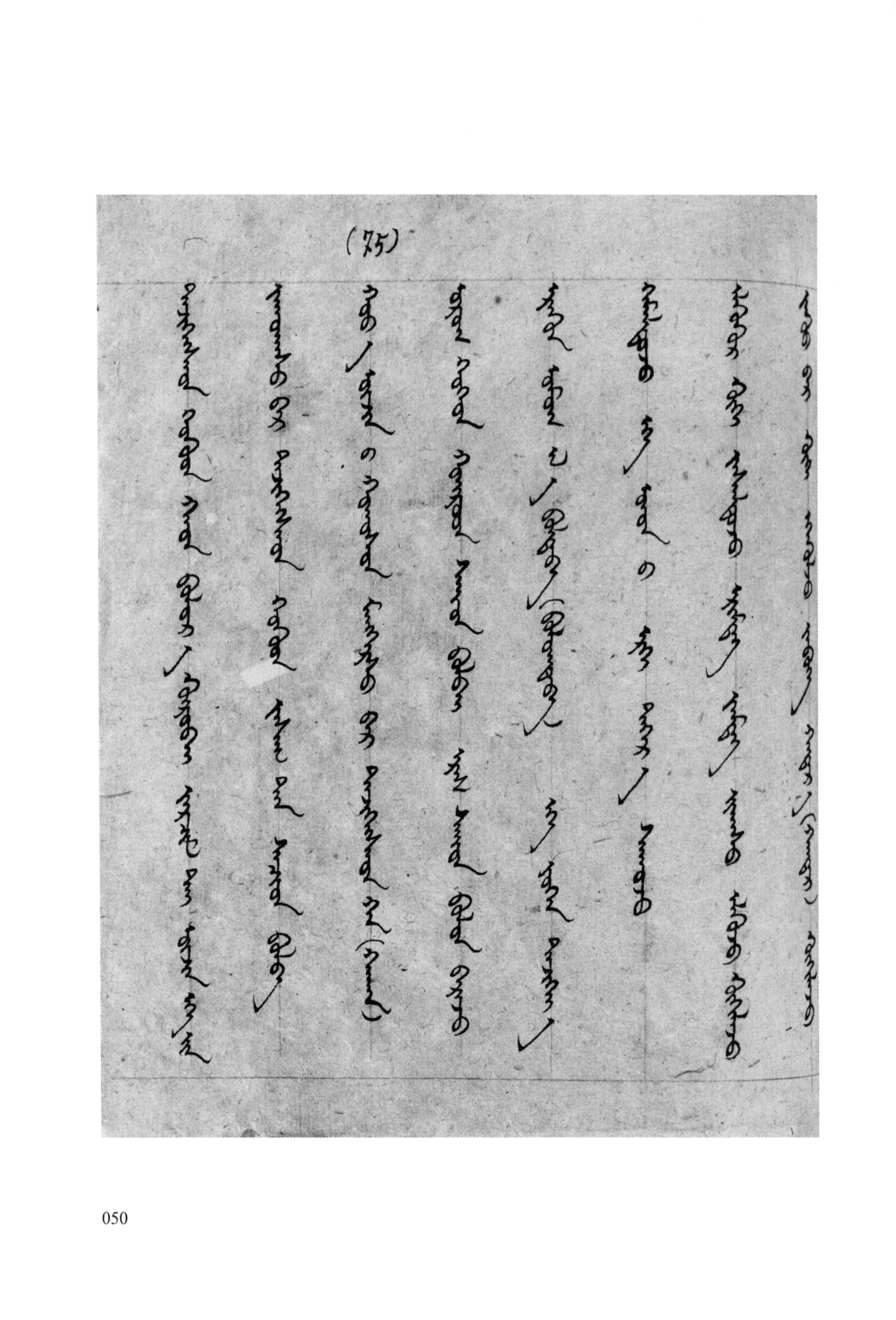

(75)

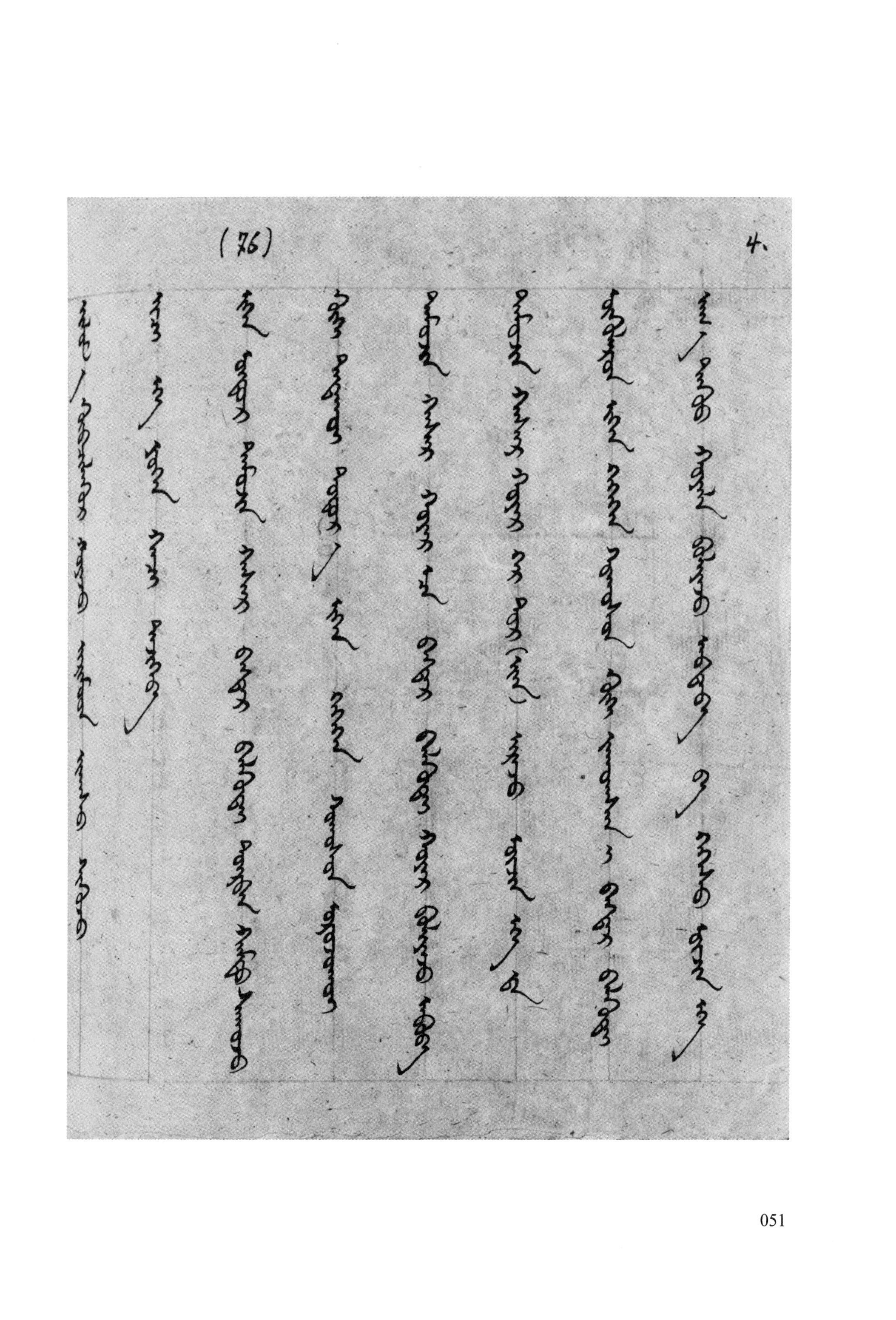

(76)

4.

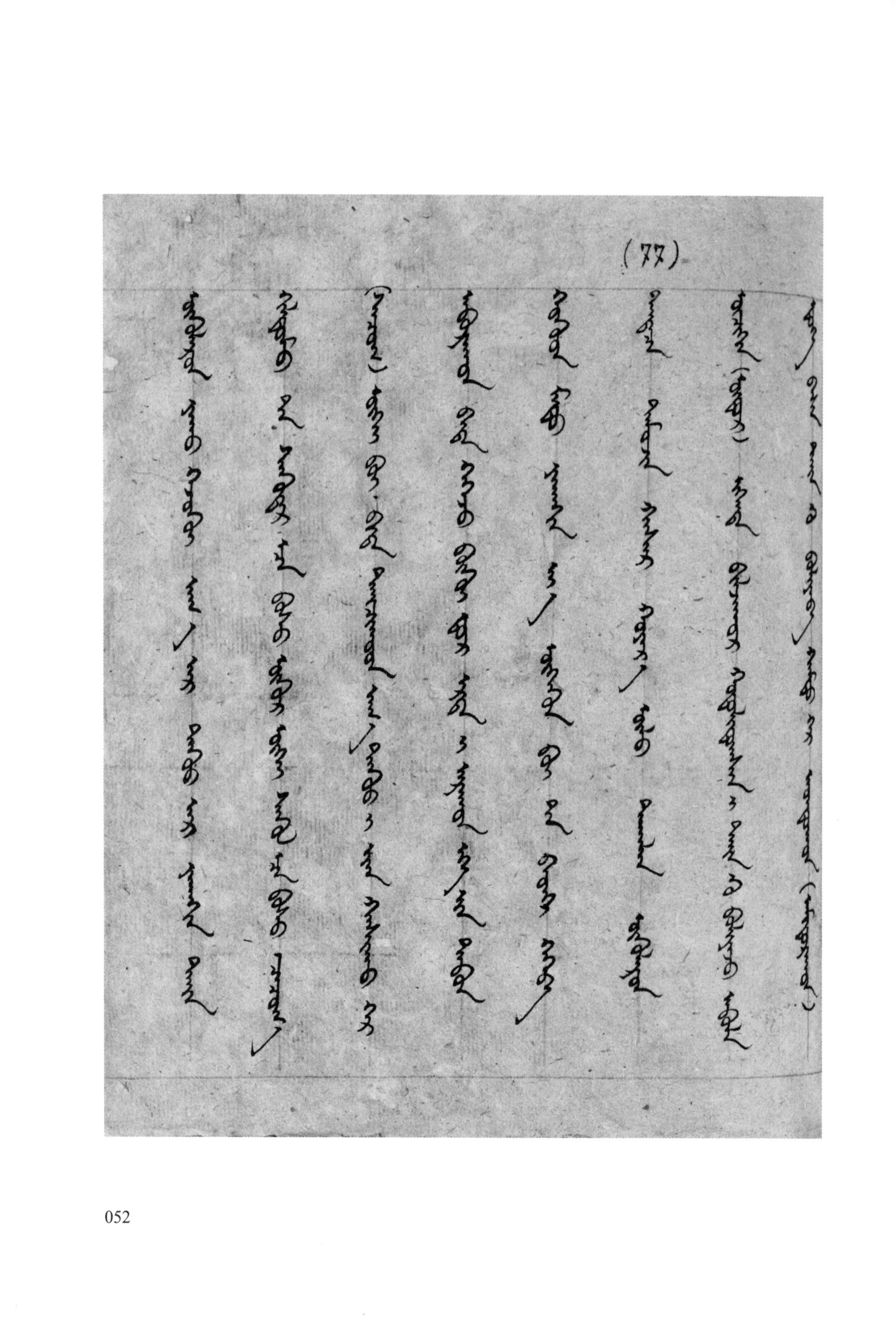

5.

(78)

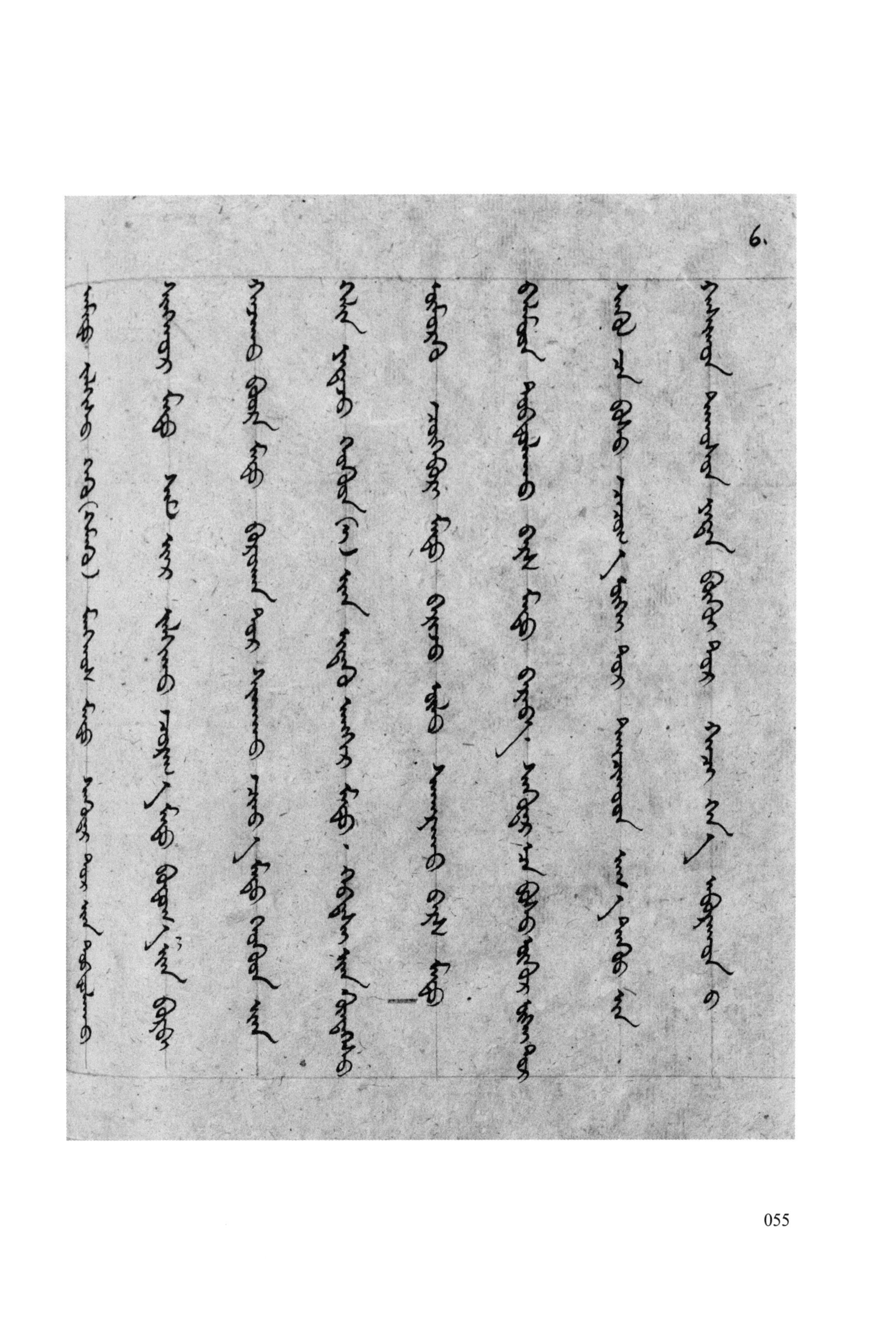

6.

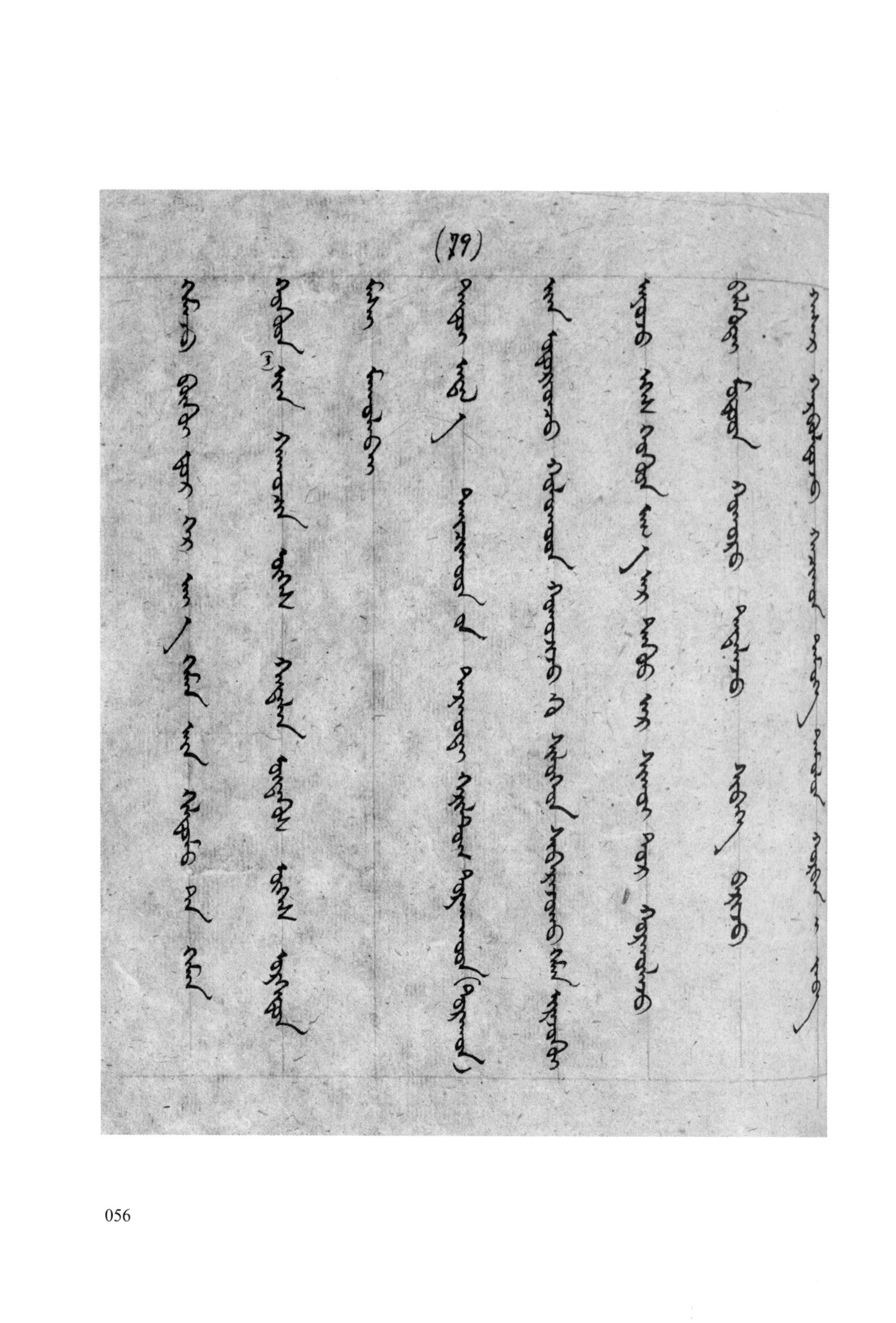

(79)

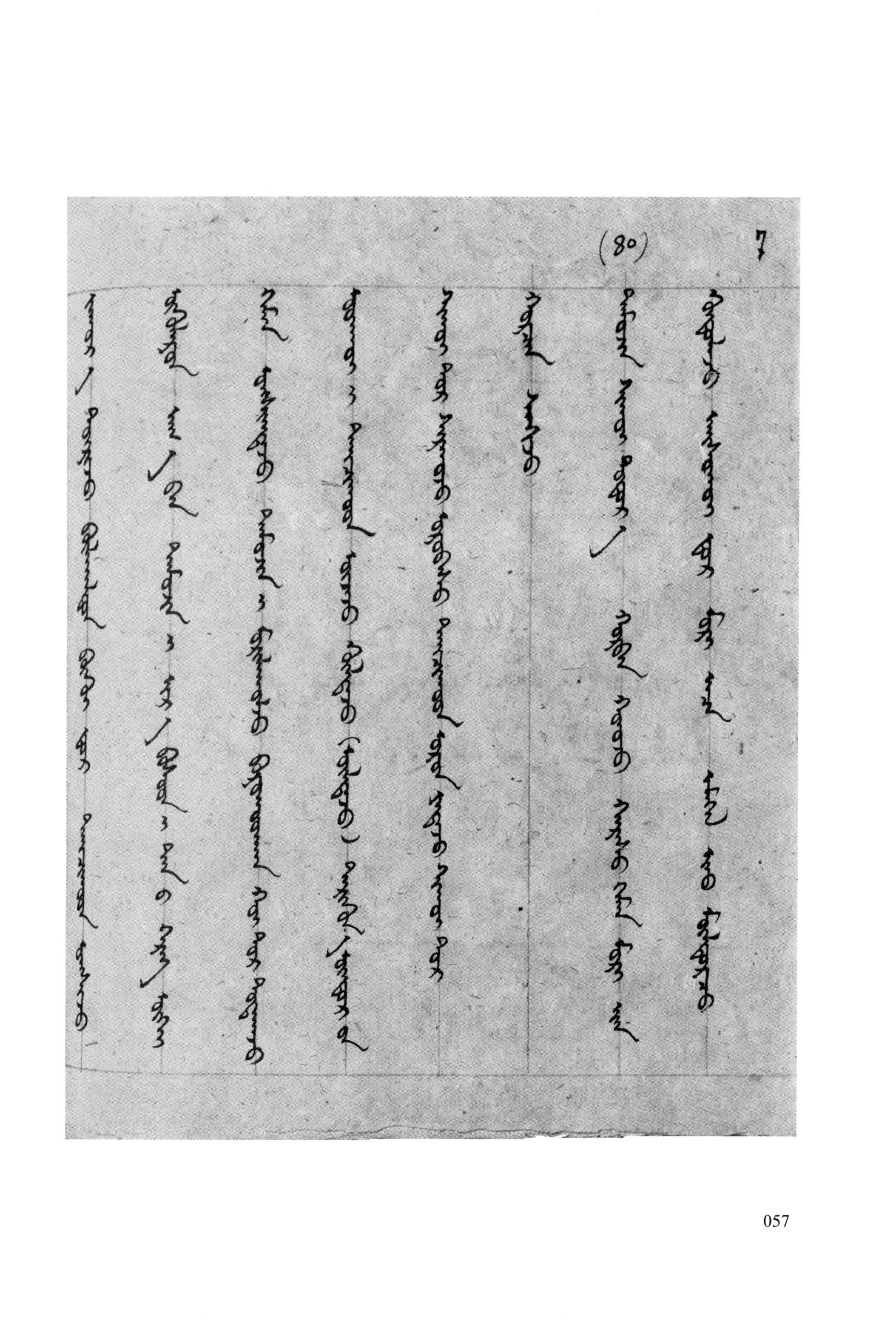

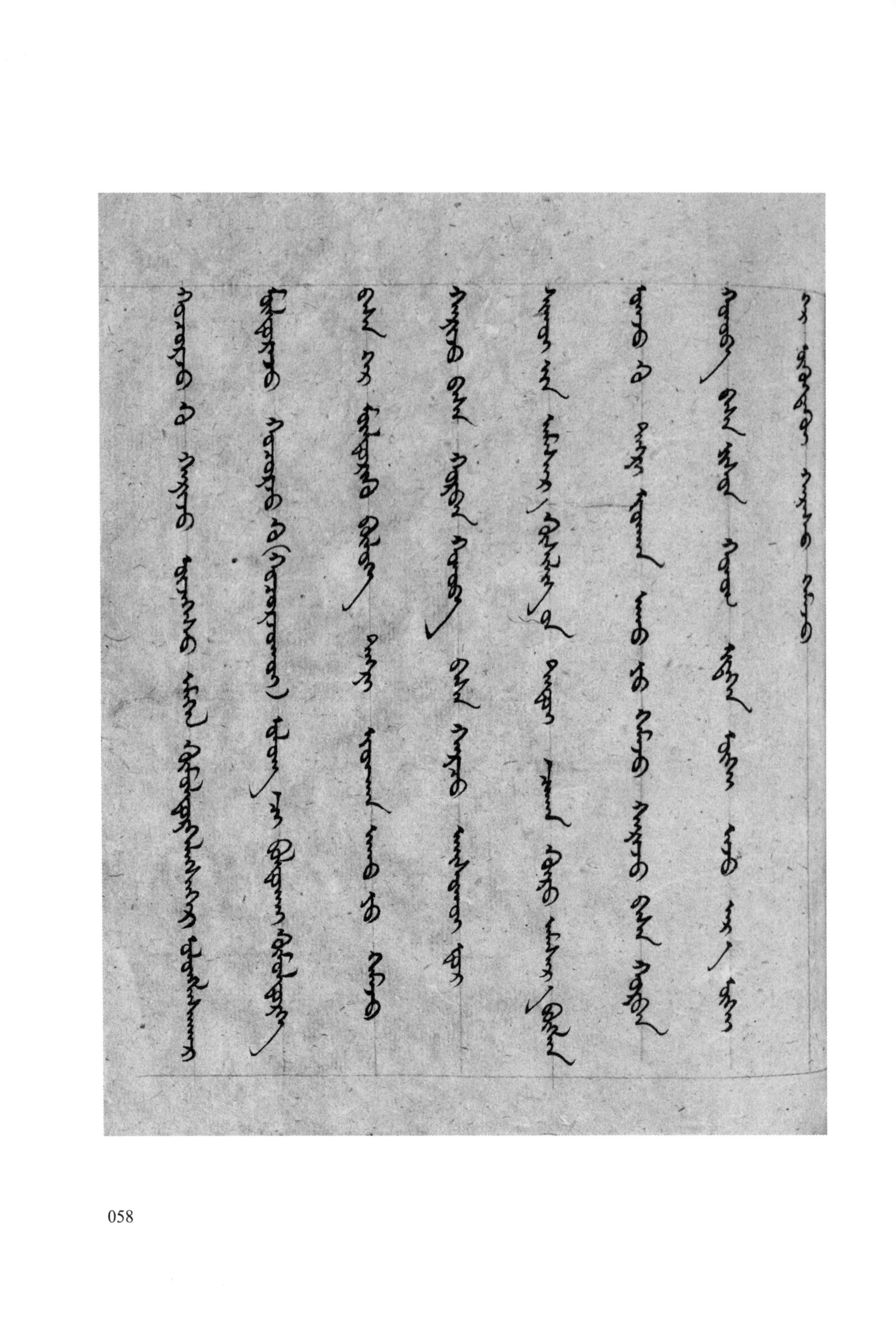

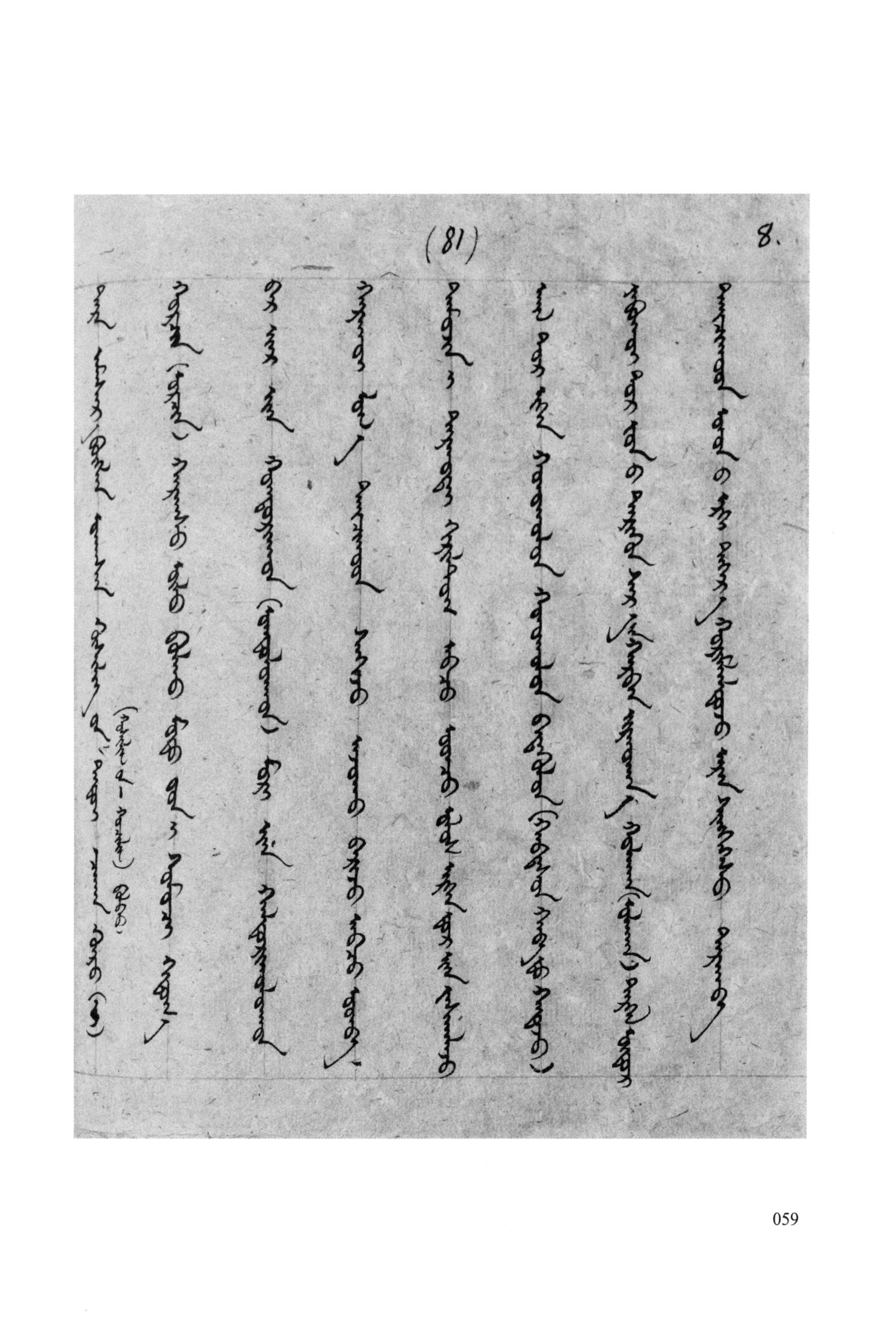

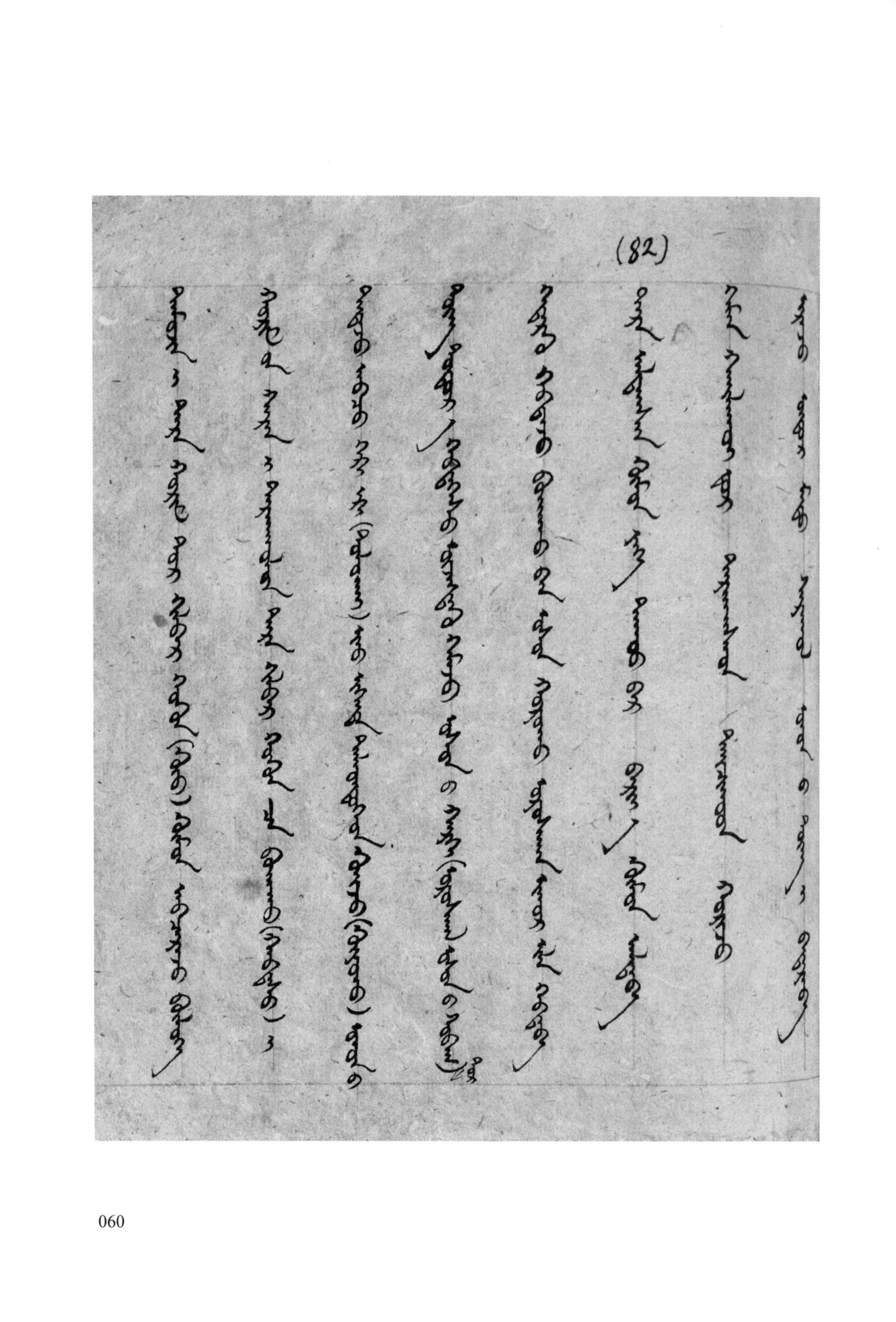

(82)

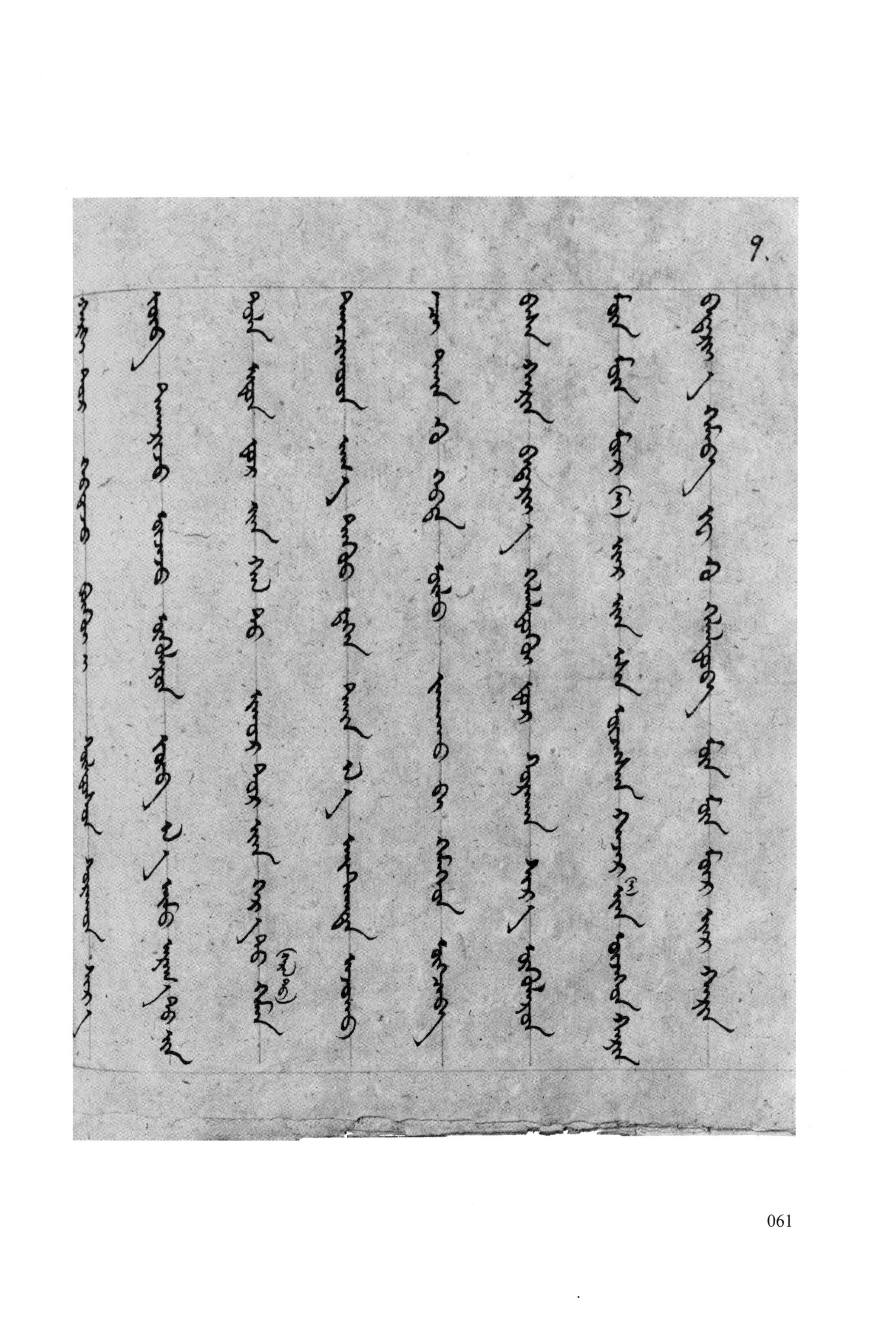

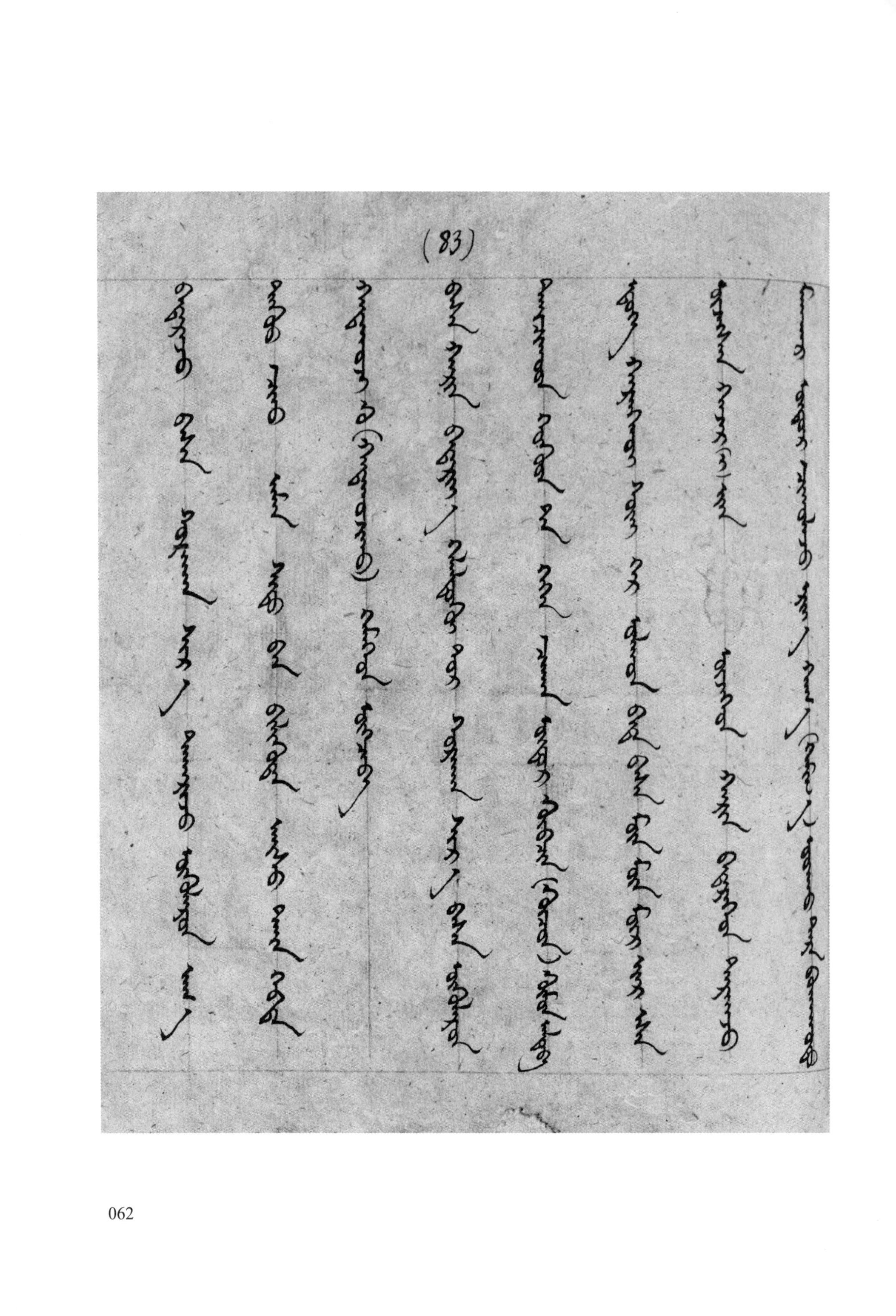

(83)

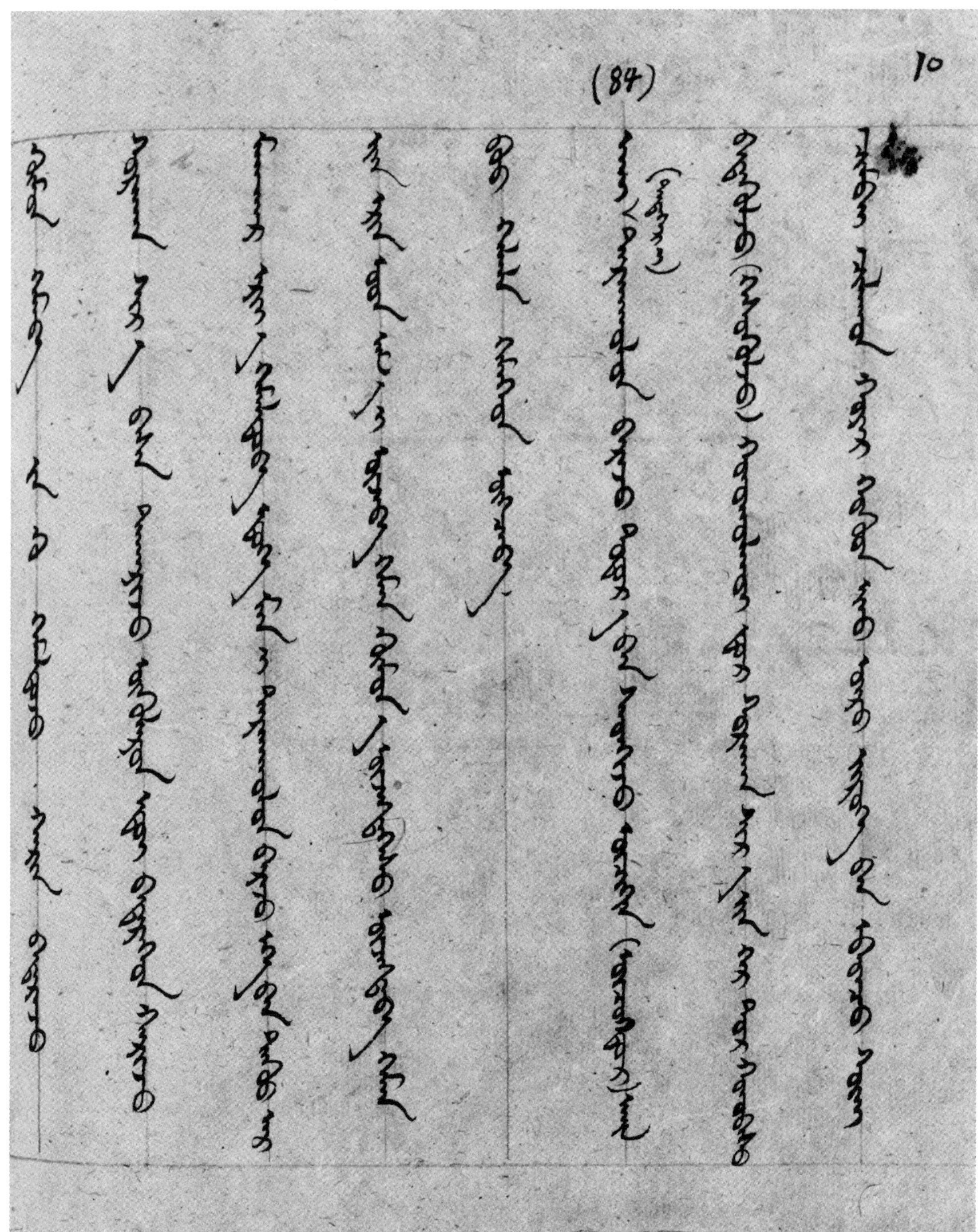

(85)

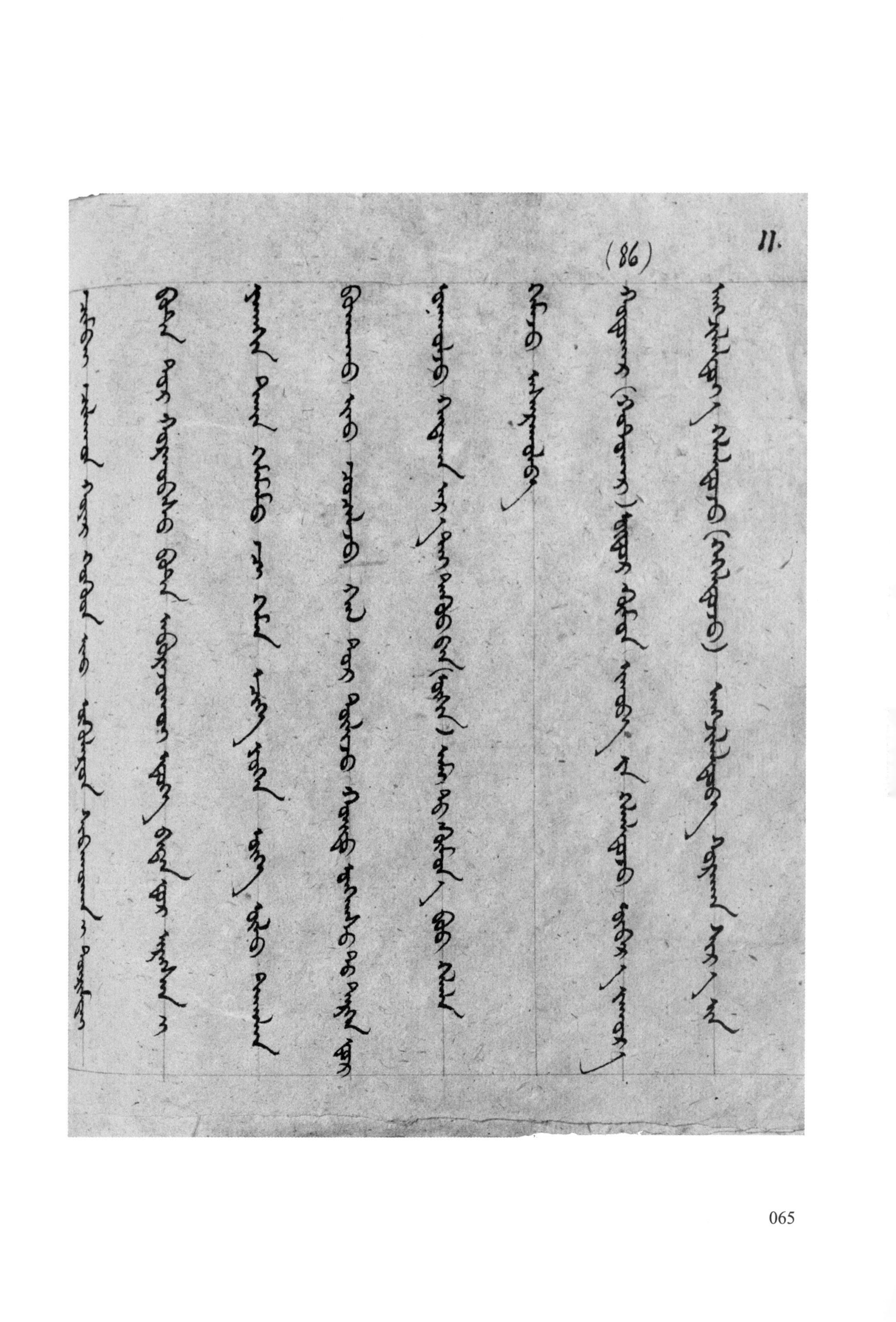

11.

(86)

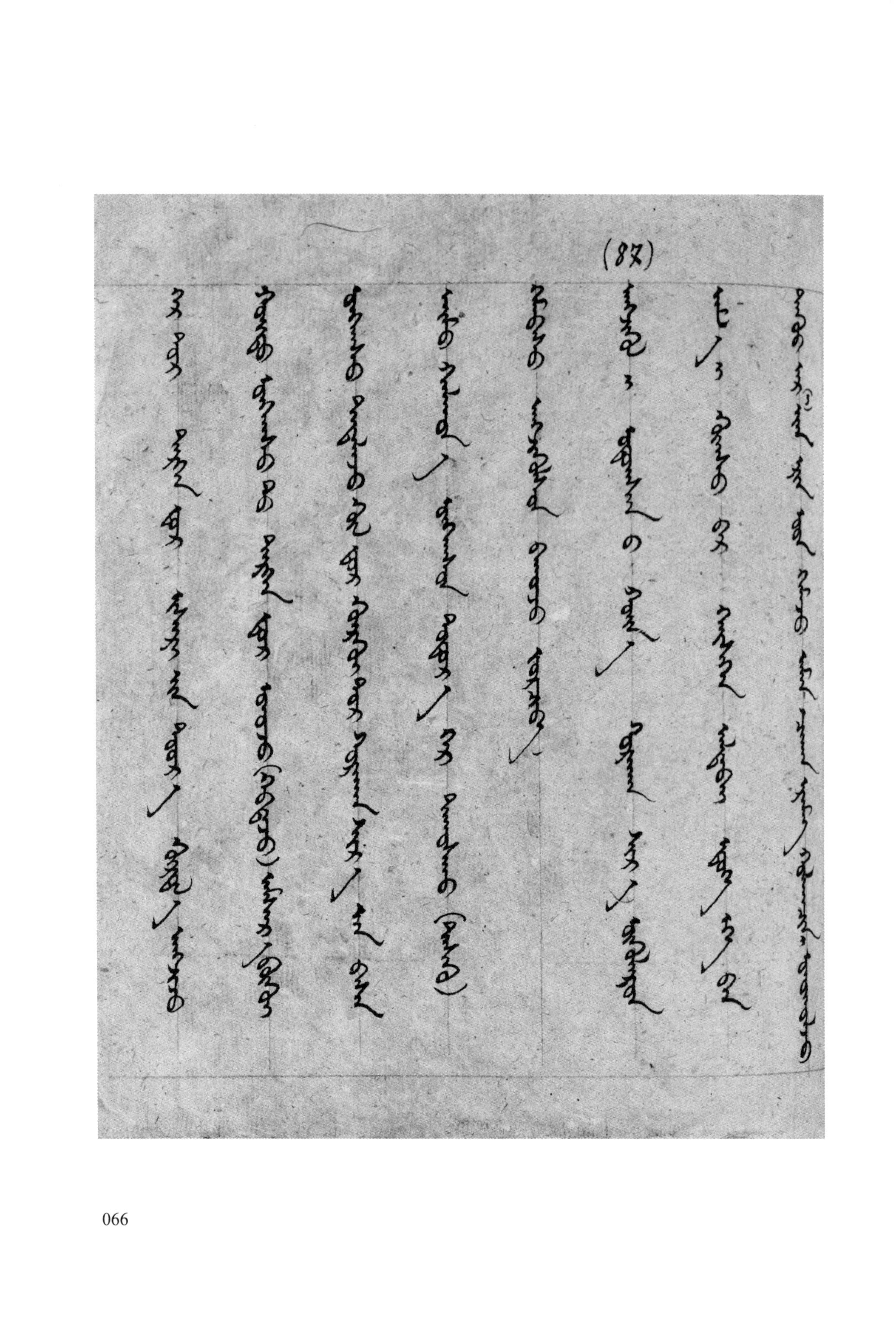

(87)

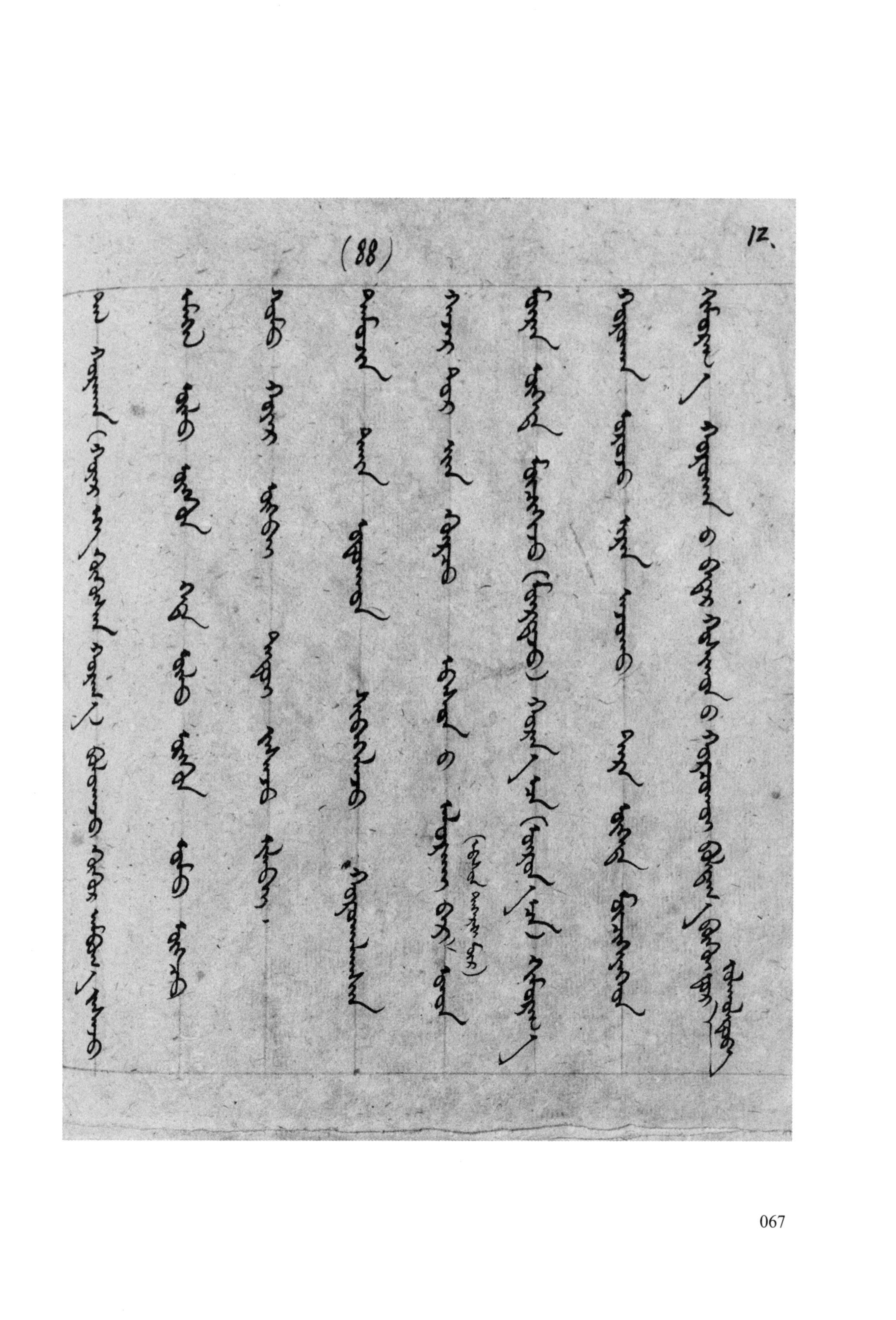

(88)

12.

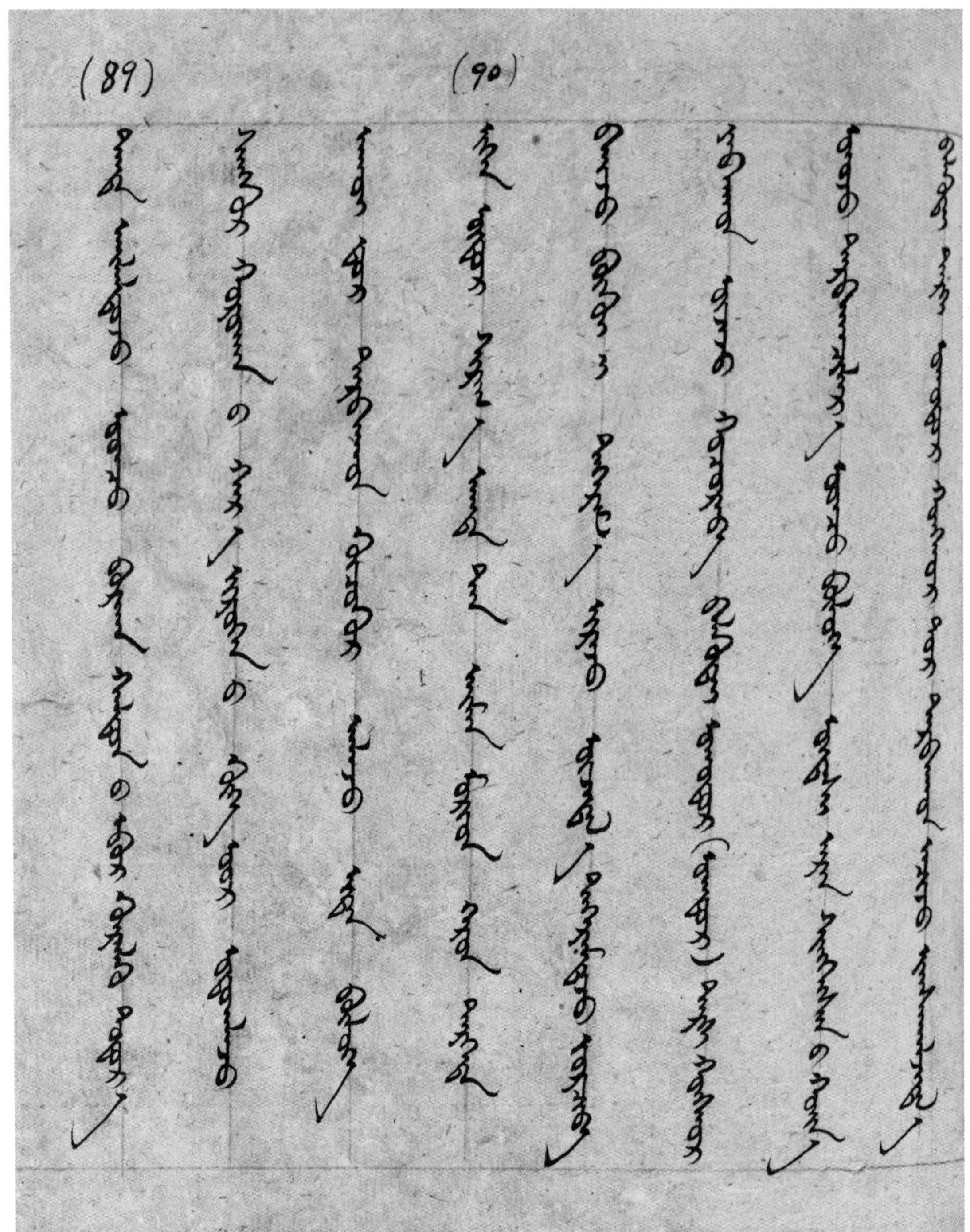

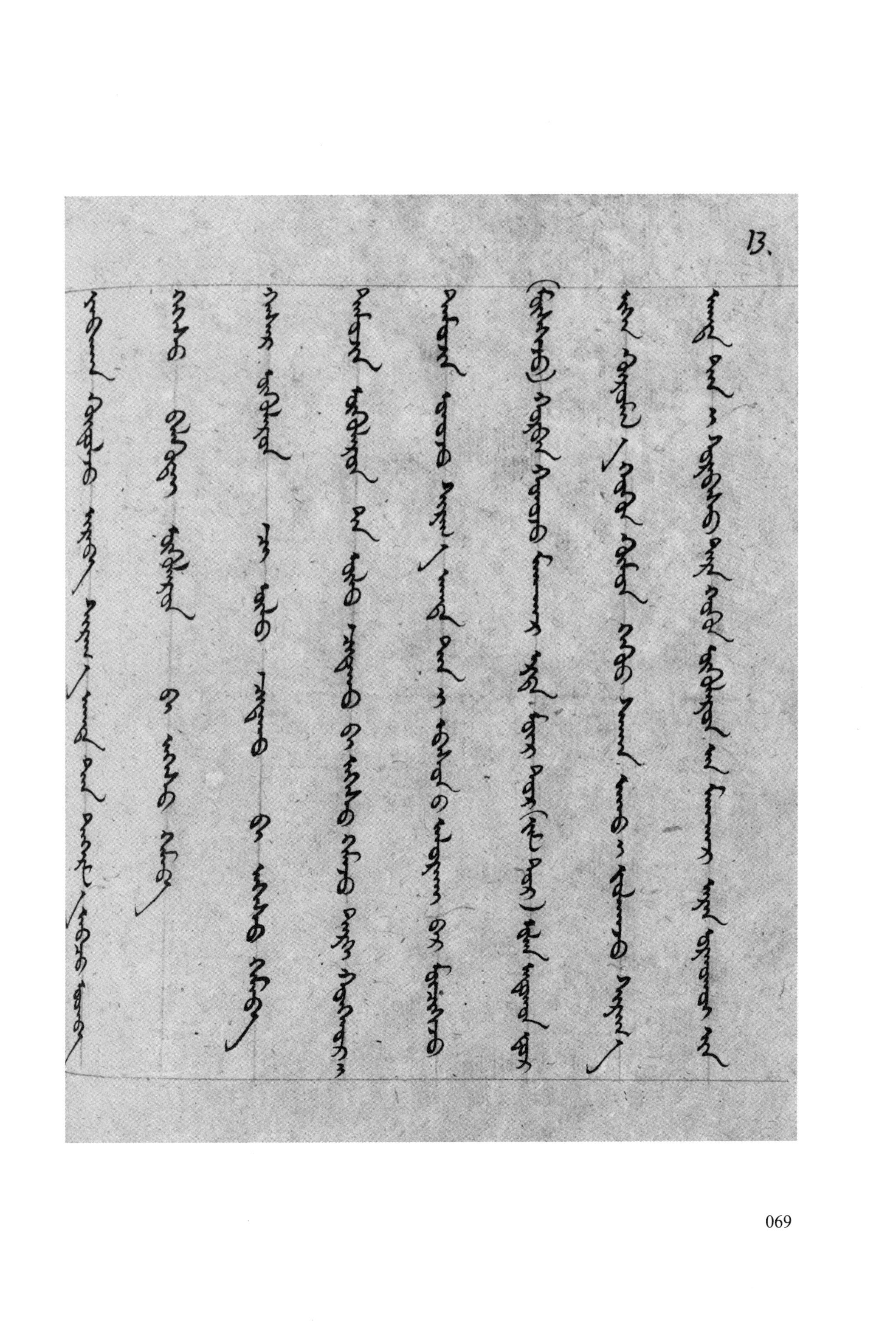

13.

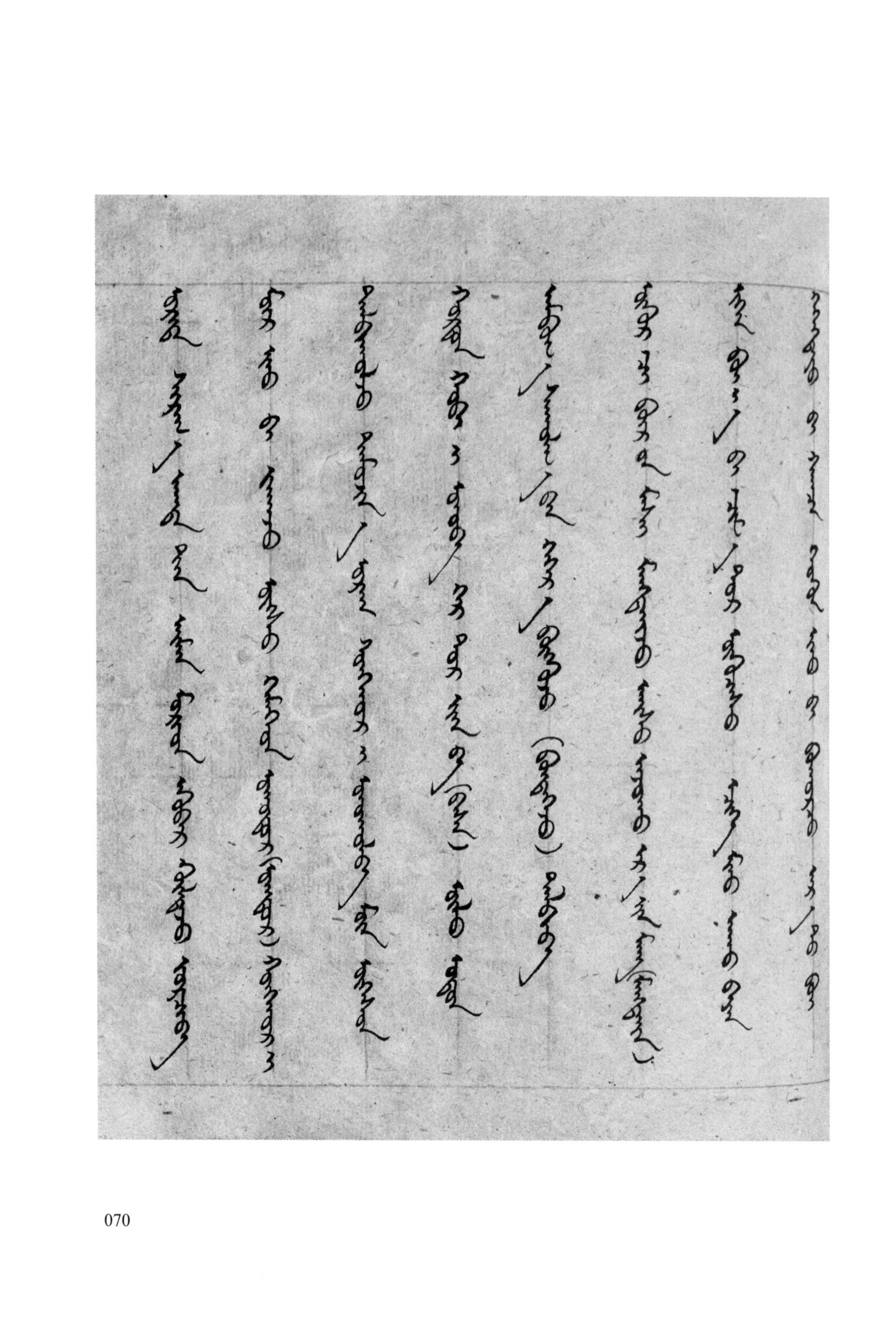

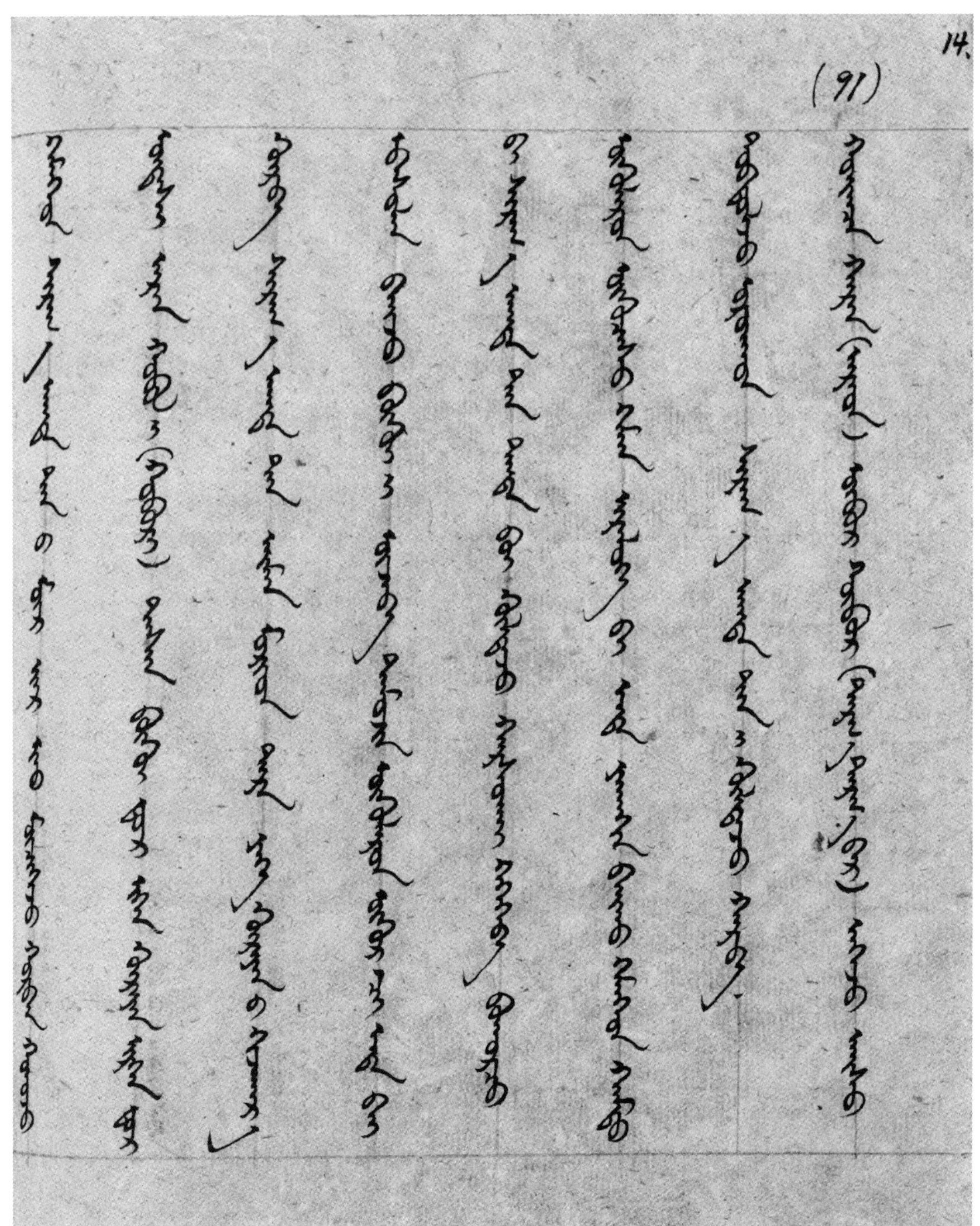

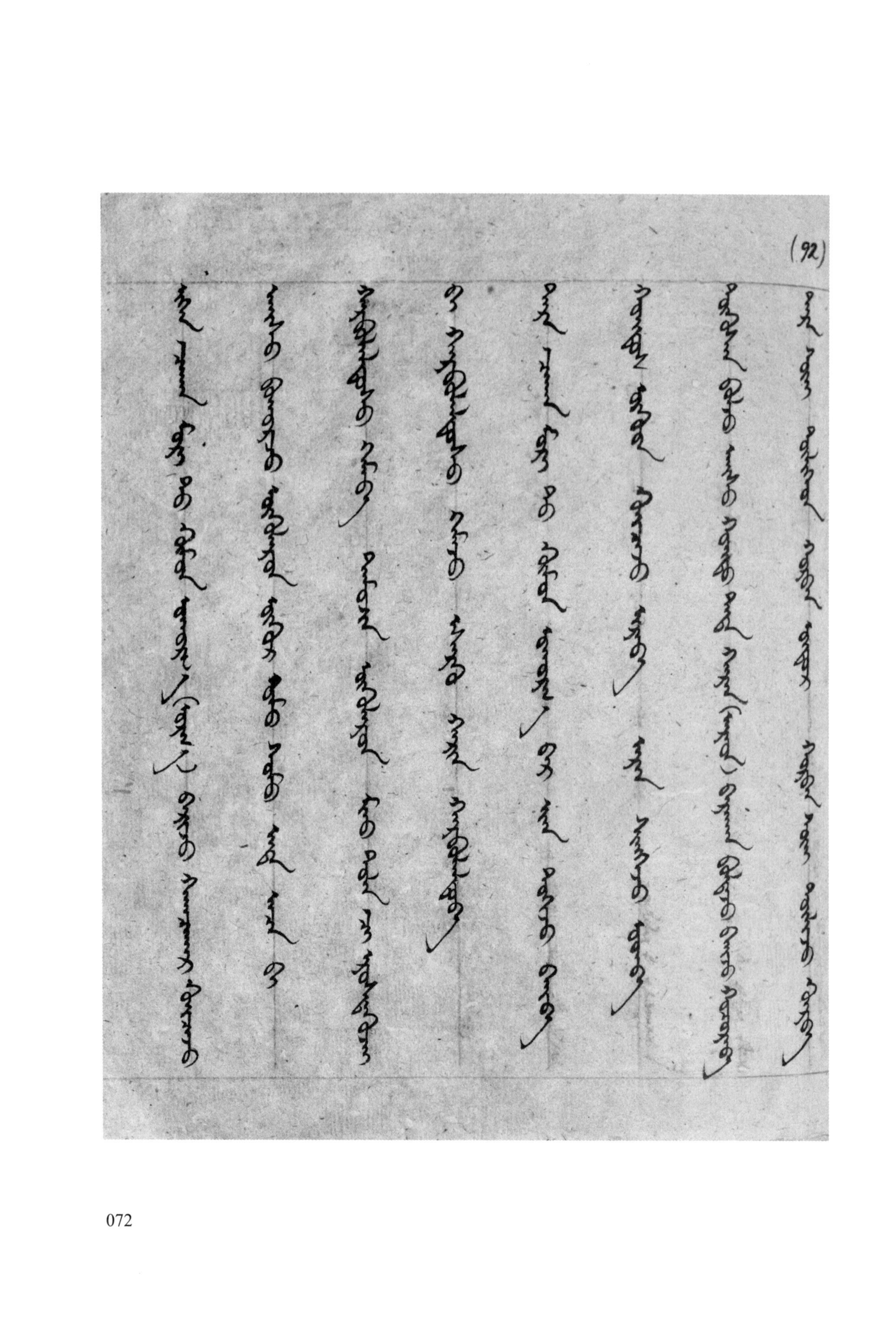

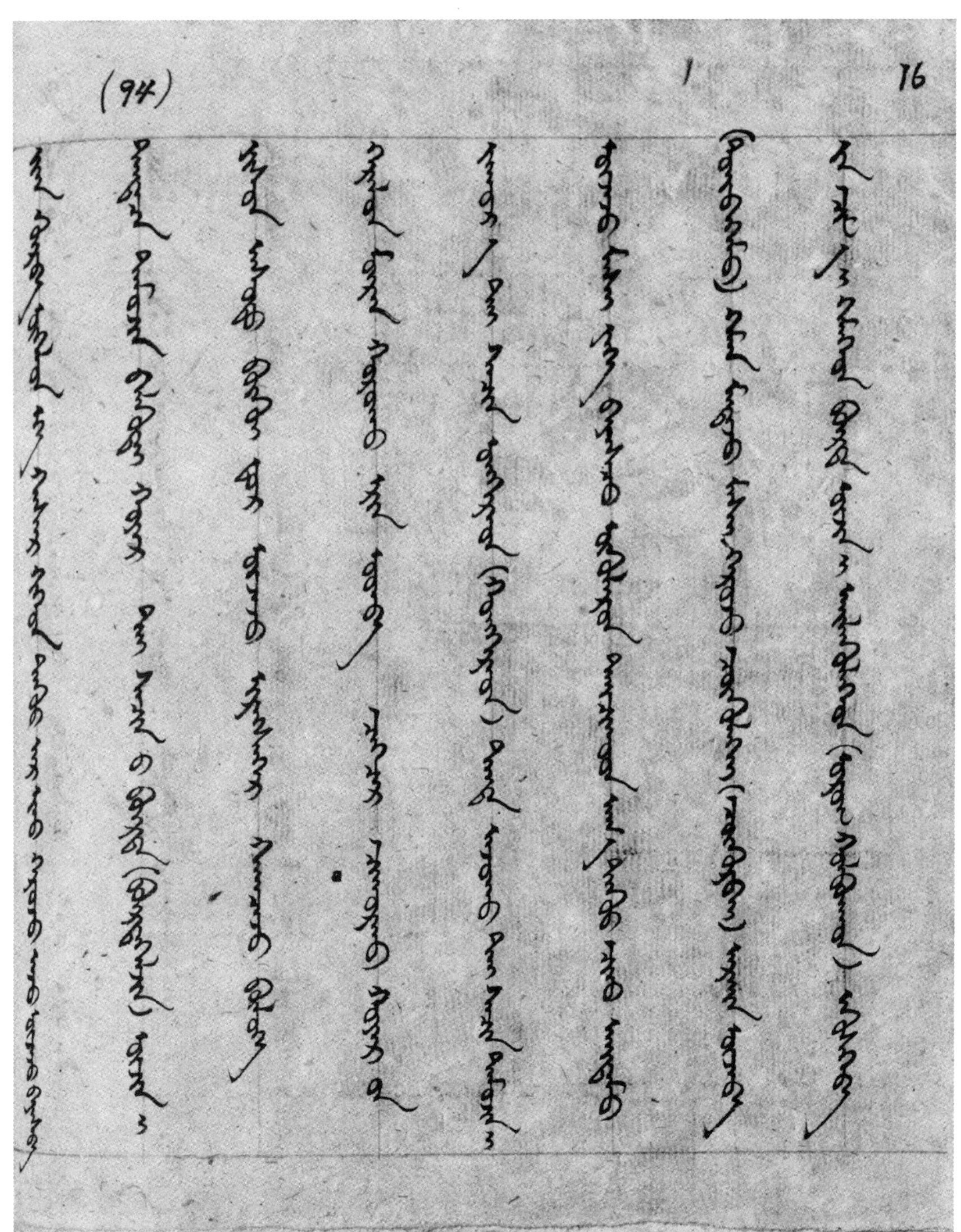

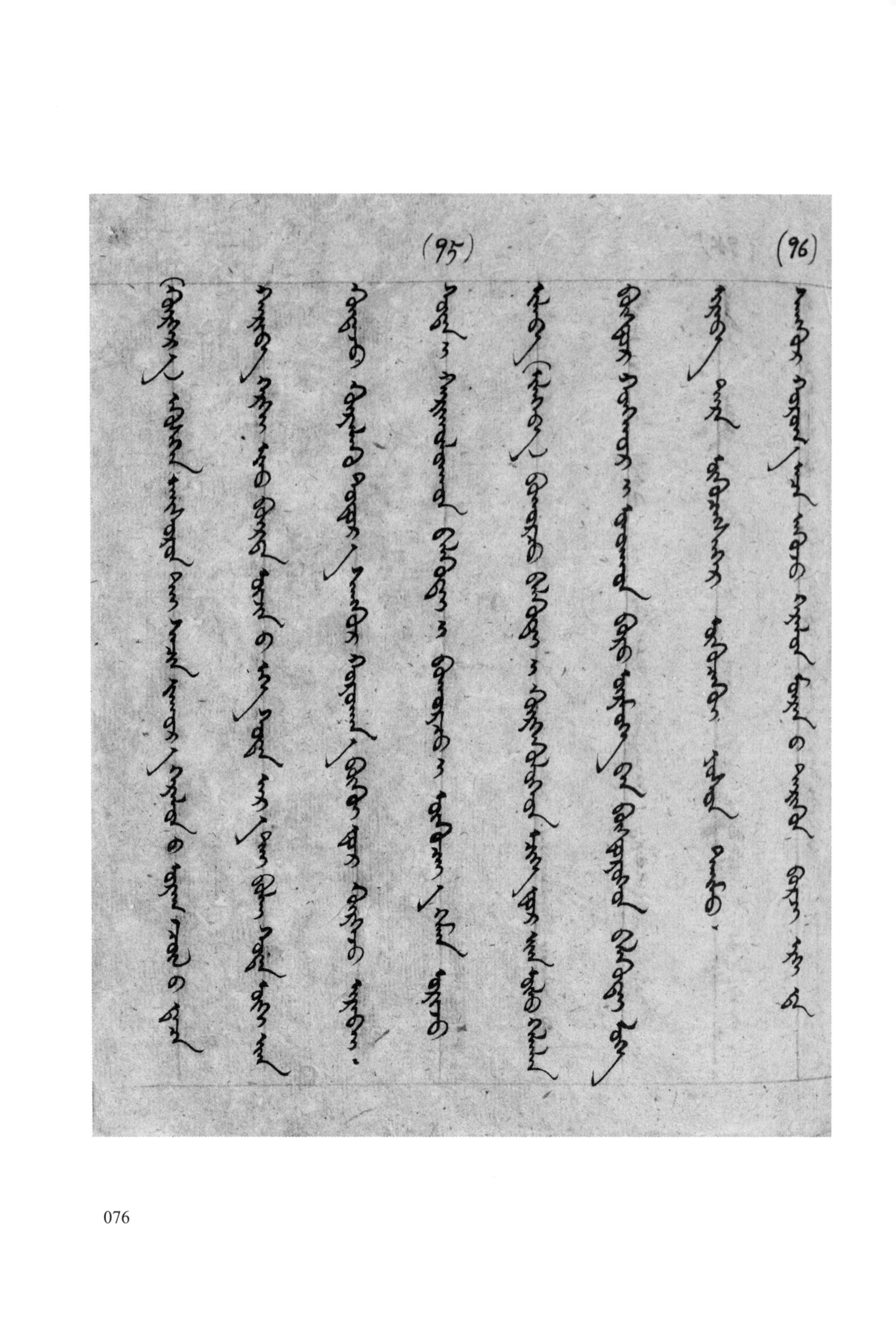

(95)

(96)

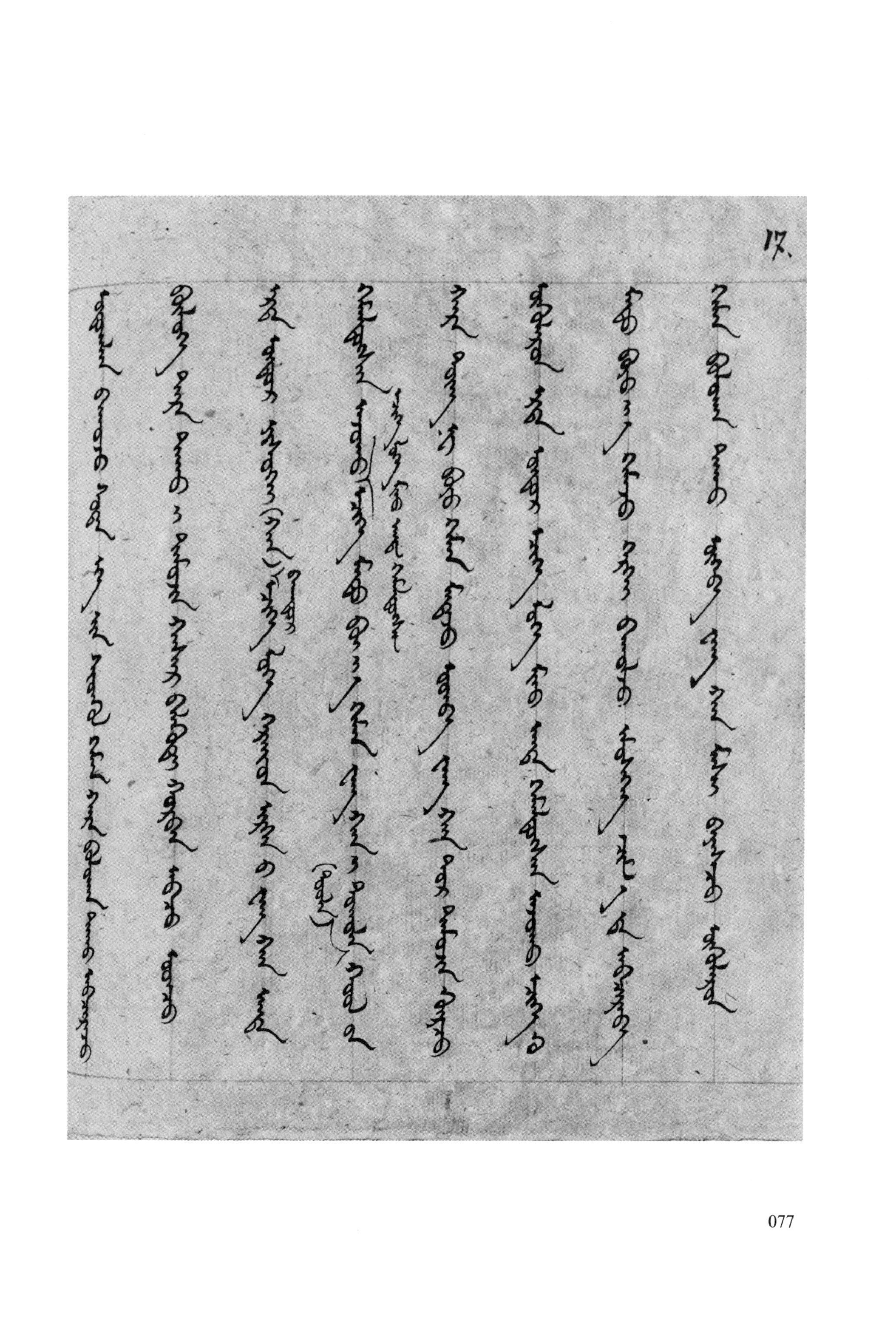

17.

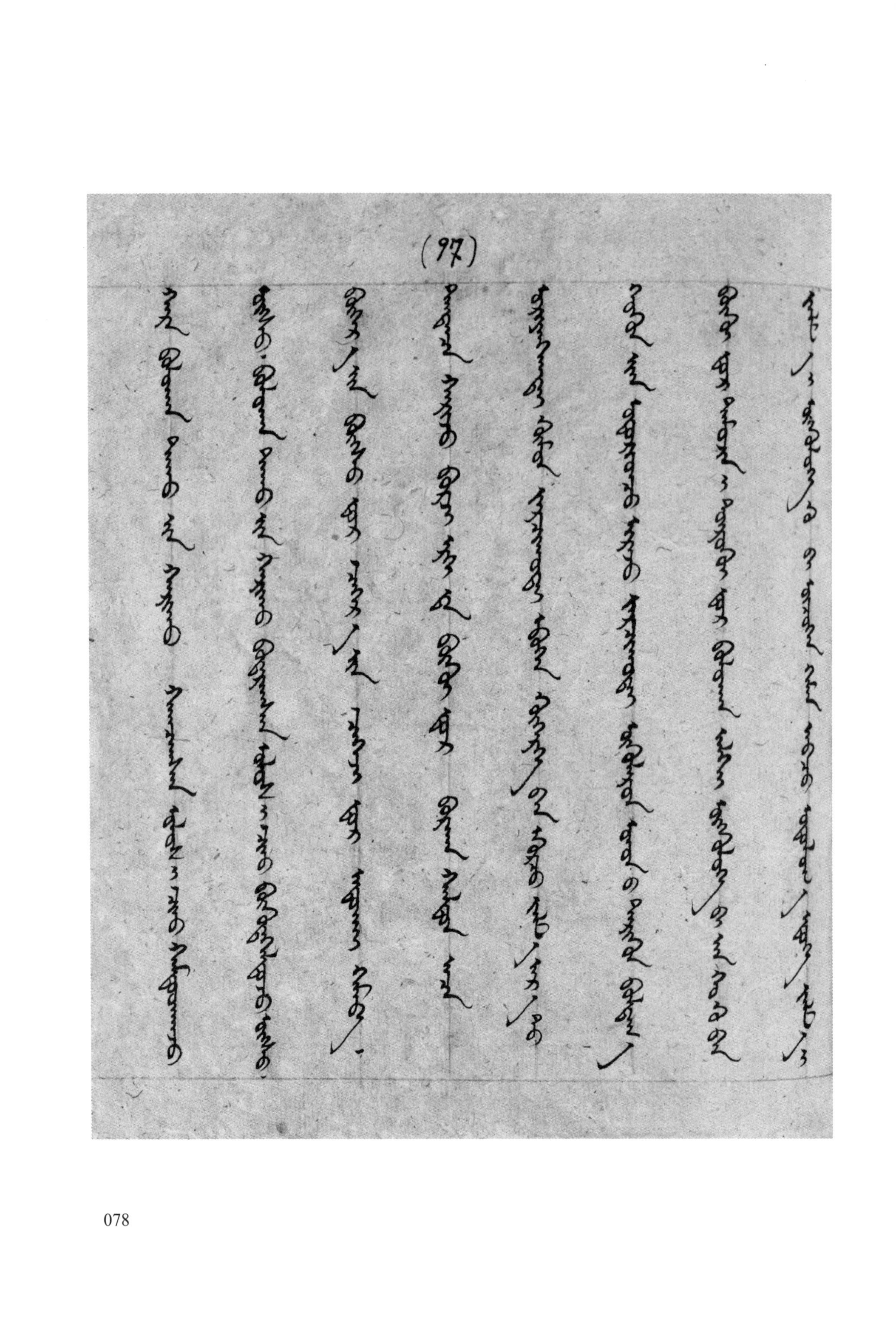

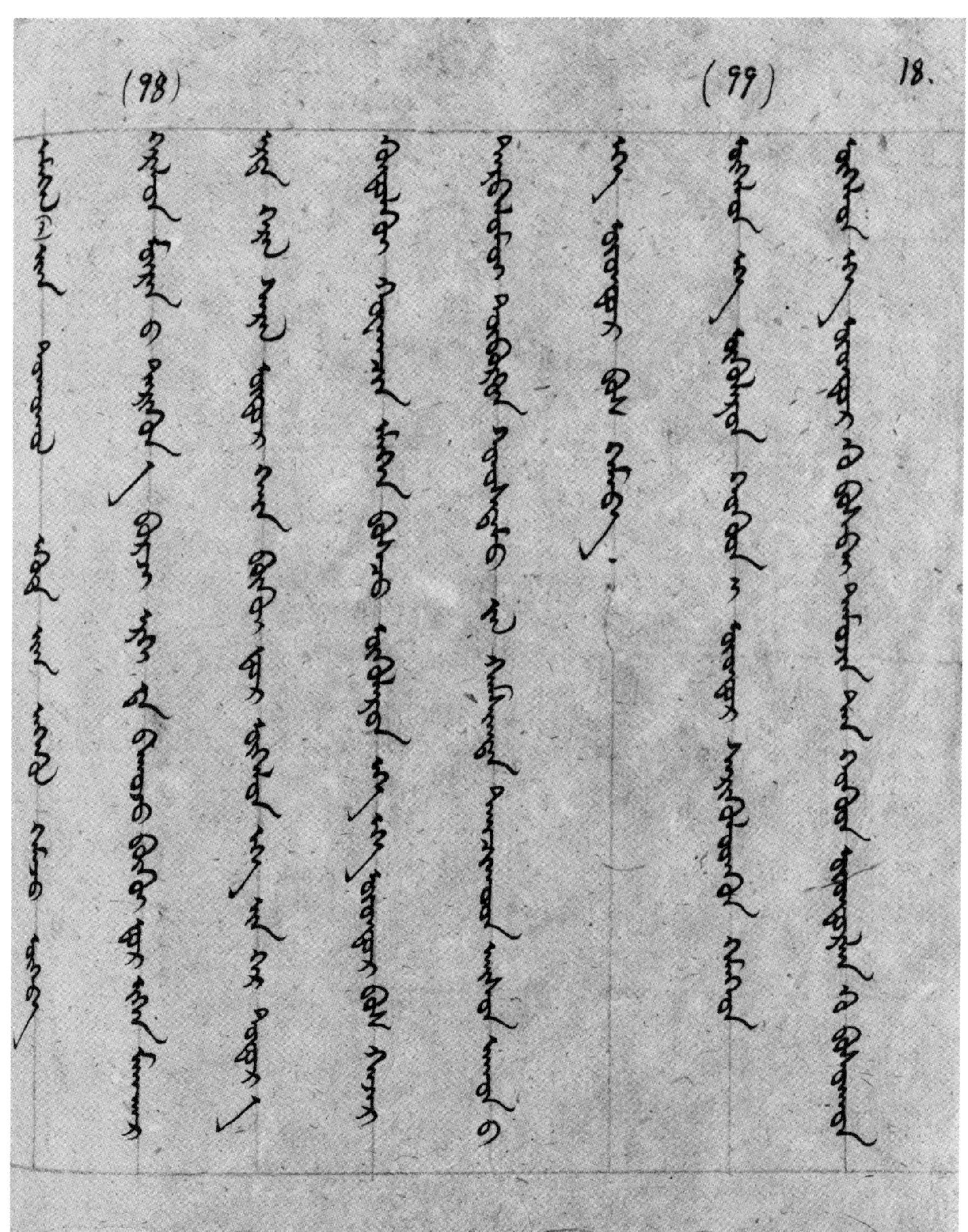

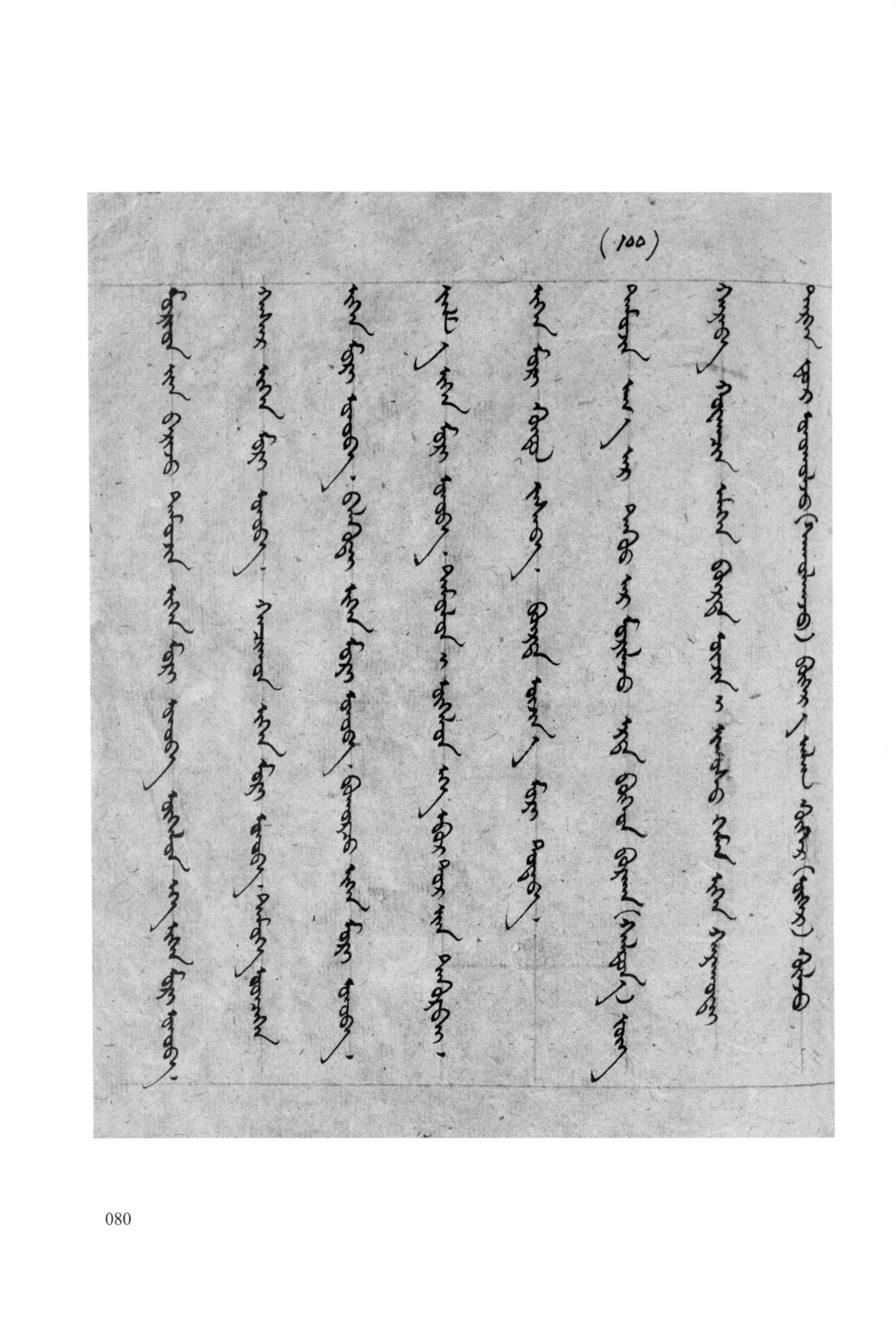

(100)

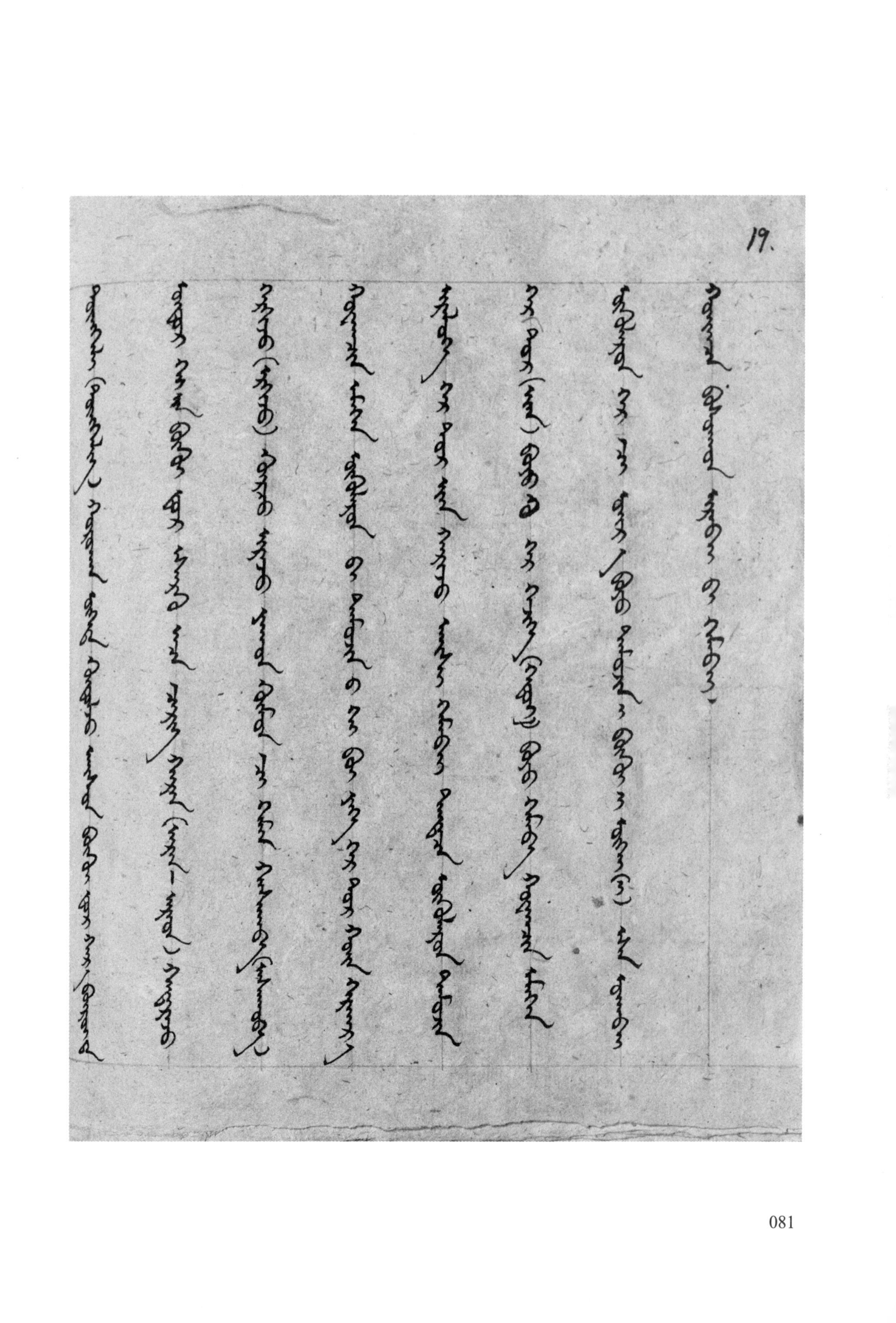

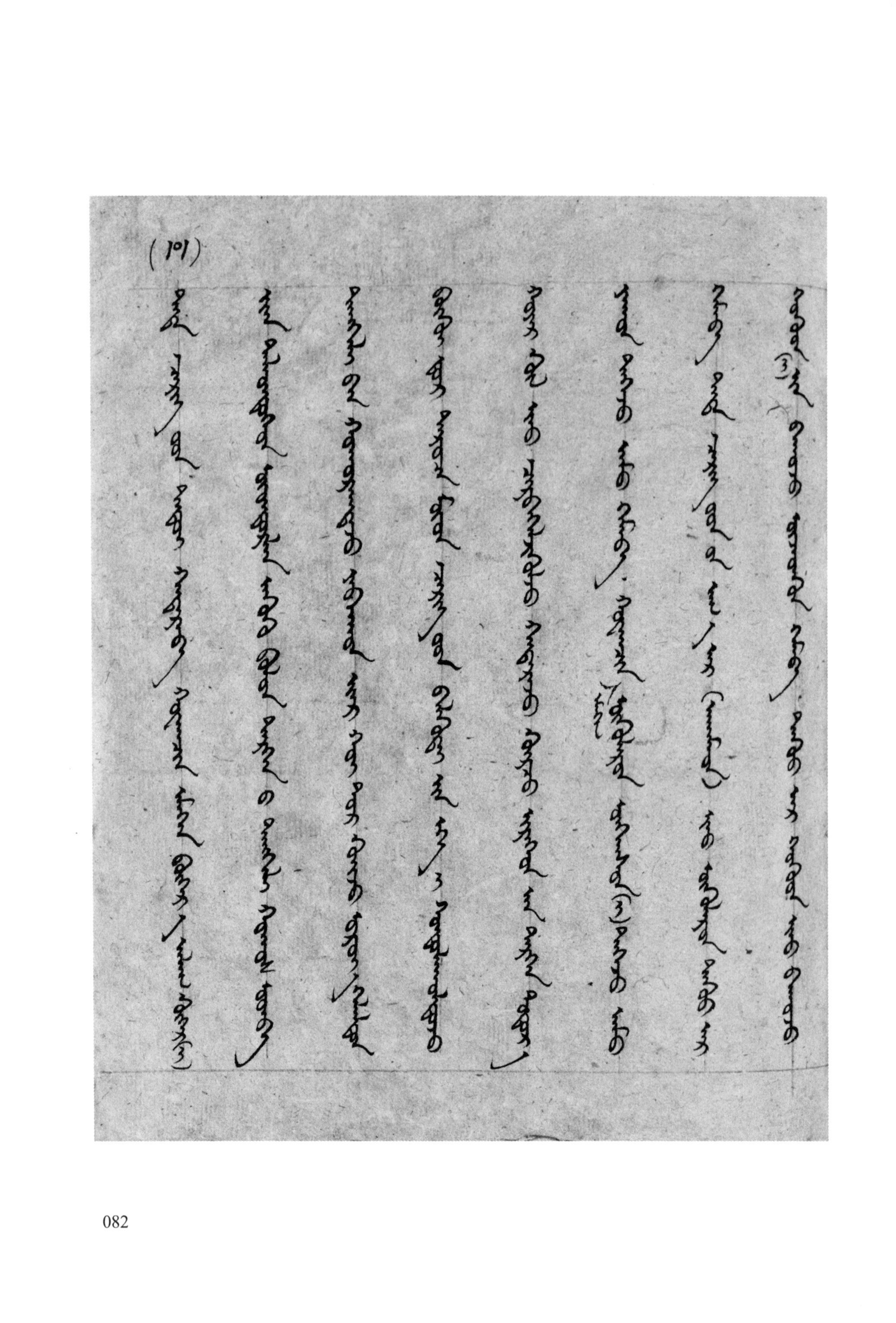

(101)

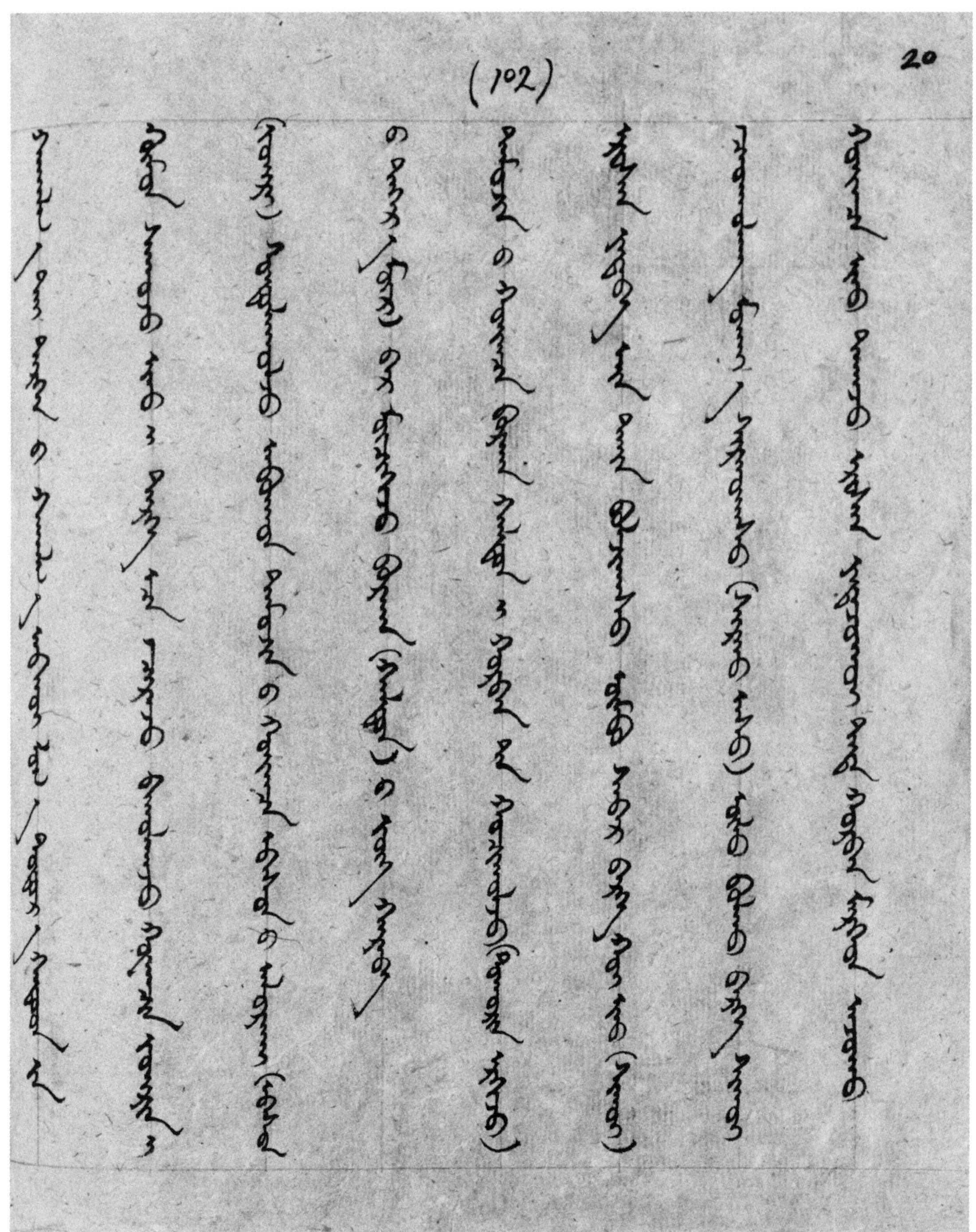
(102)
20

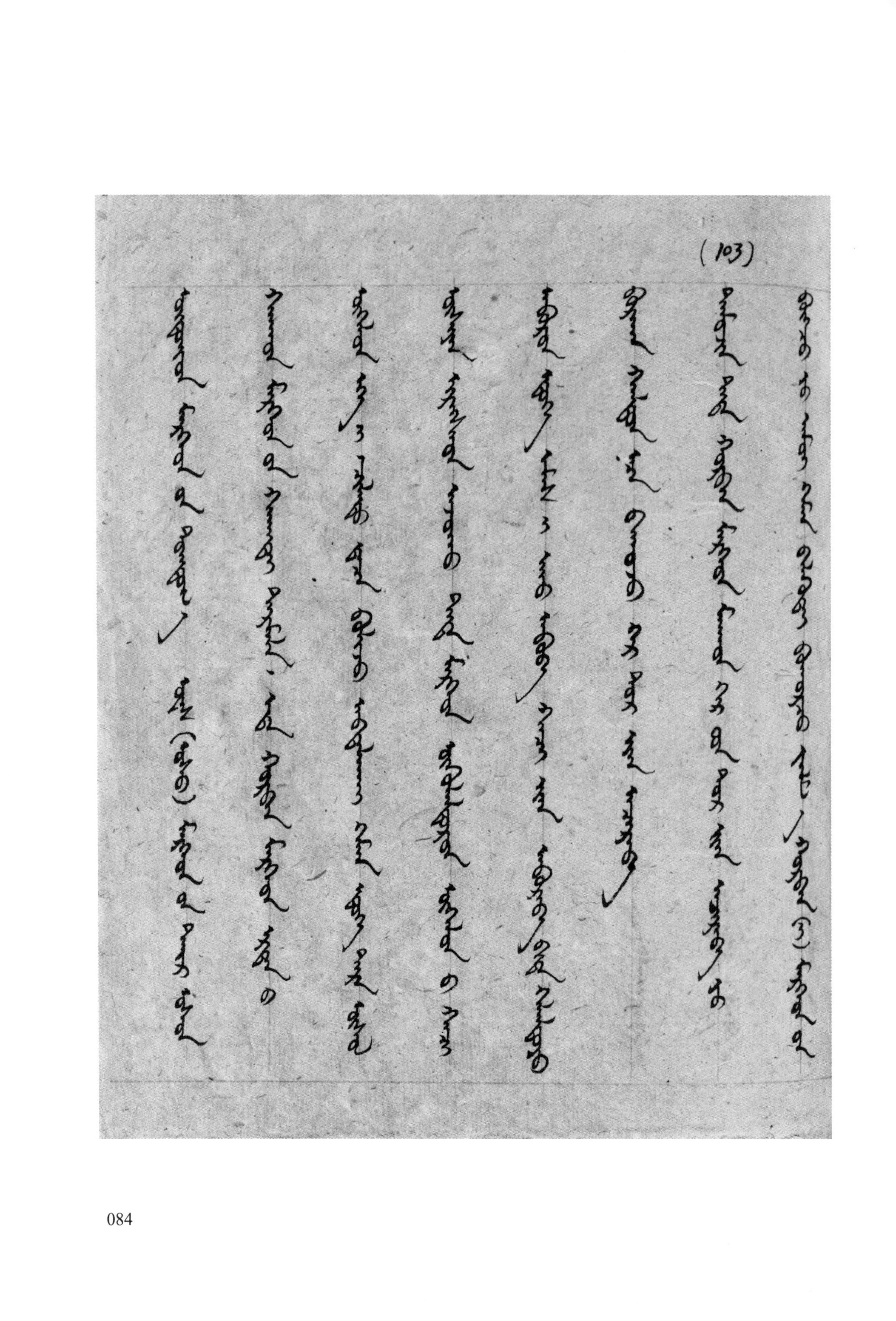

(103)

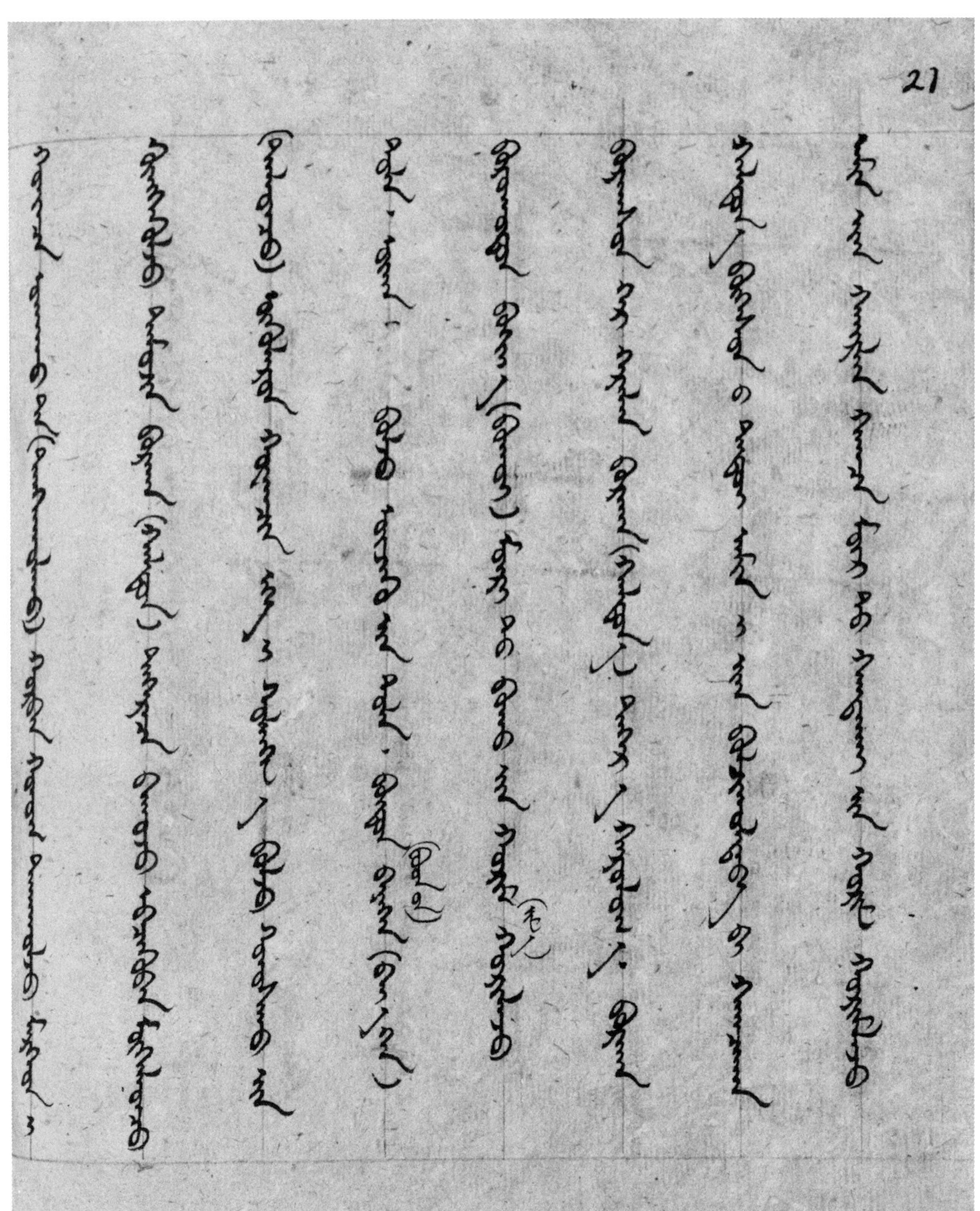

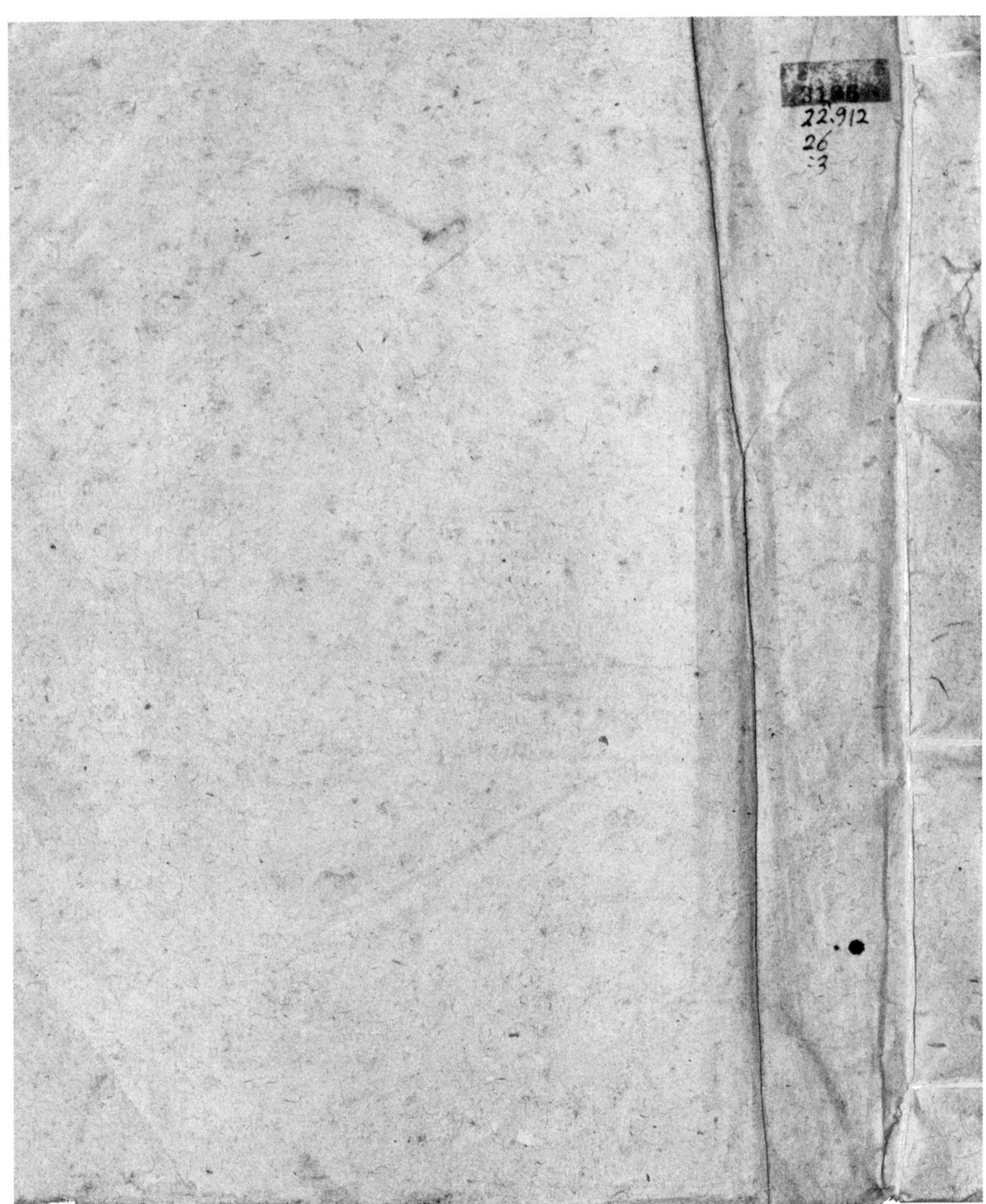

内蒙古语言文学研究所藏书

06791

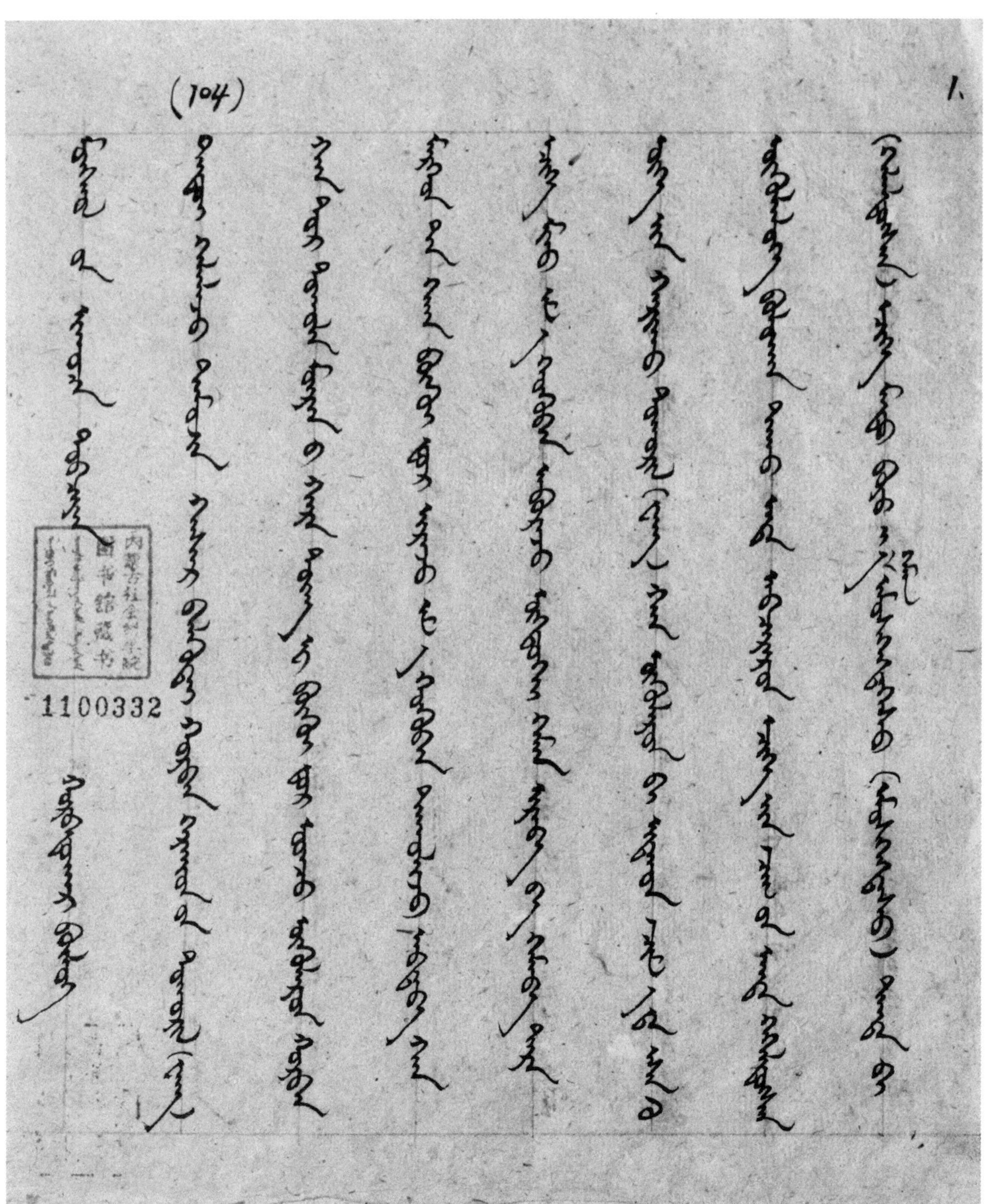
(104)
1.
内蒙古社会科学院图书馆藏书
1100332

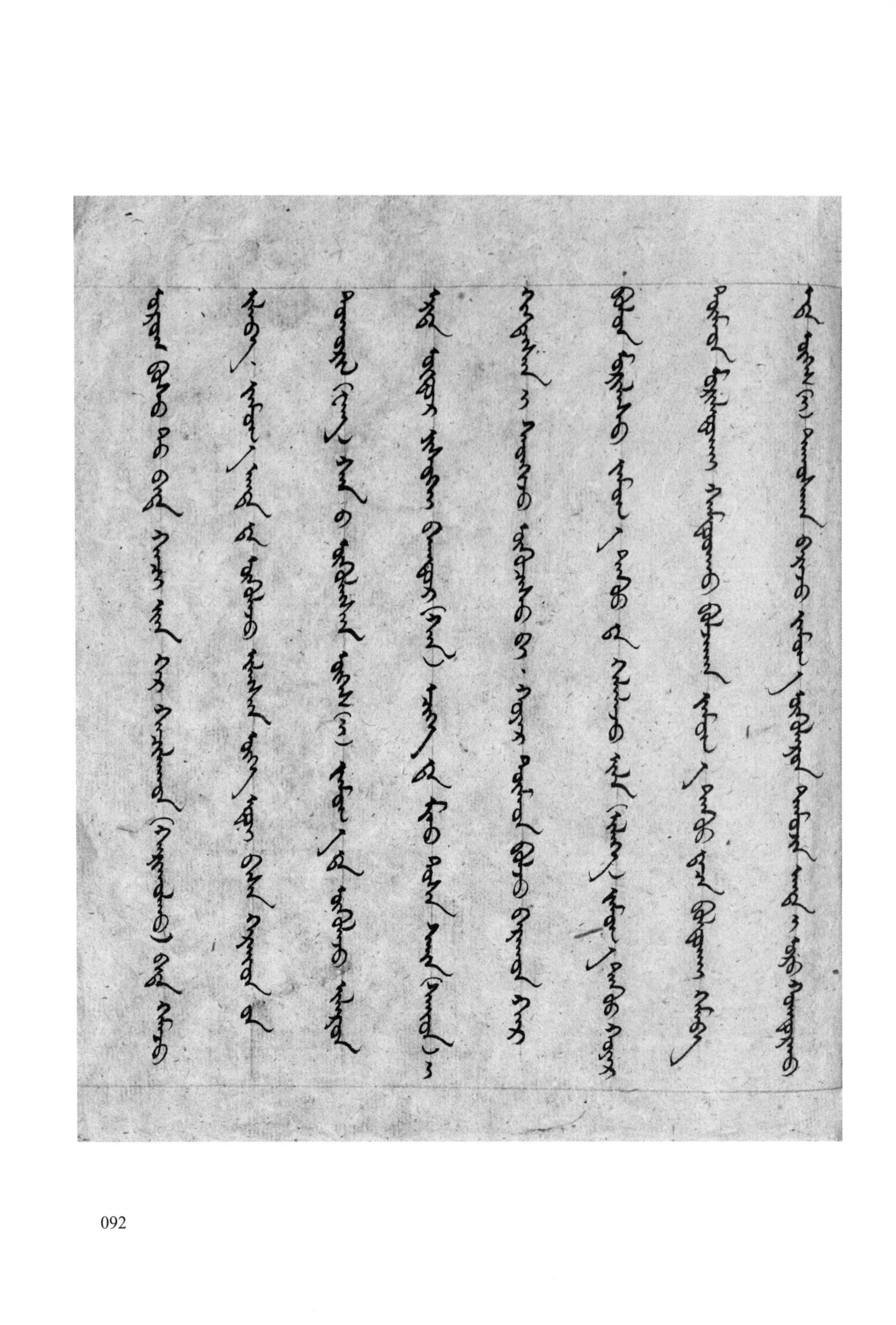

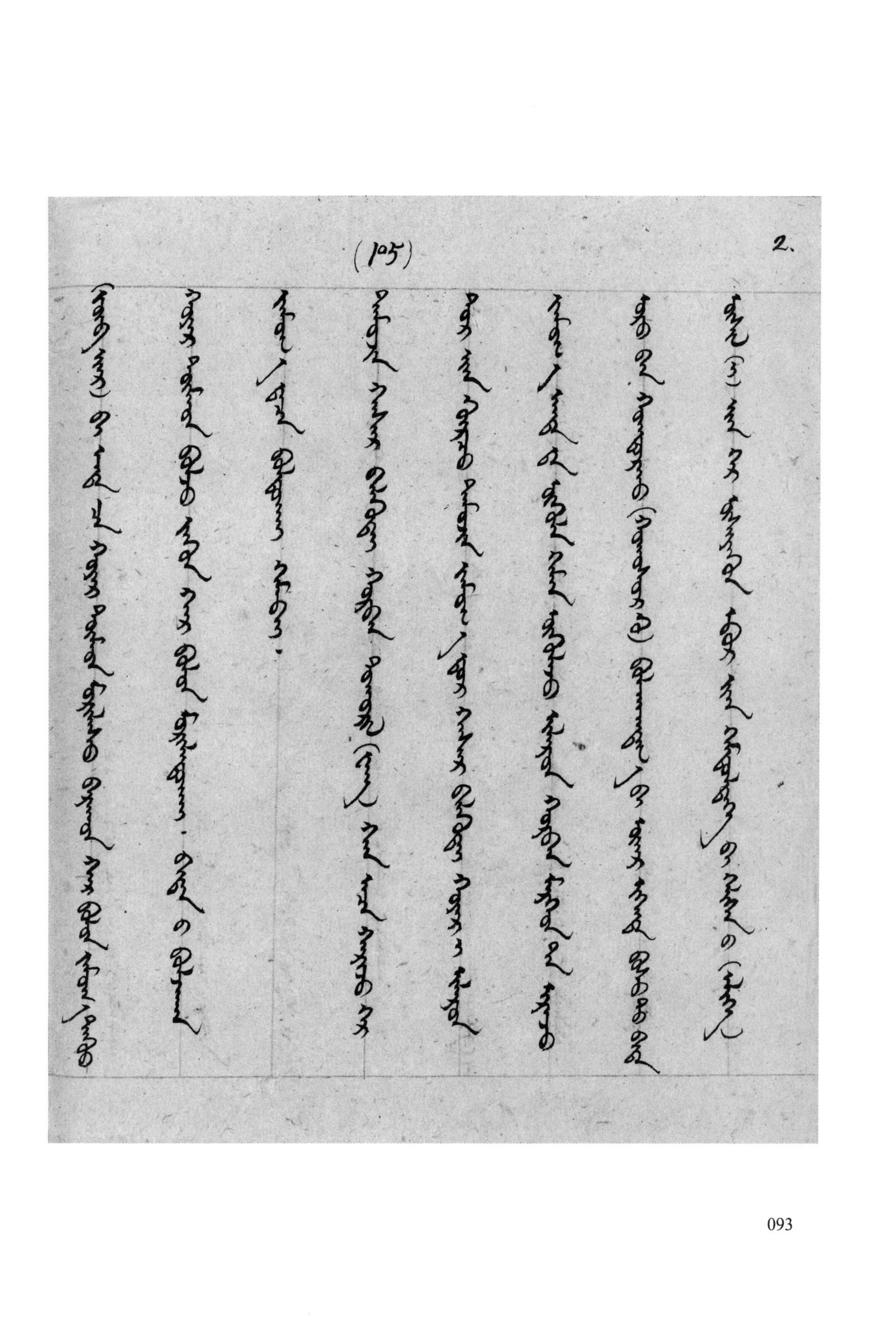

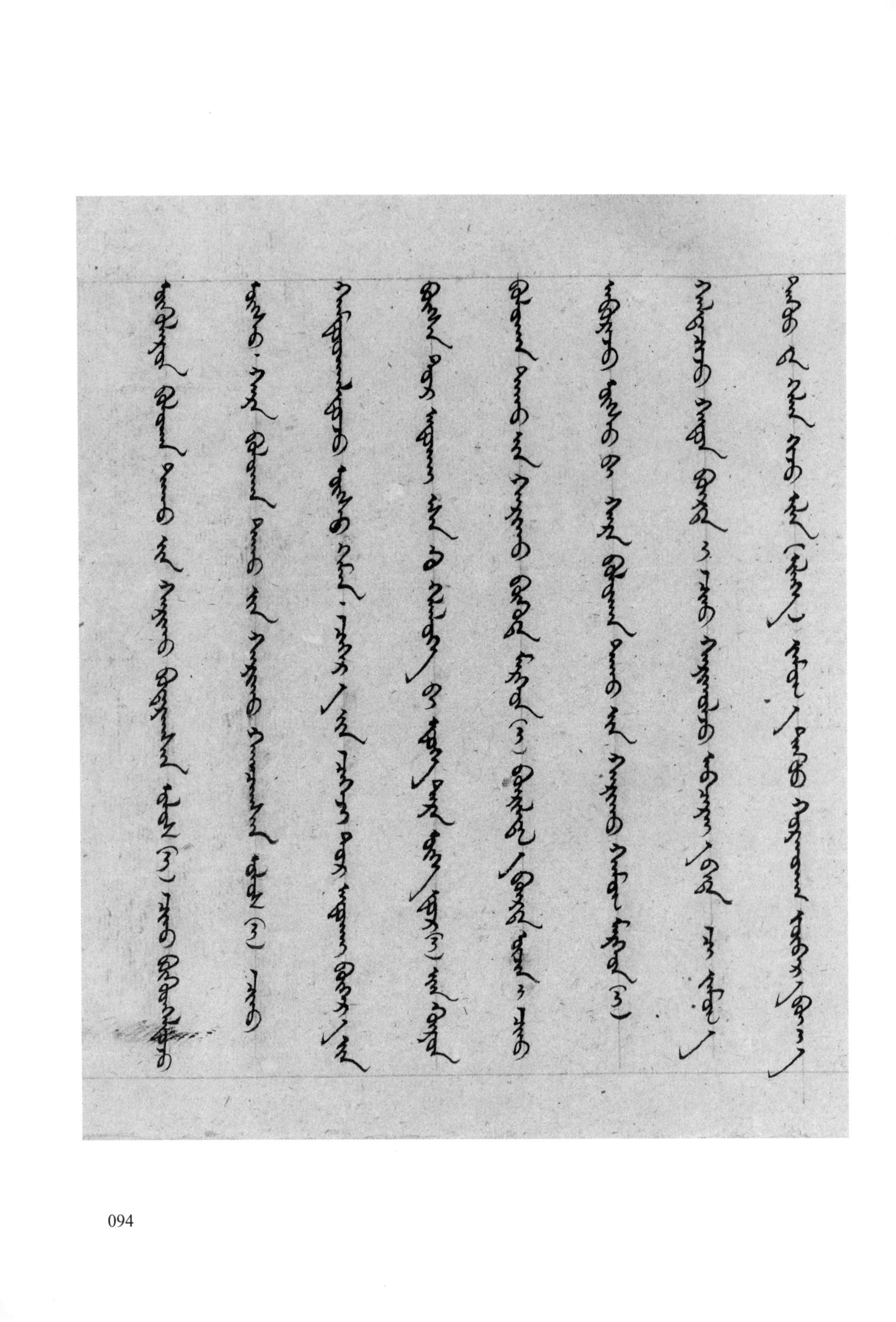

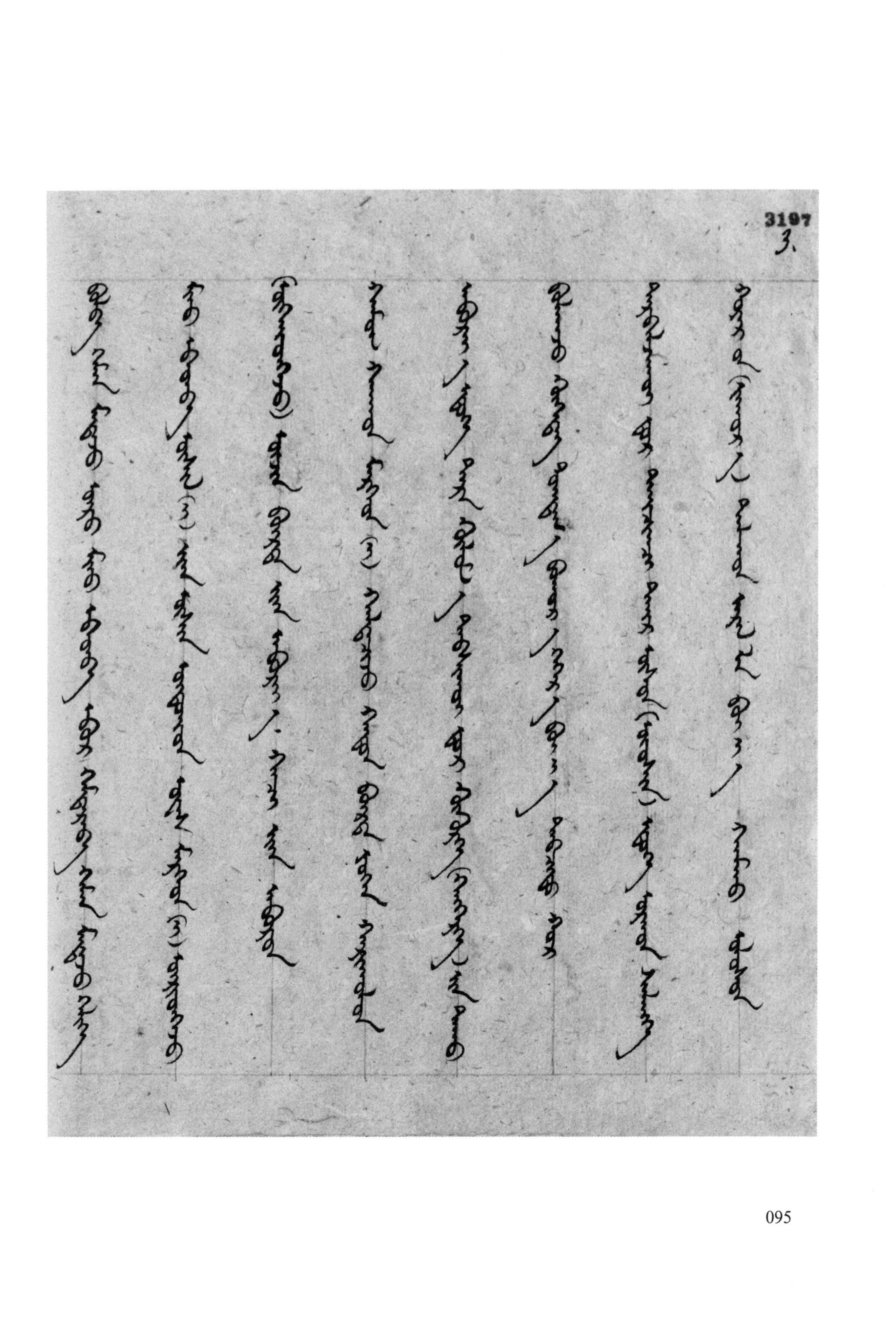

3197
3.

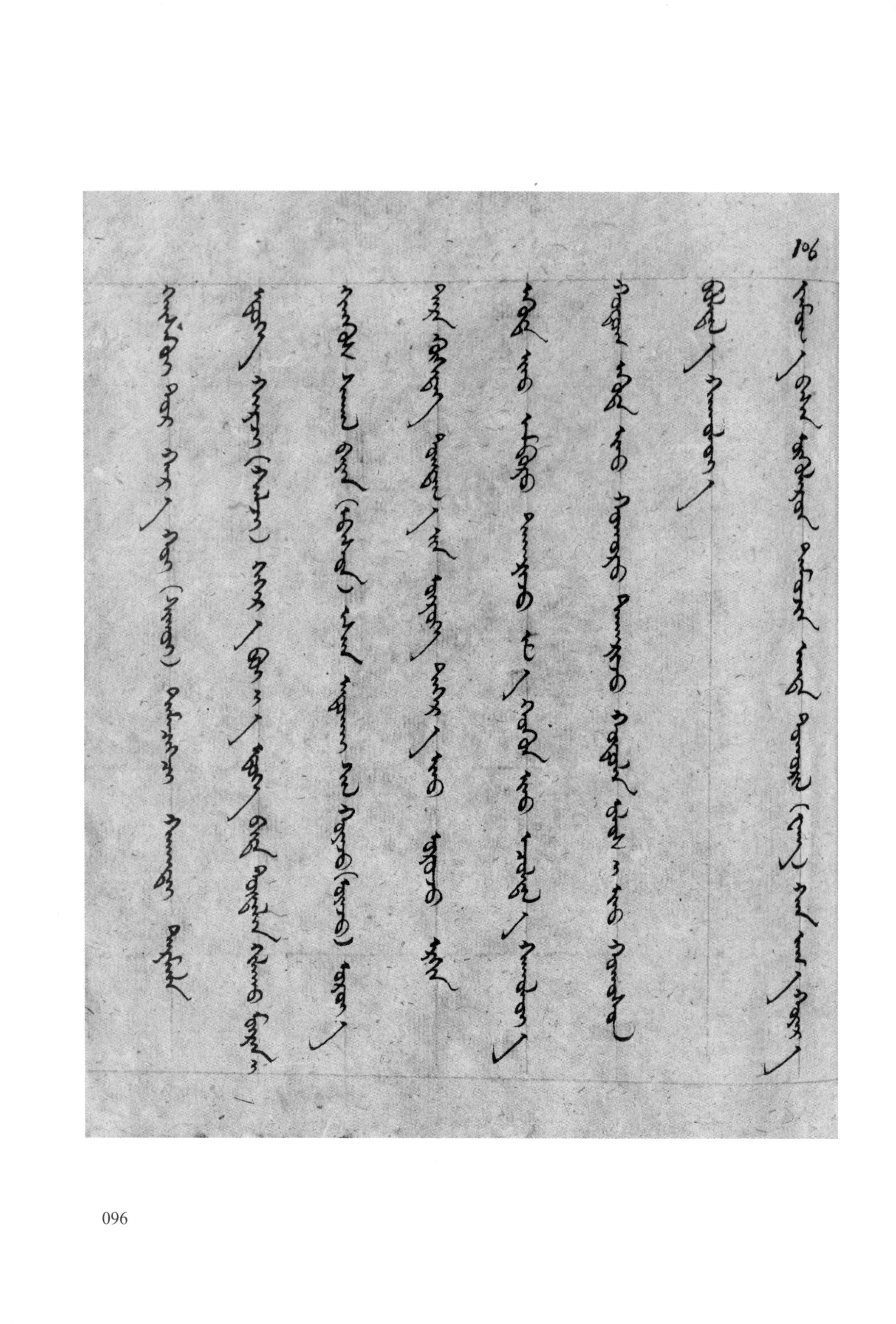

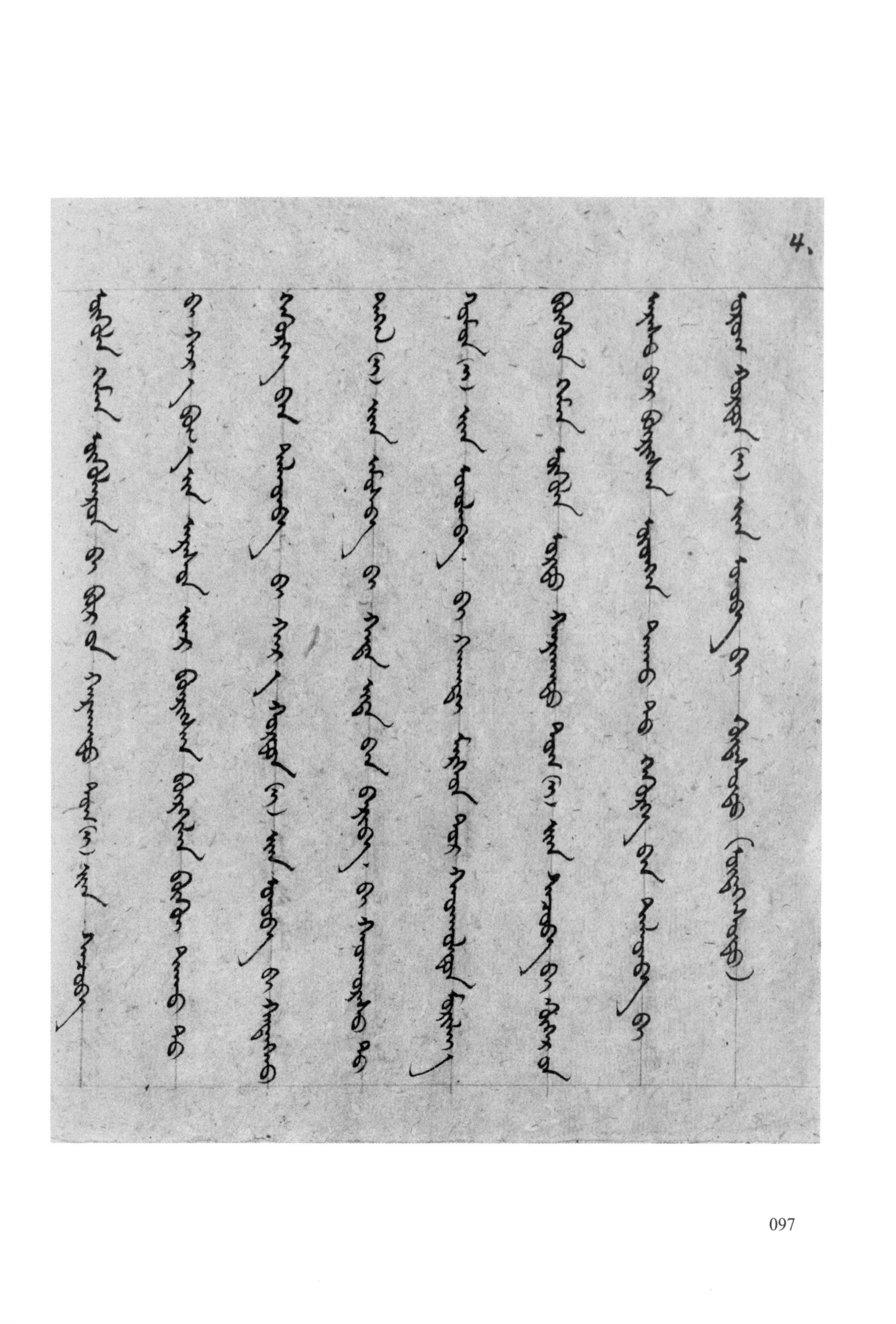

4.

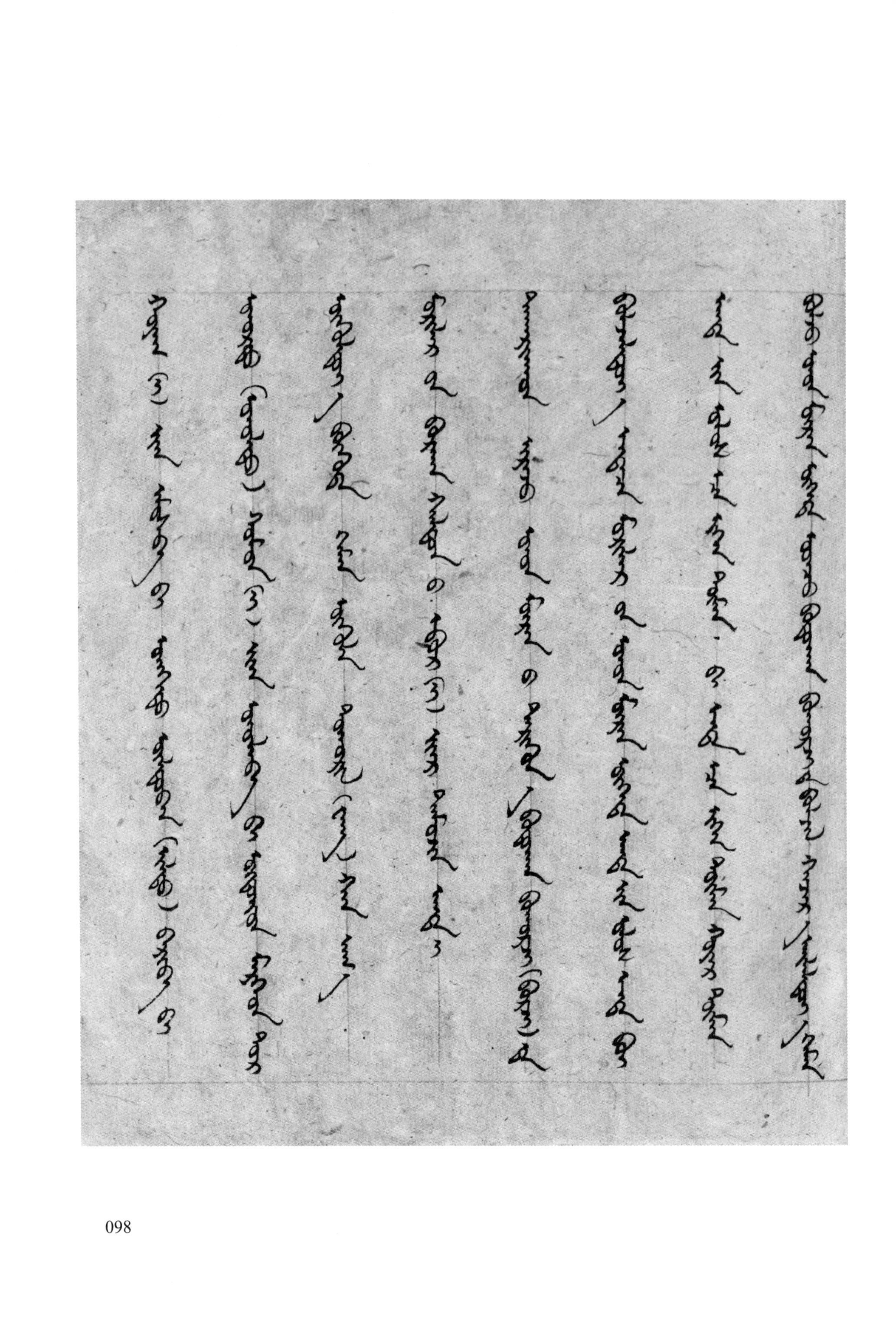

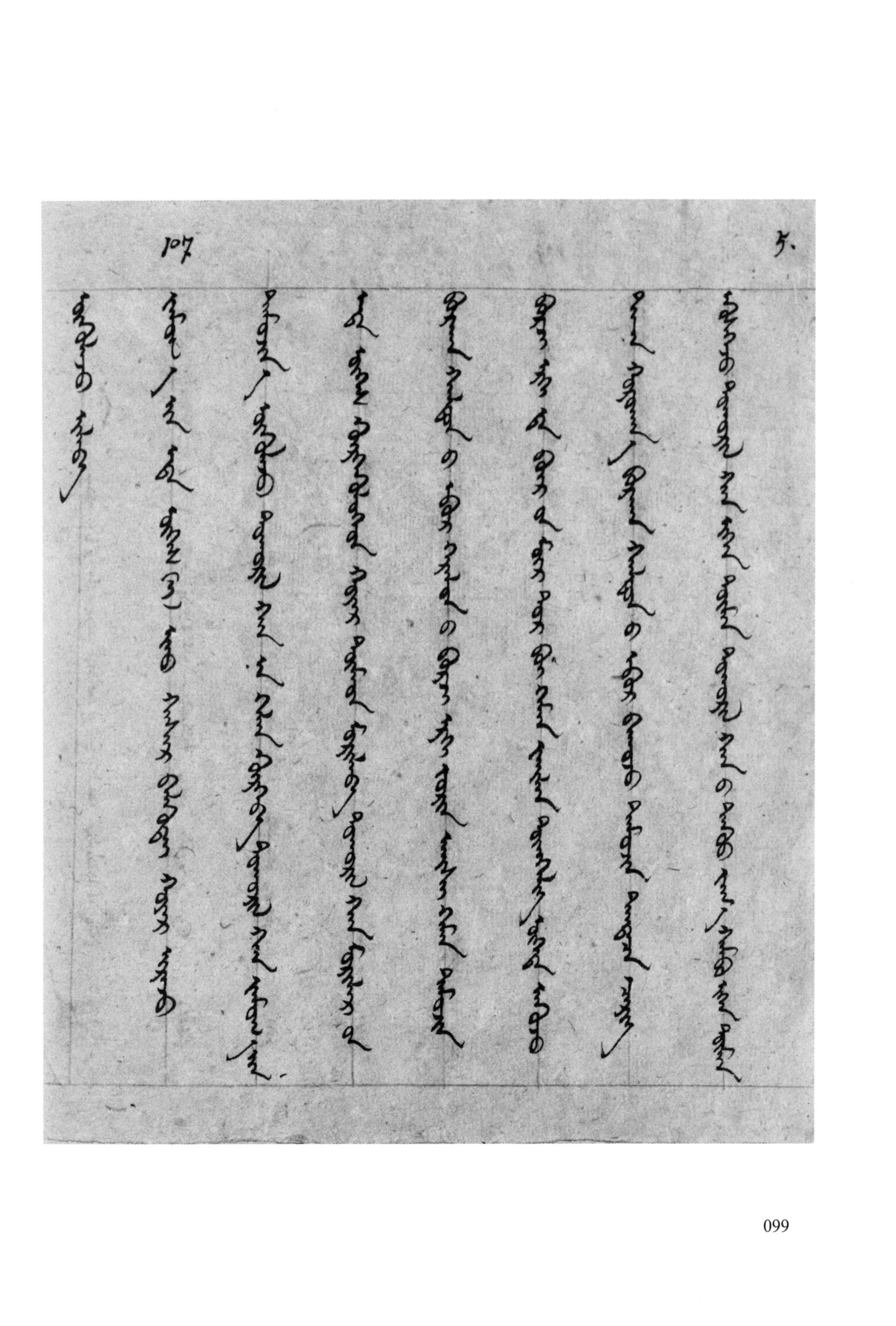

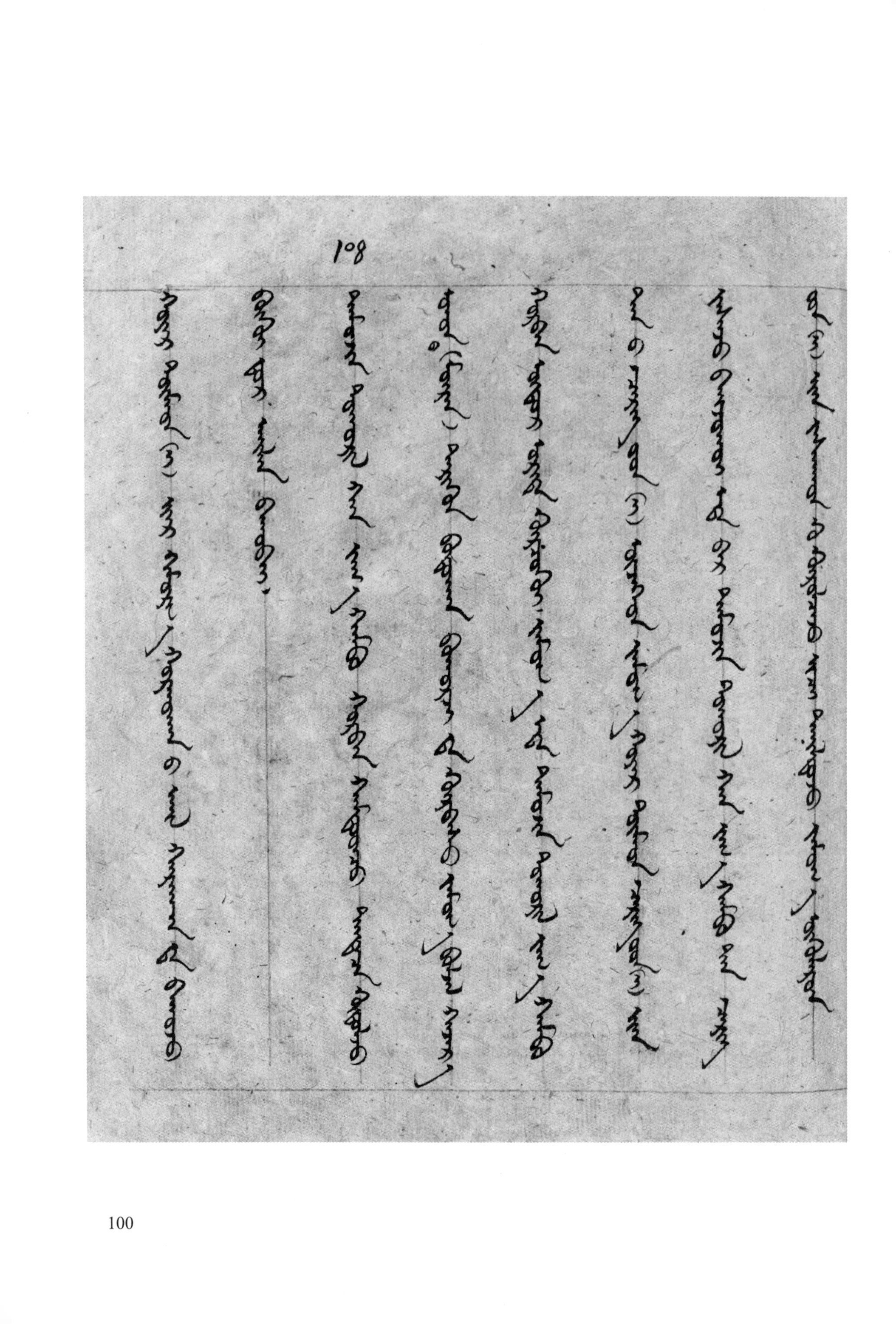

108

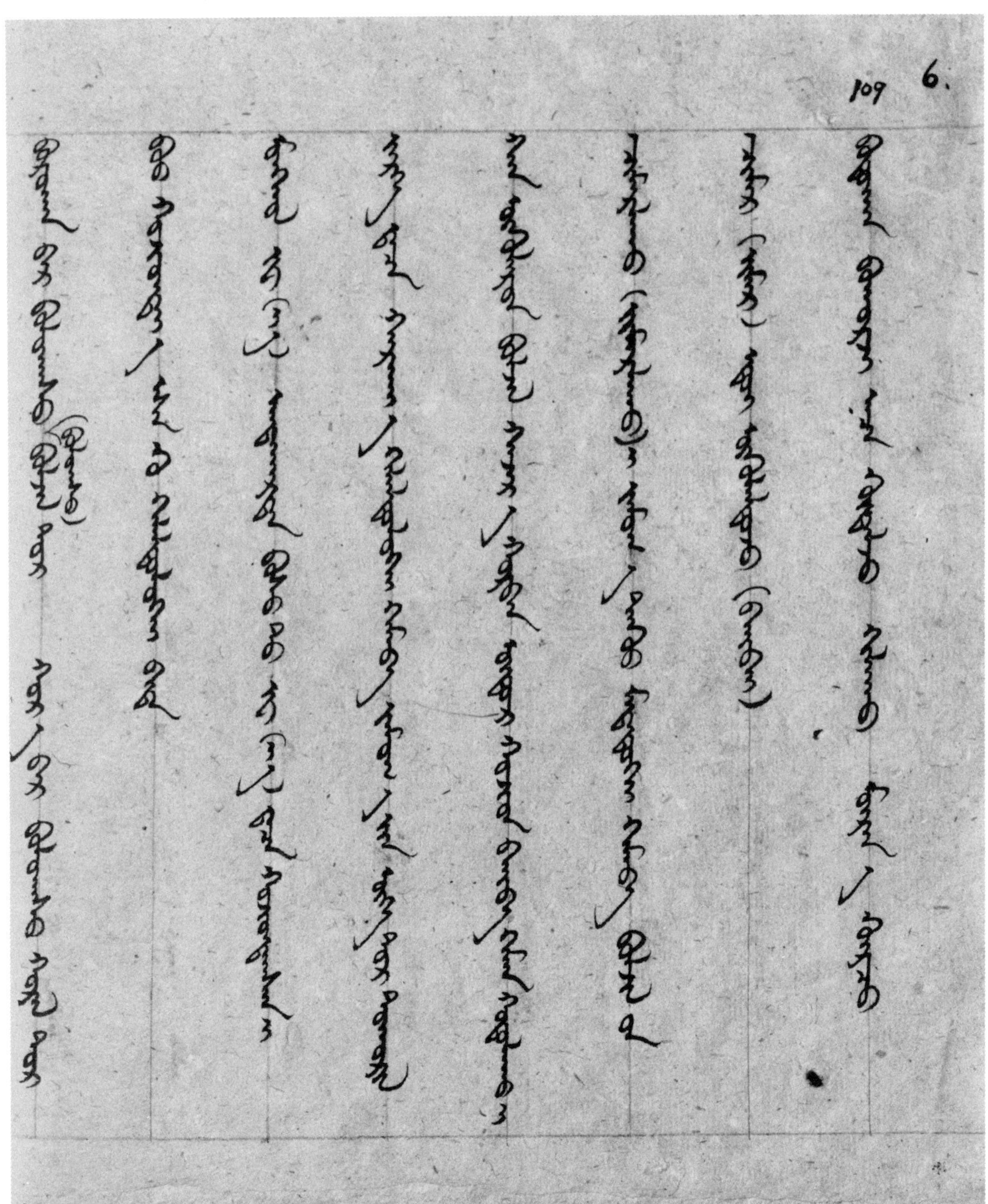

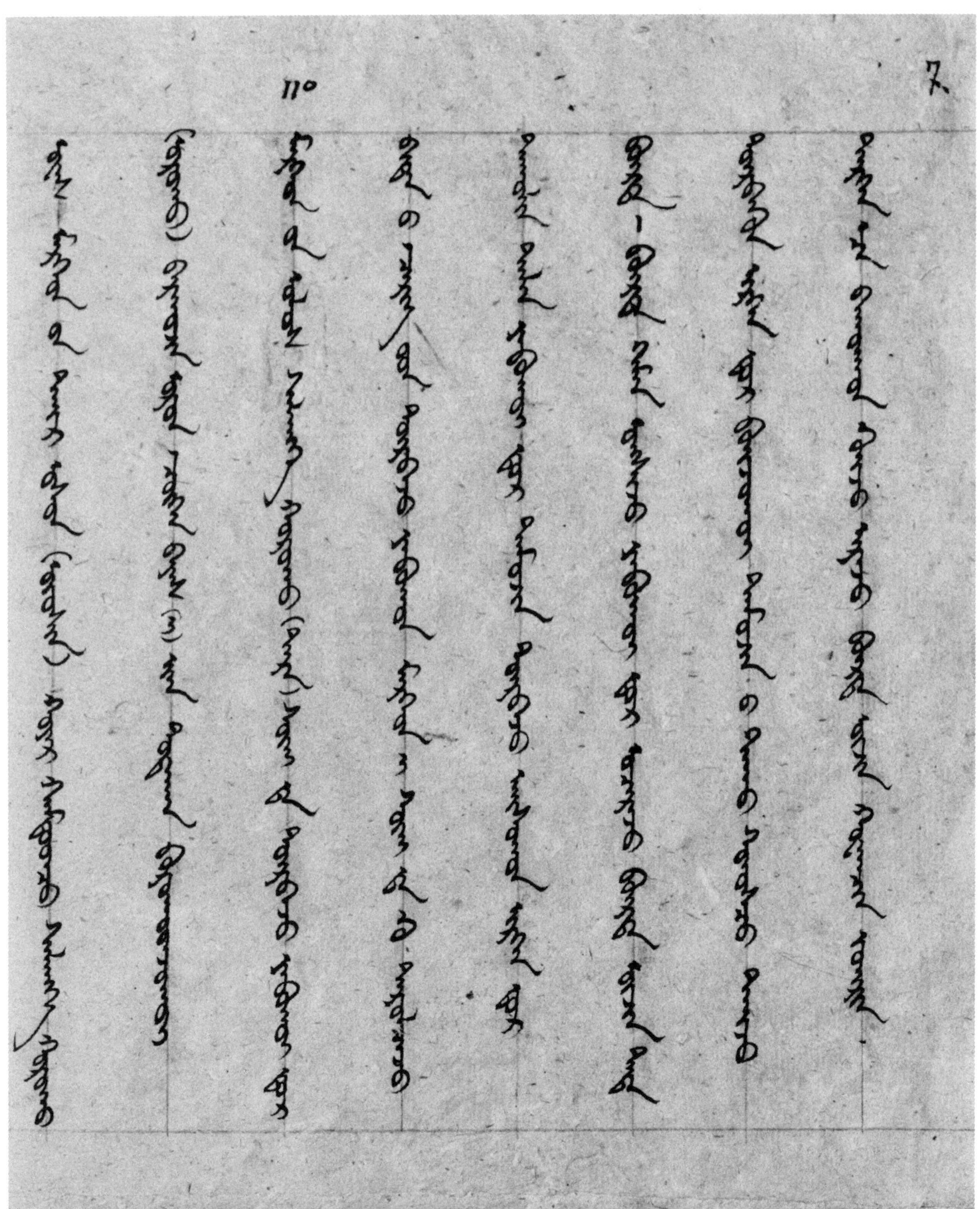

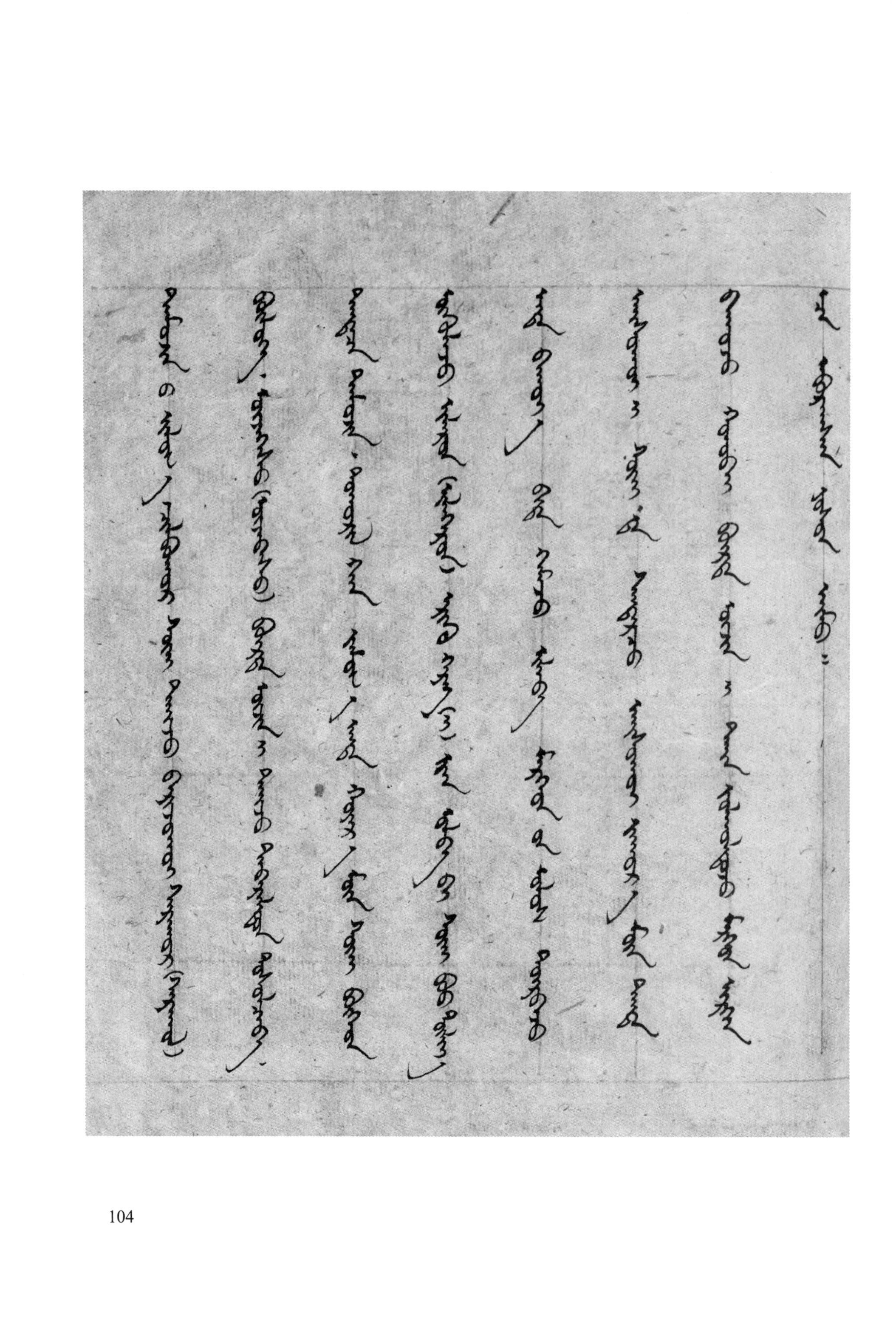

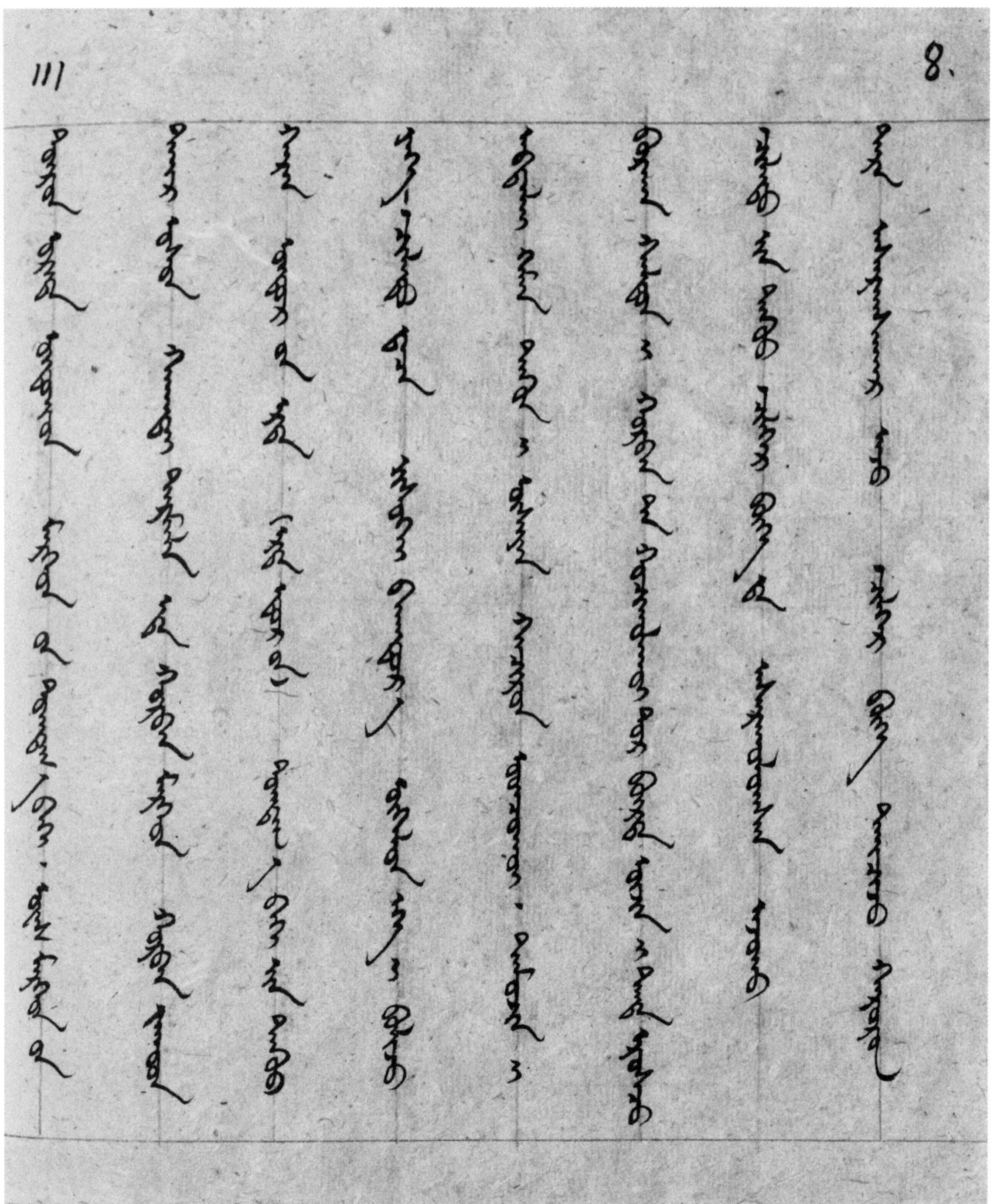

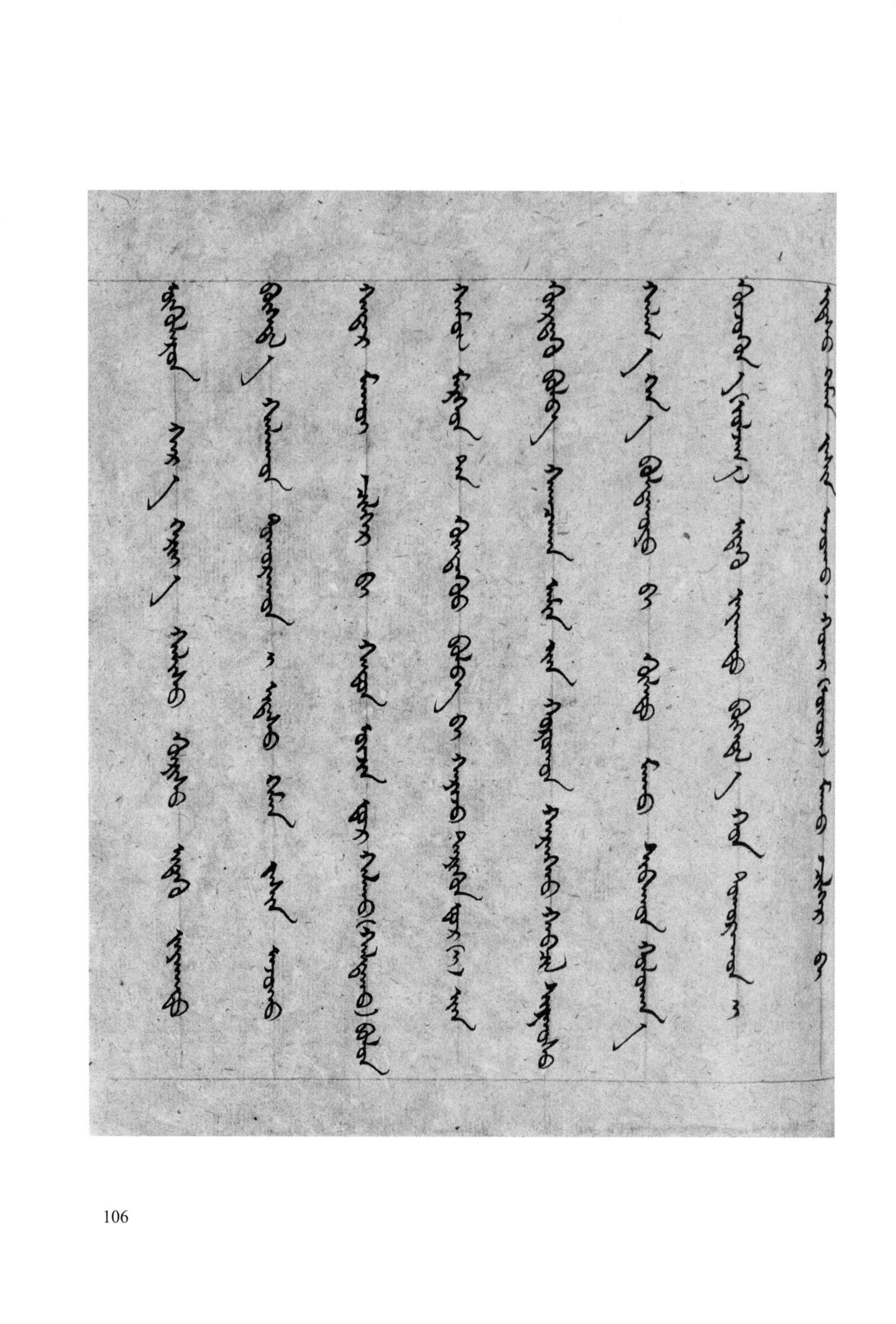

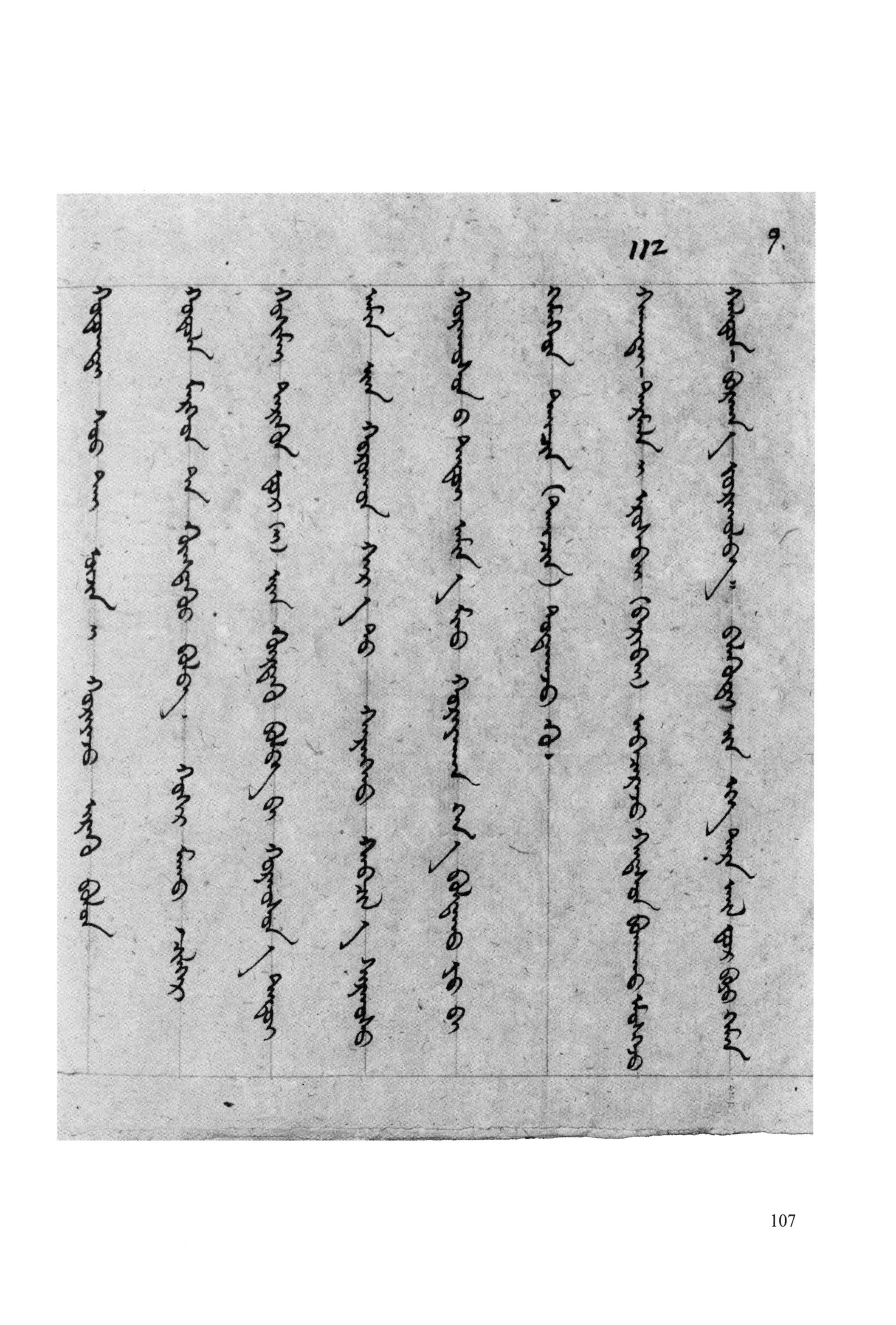

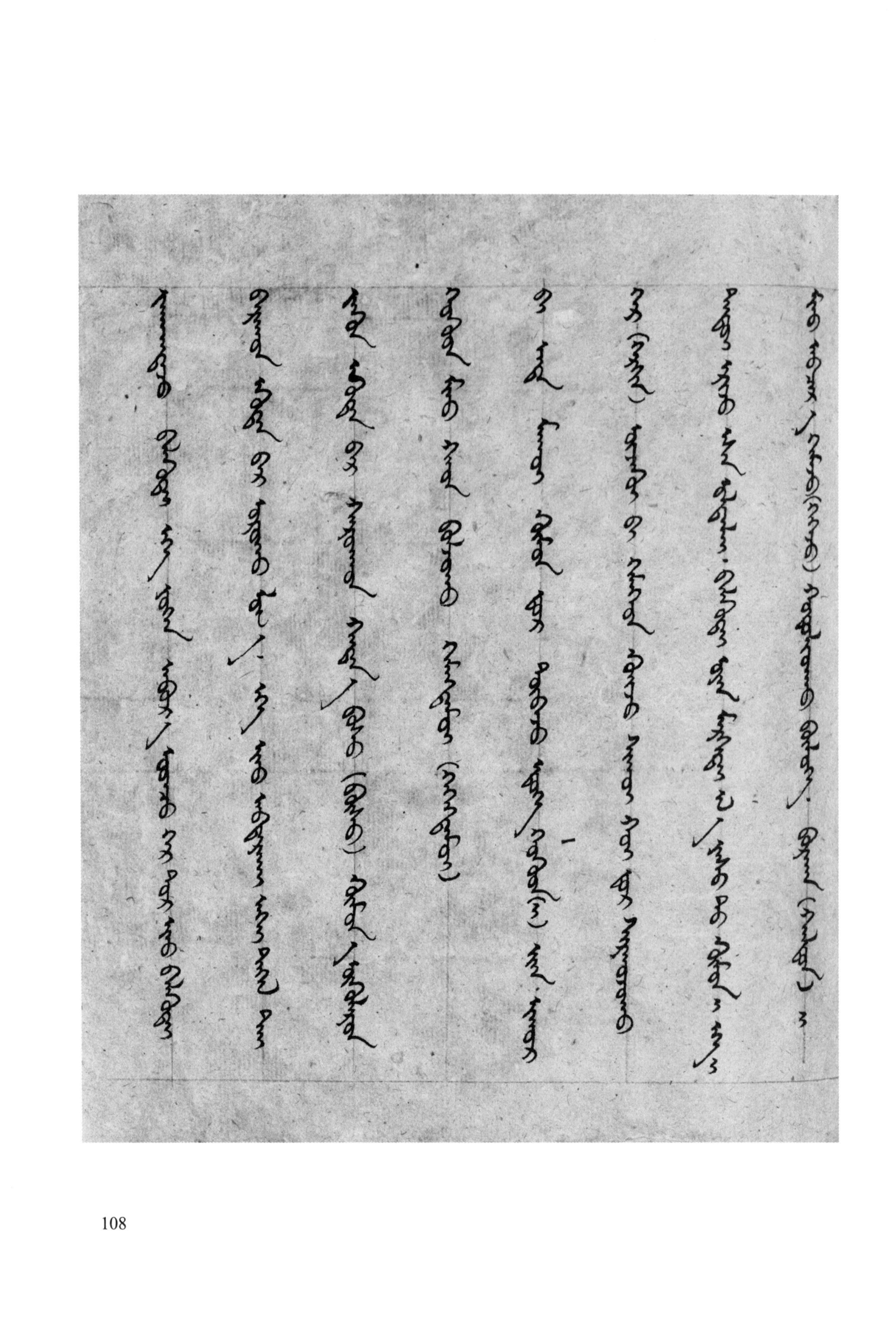

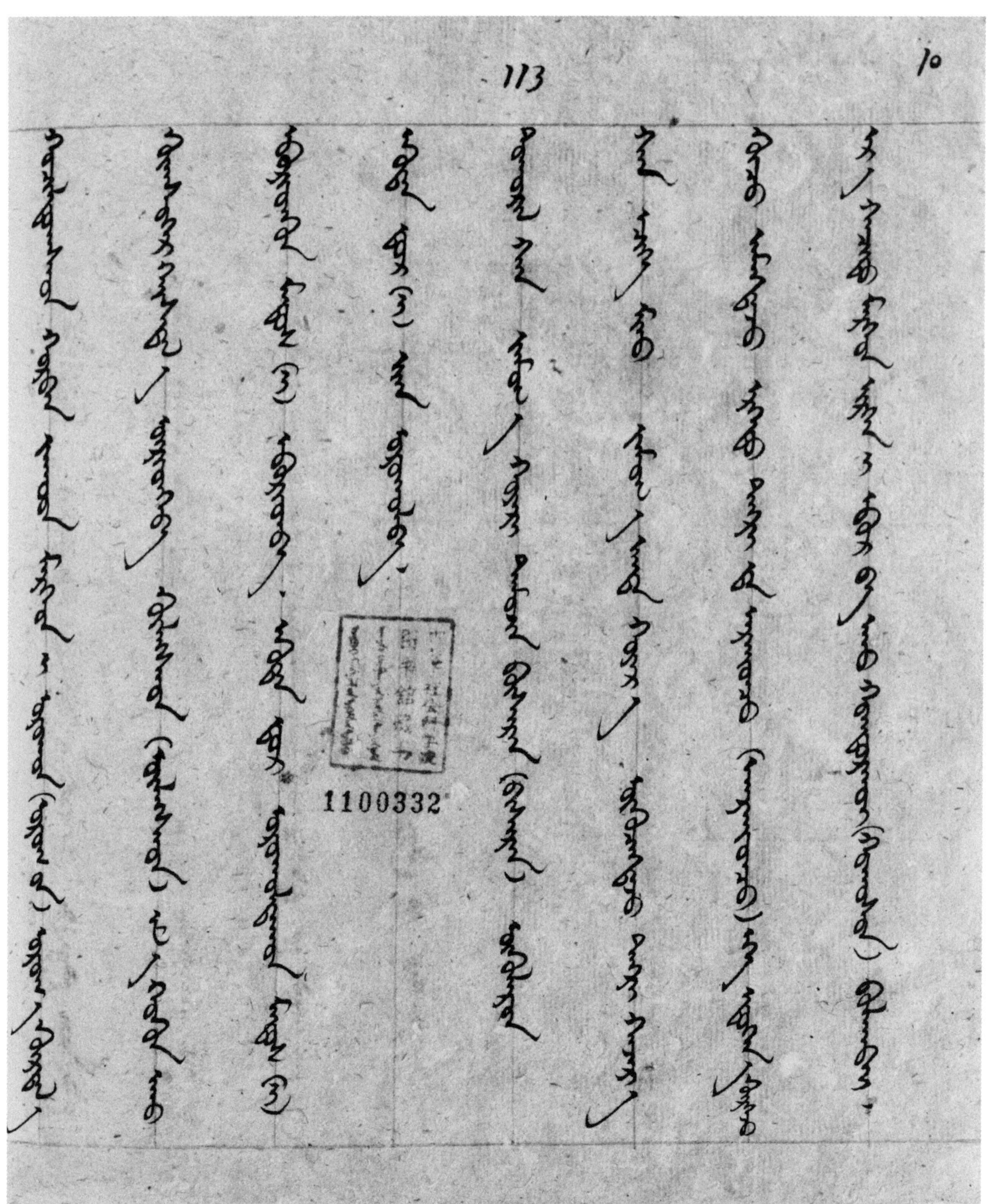
113
10
1100332

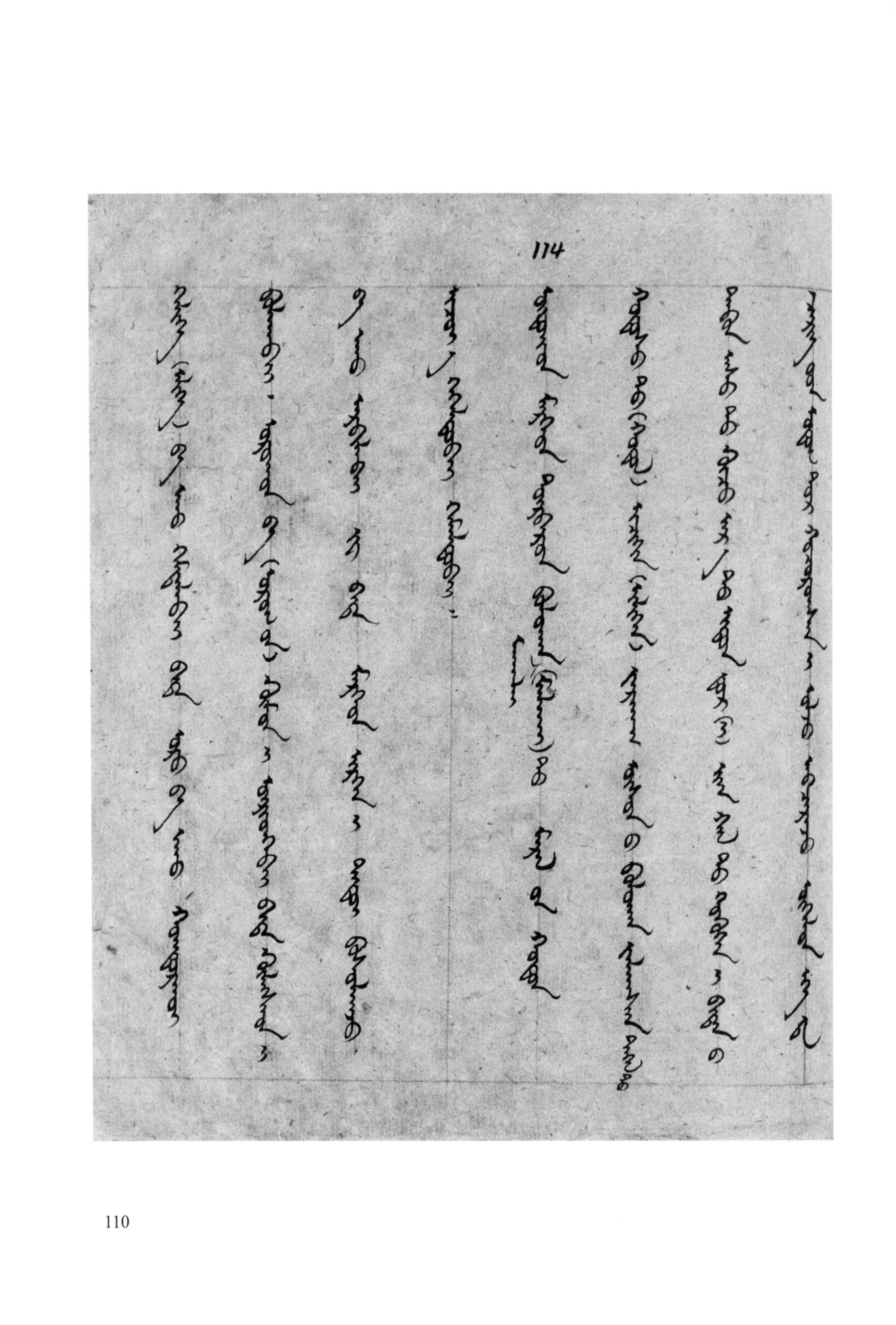

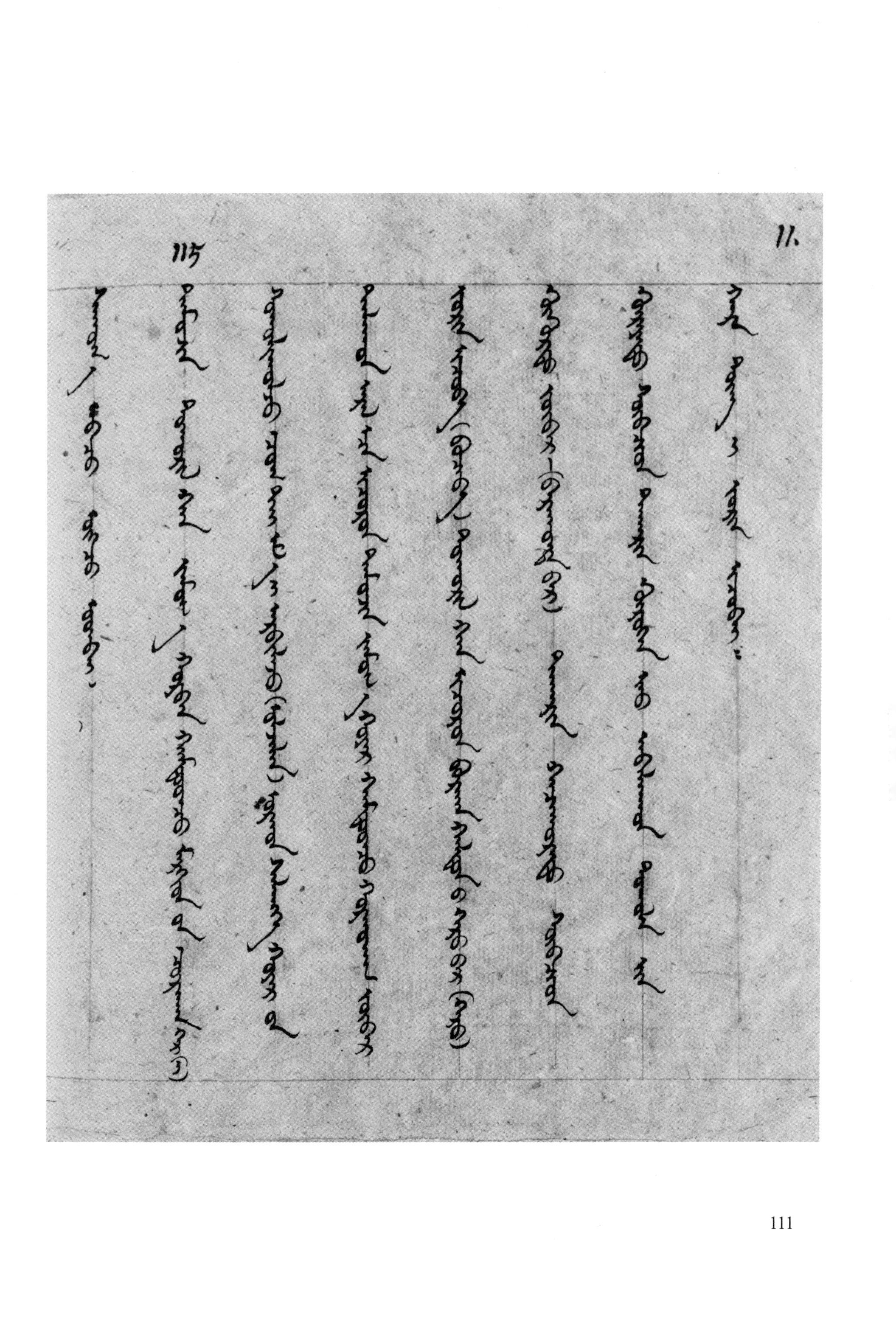

11.

115

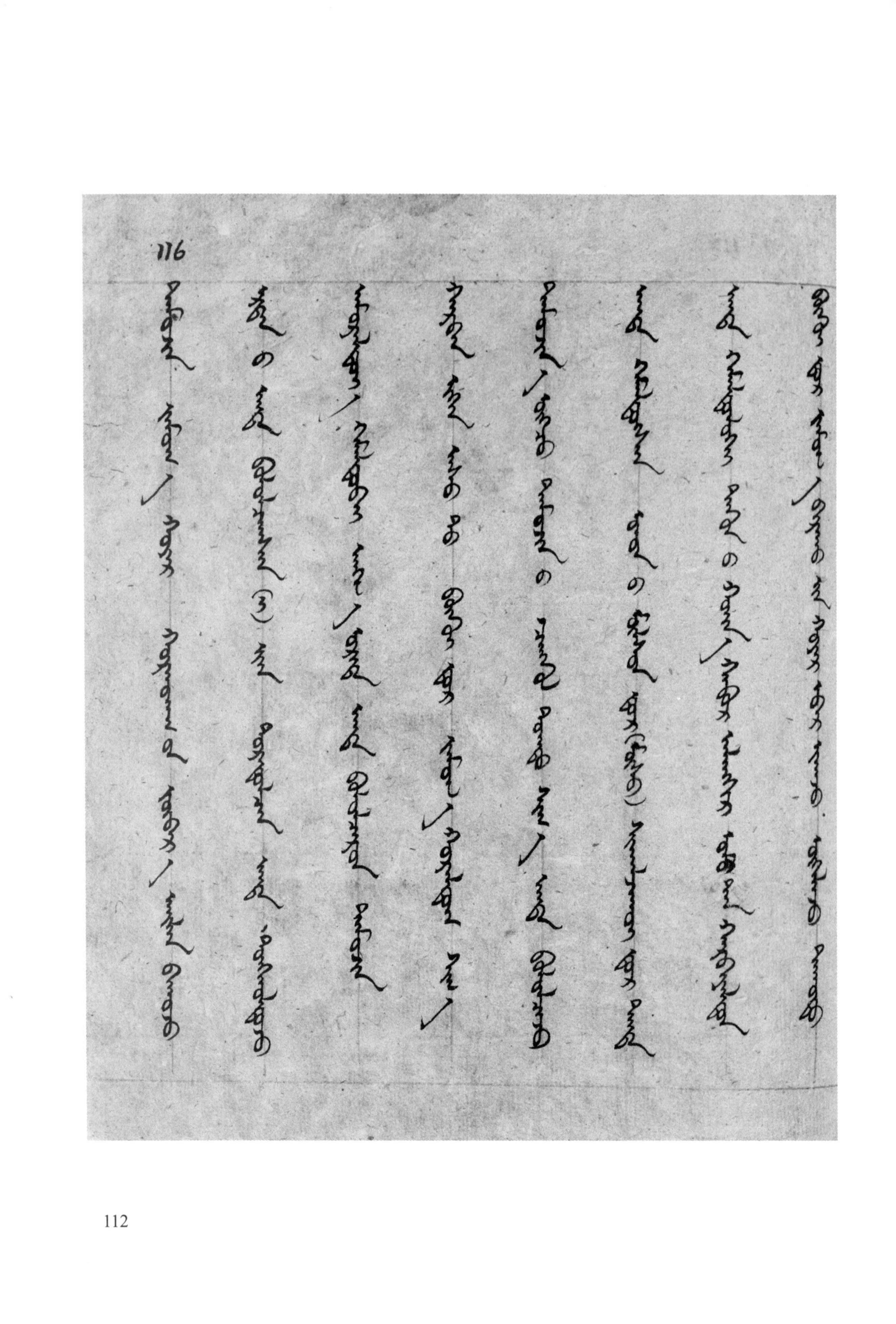

116

[illegible]

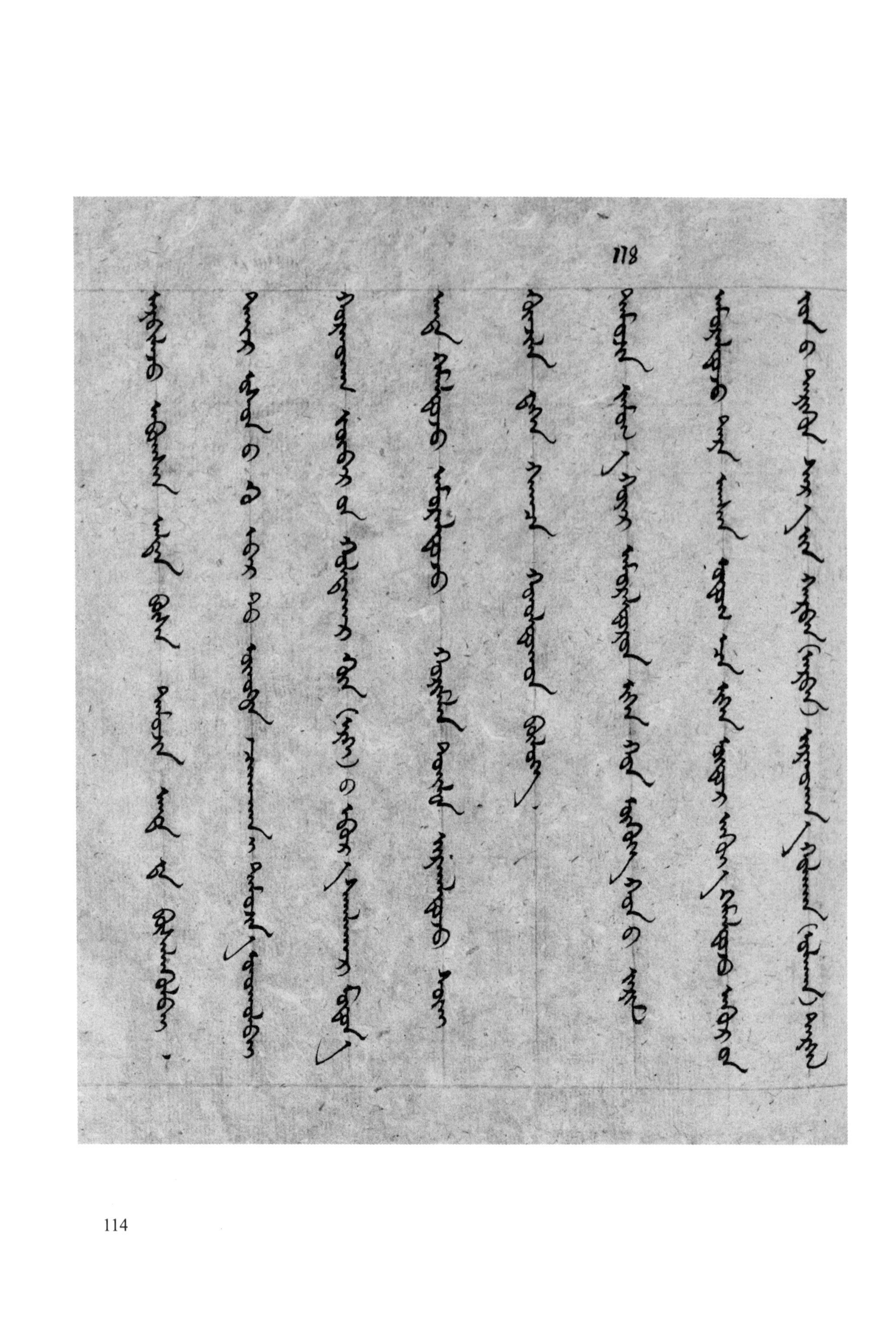

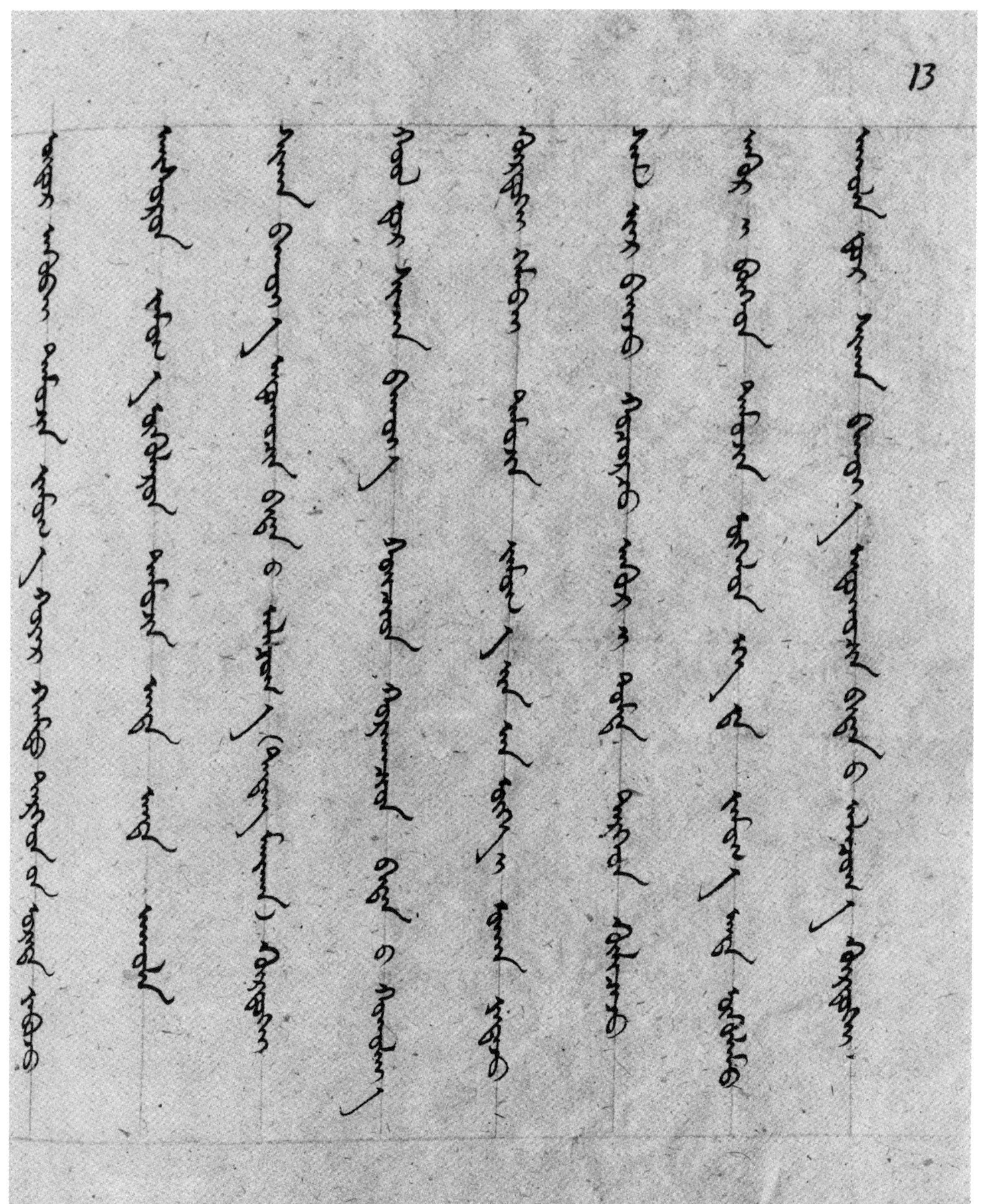

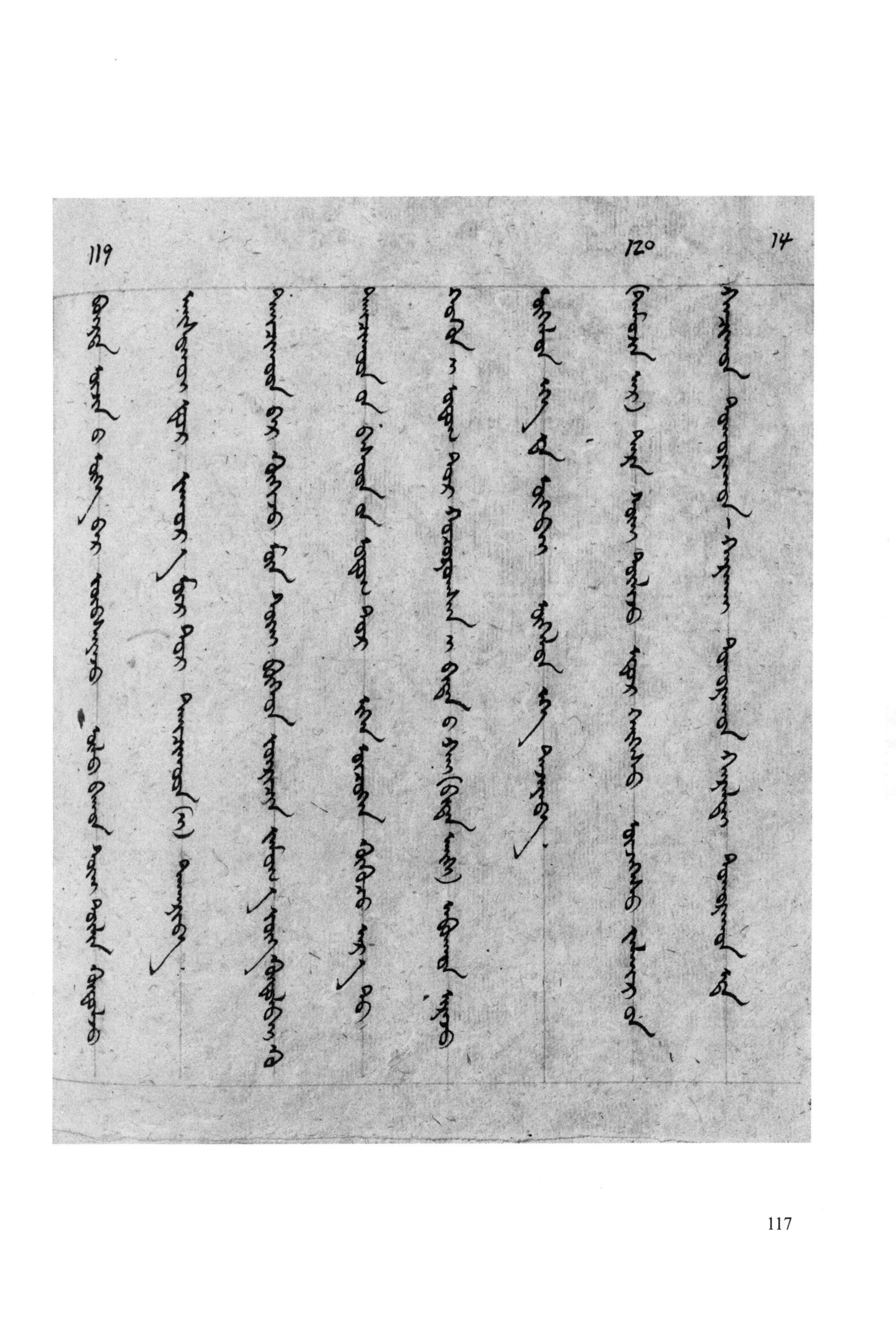

119

120

14

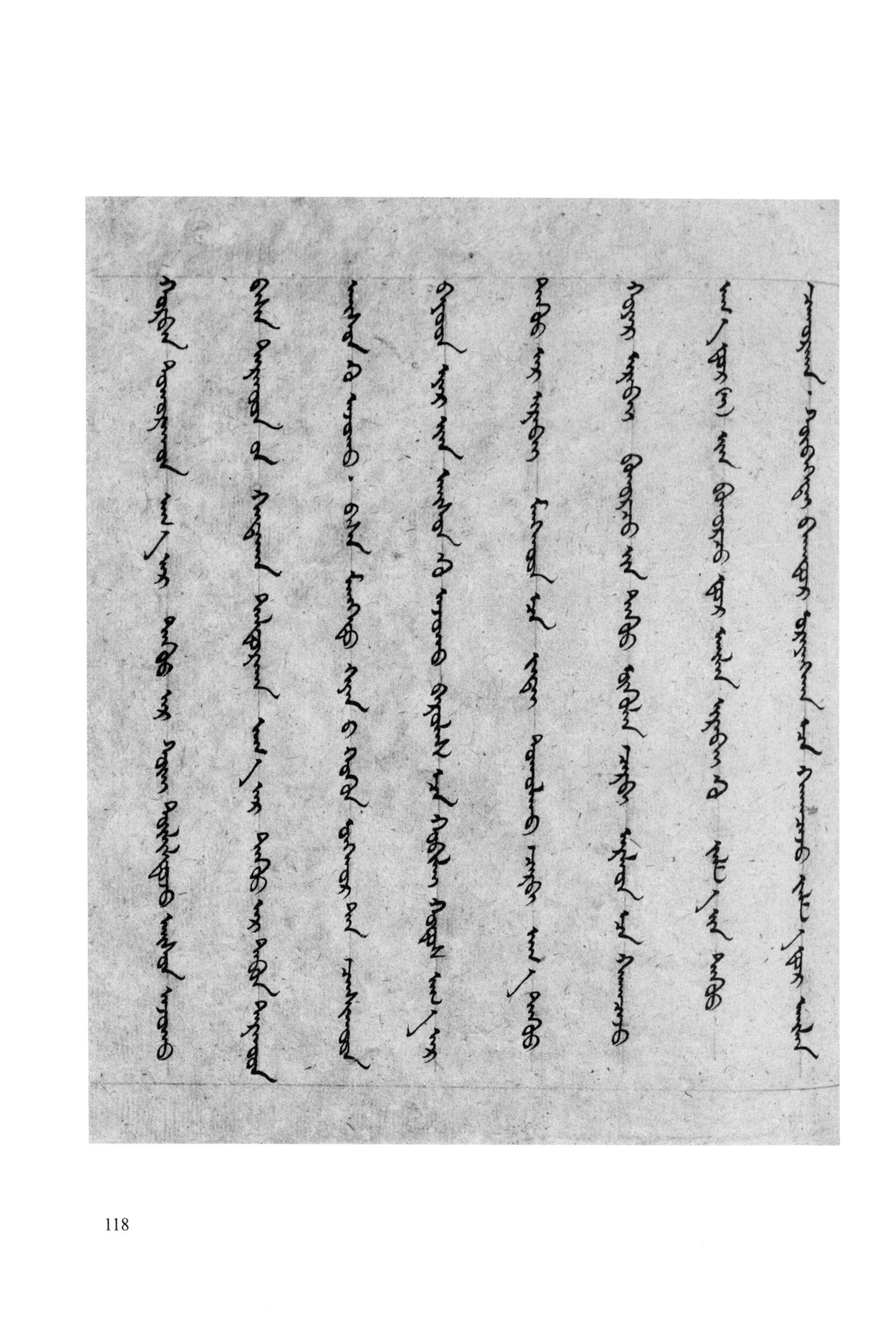

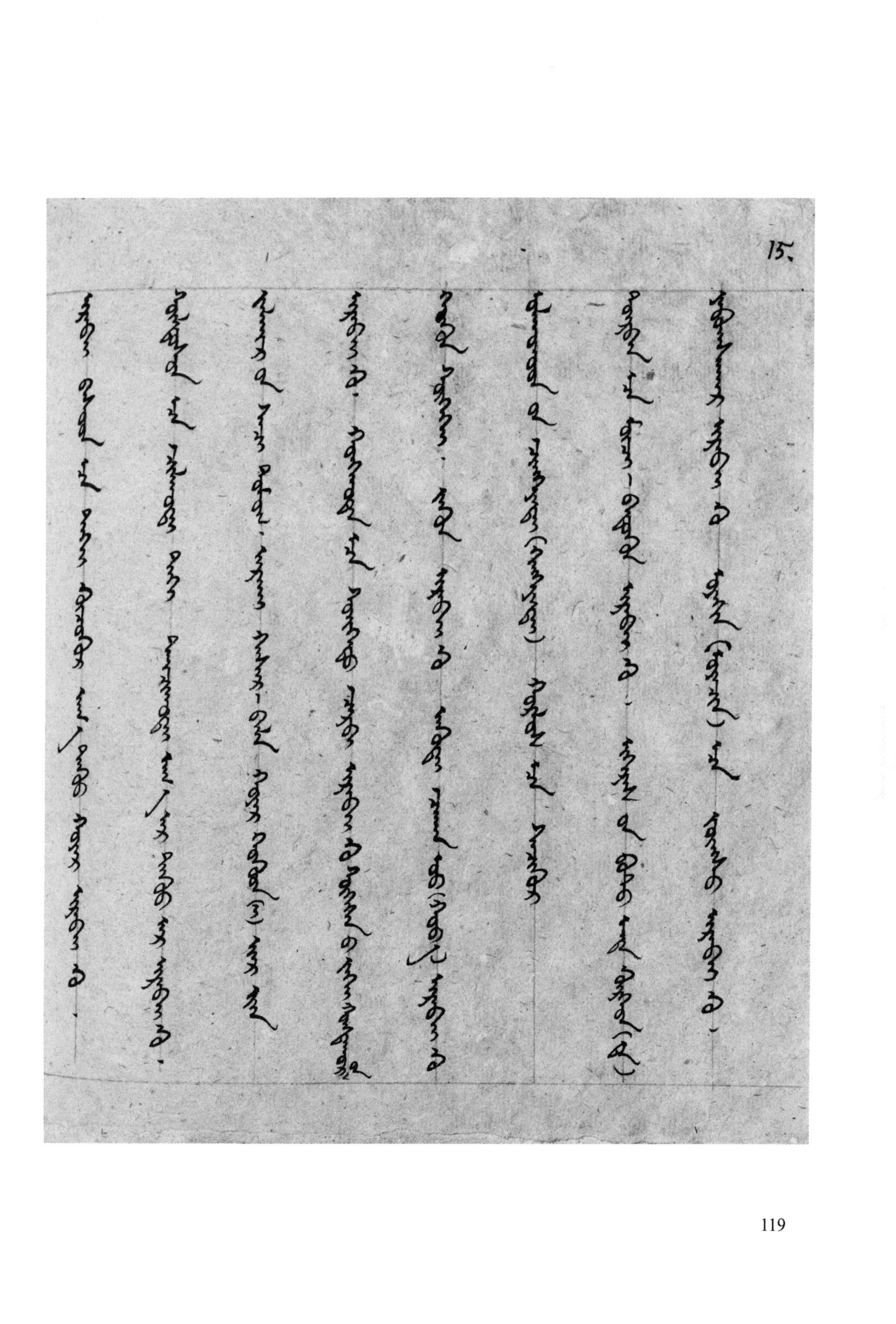

15.

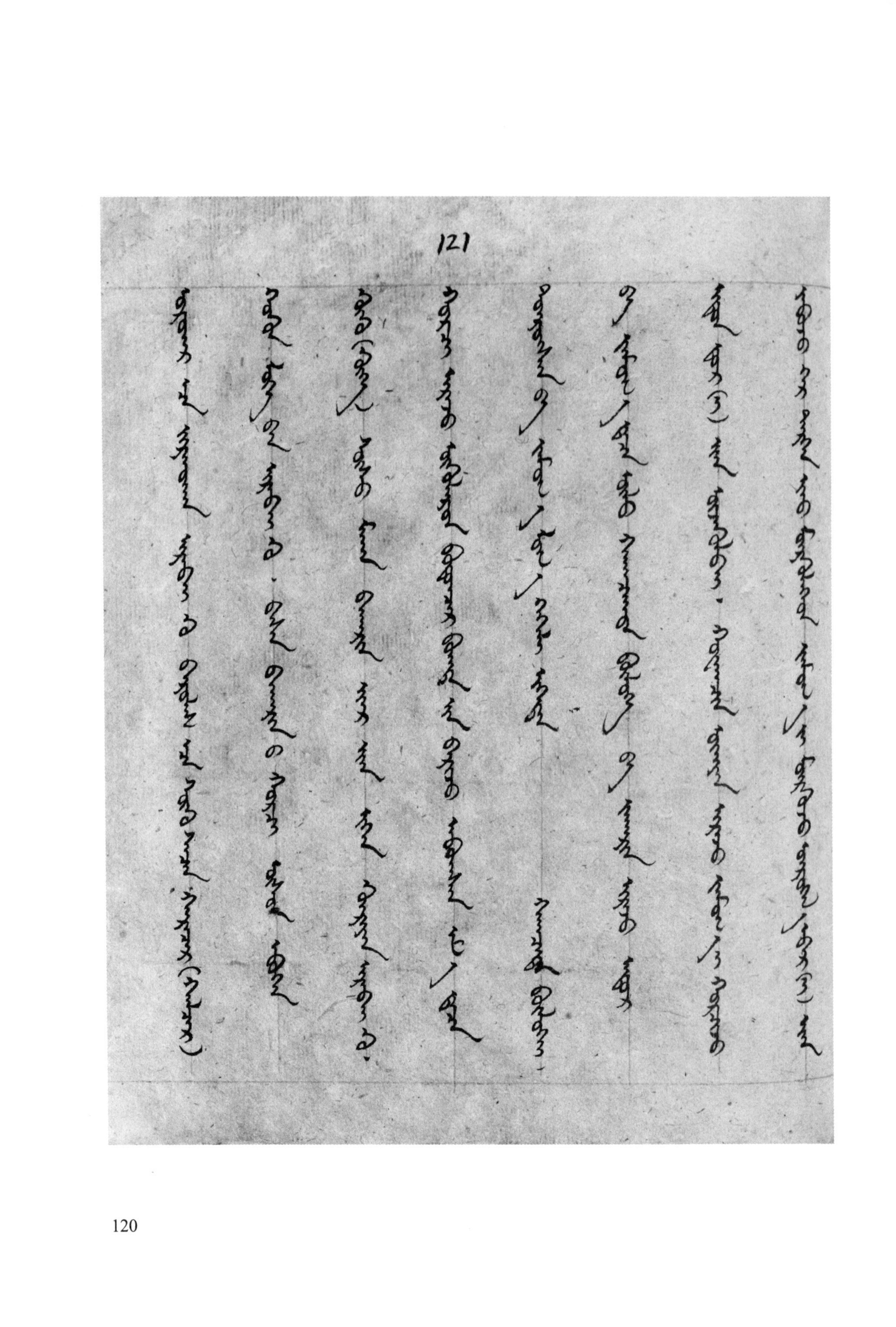

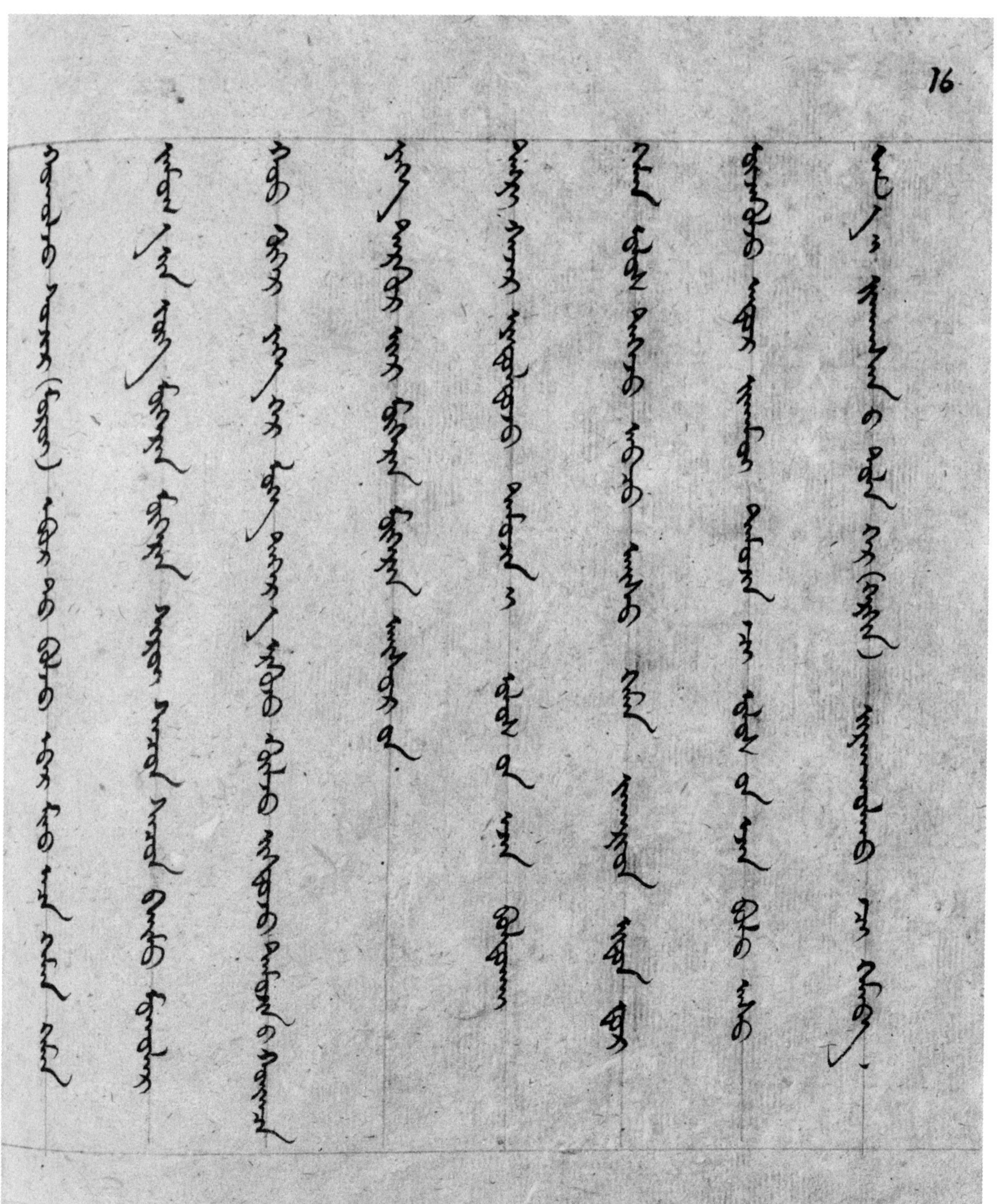

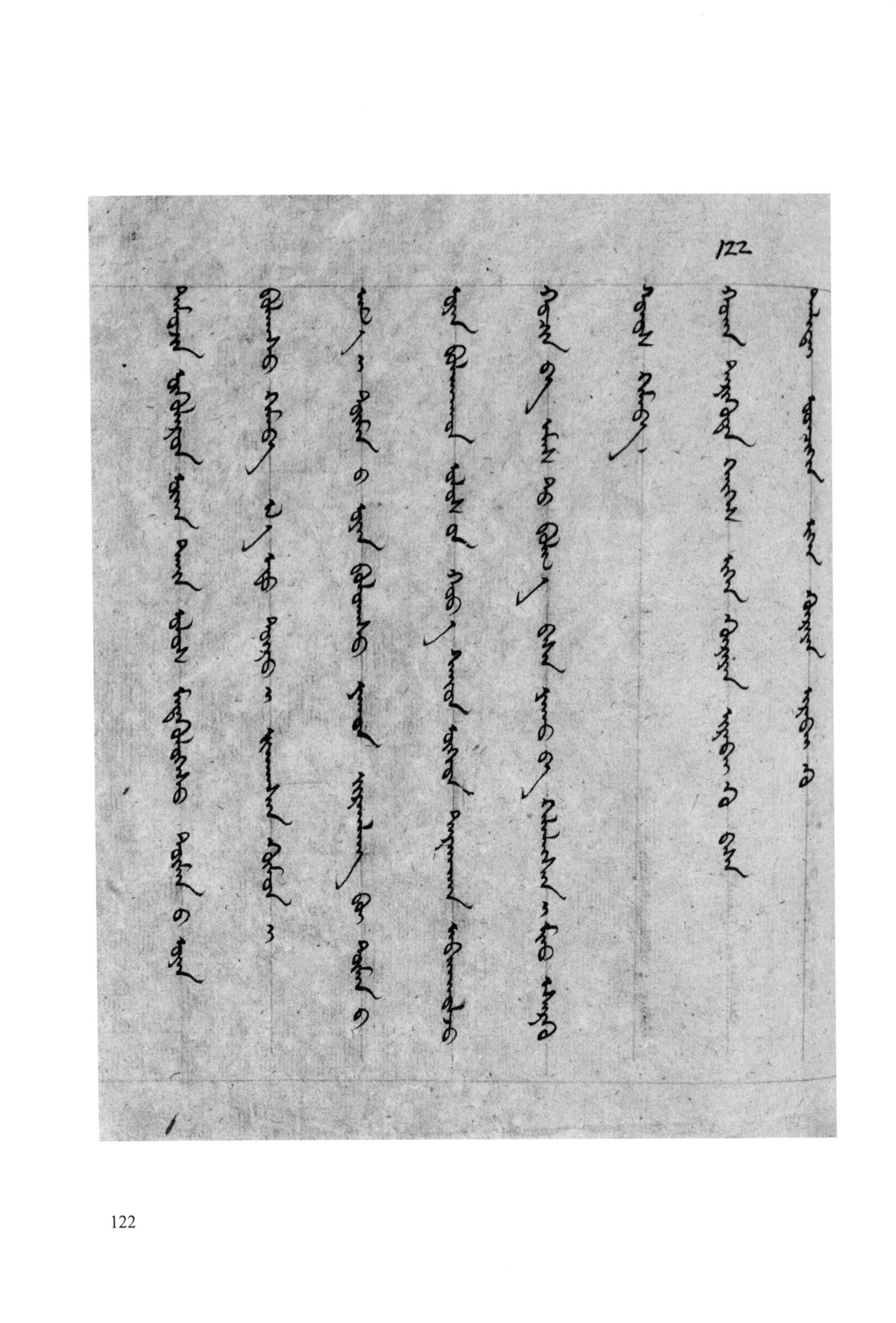

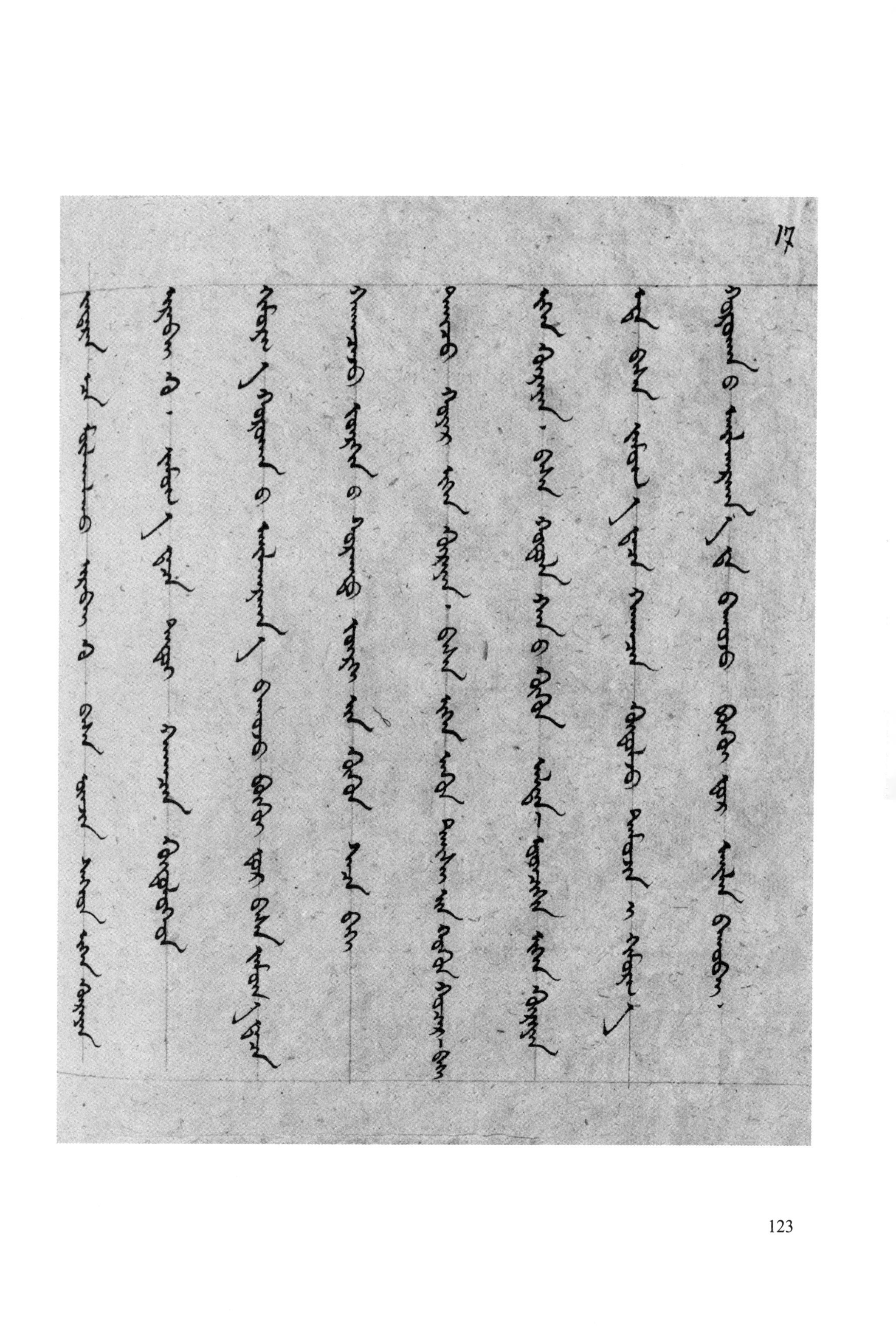

17

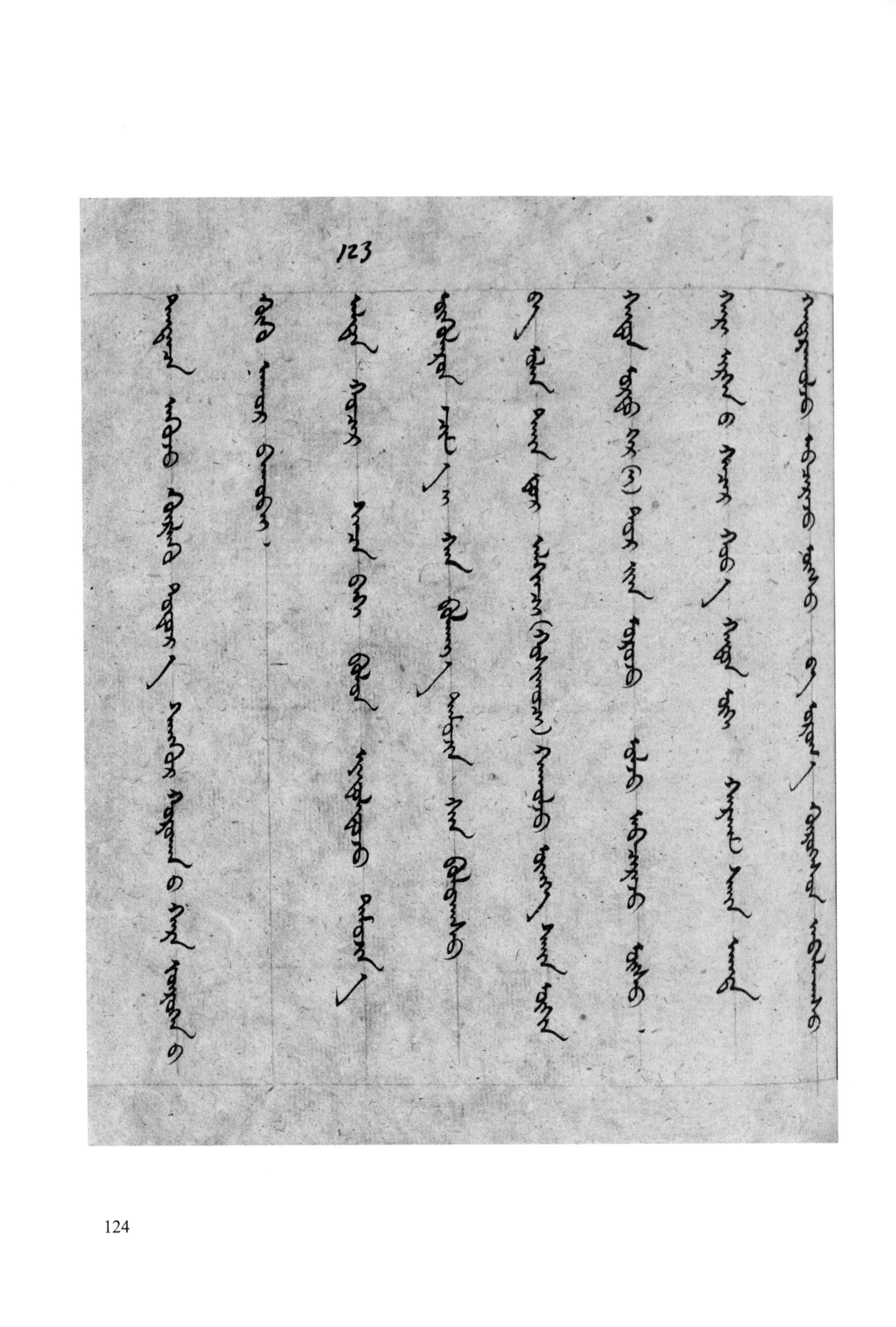

123

18.

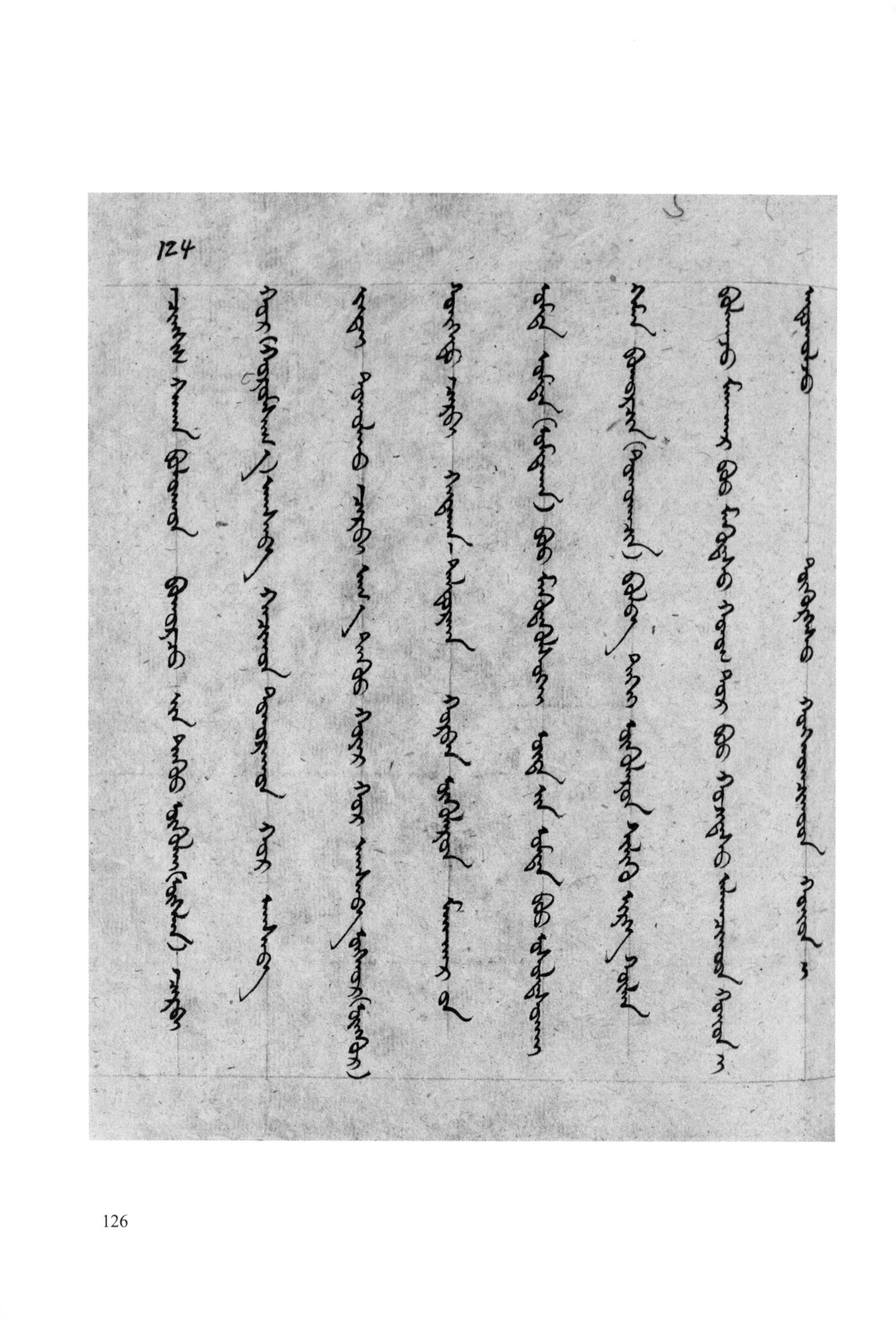

124

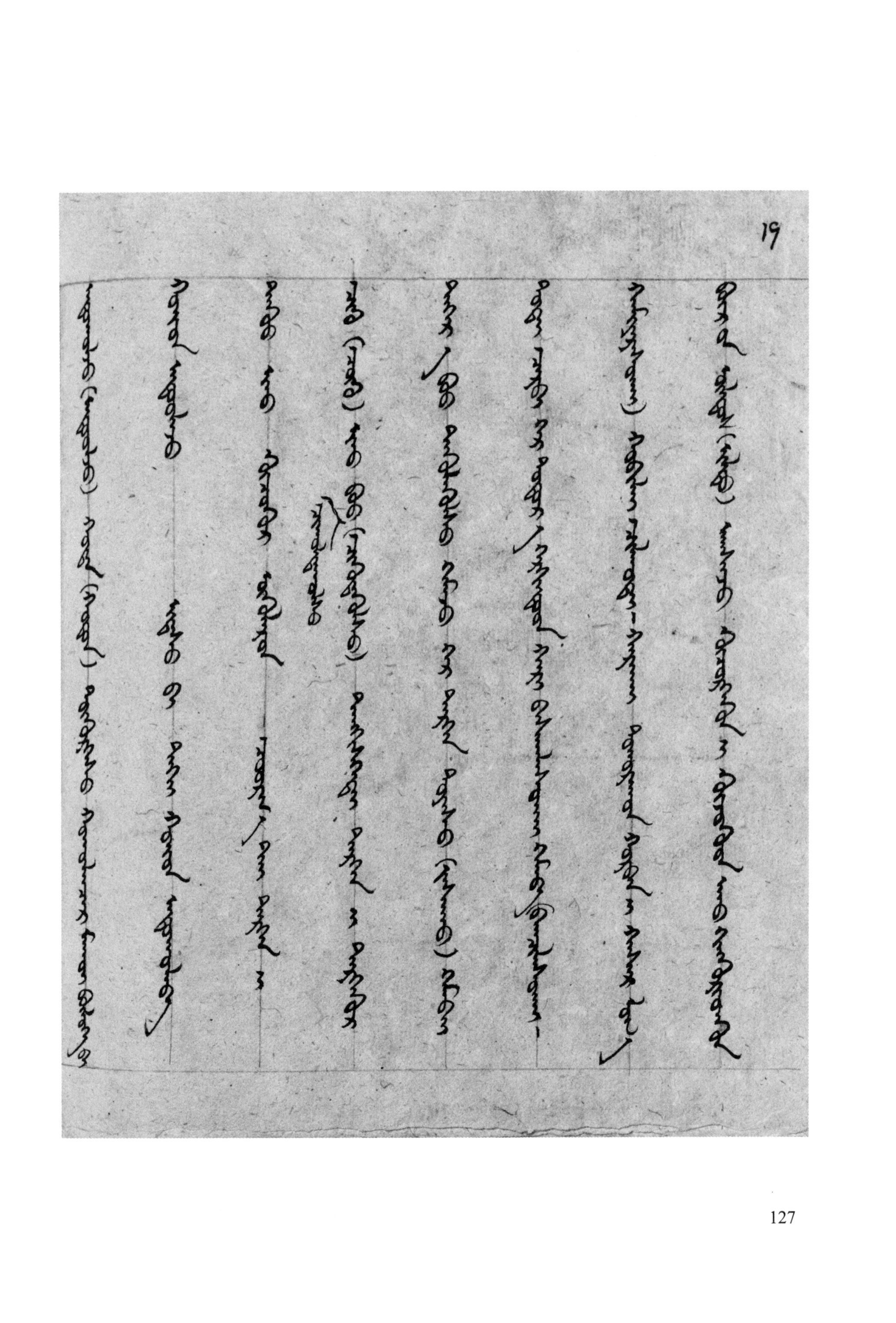

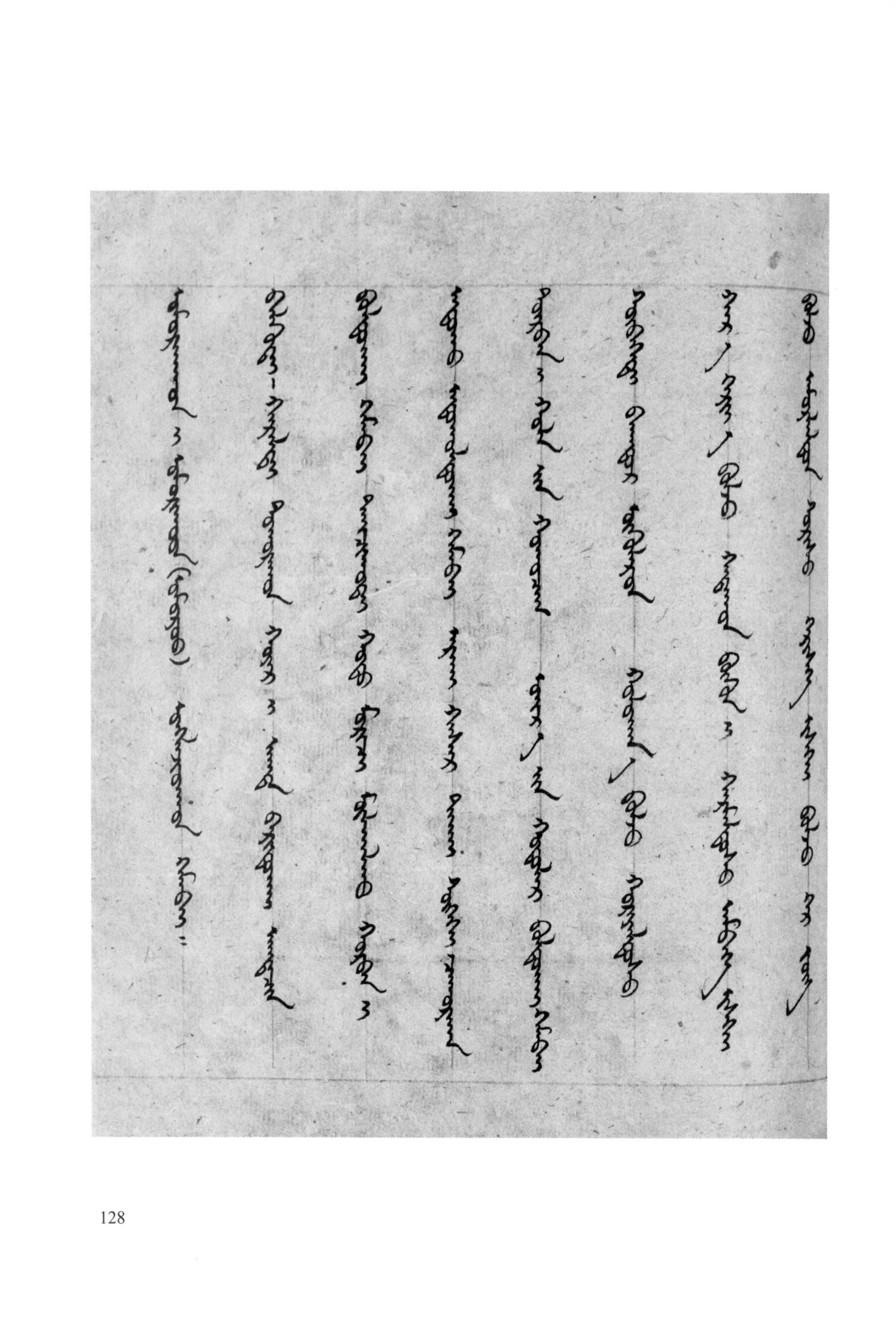

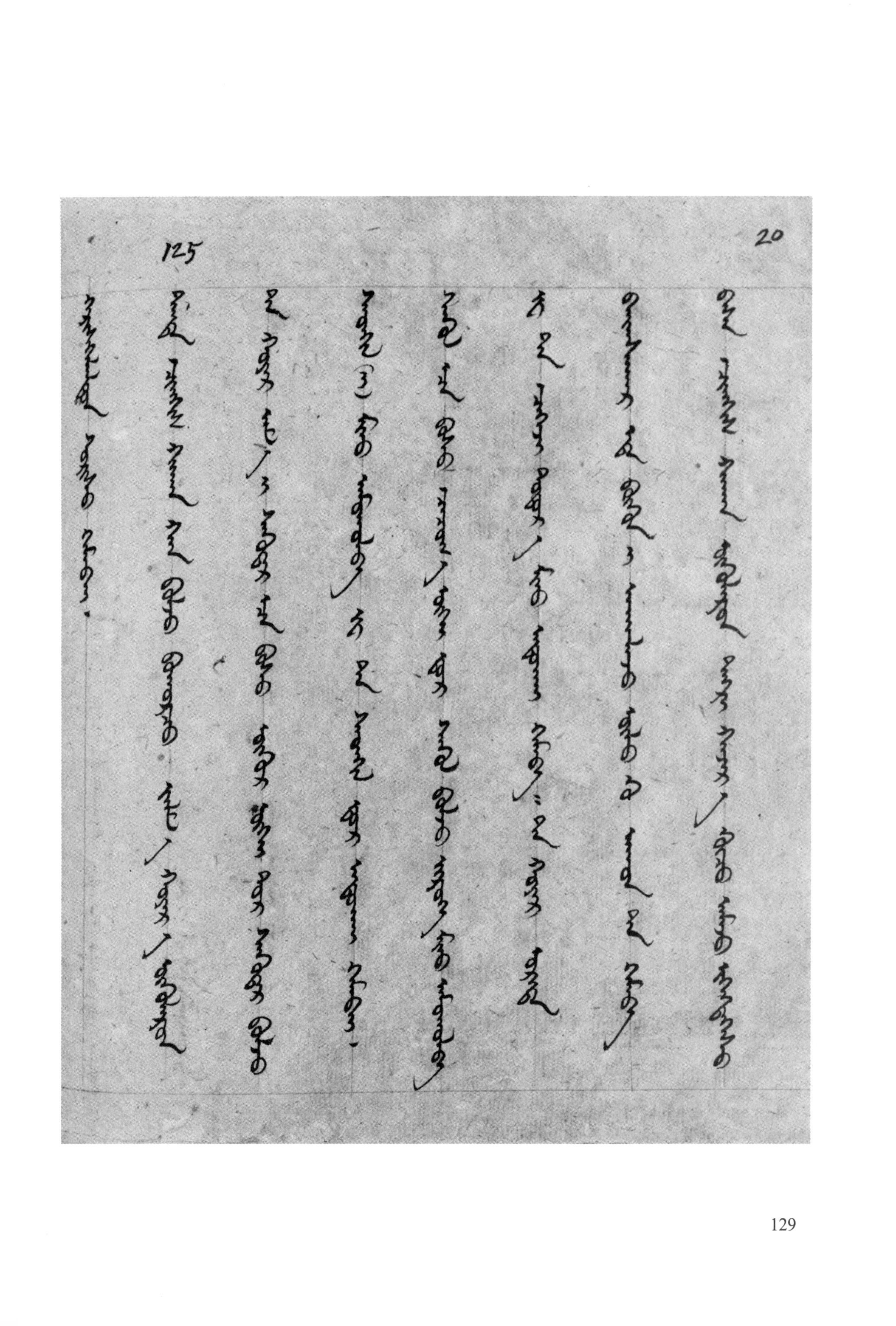

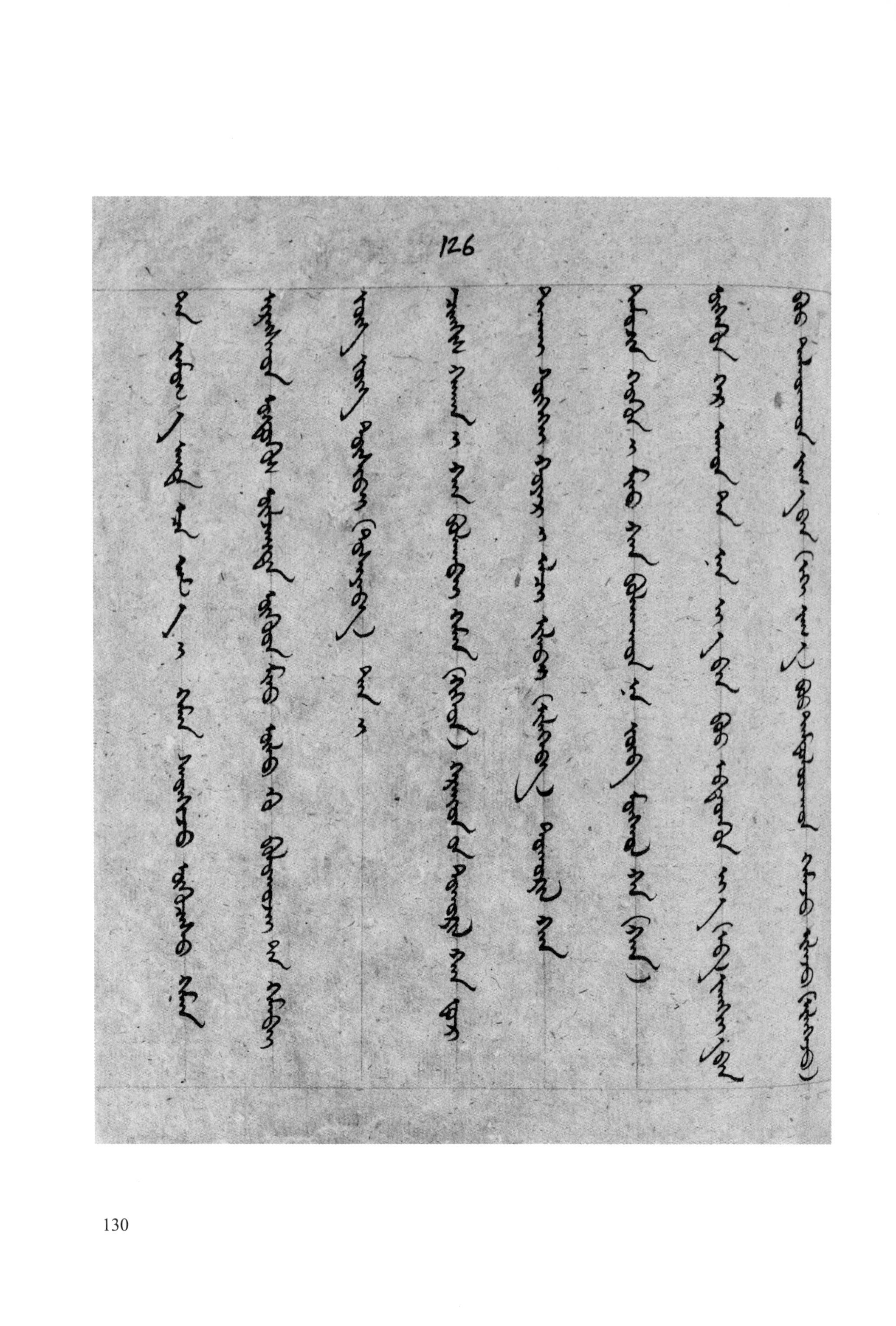

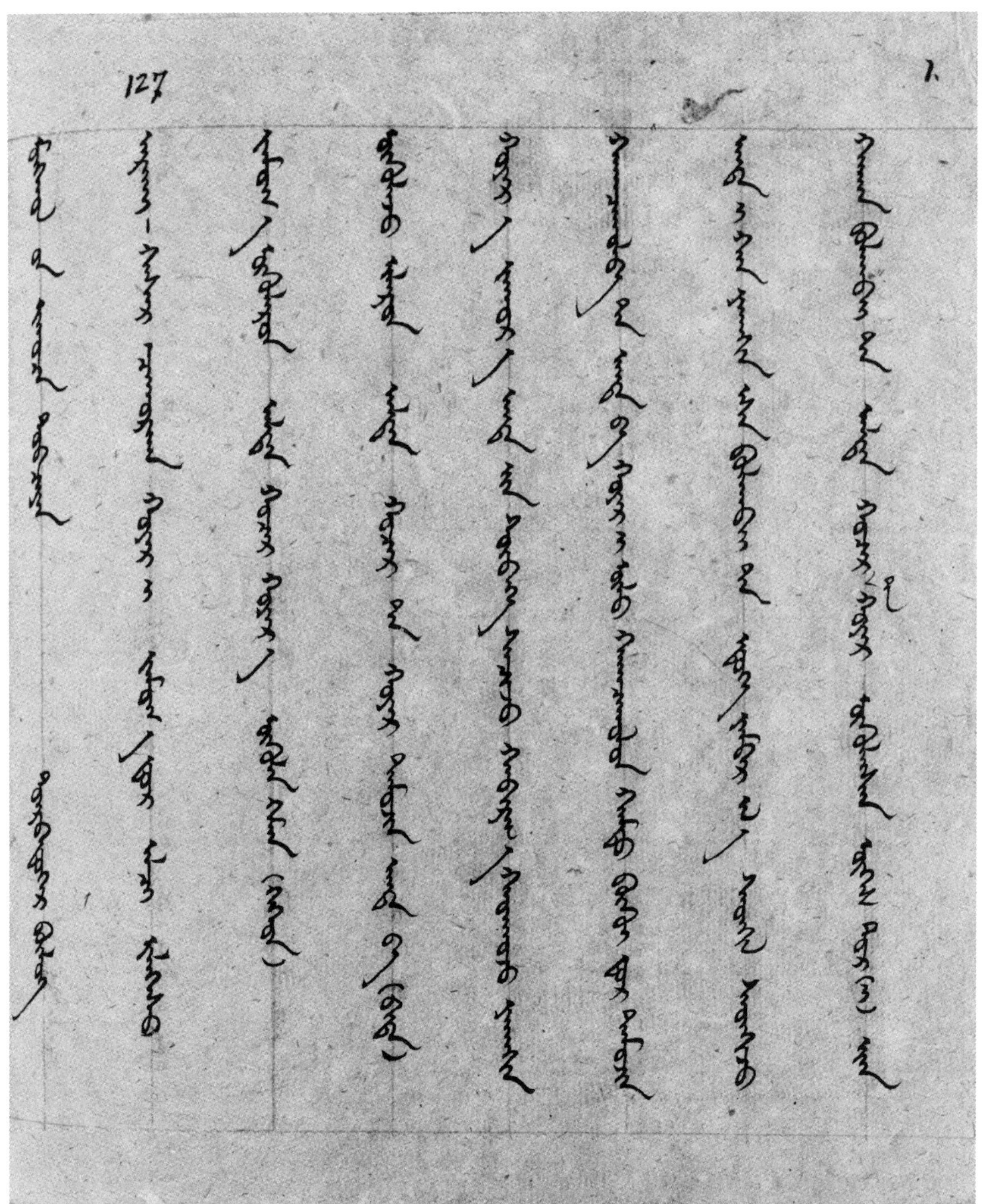

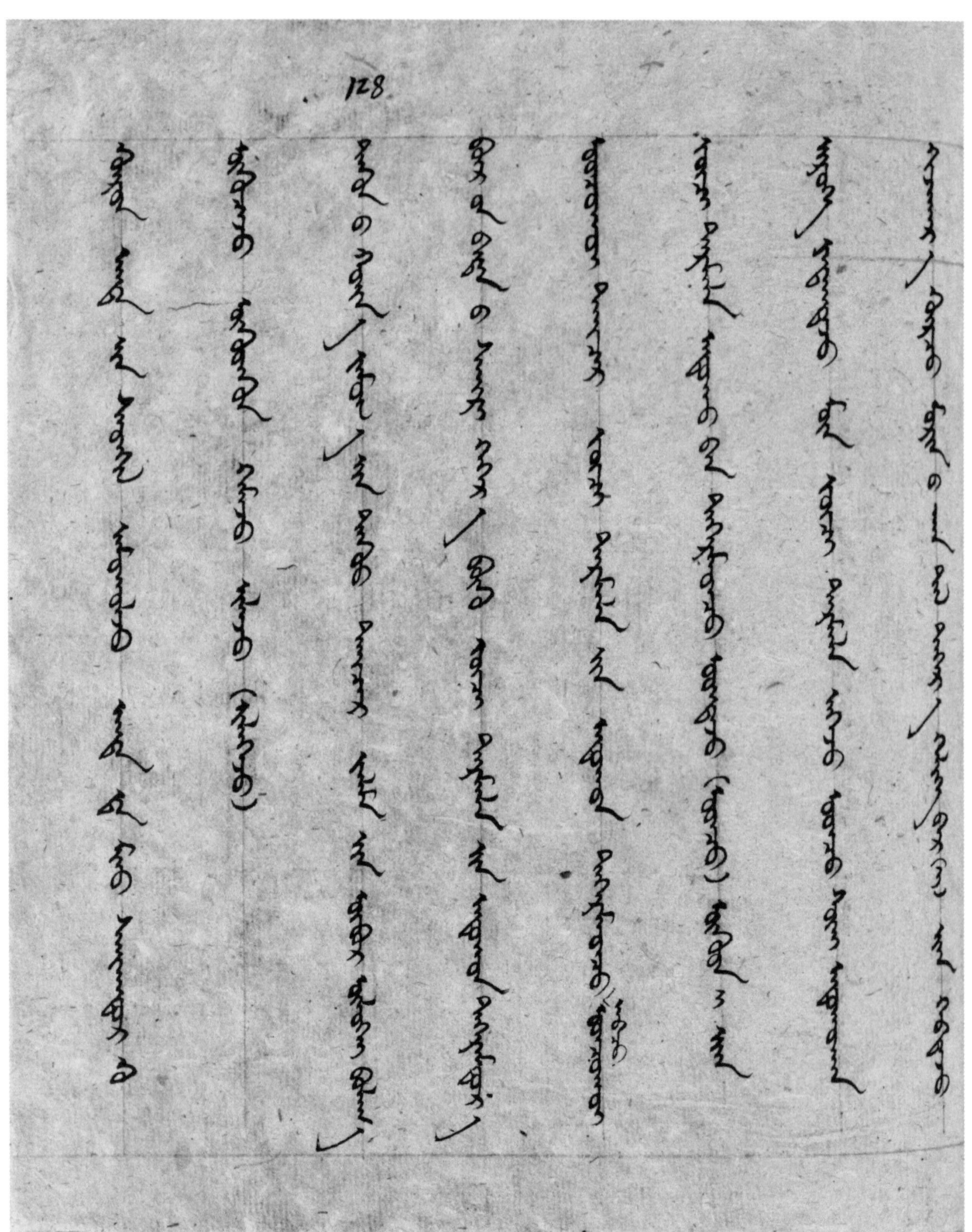

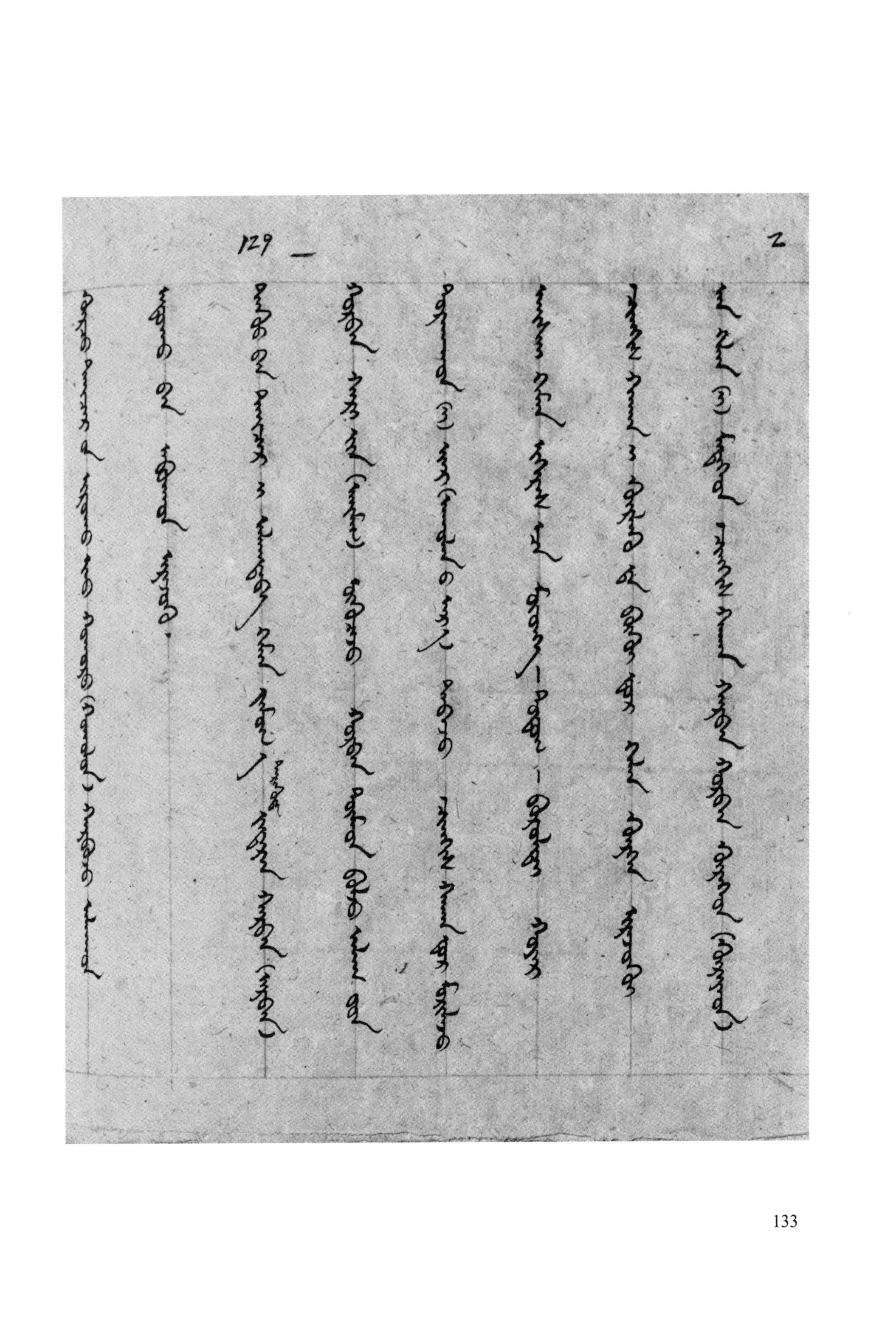

129 — 2

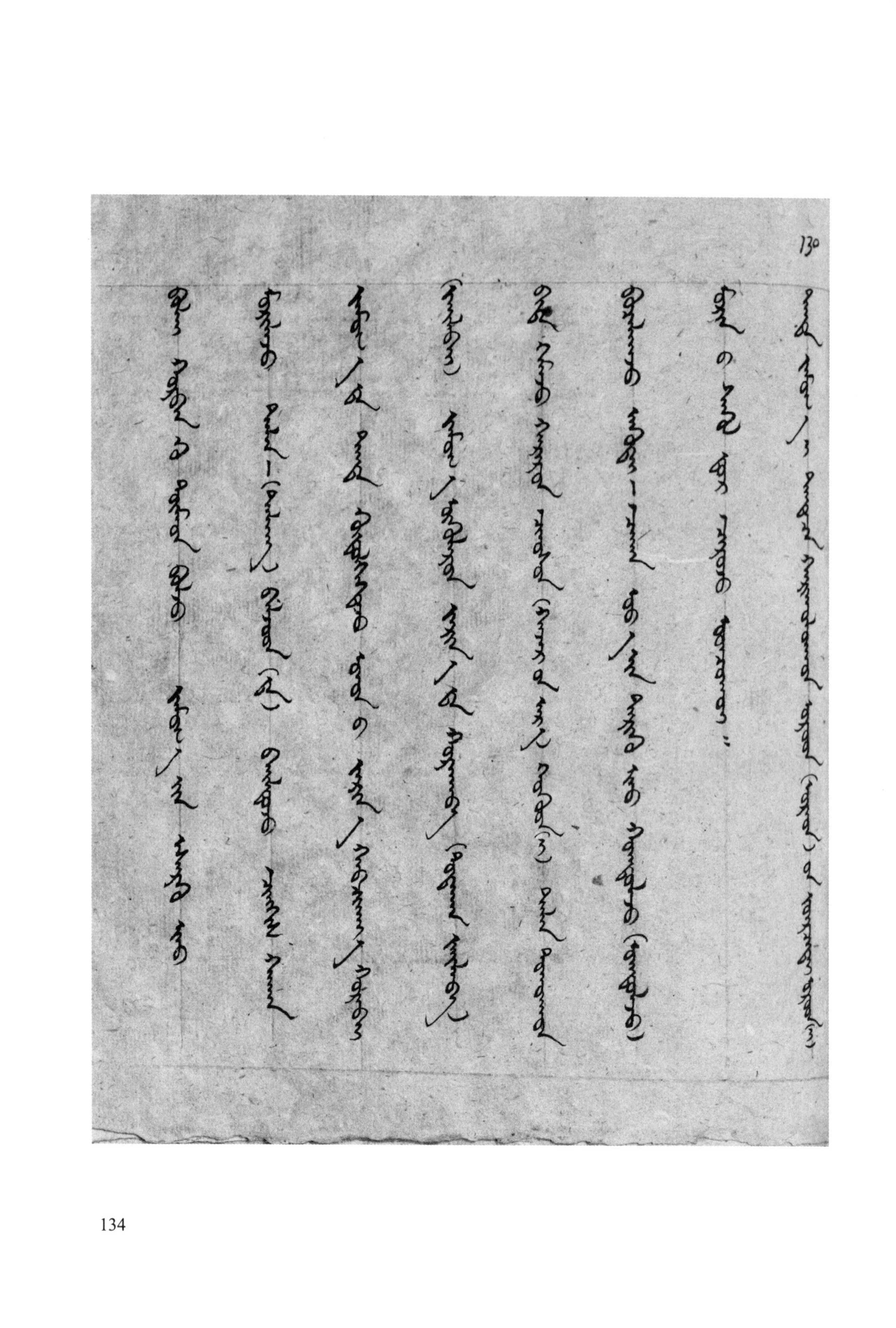

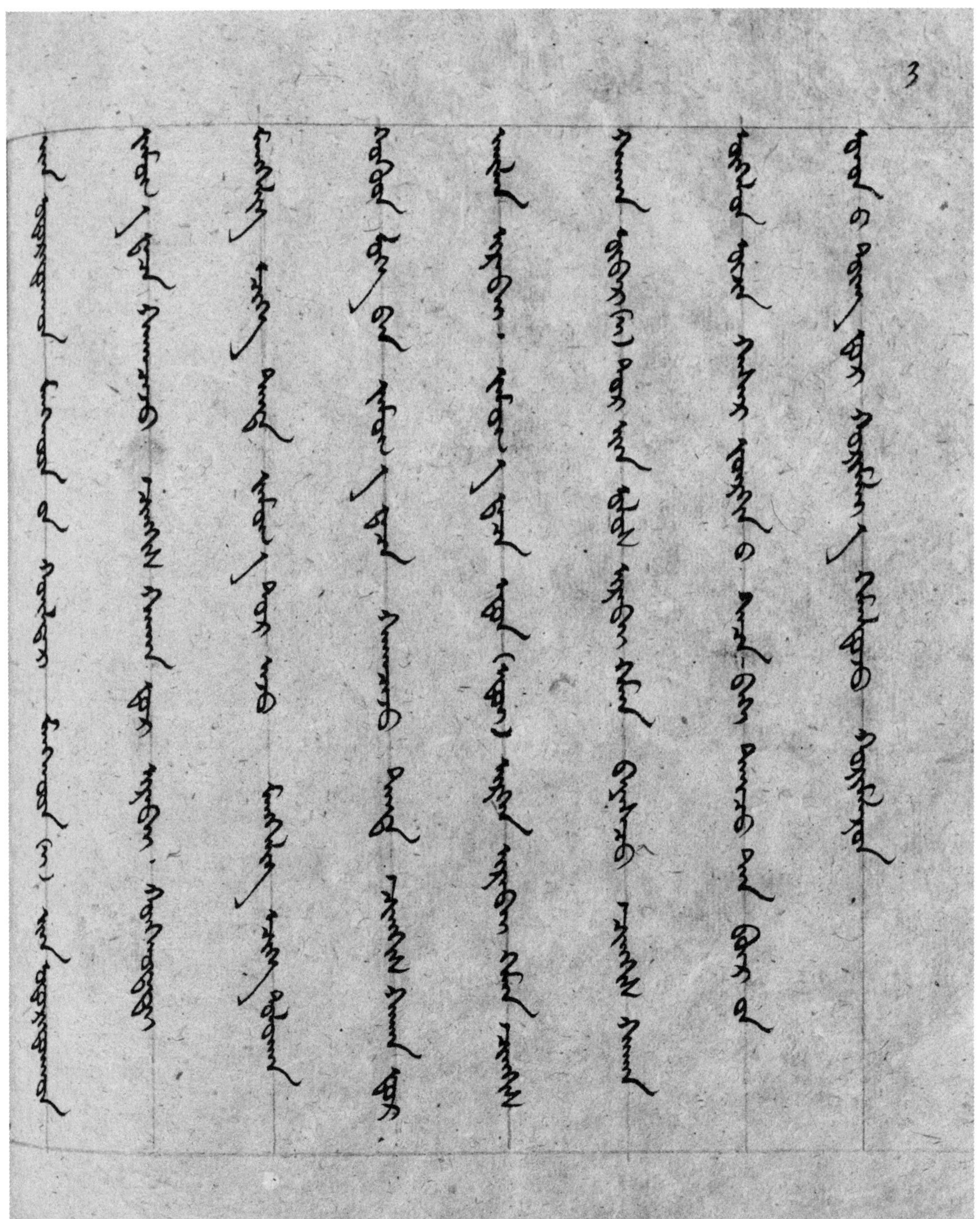

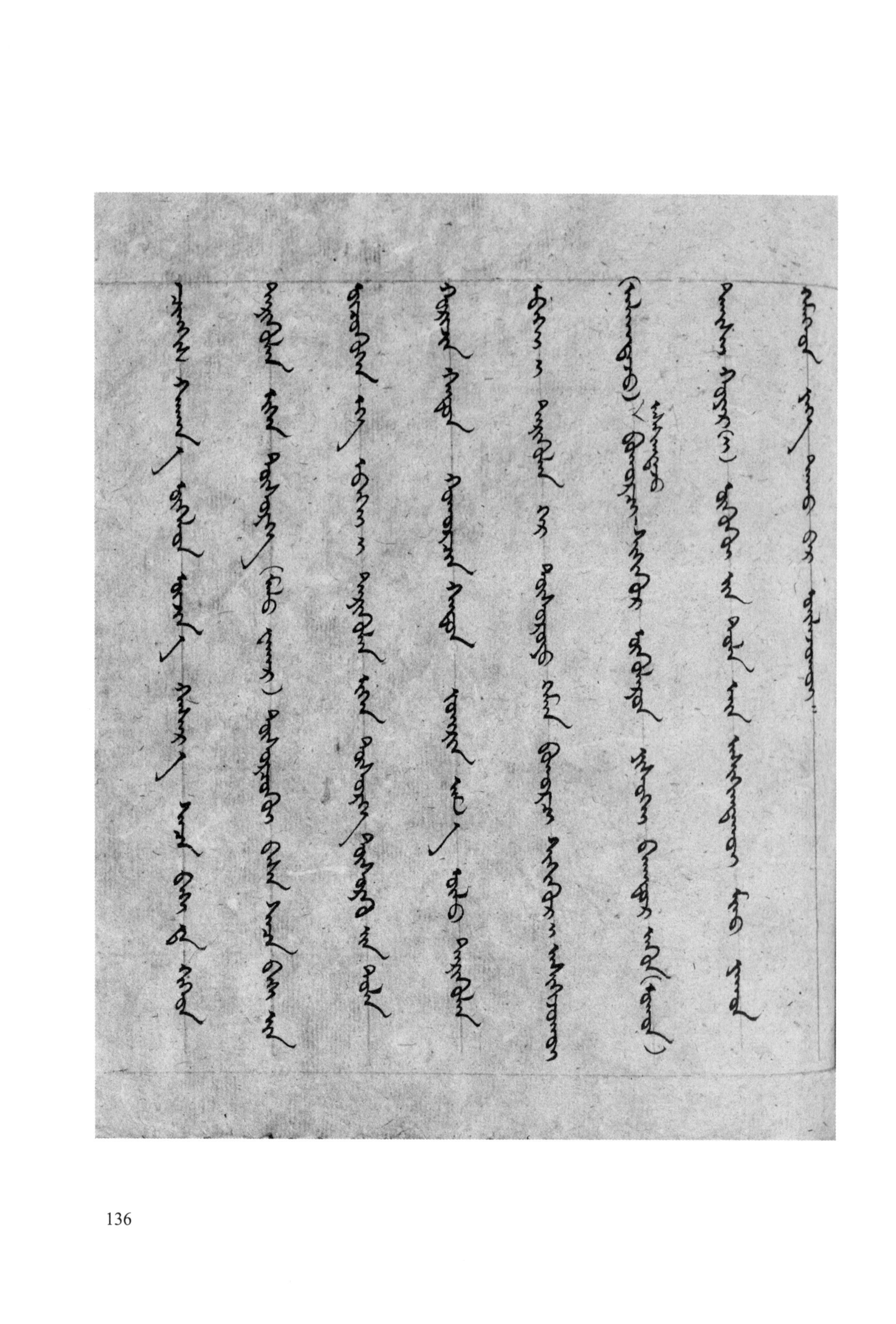

131 4

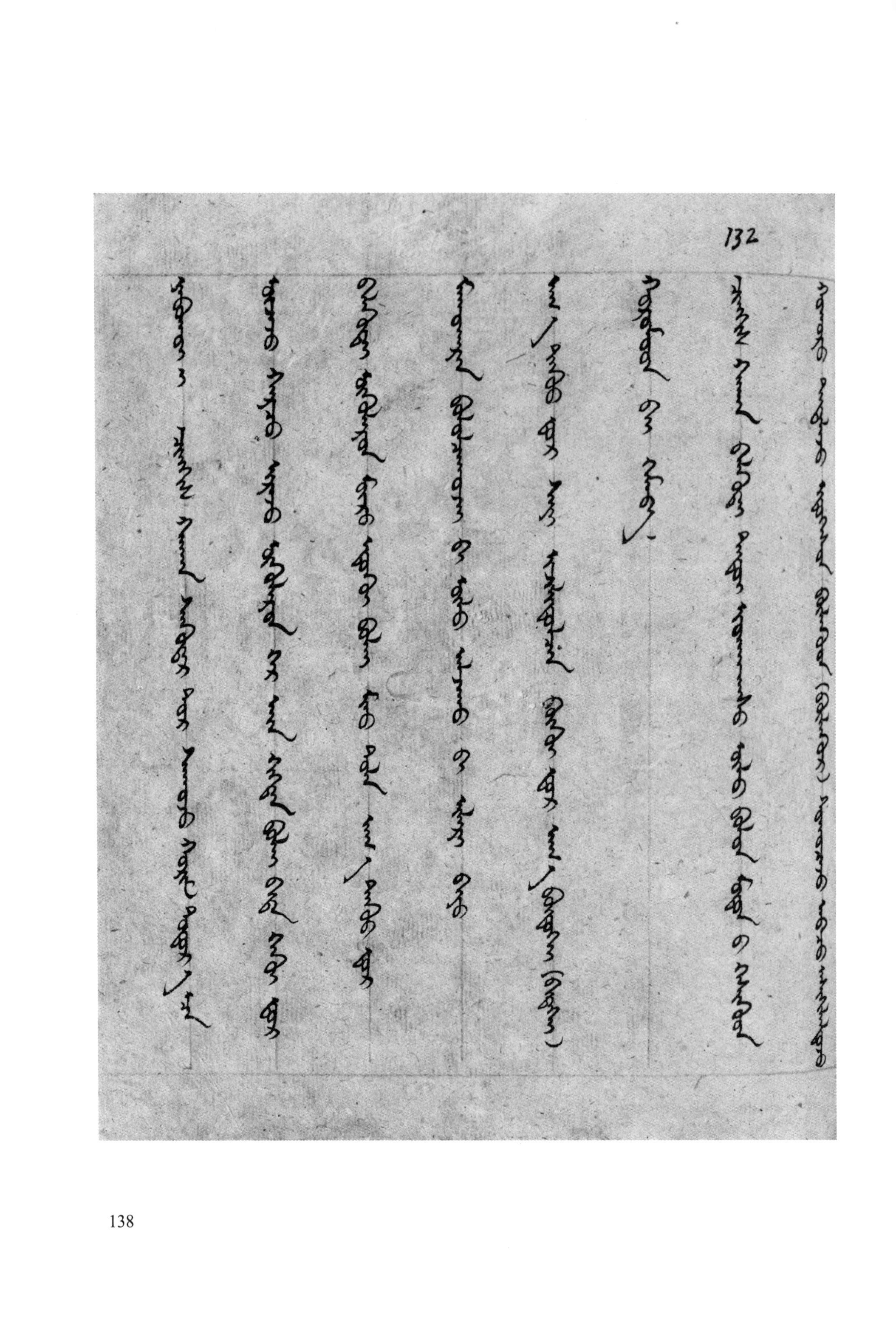

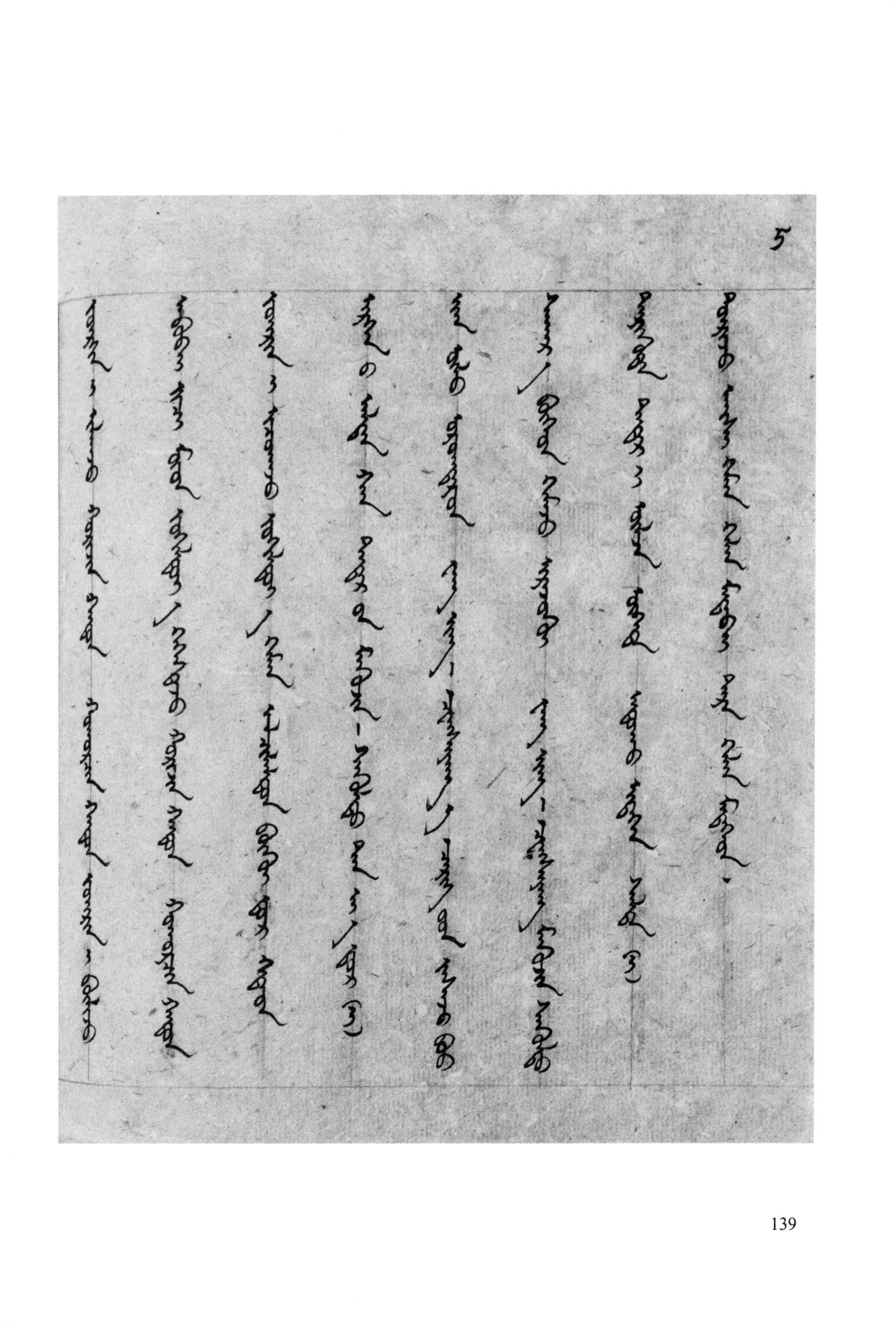

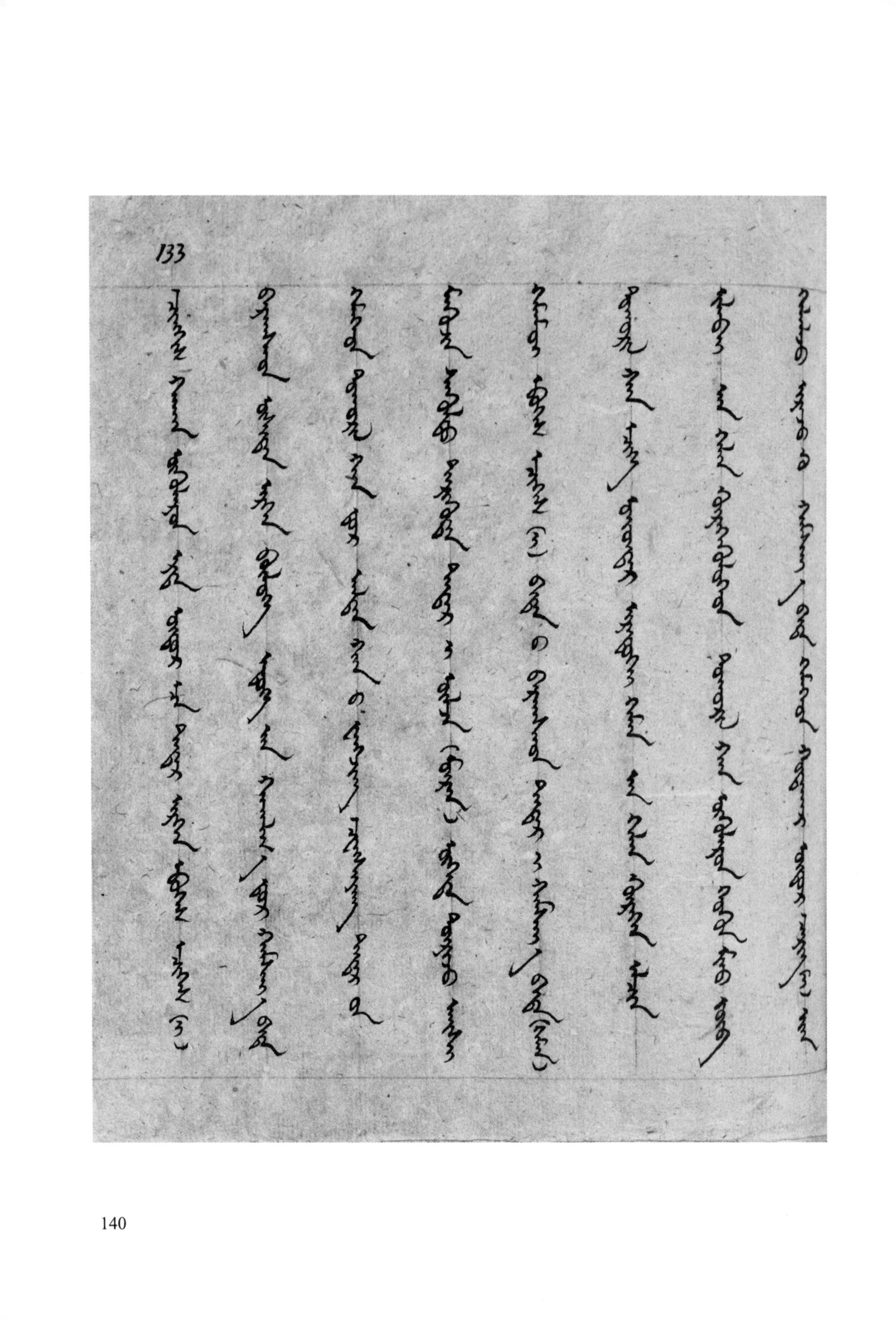

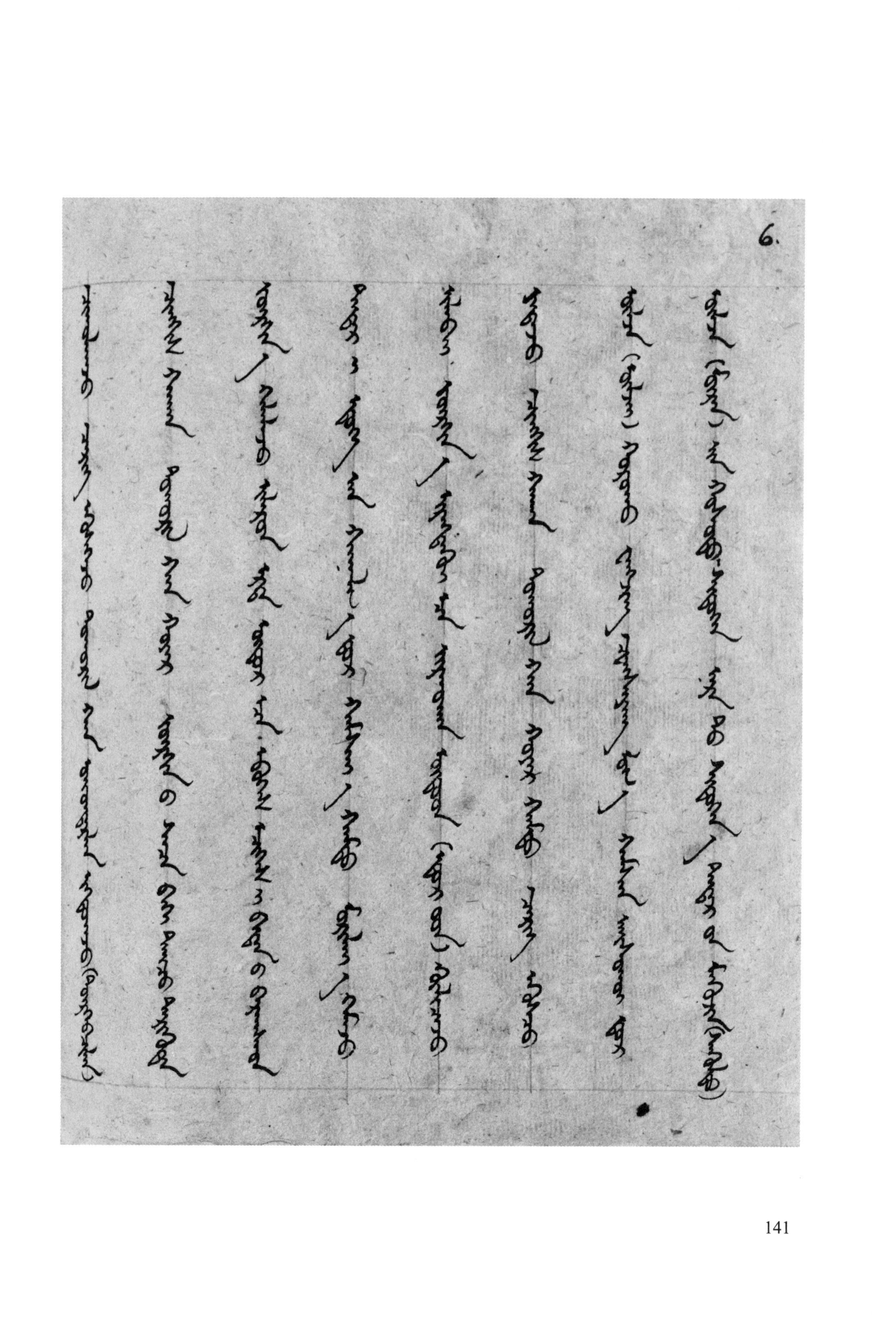

6.

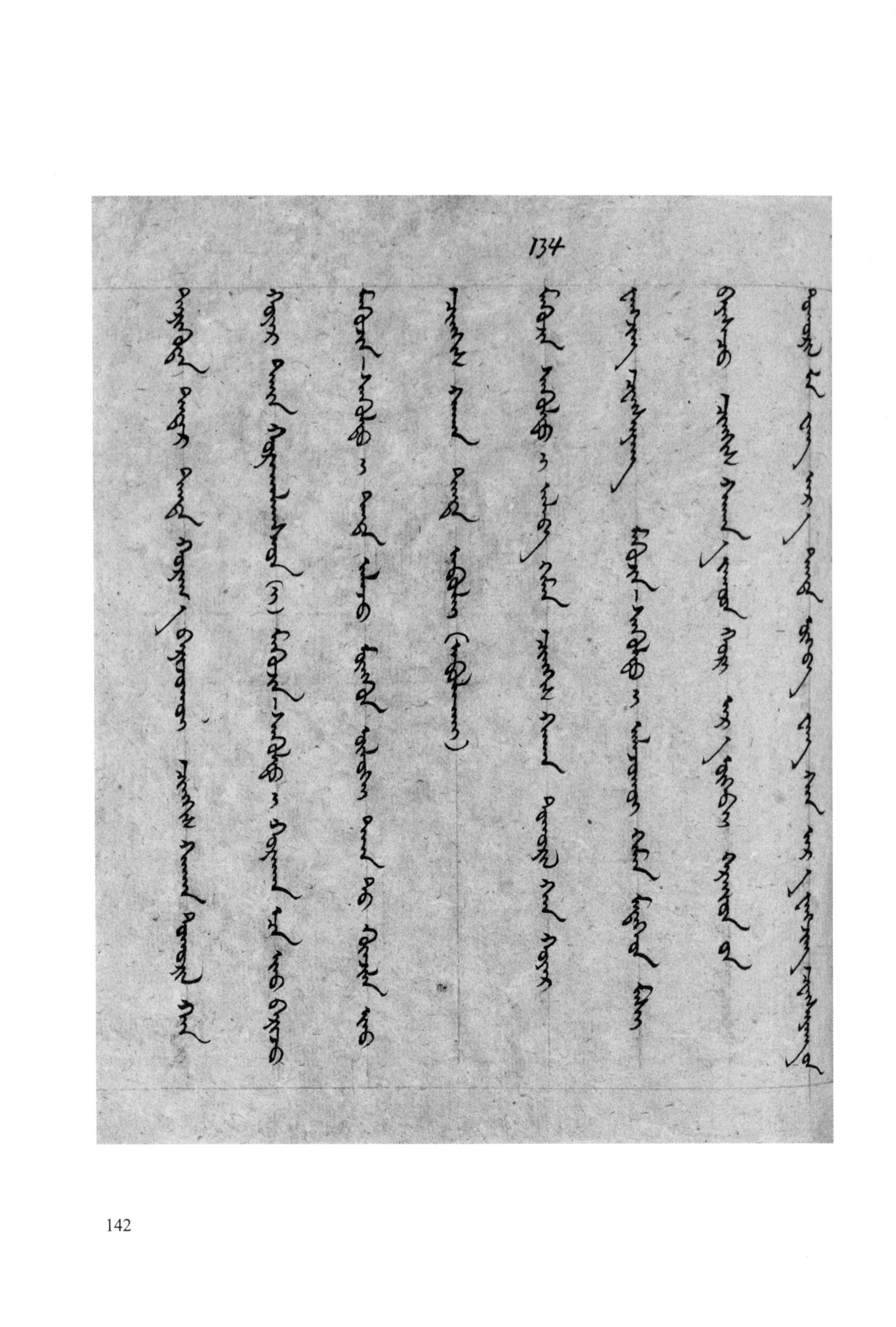

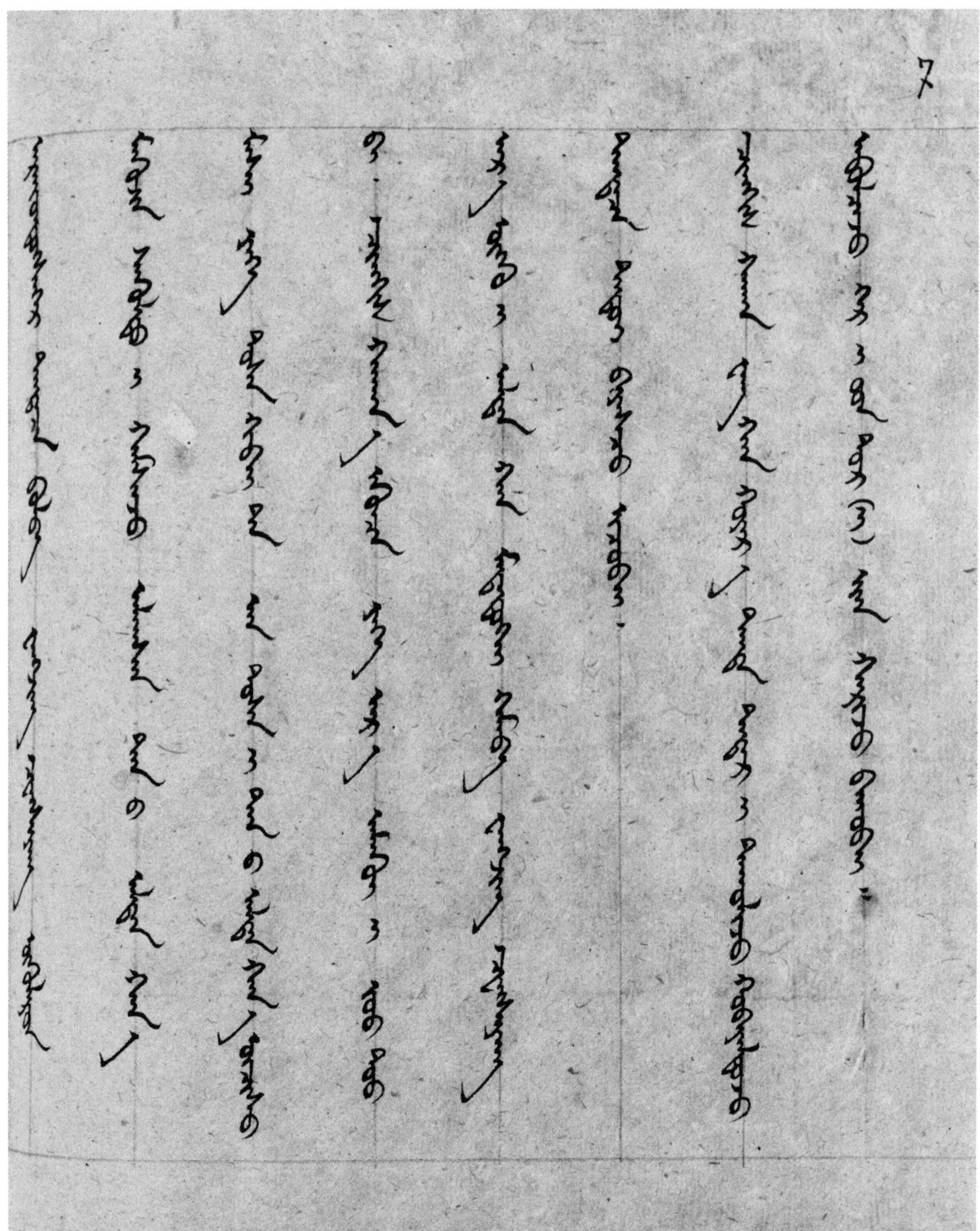

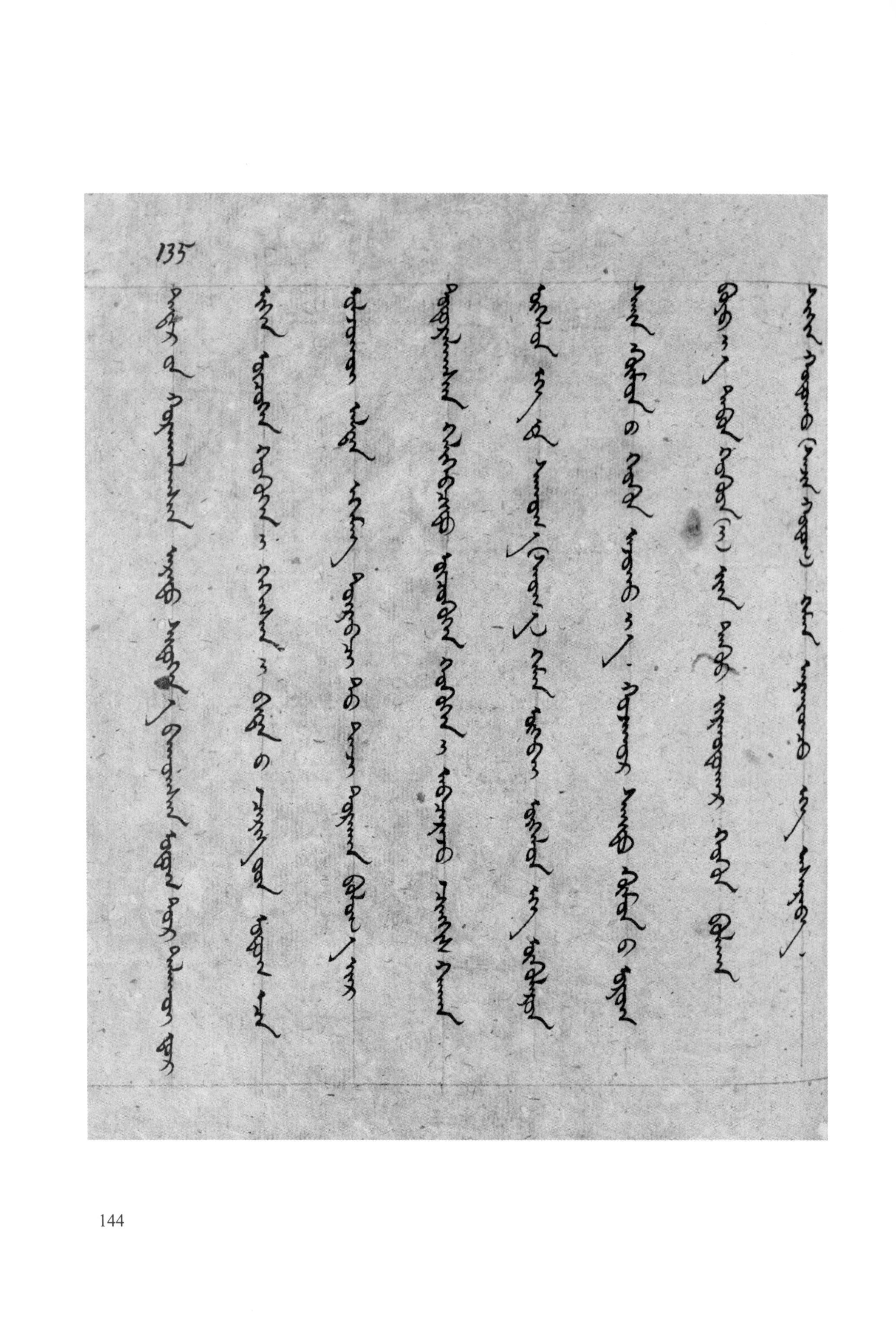

135

136

8.

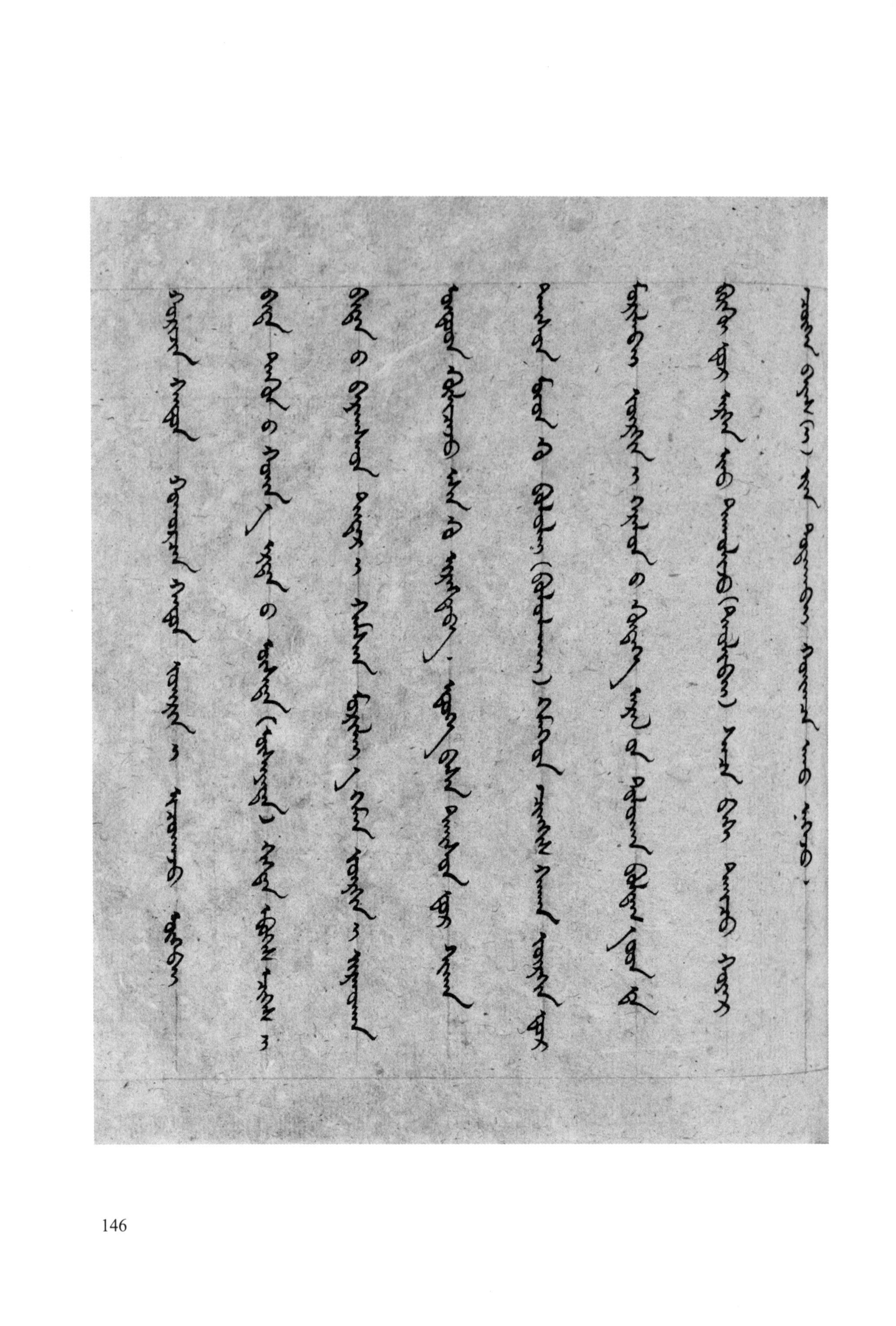

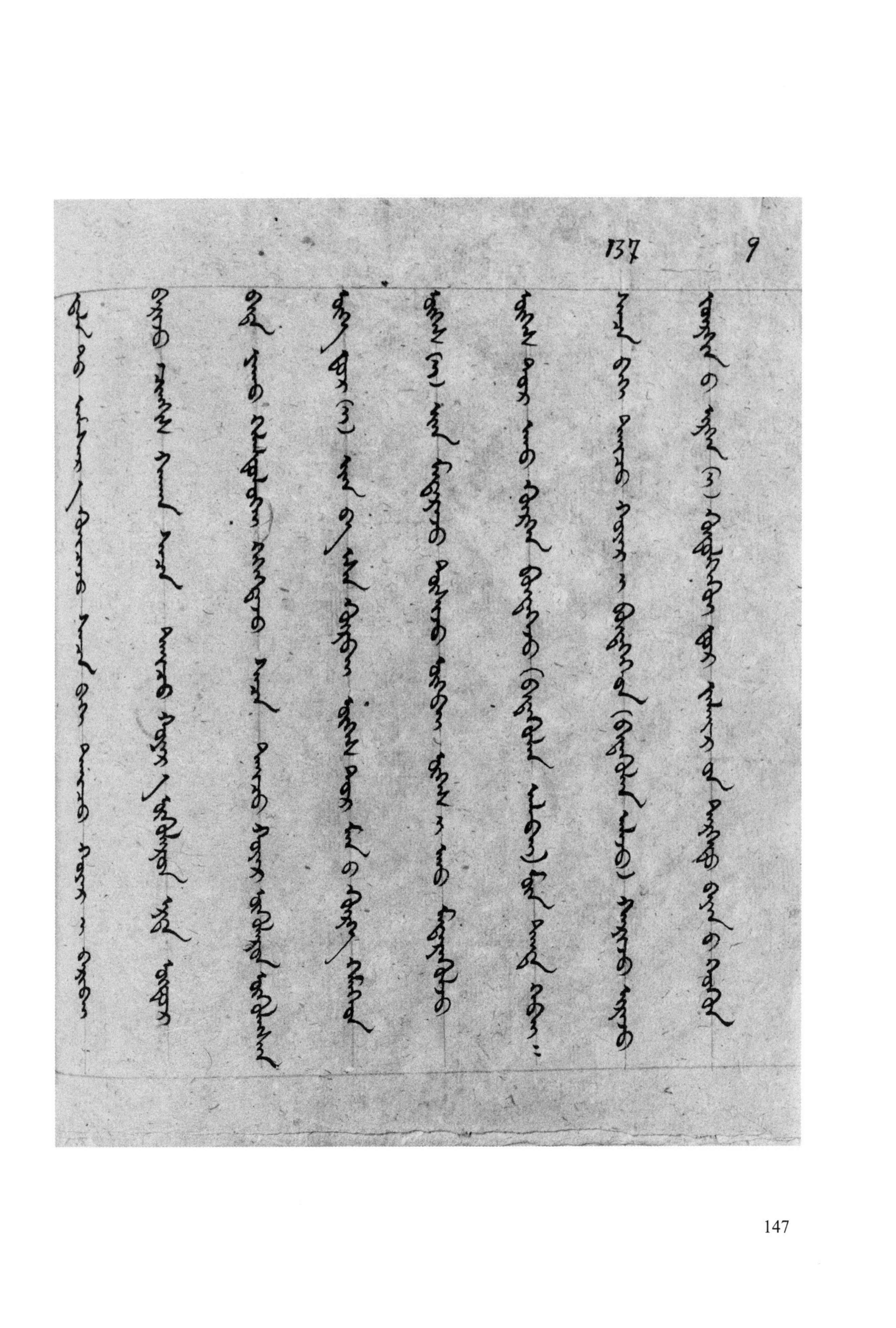

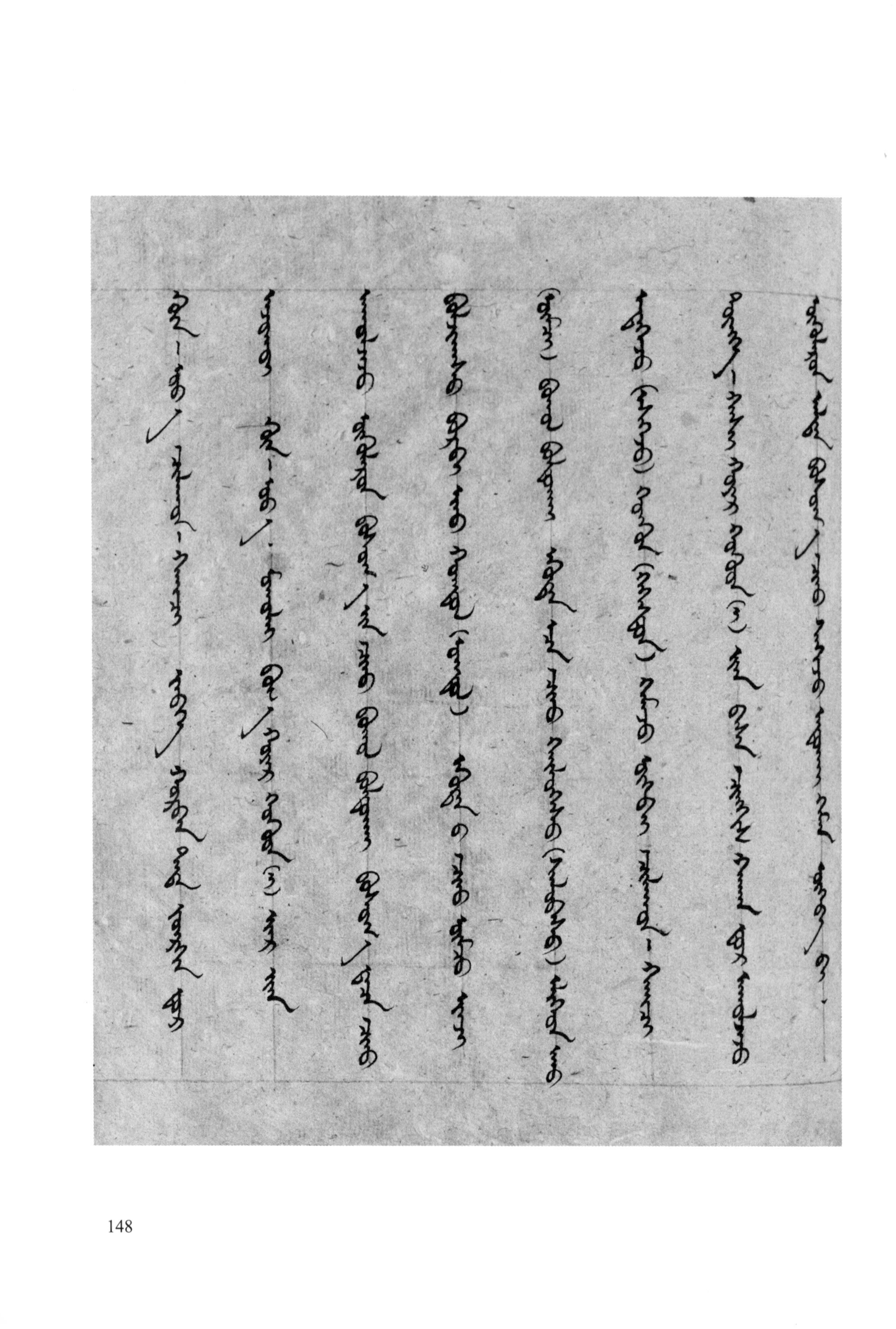

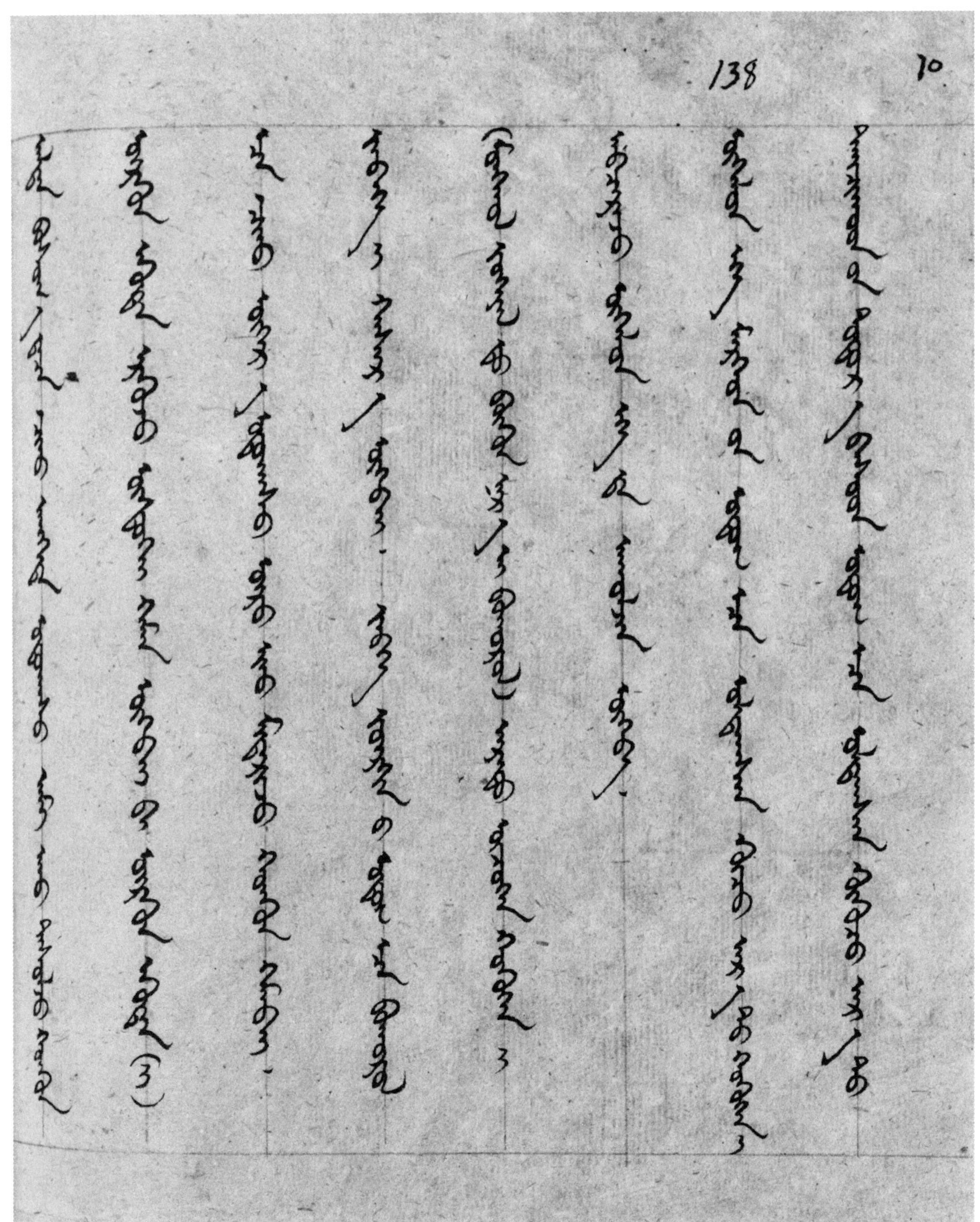

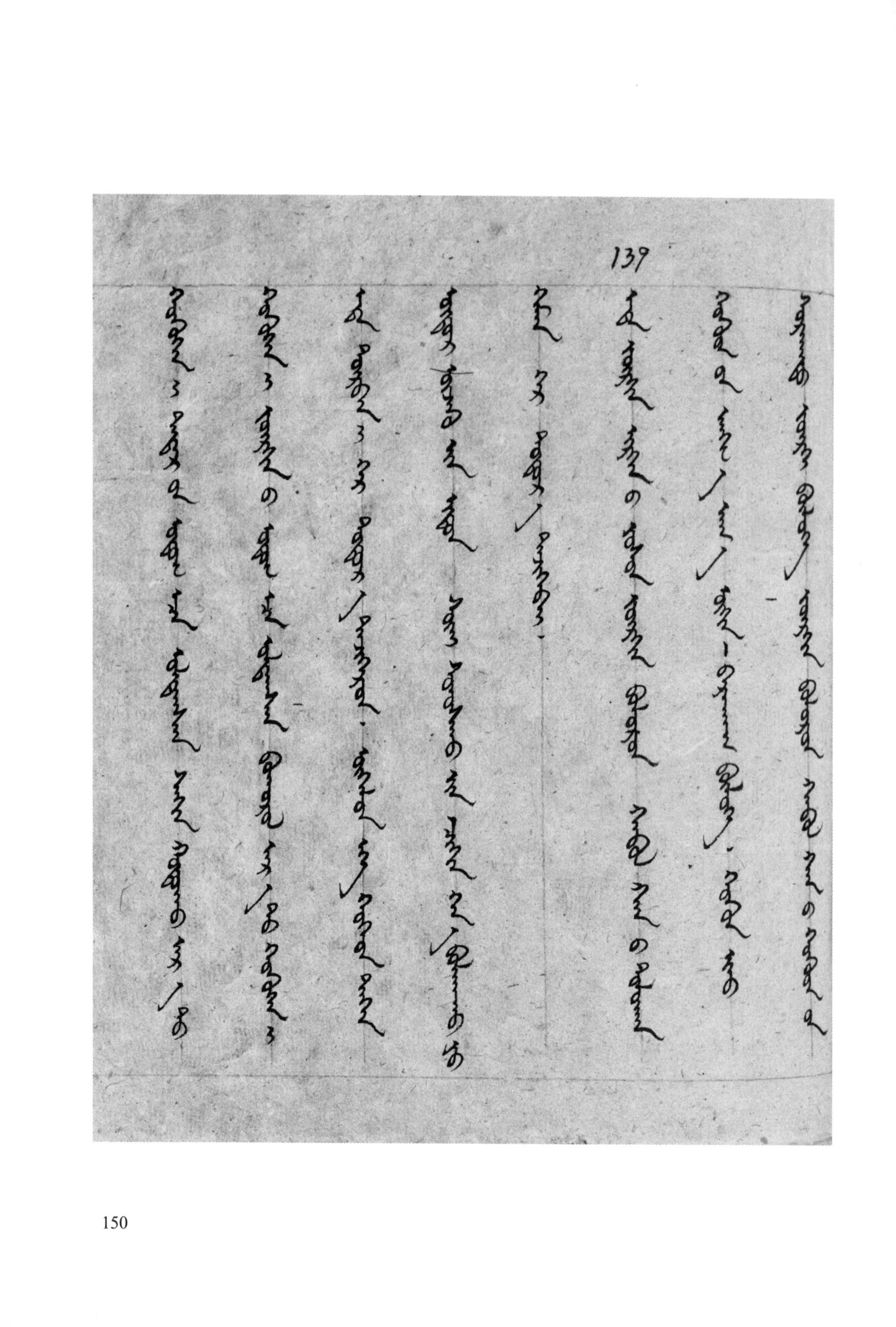

139

140 11

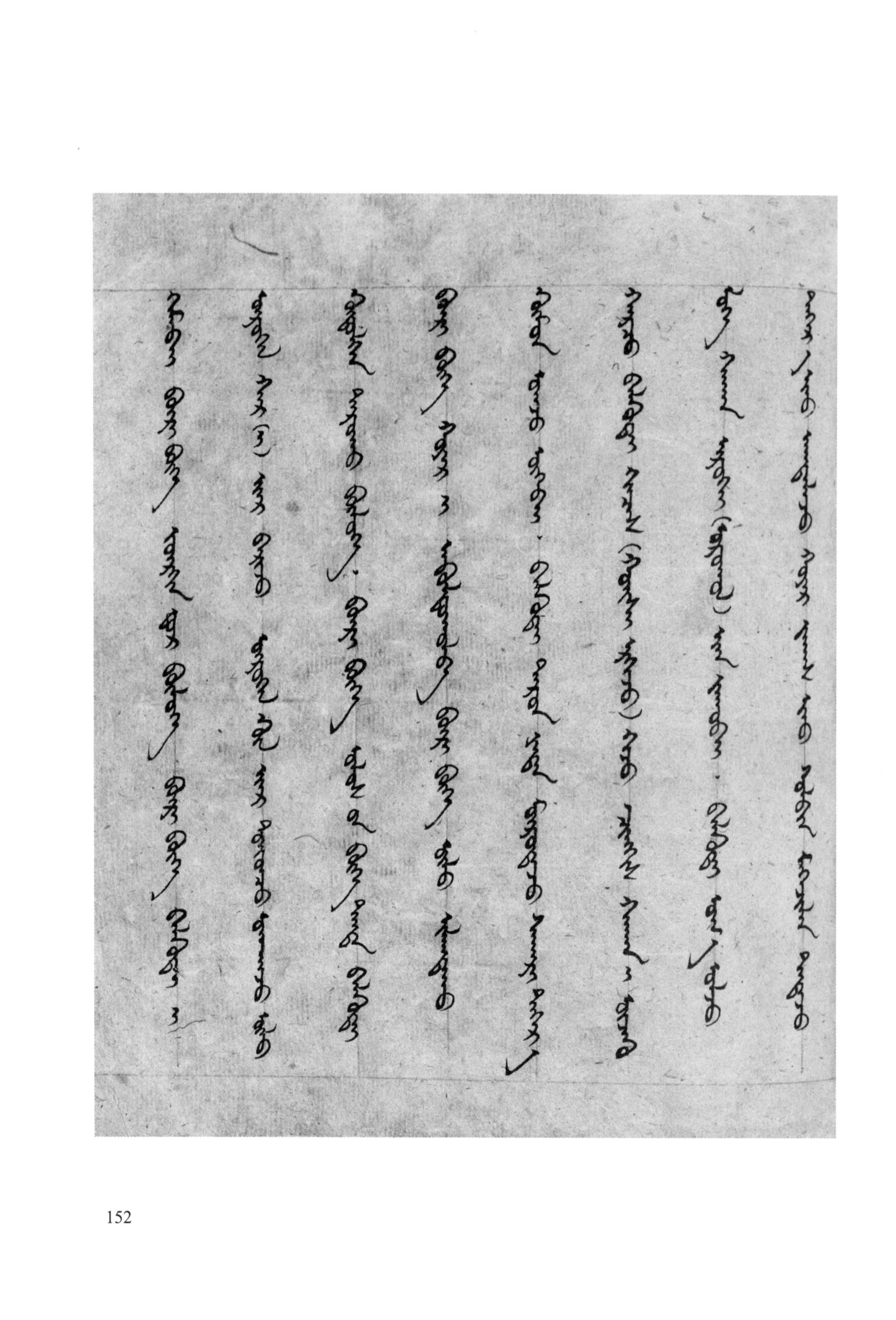

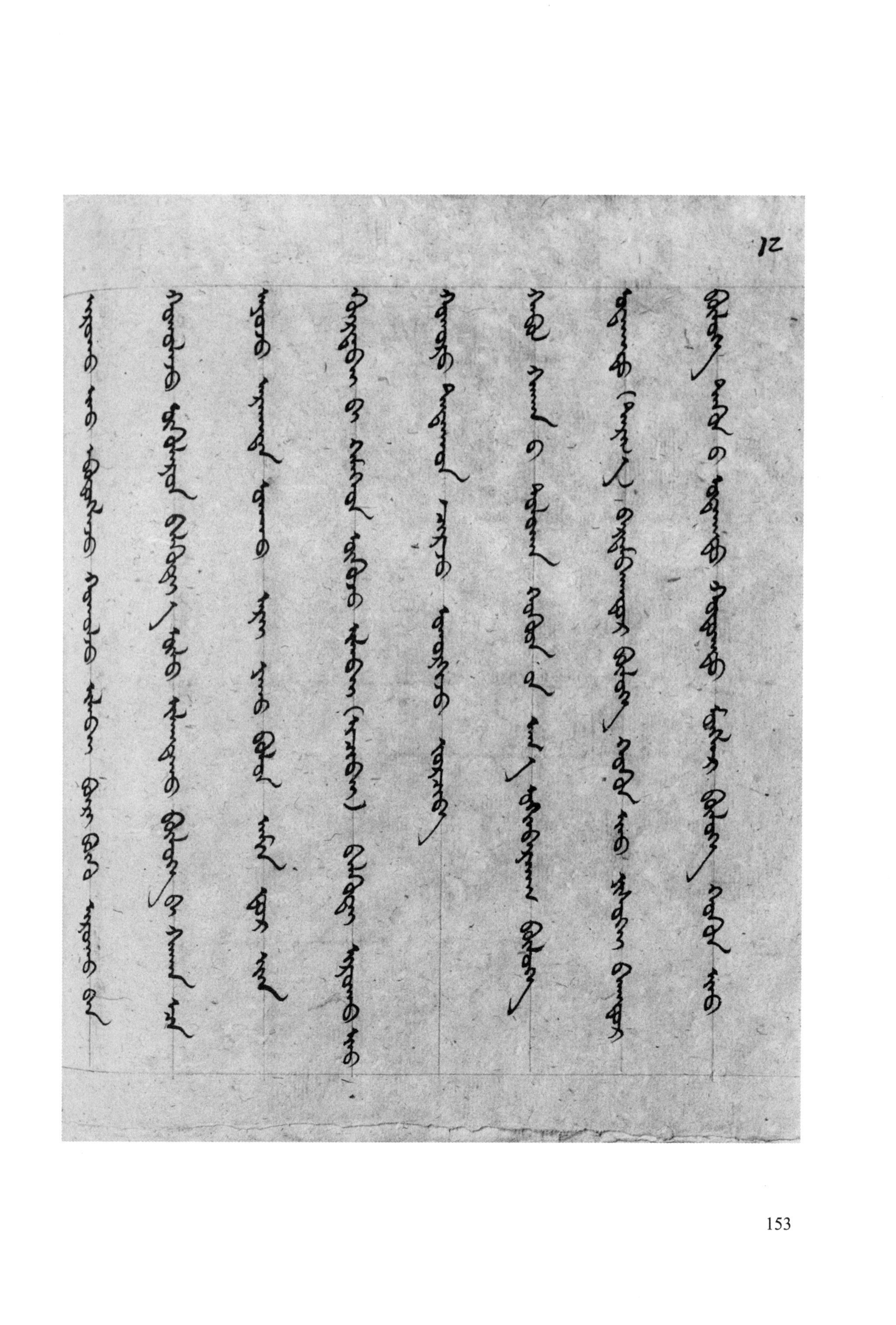

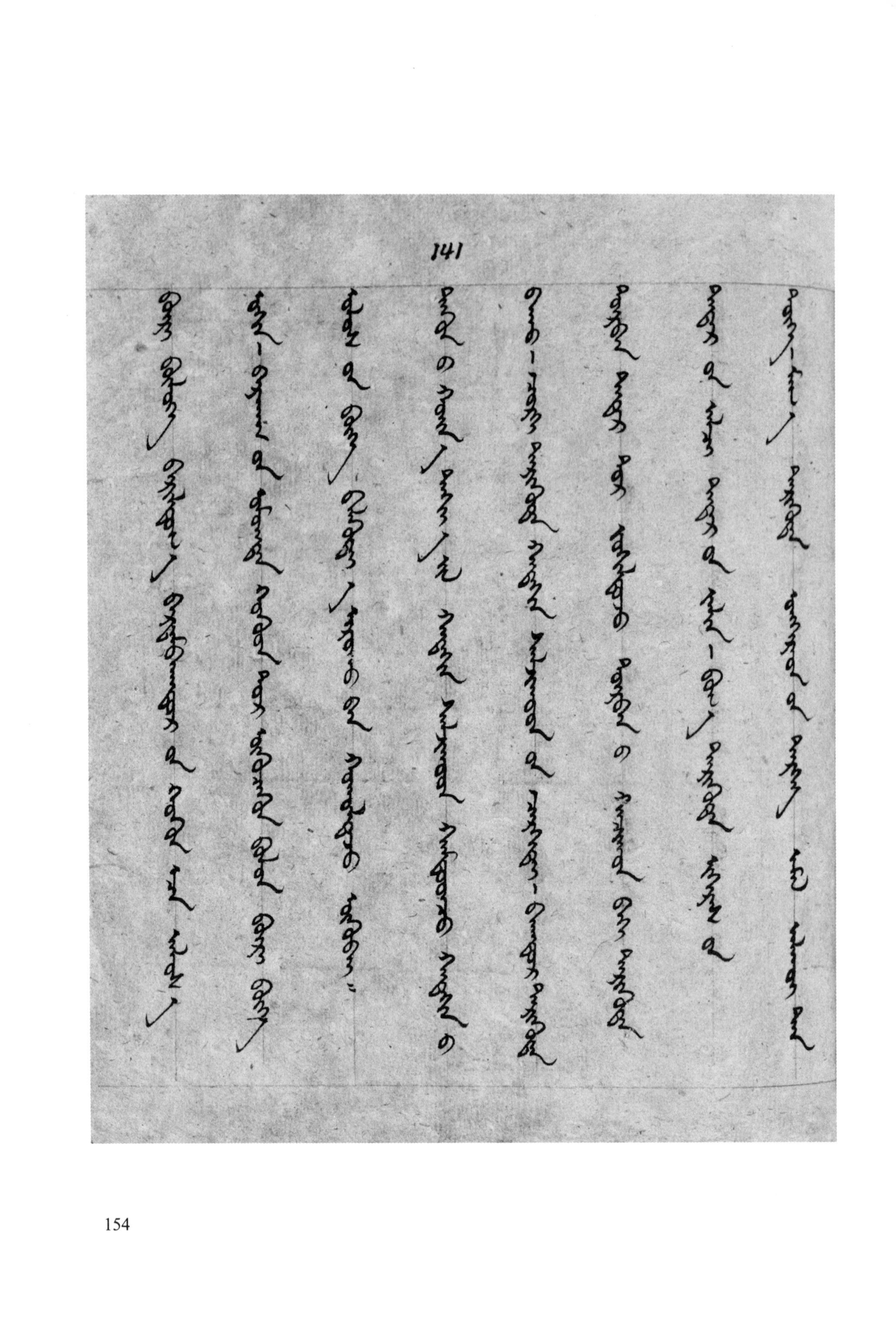

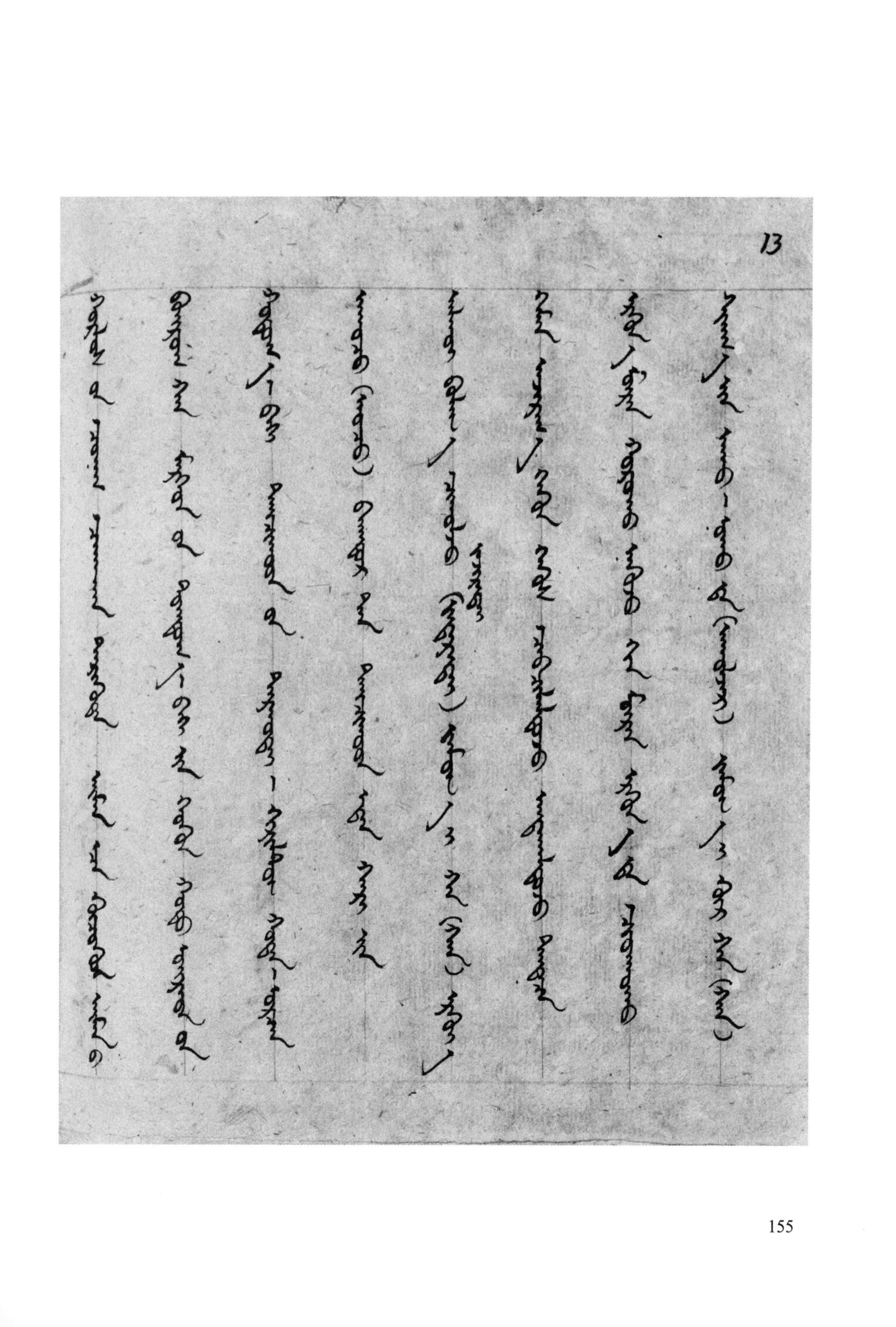

13

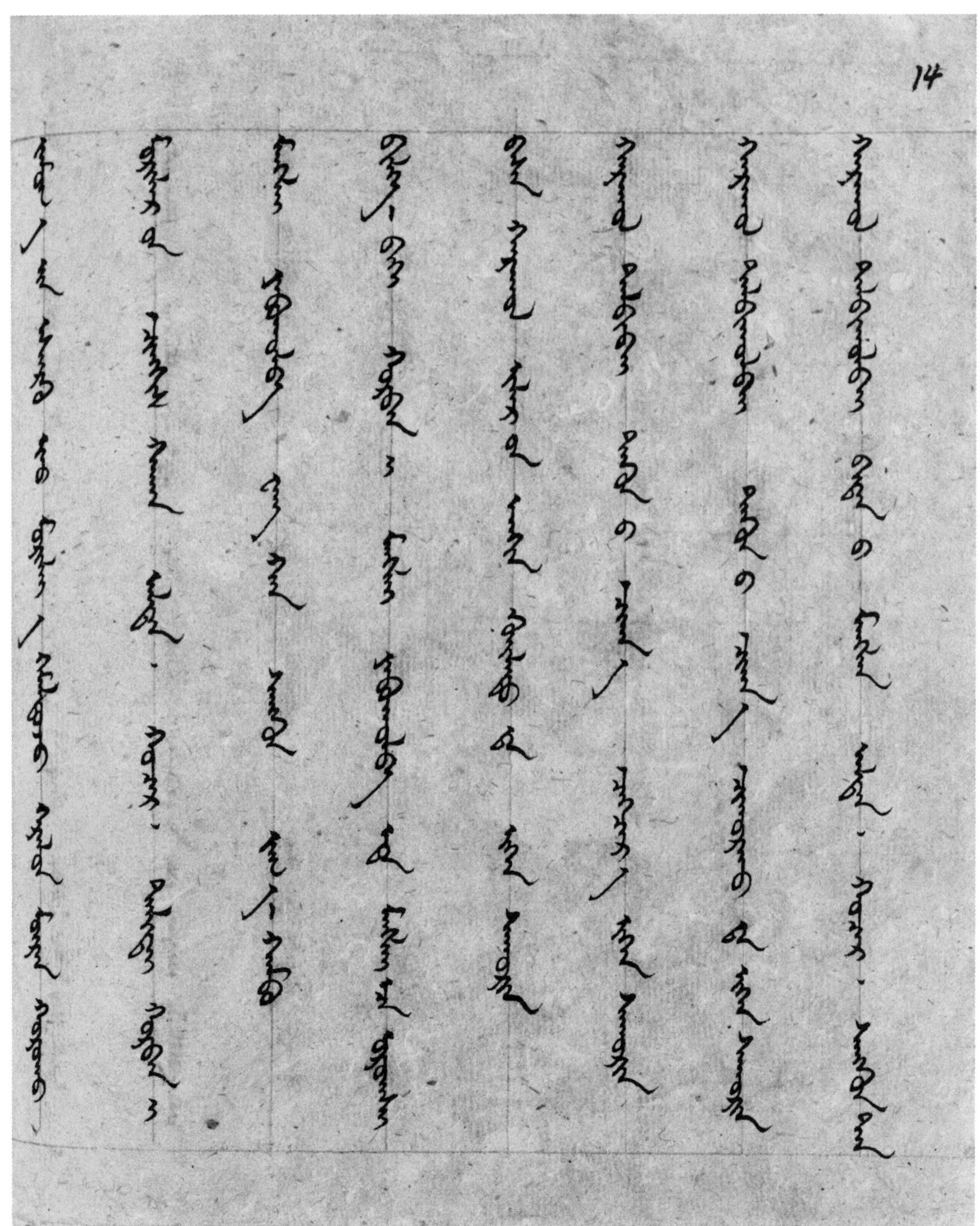
14

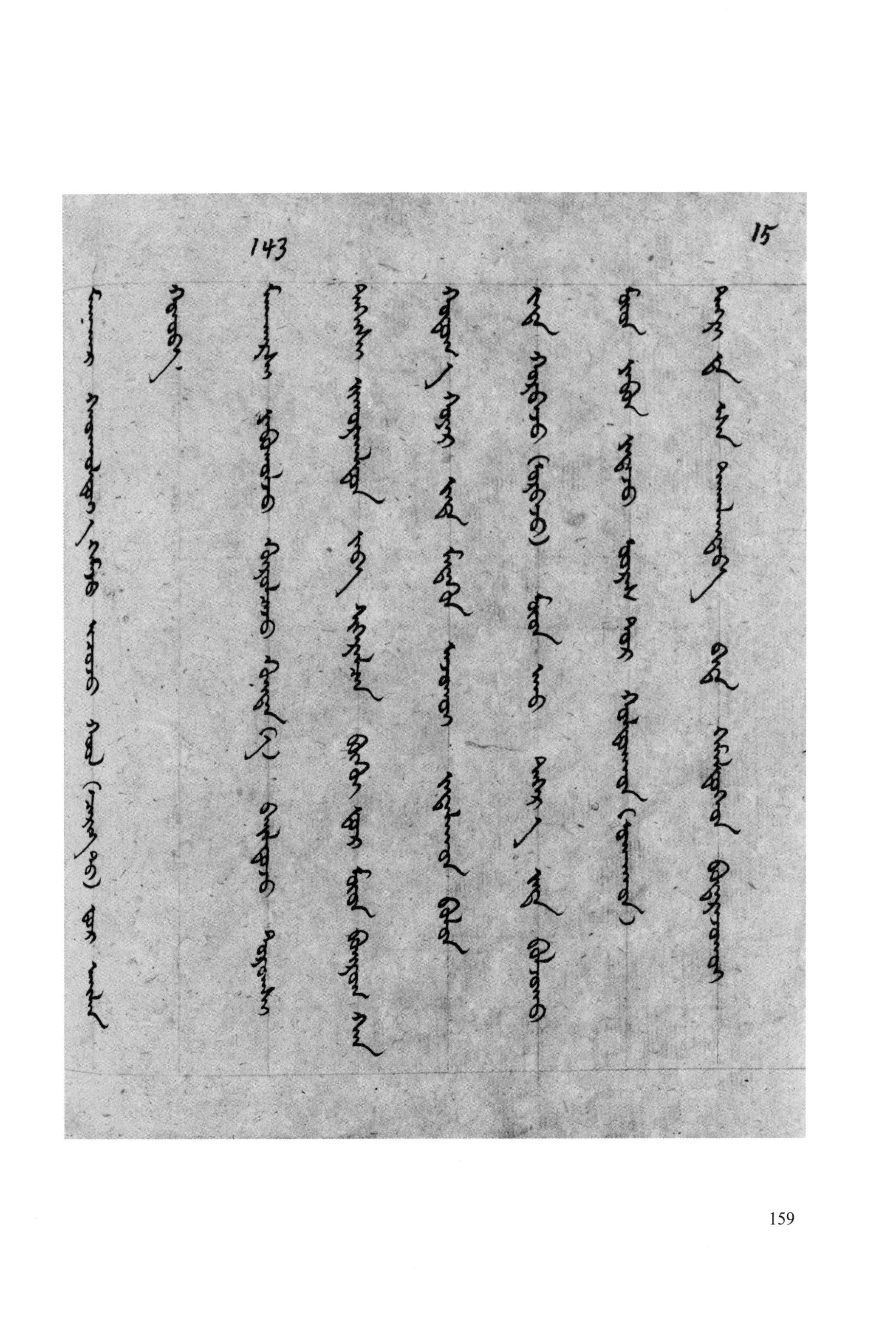

15

143

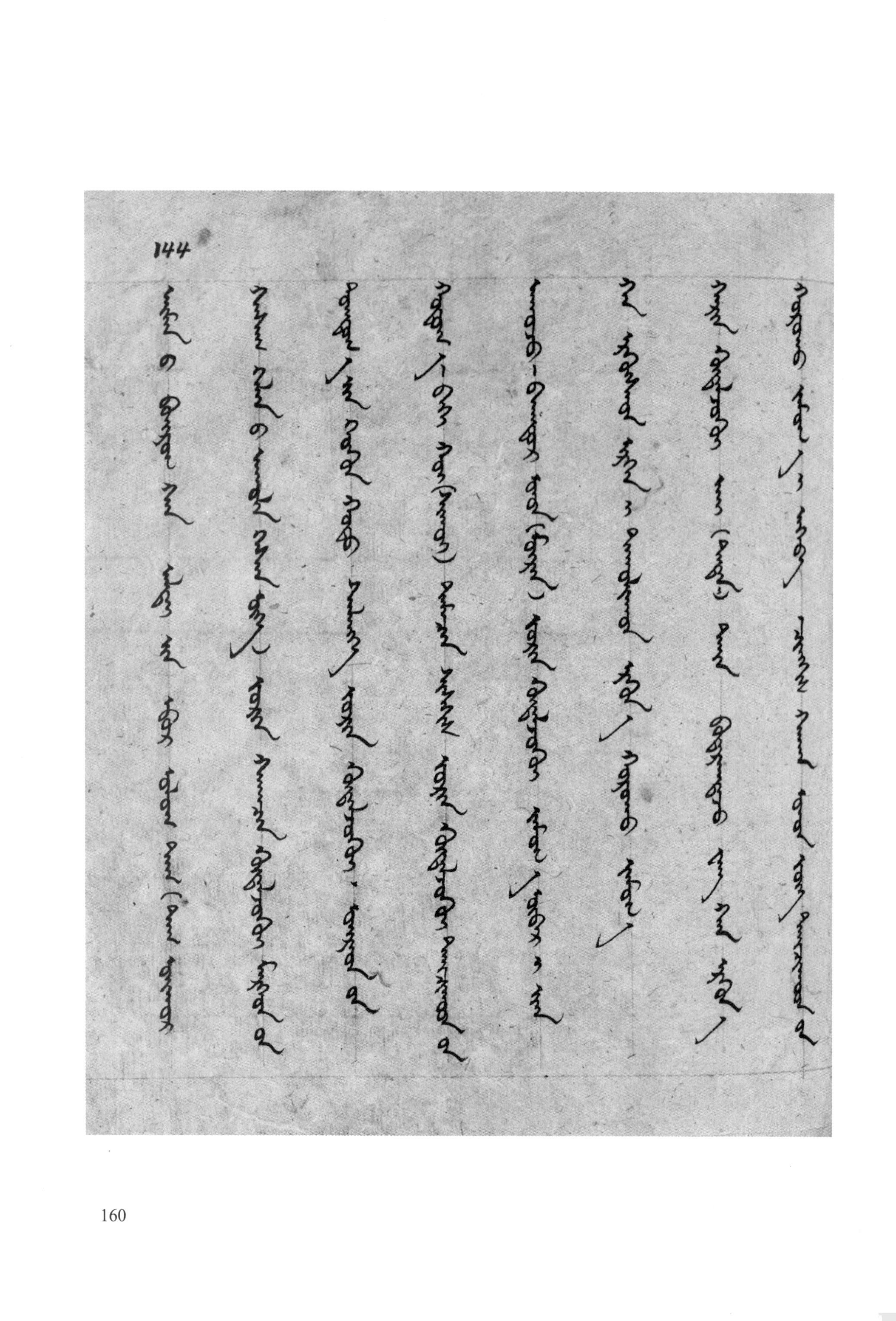

144

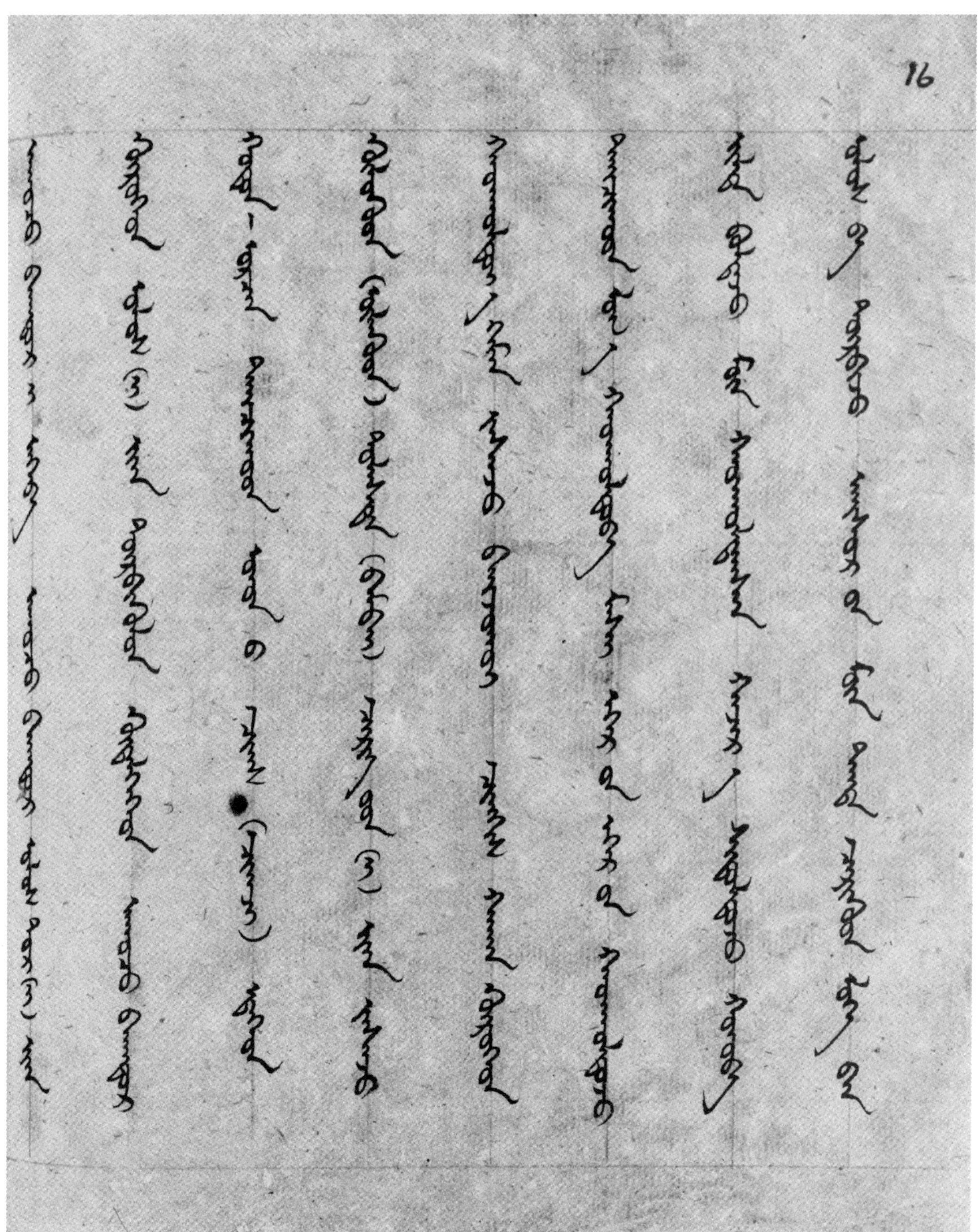

145

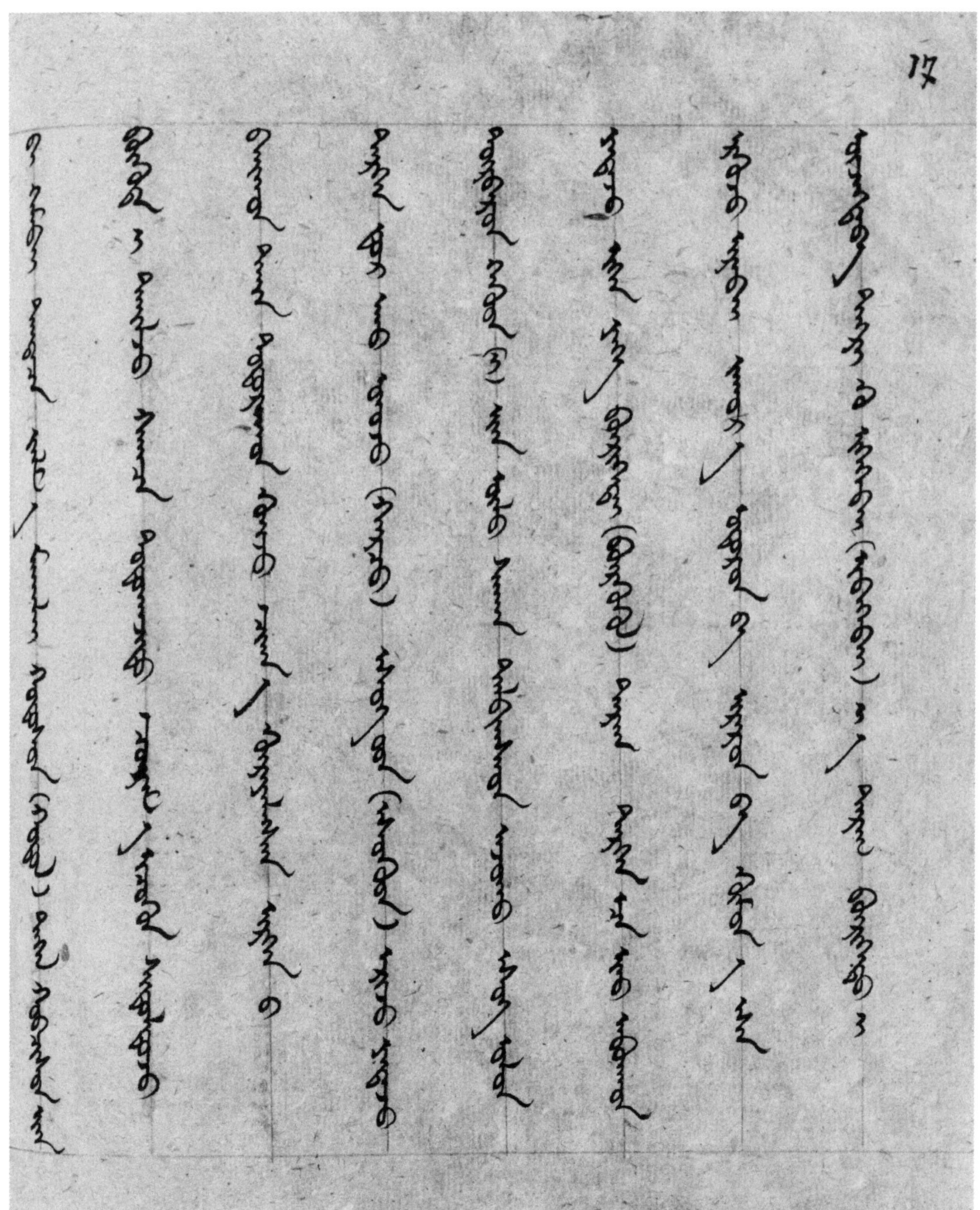

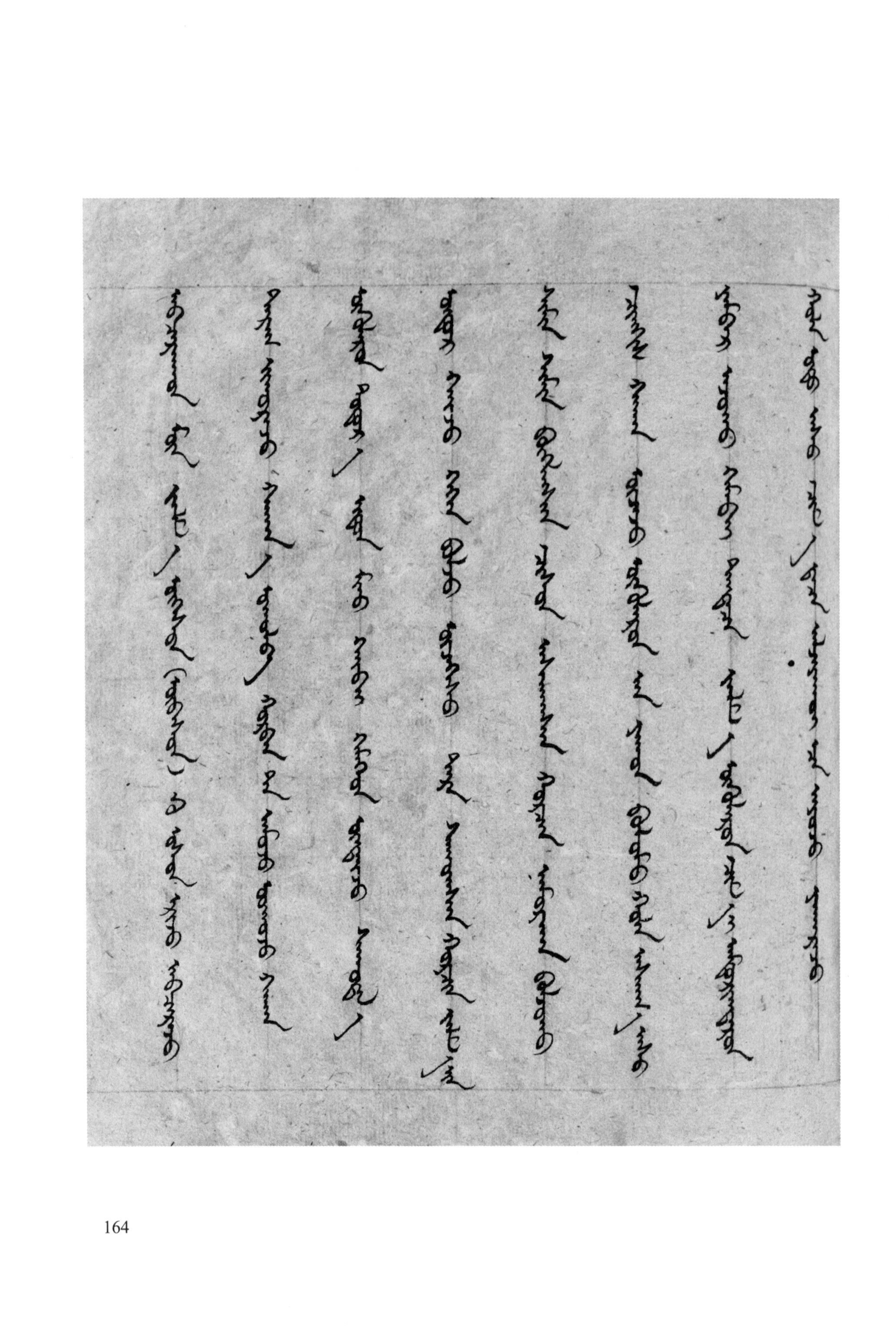

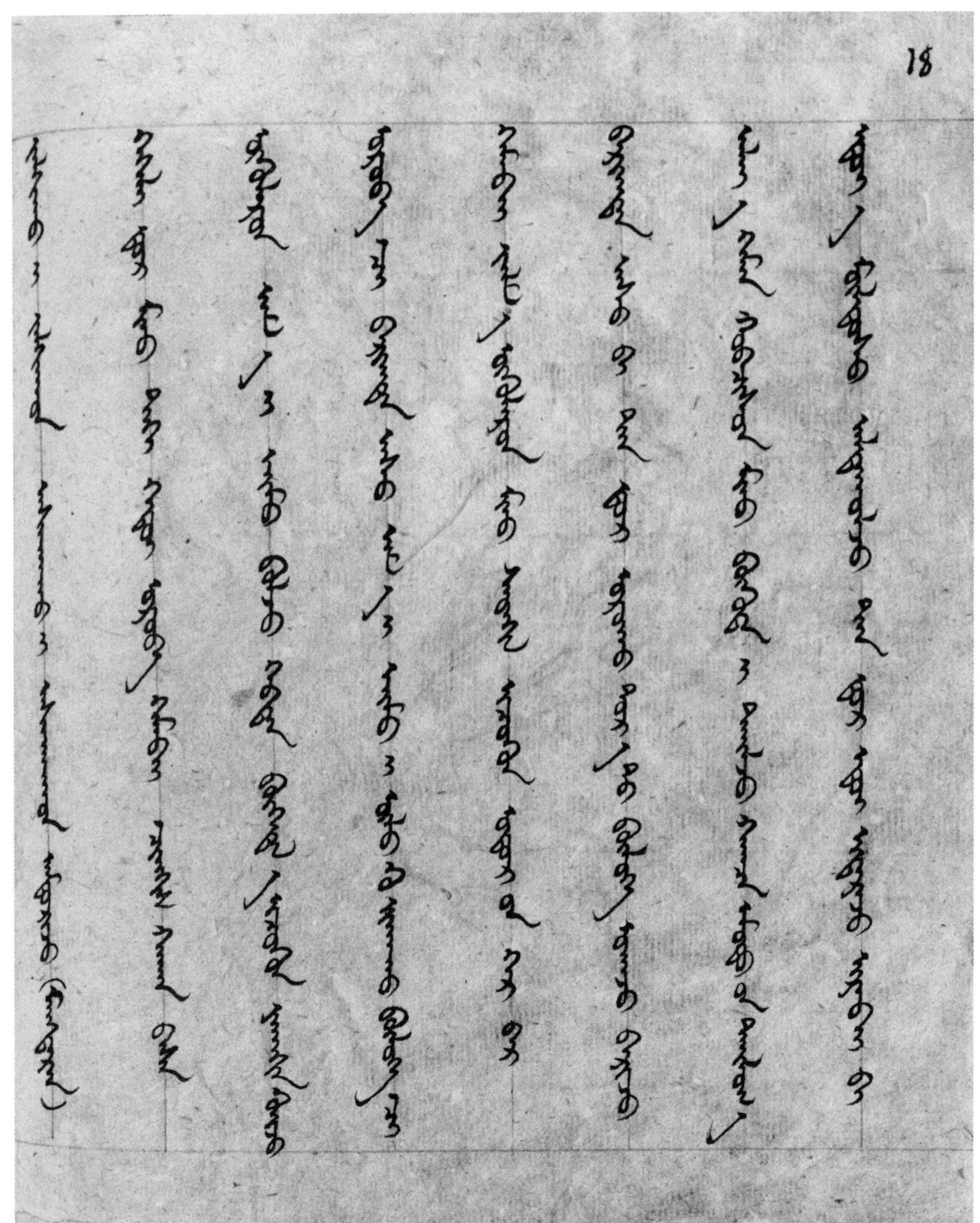

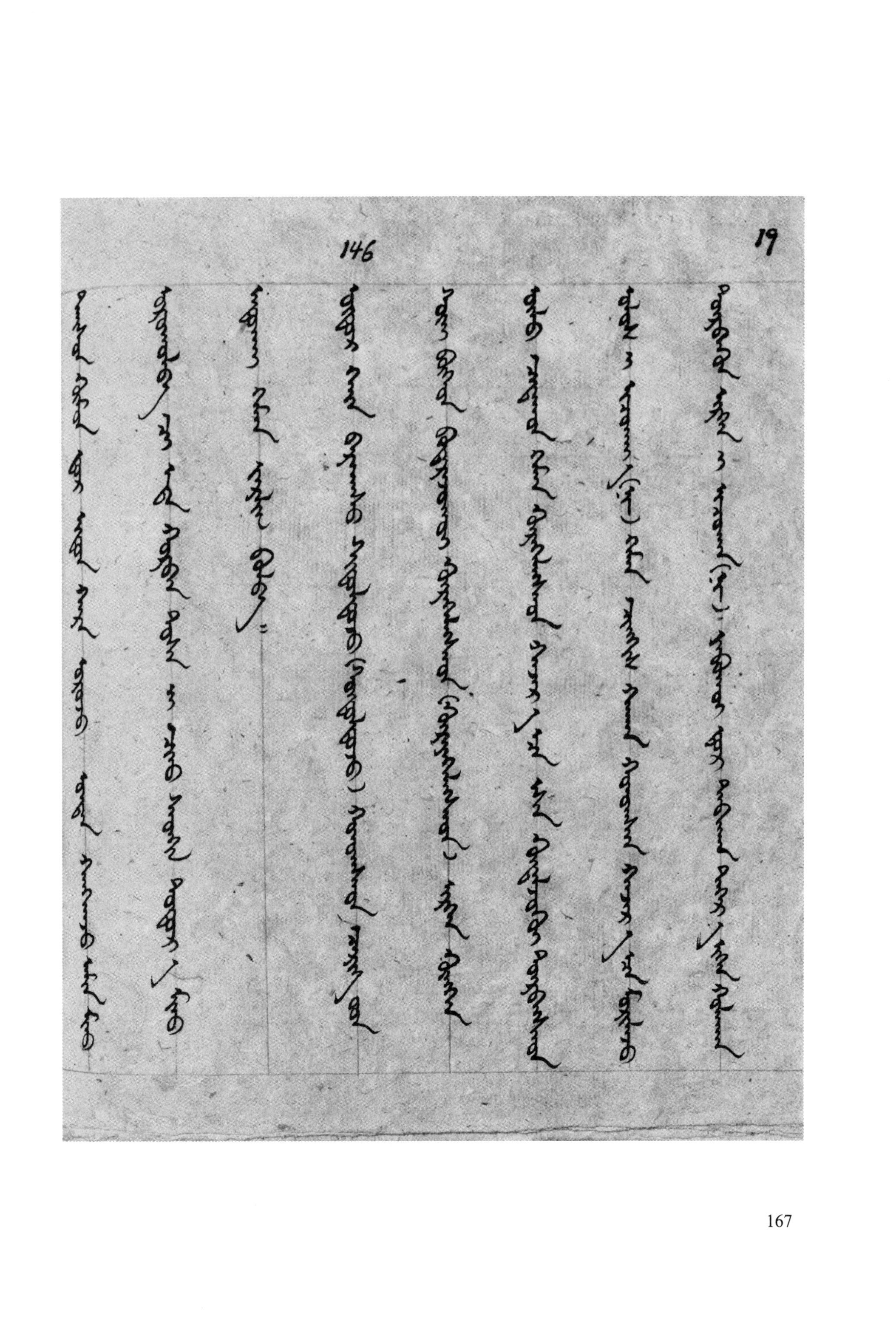

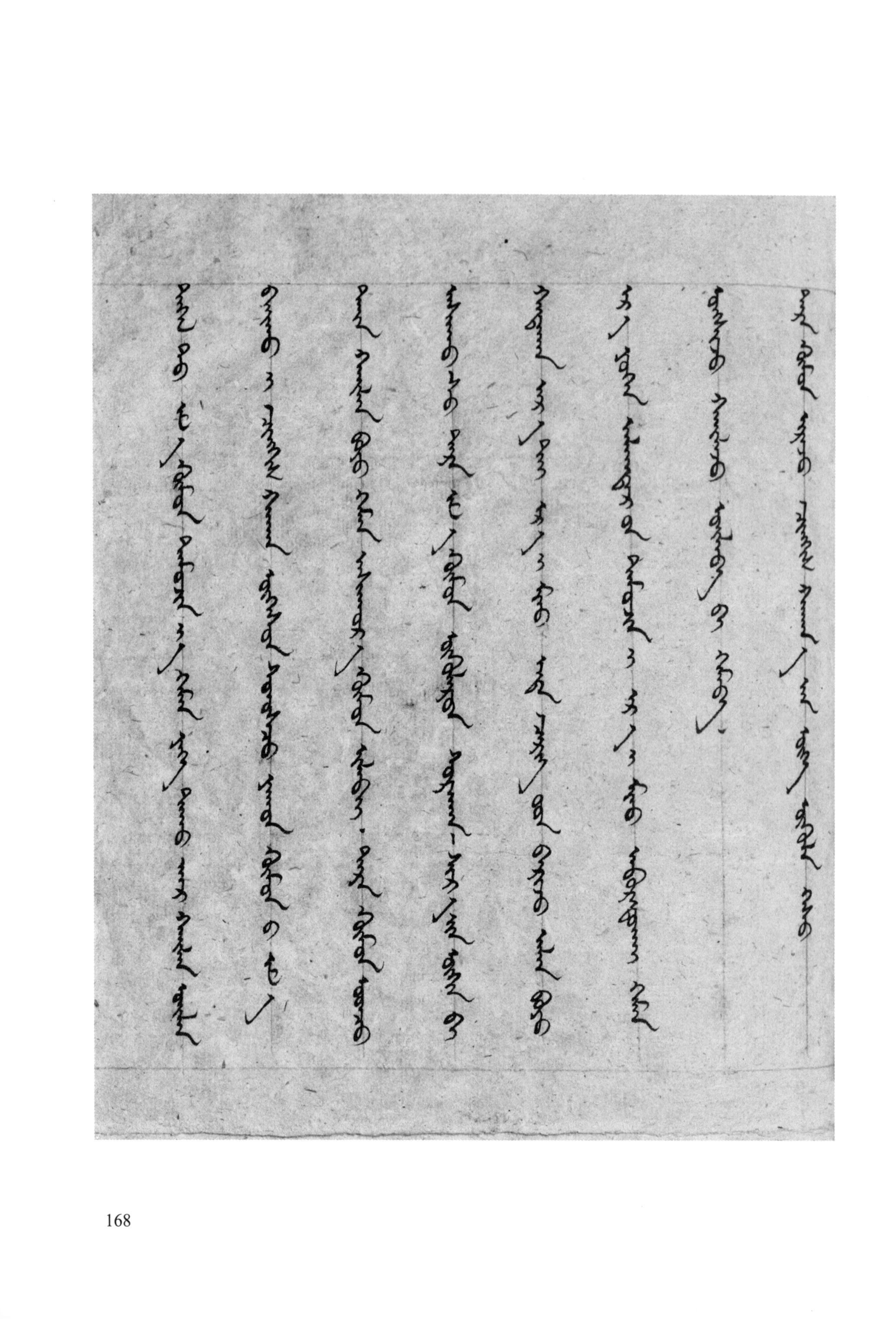

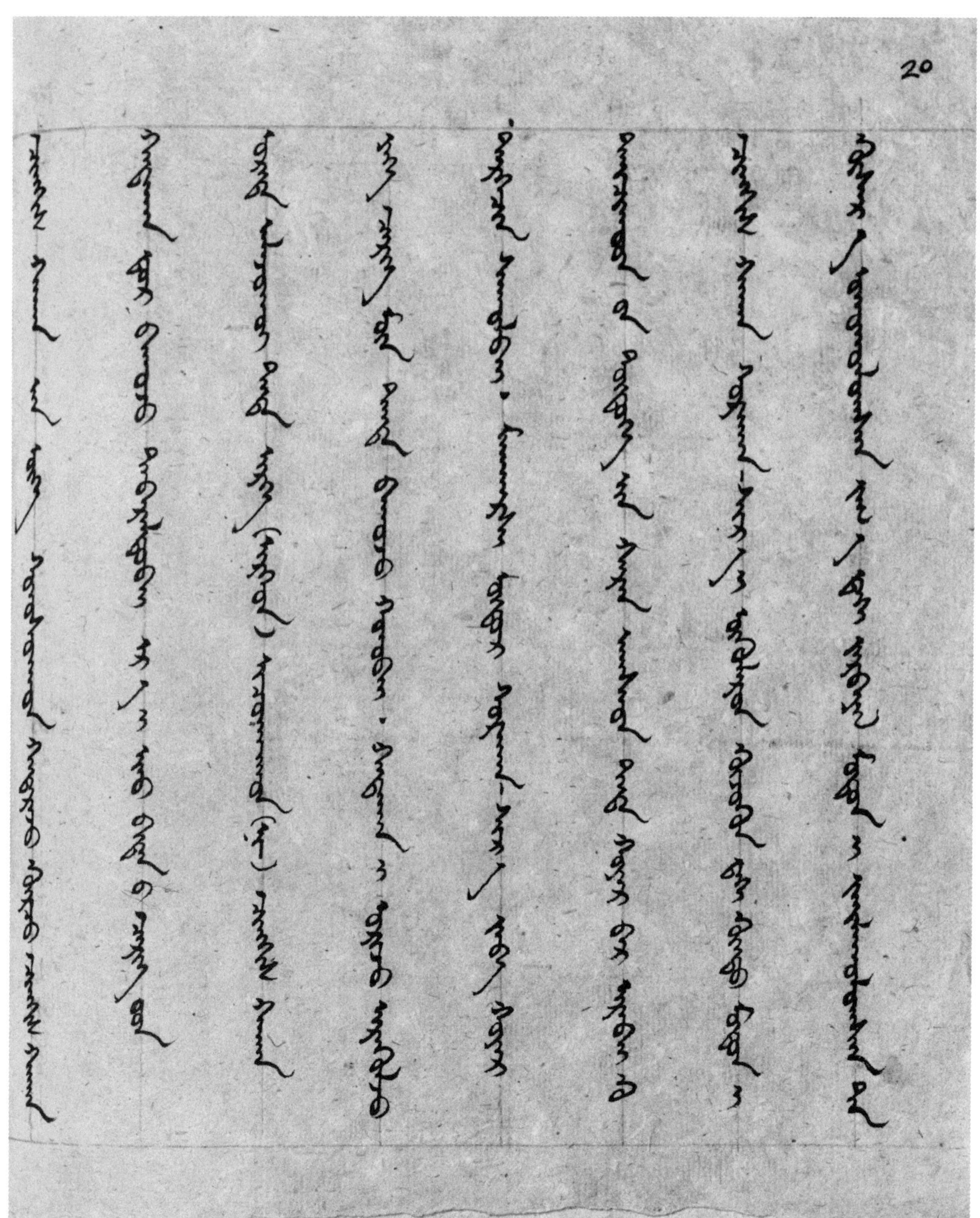

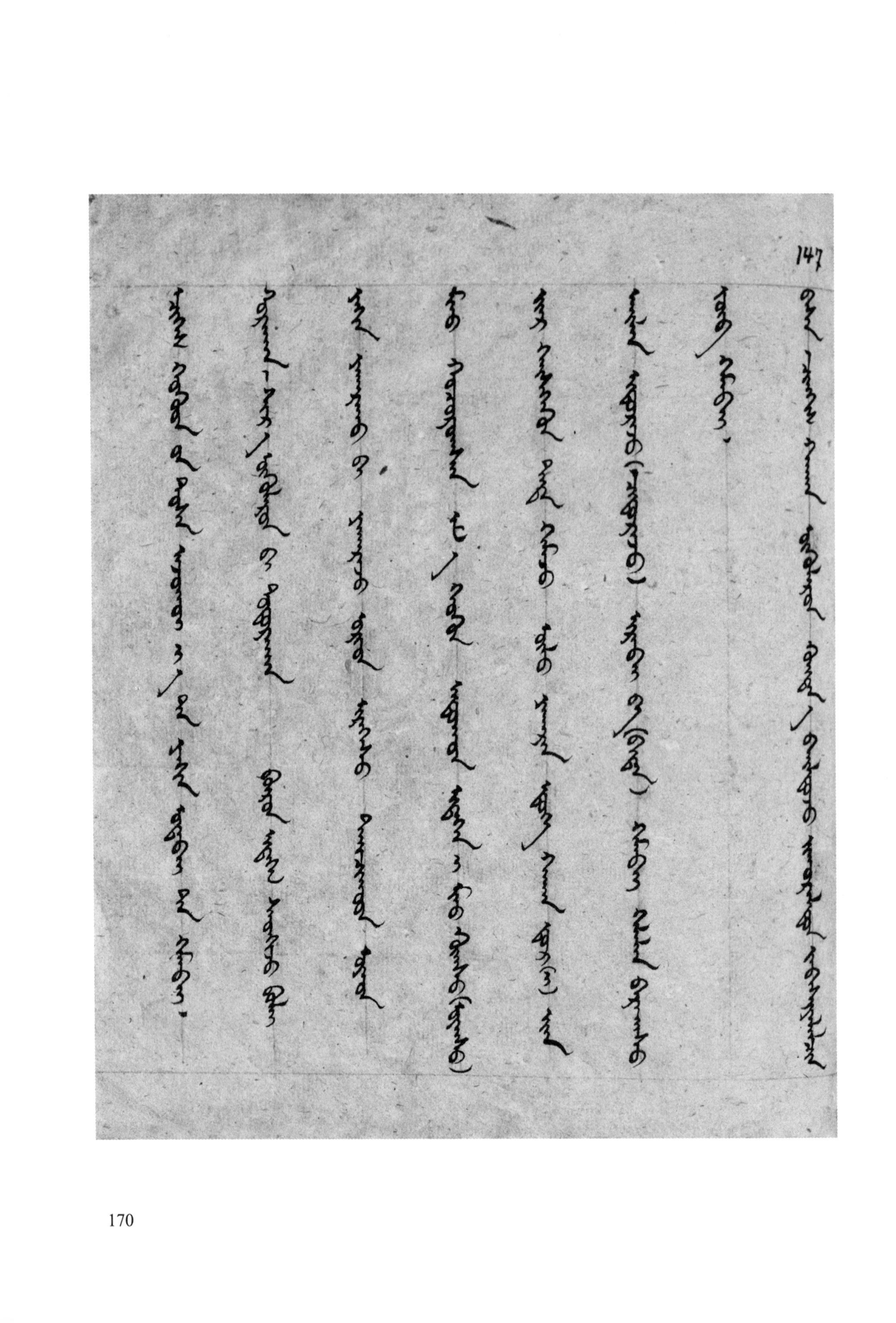

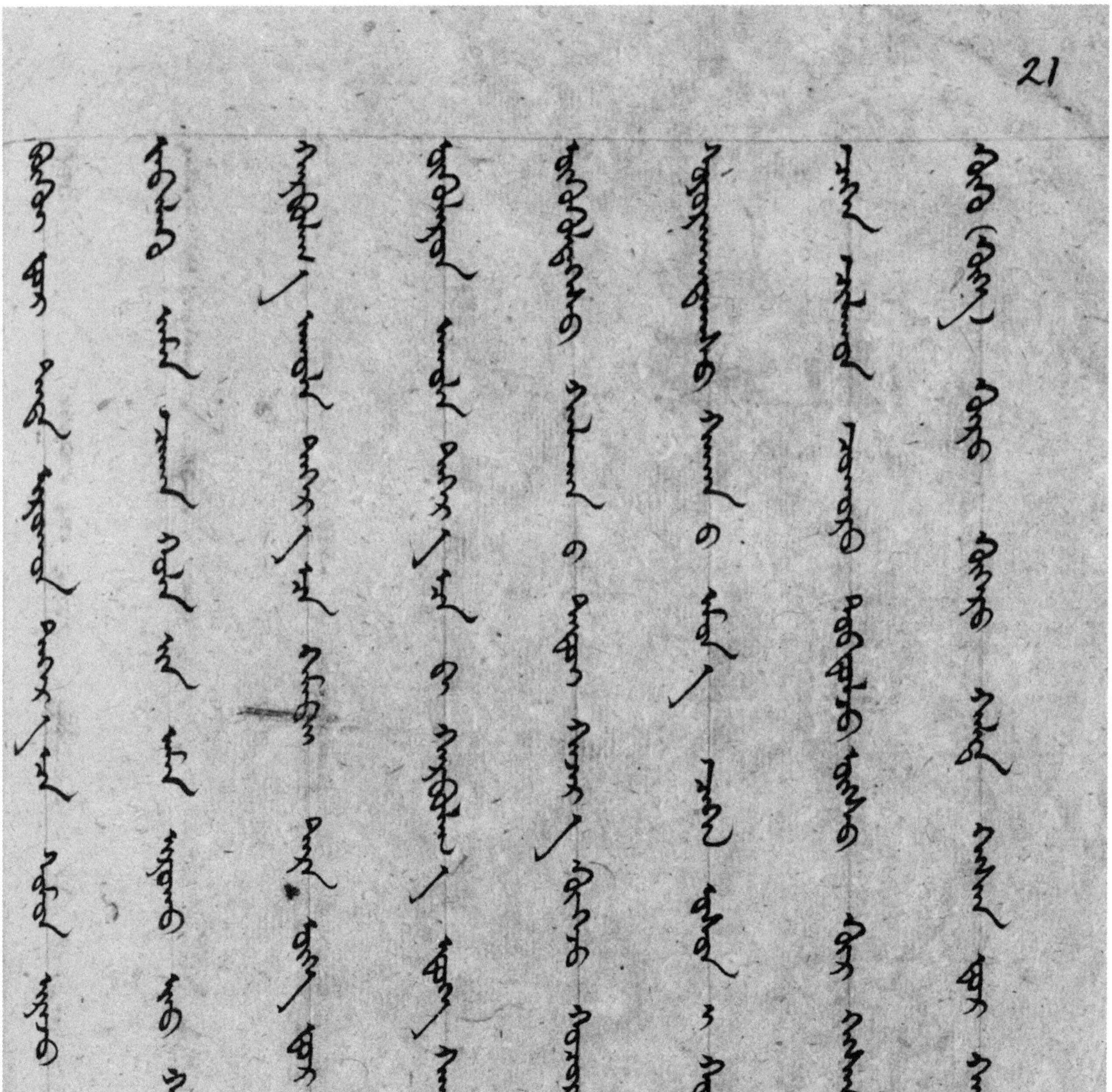

21

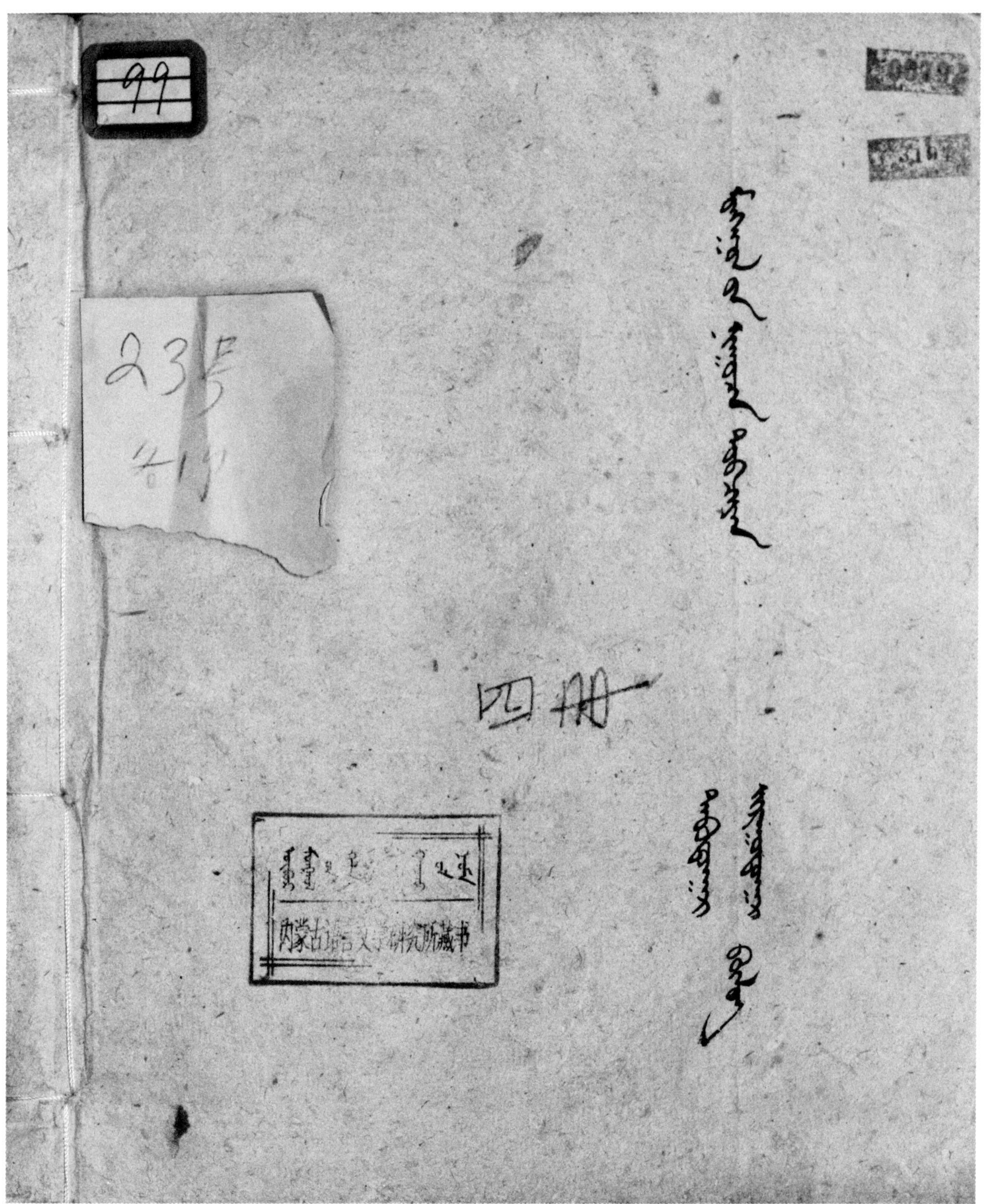
99
23号
四册
内蒙古语言文学研究所藏书

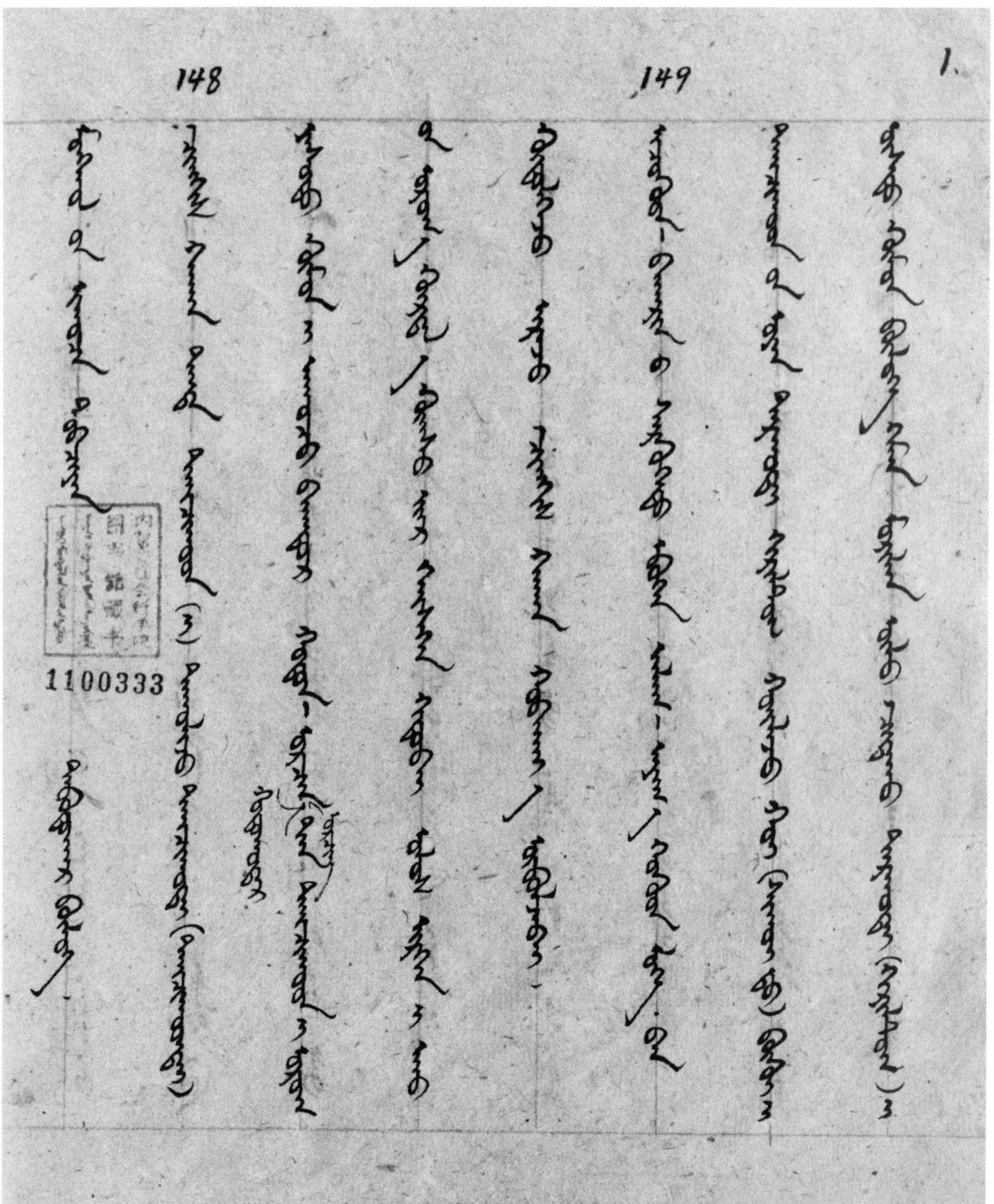
1.
149
148
1100333

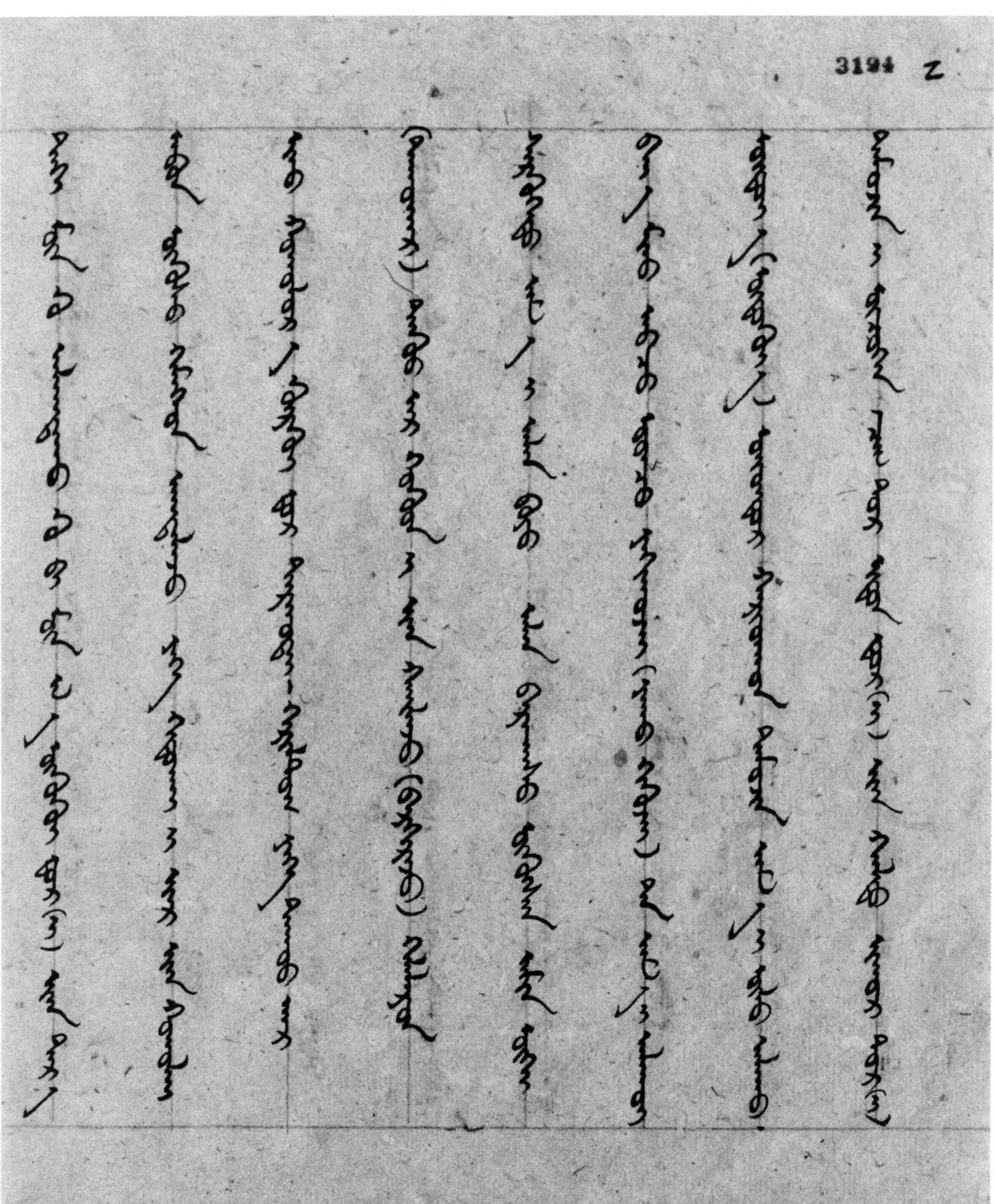
3194

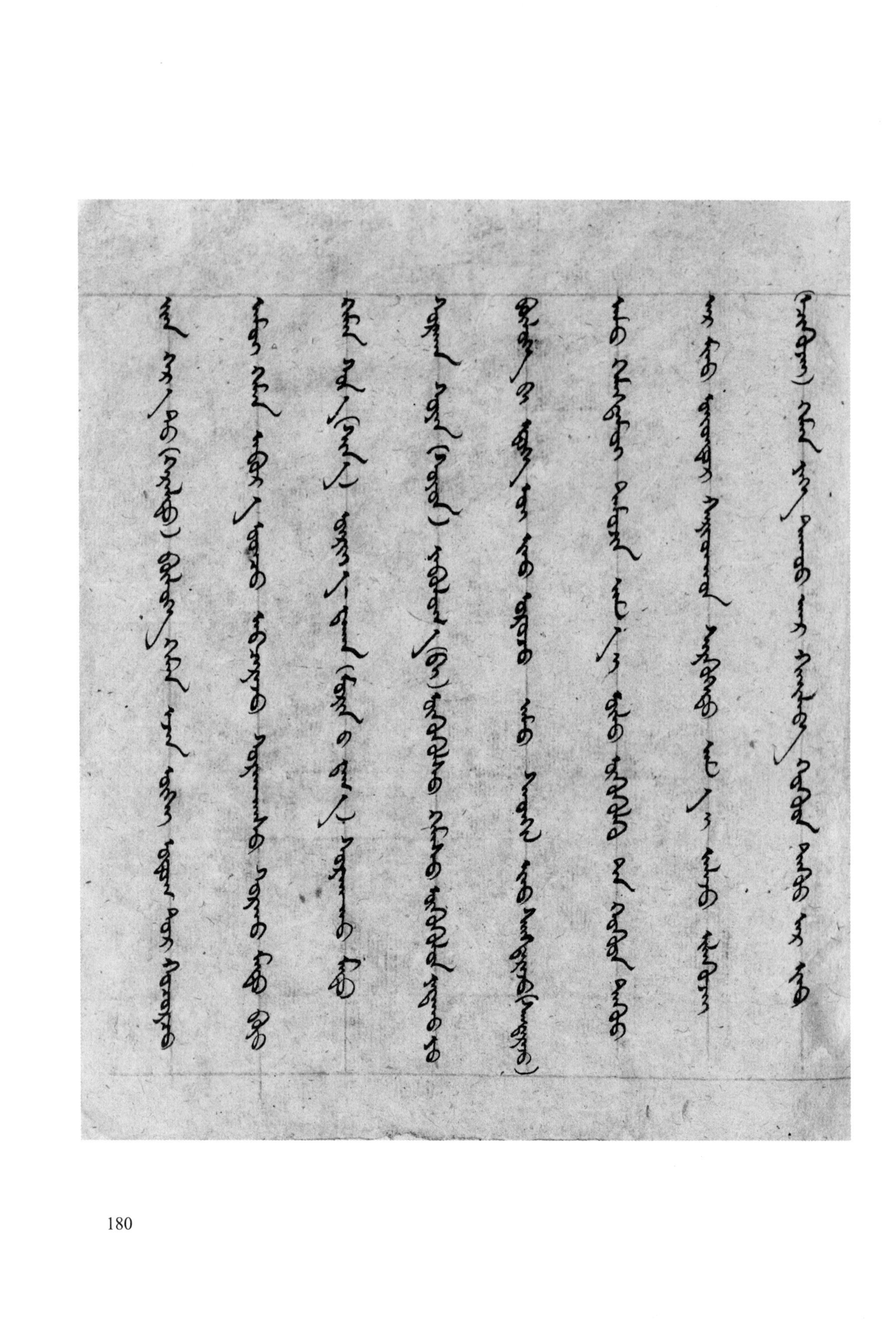

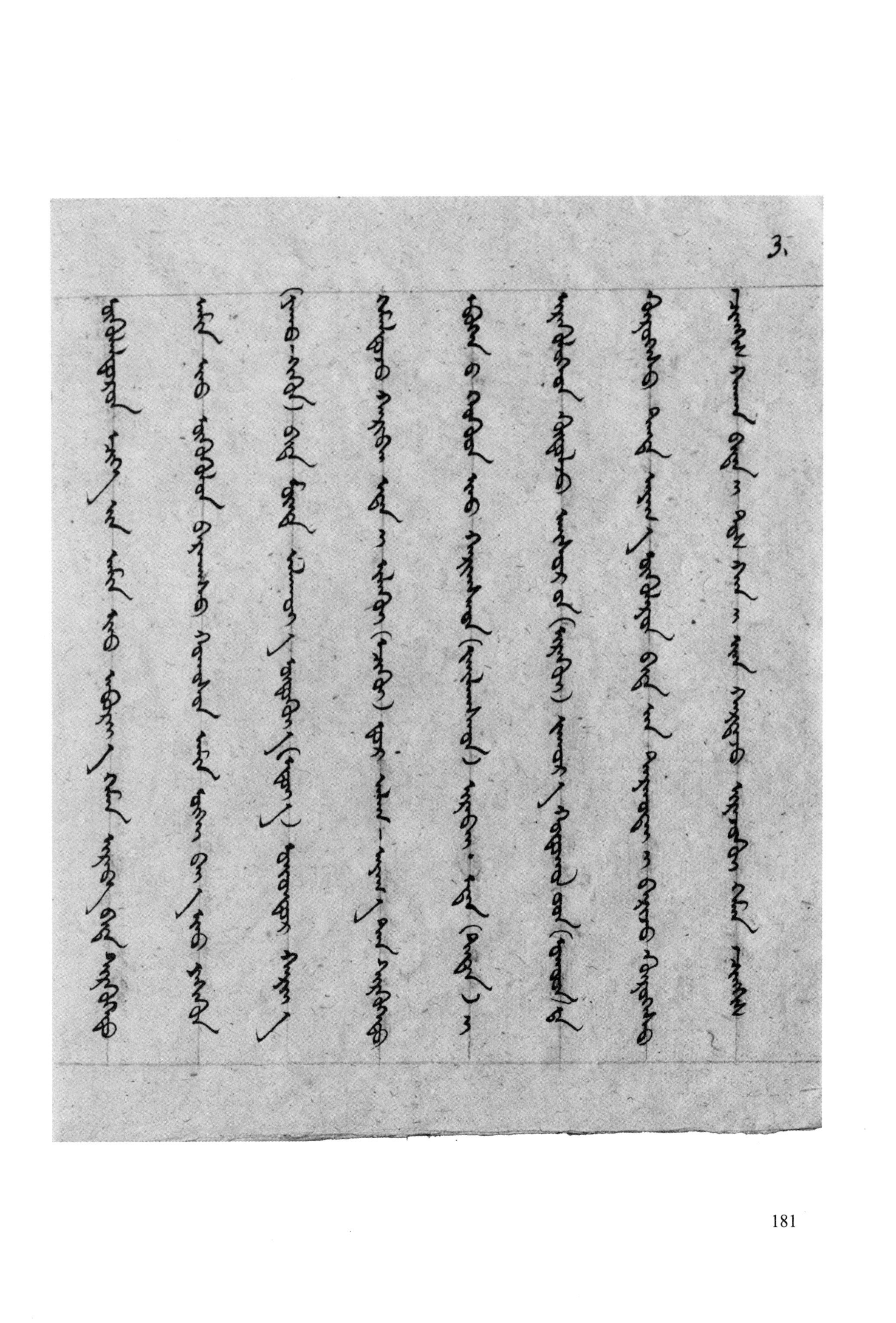

3.

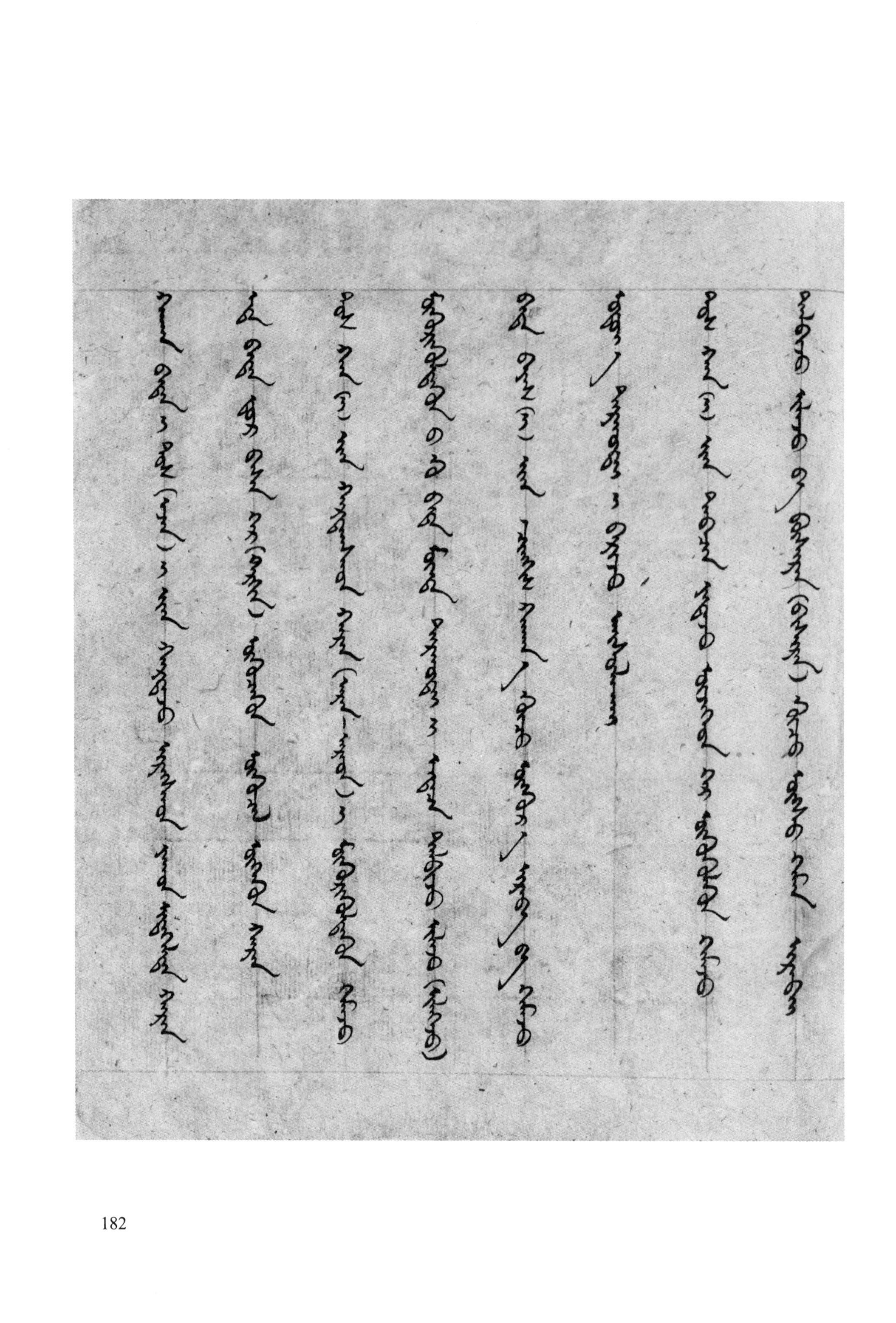

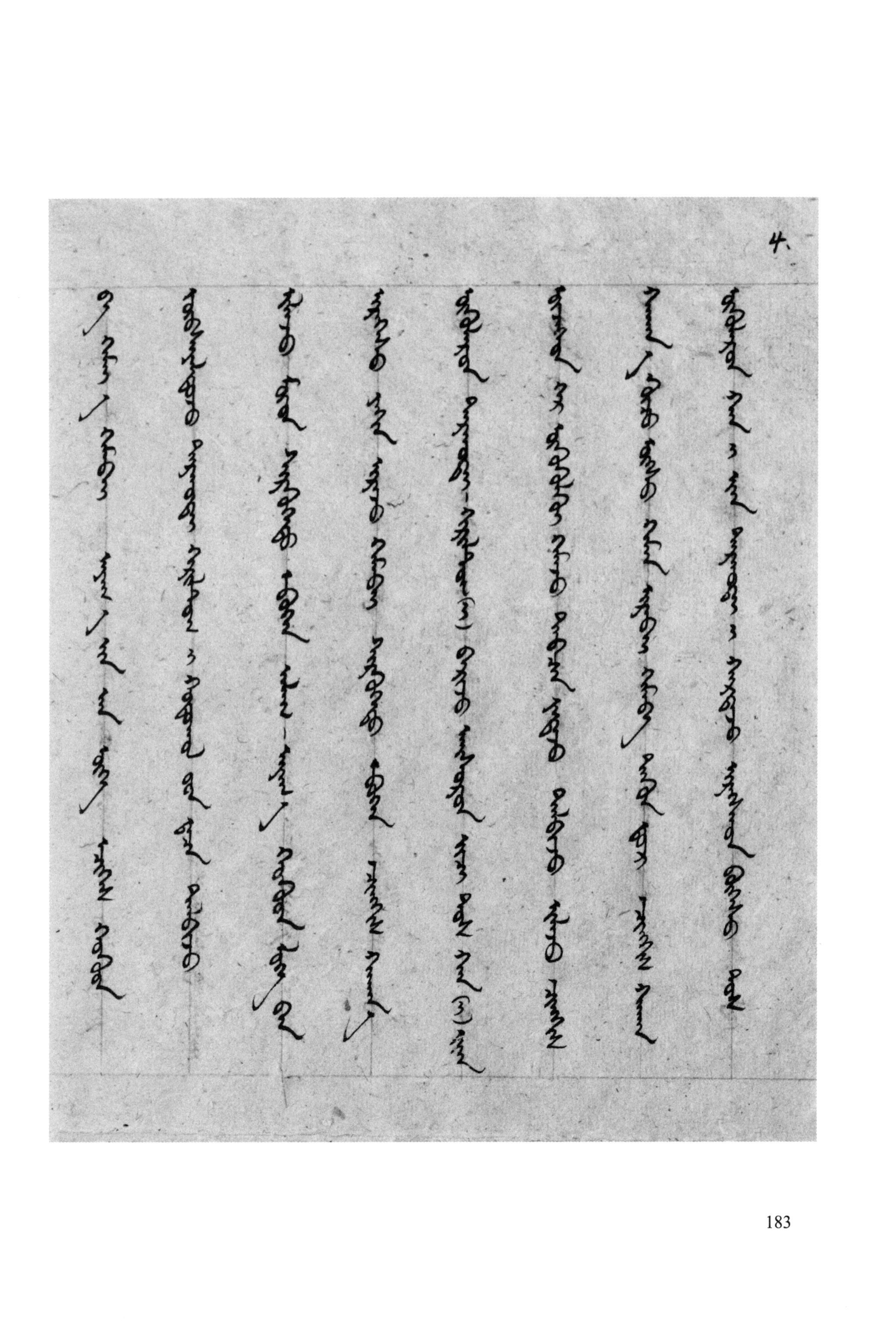

4.

[illegible]

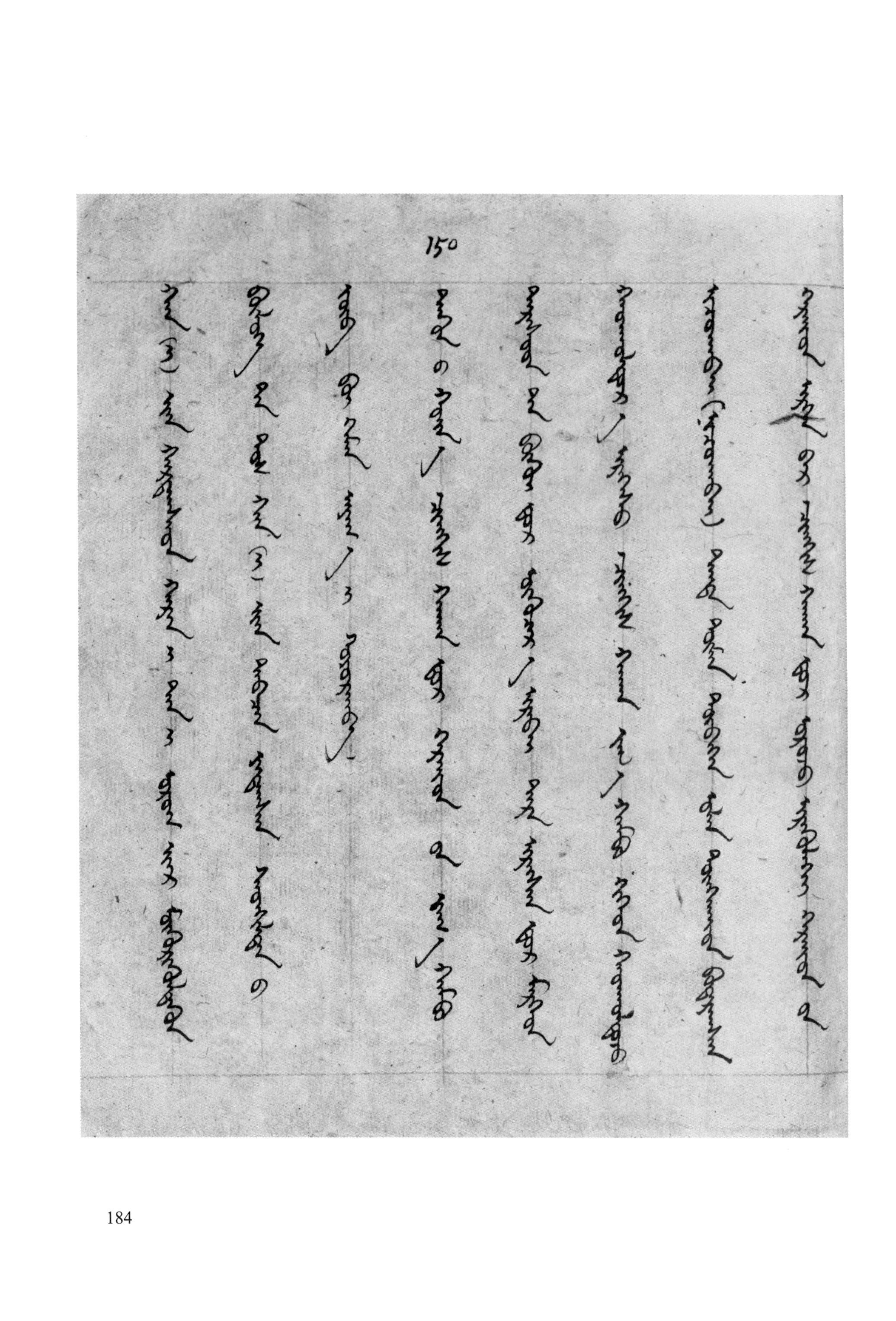

150

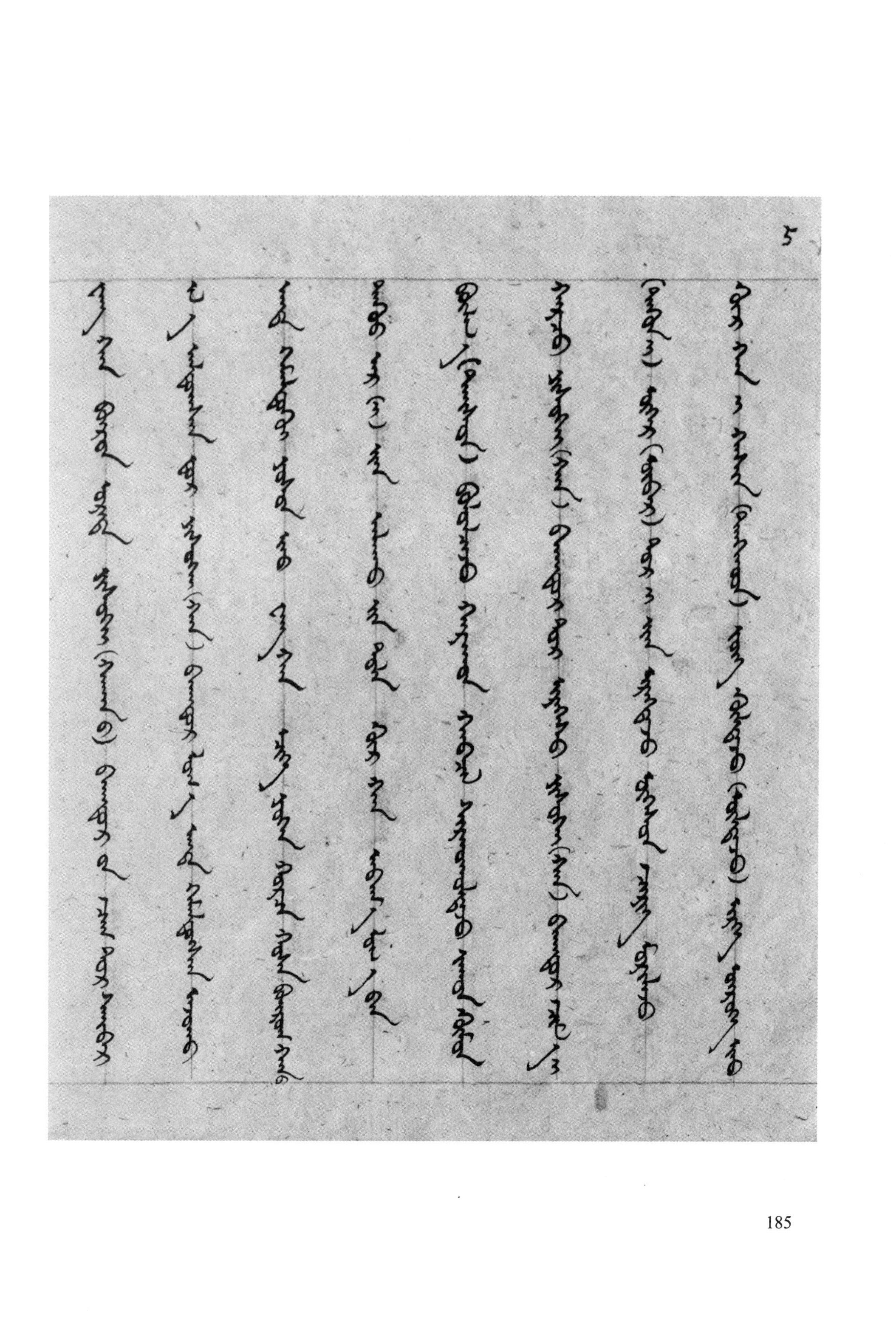

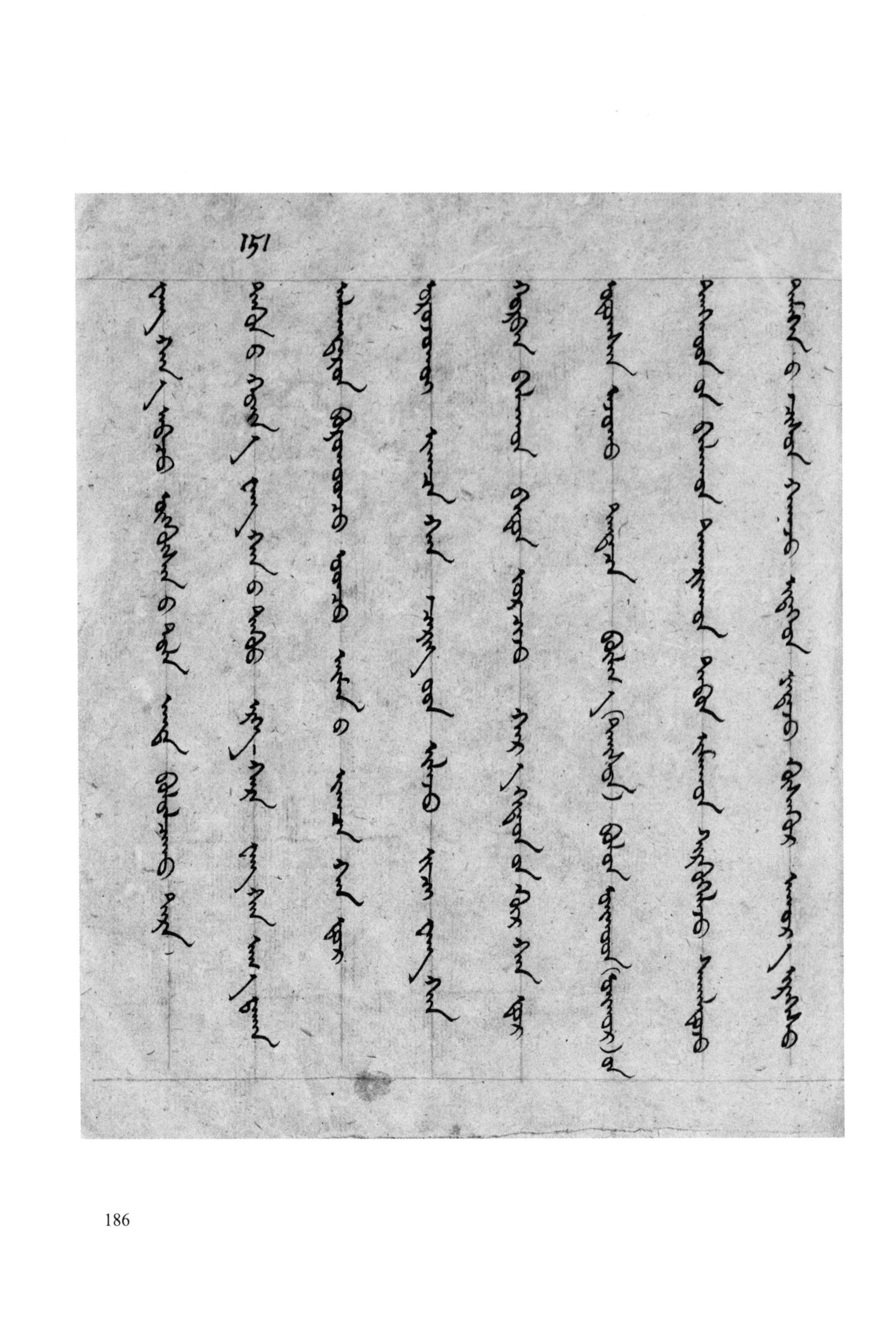

151

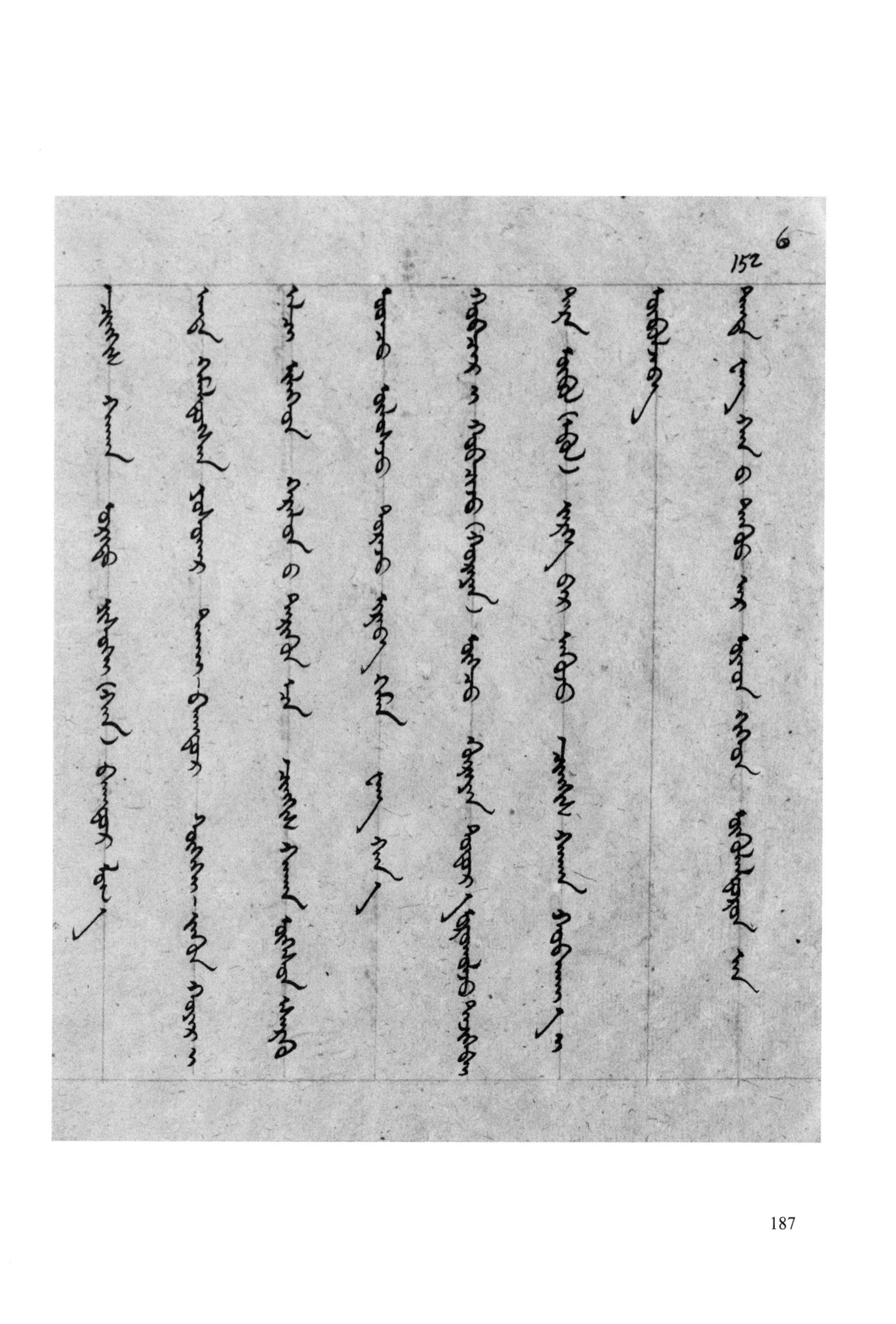

152 6

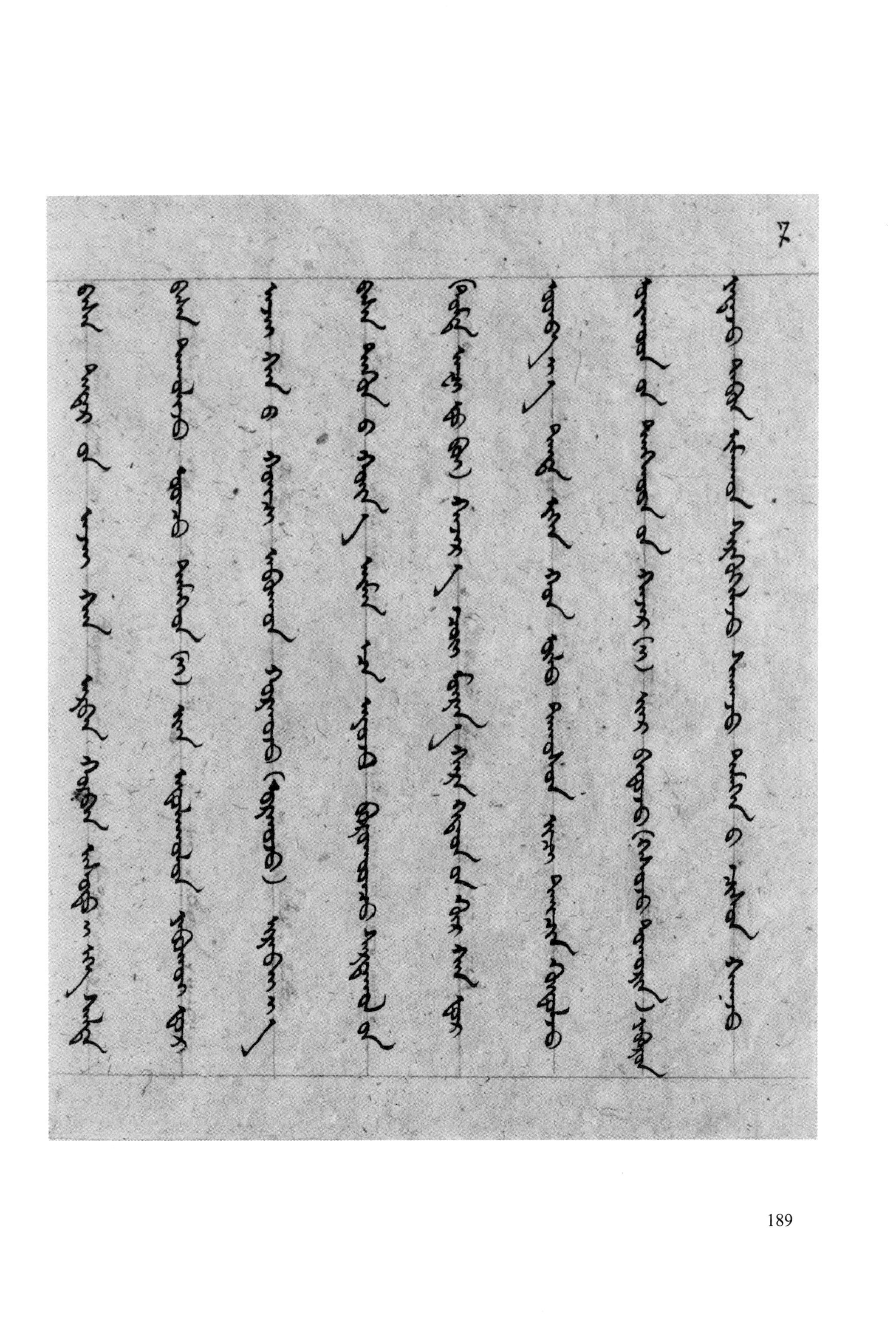

7

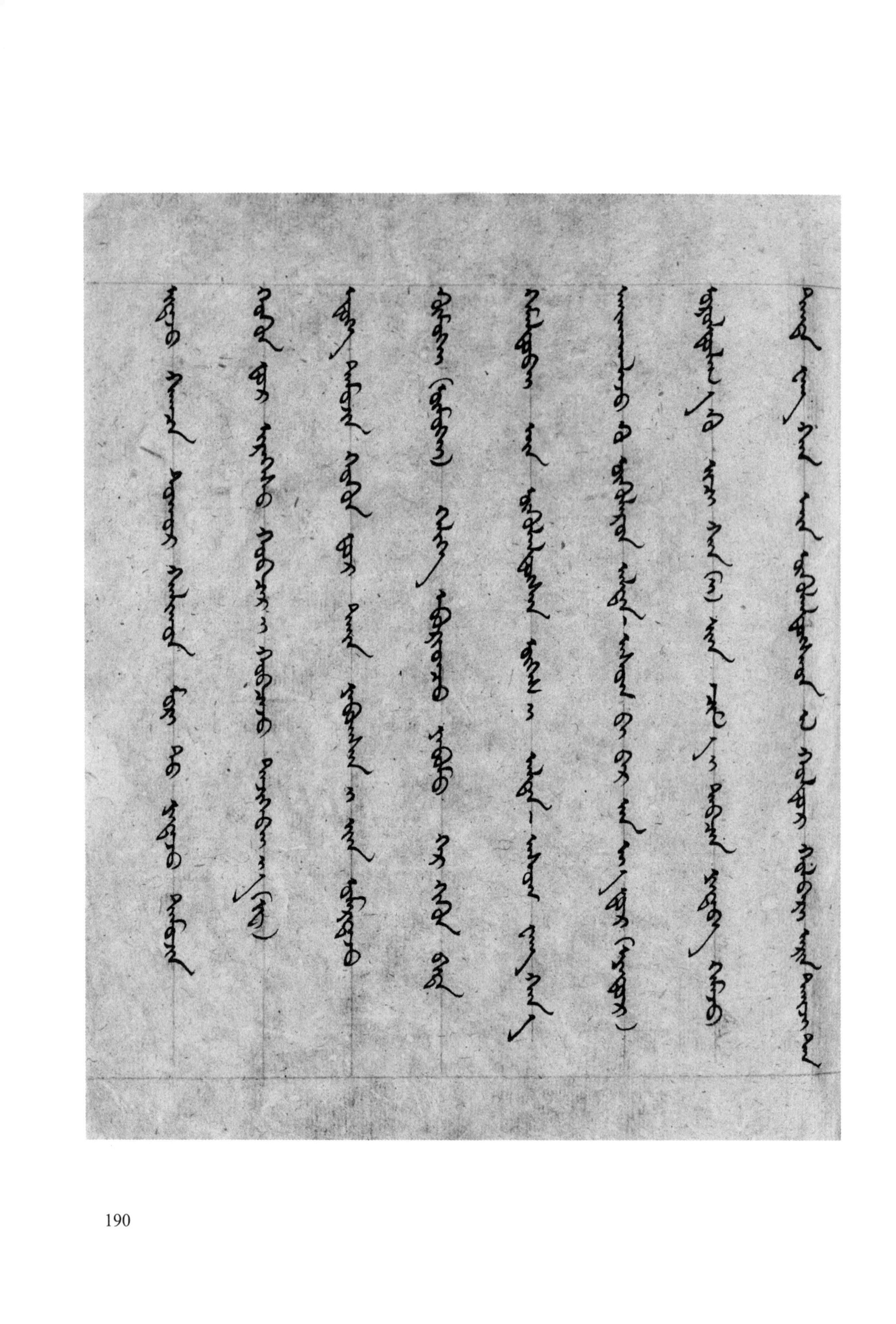

153 8.

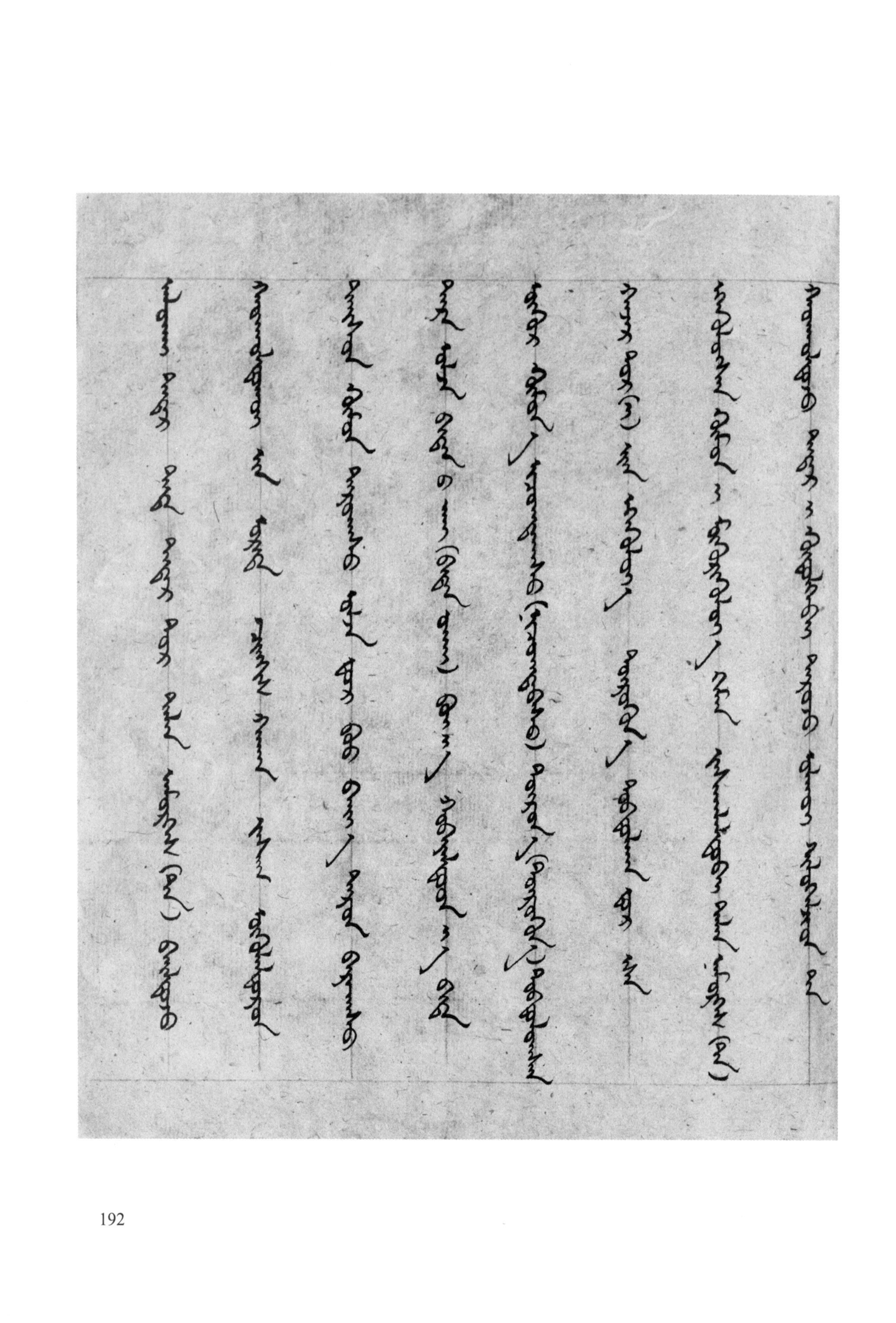

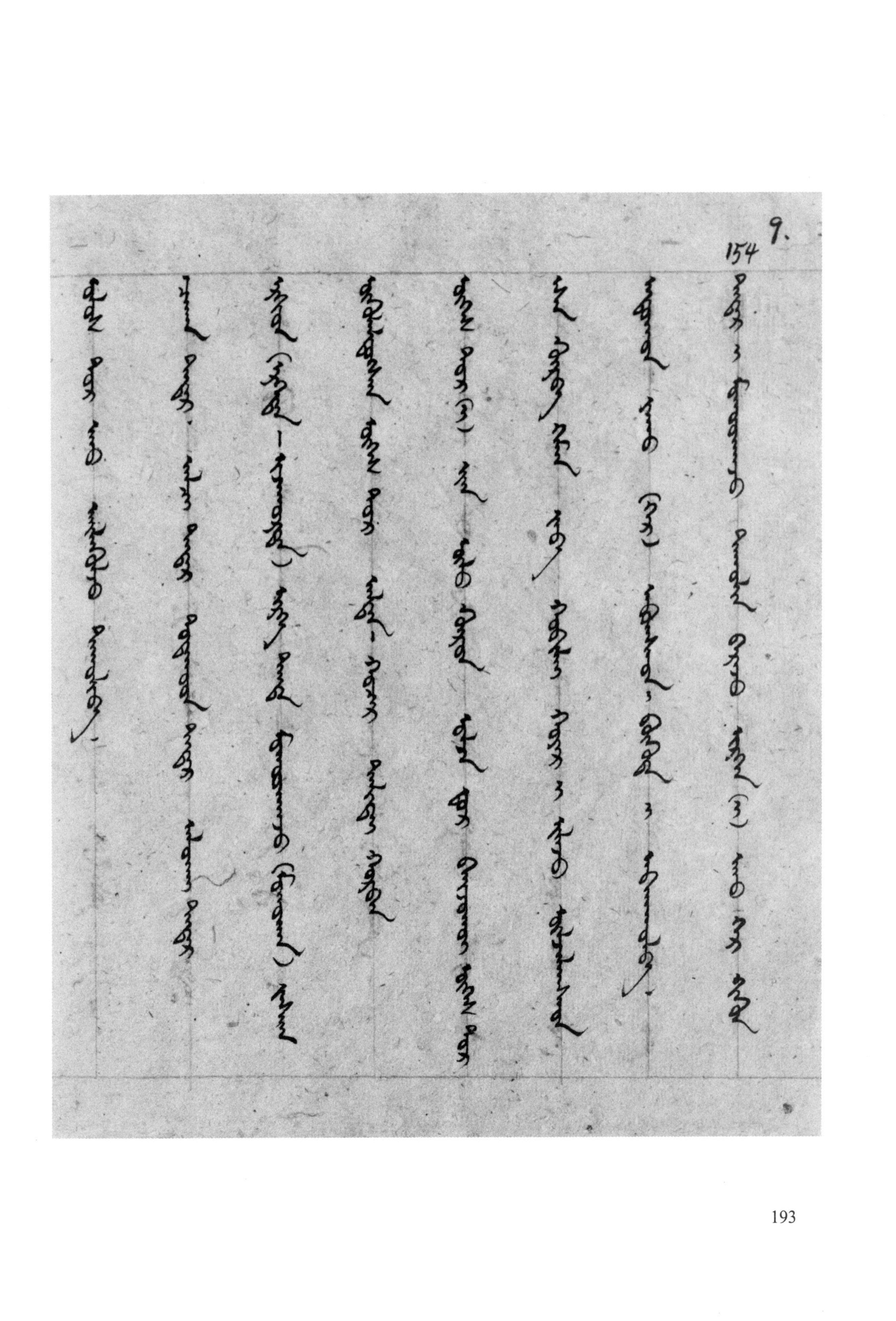

9.

154

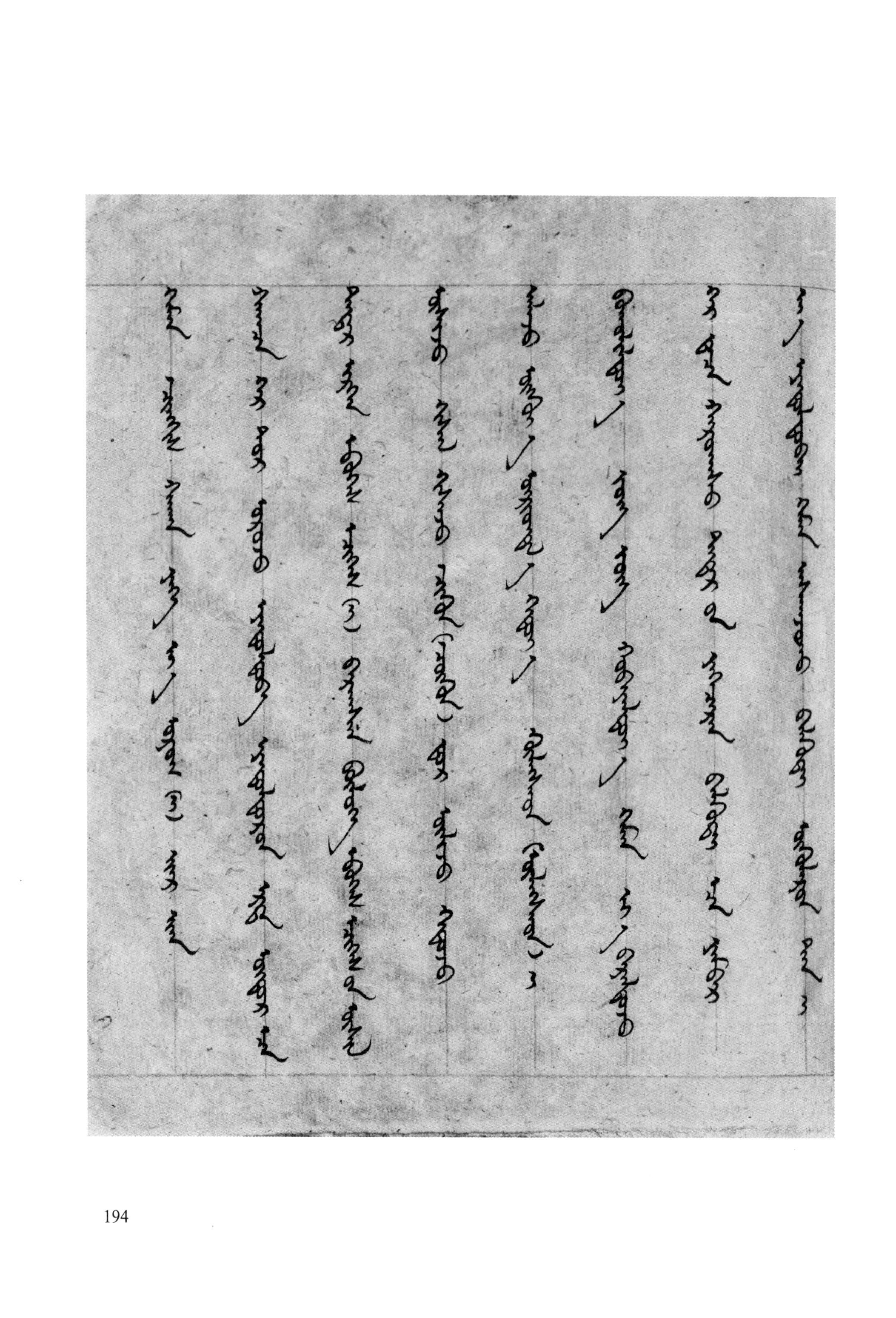

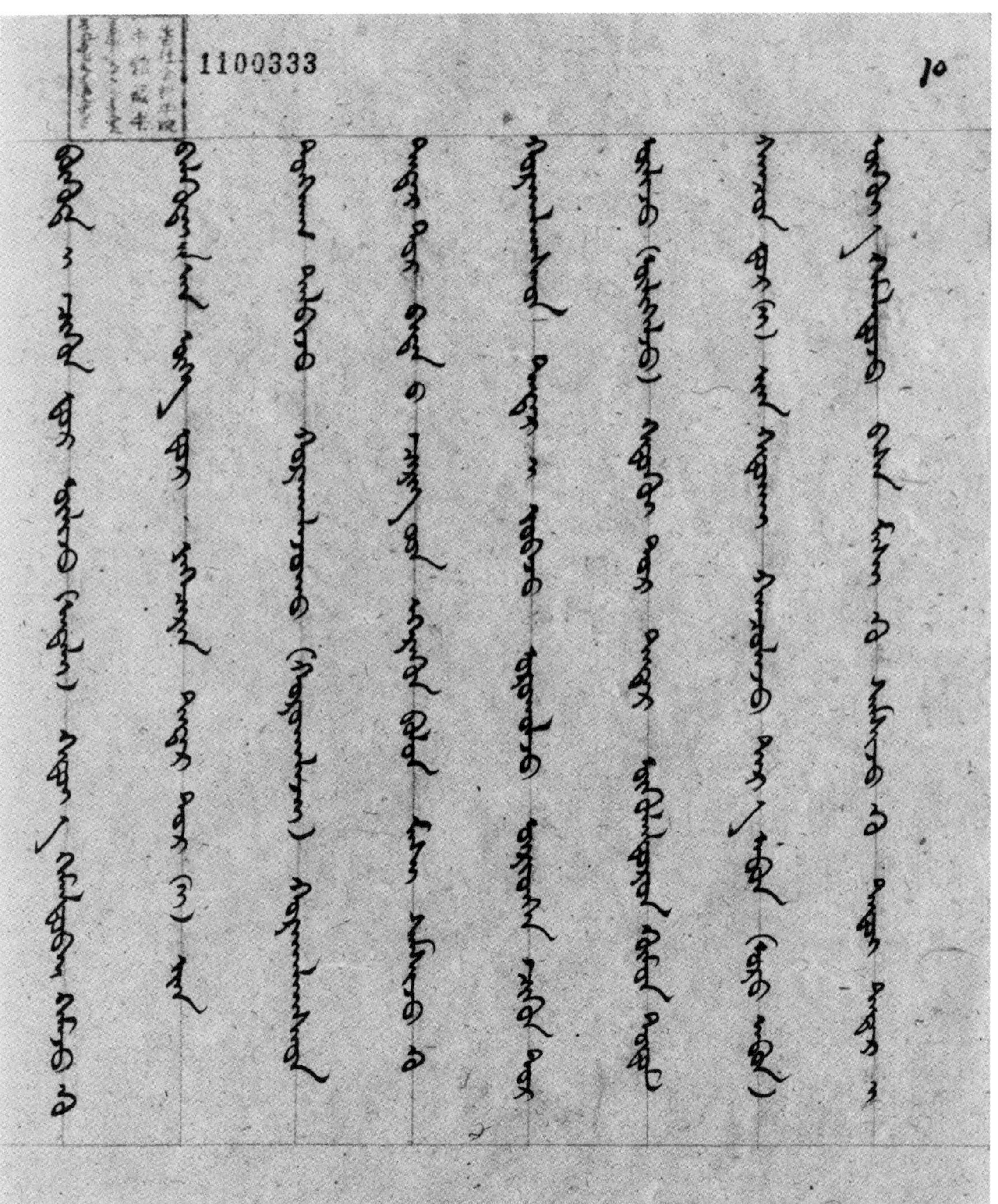

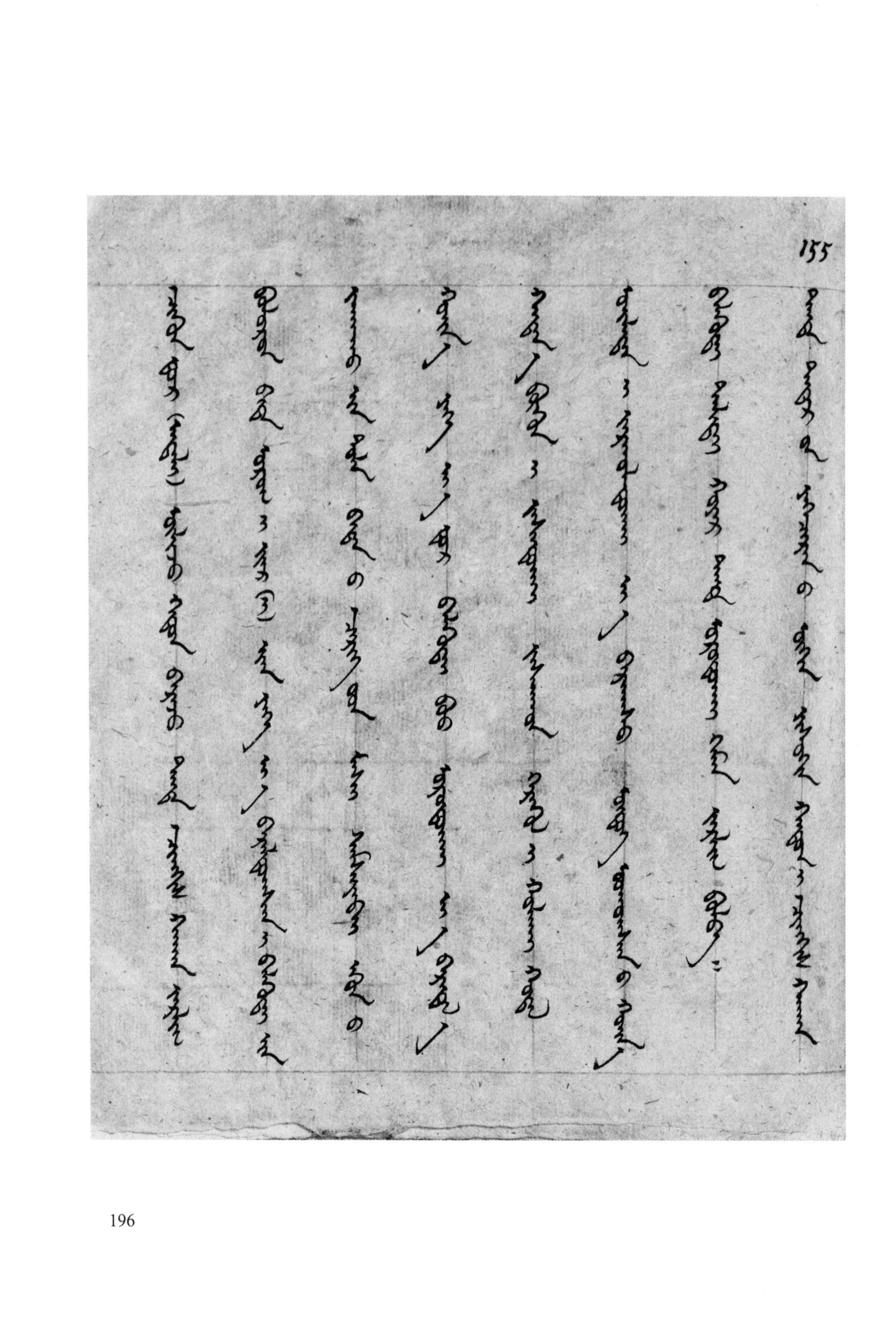

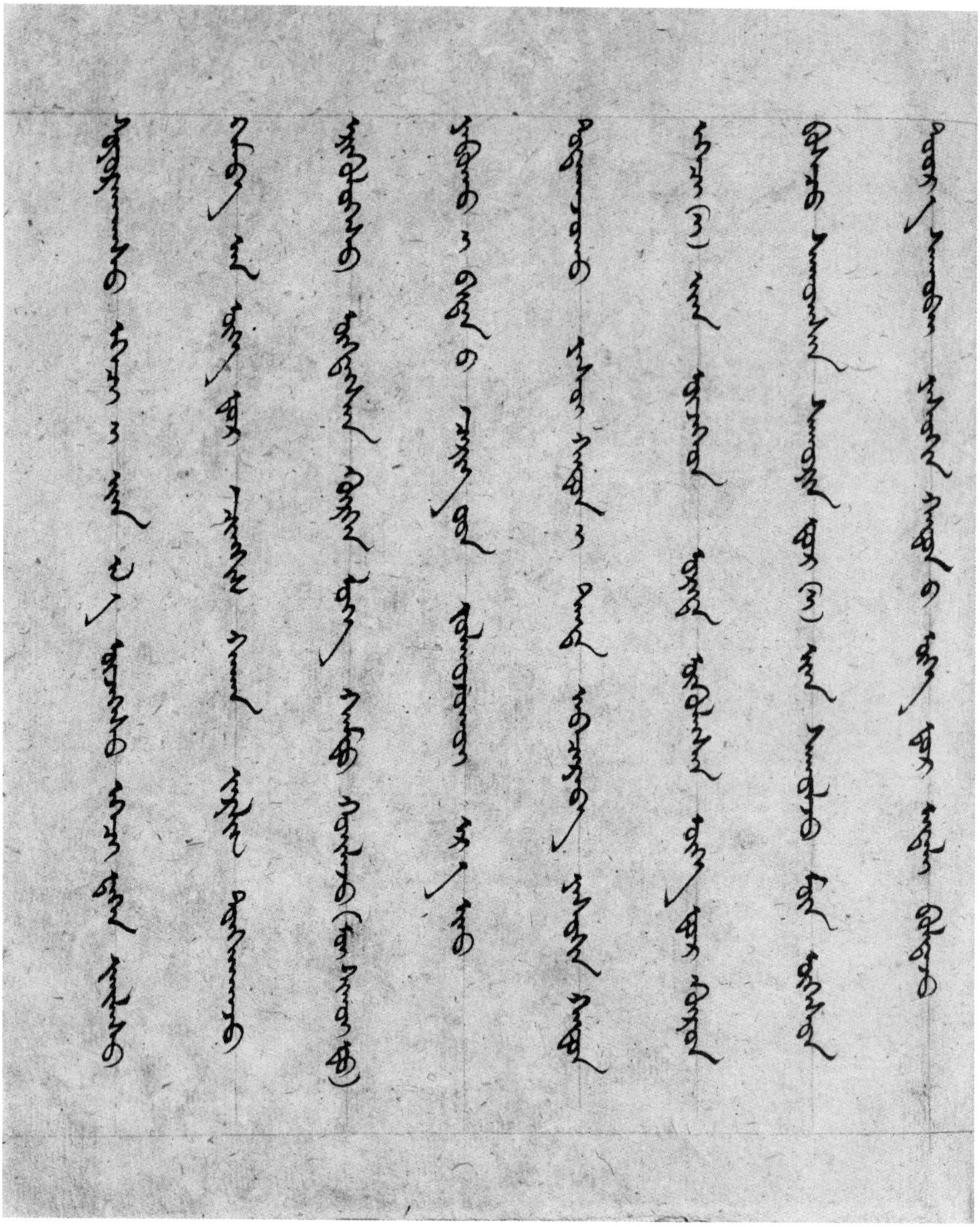

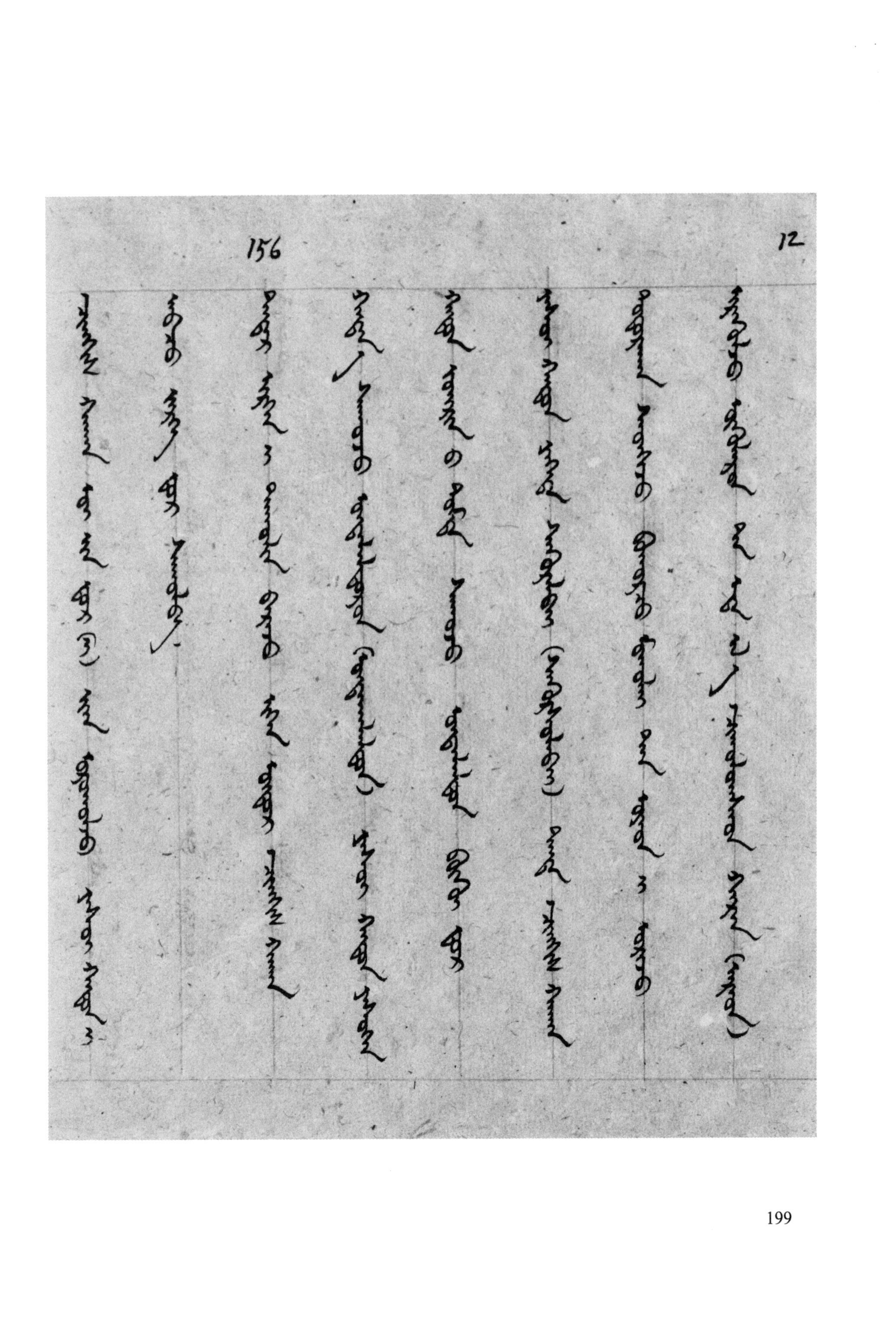

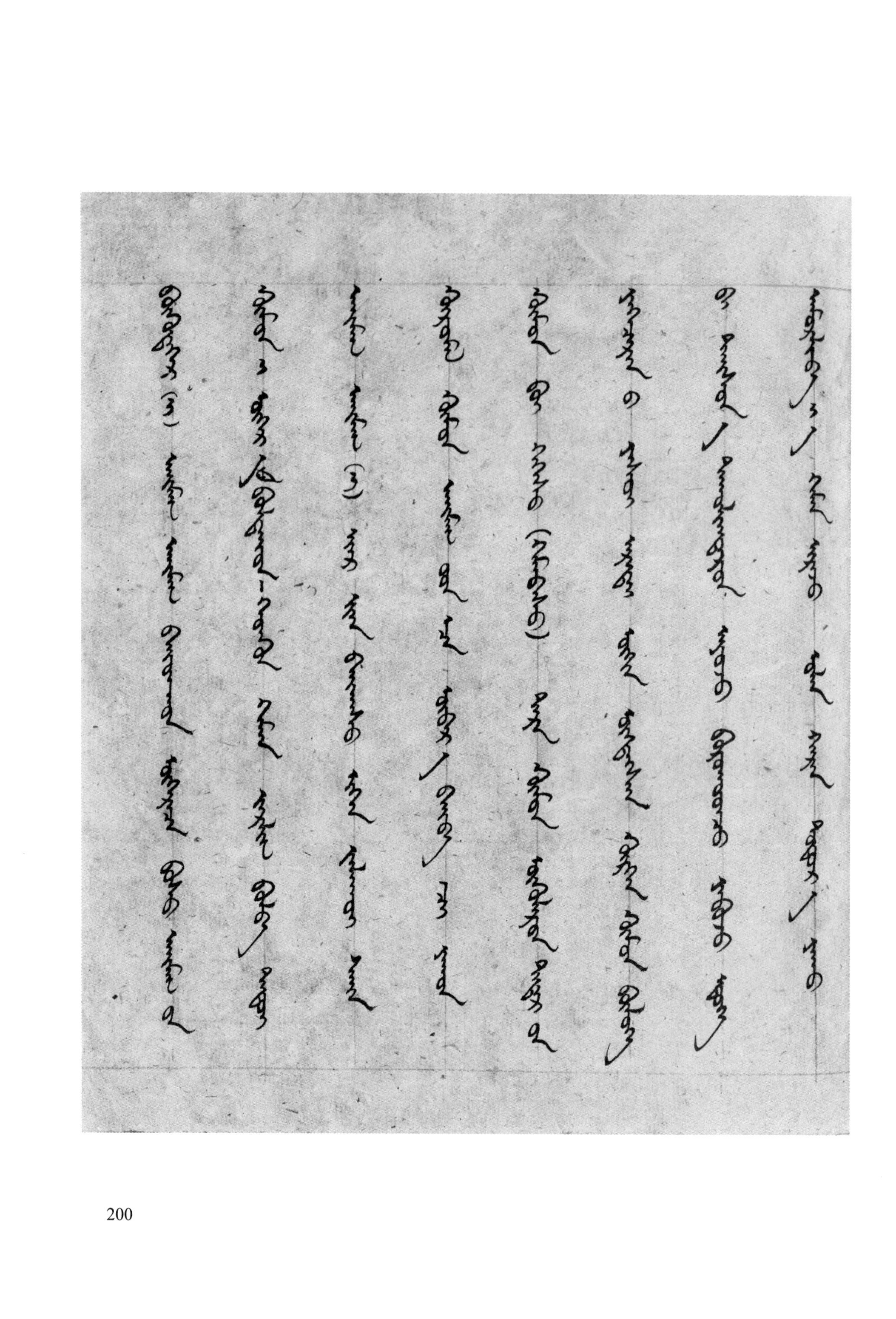

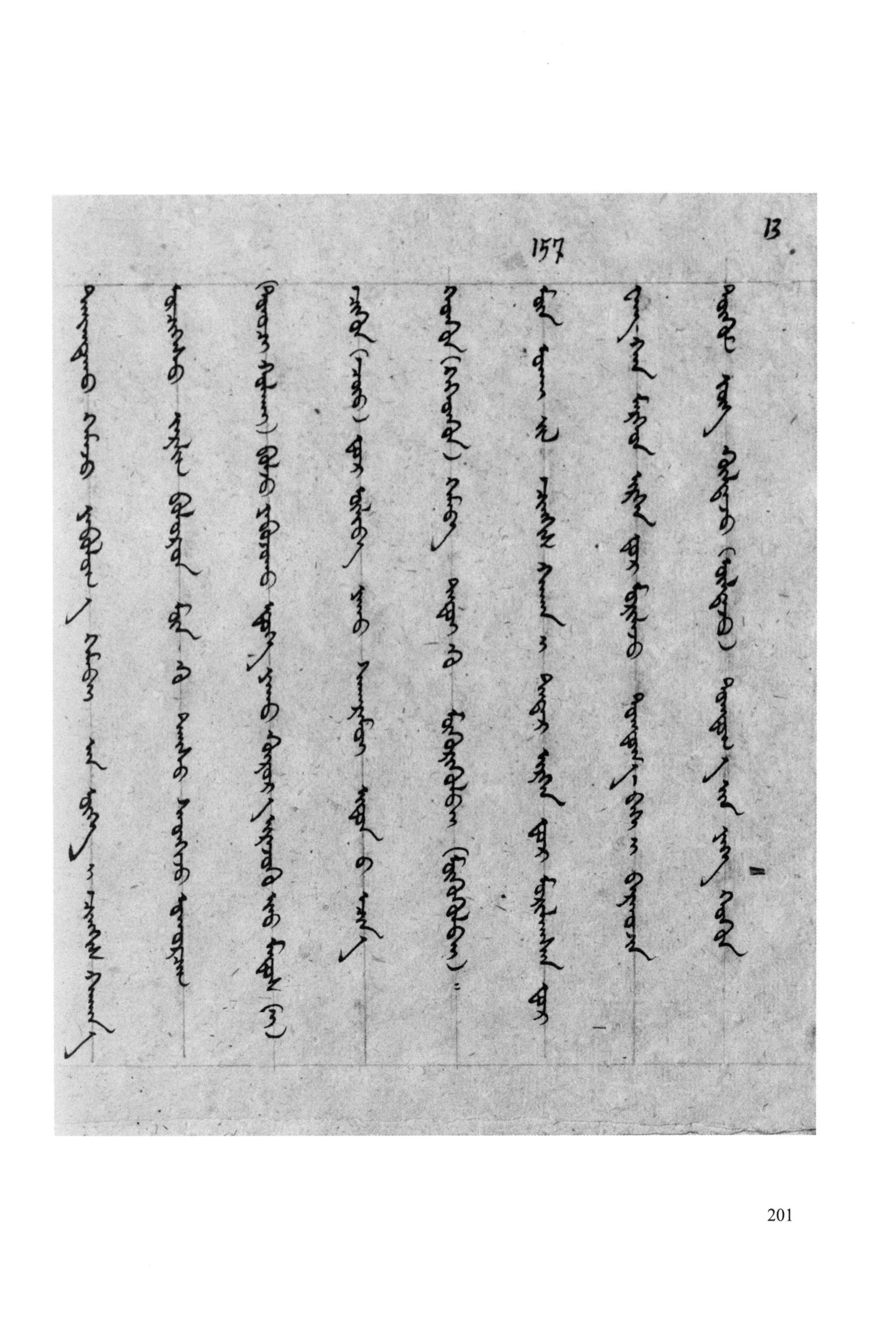

13

157

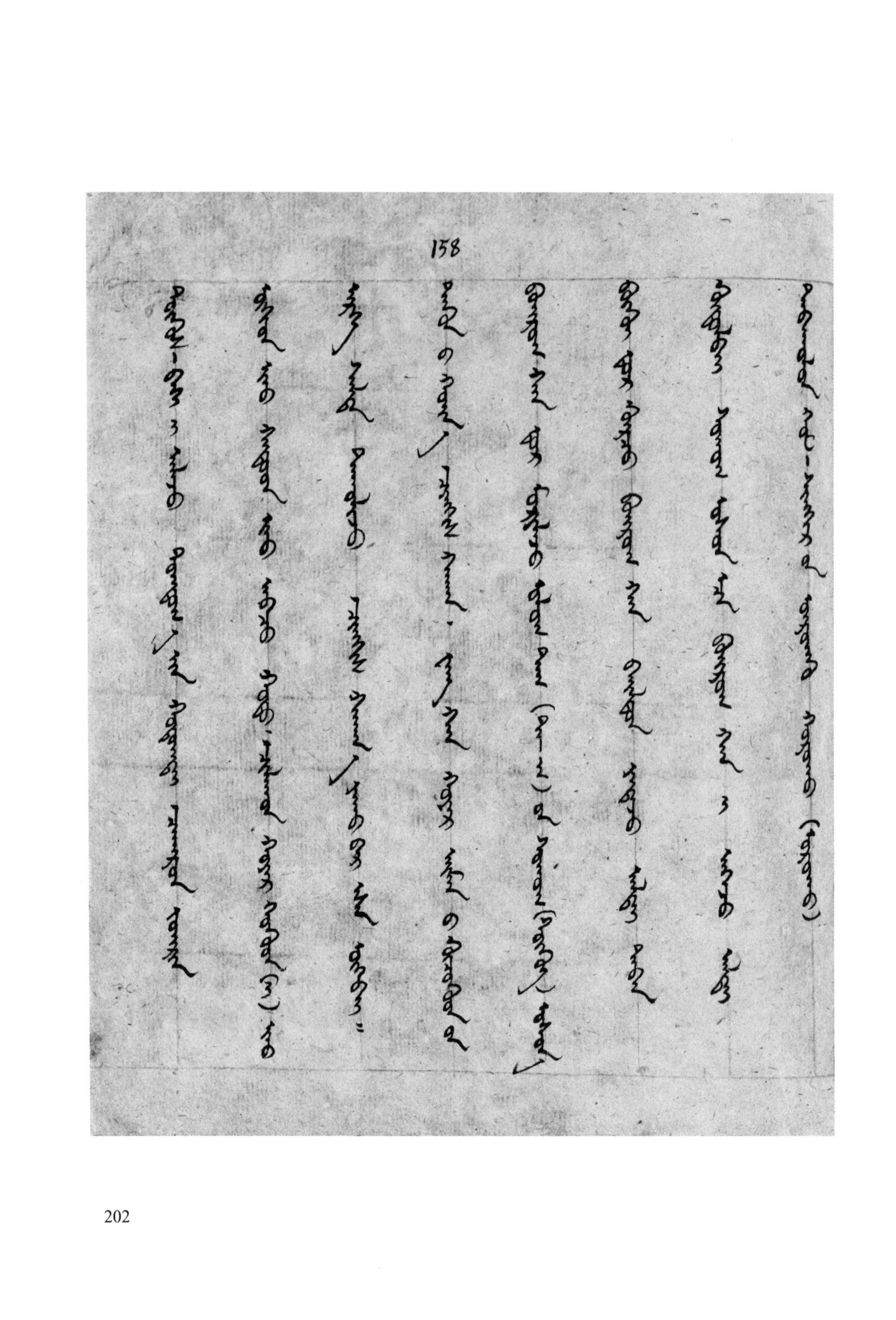

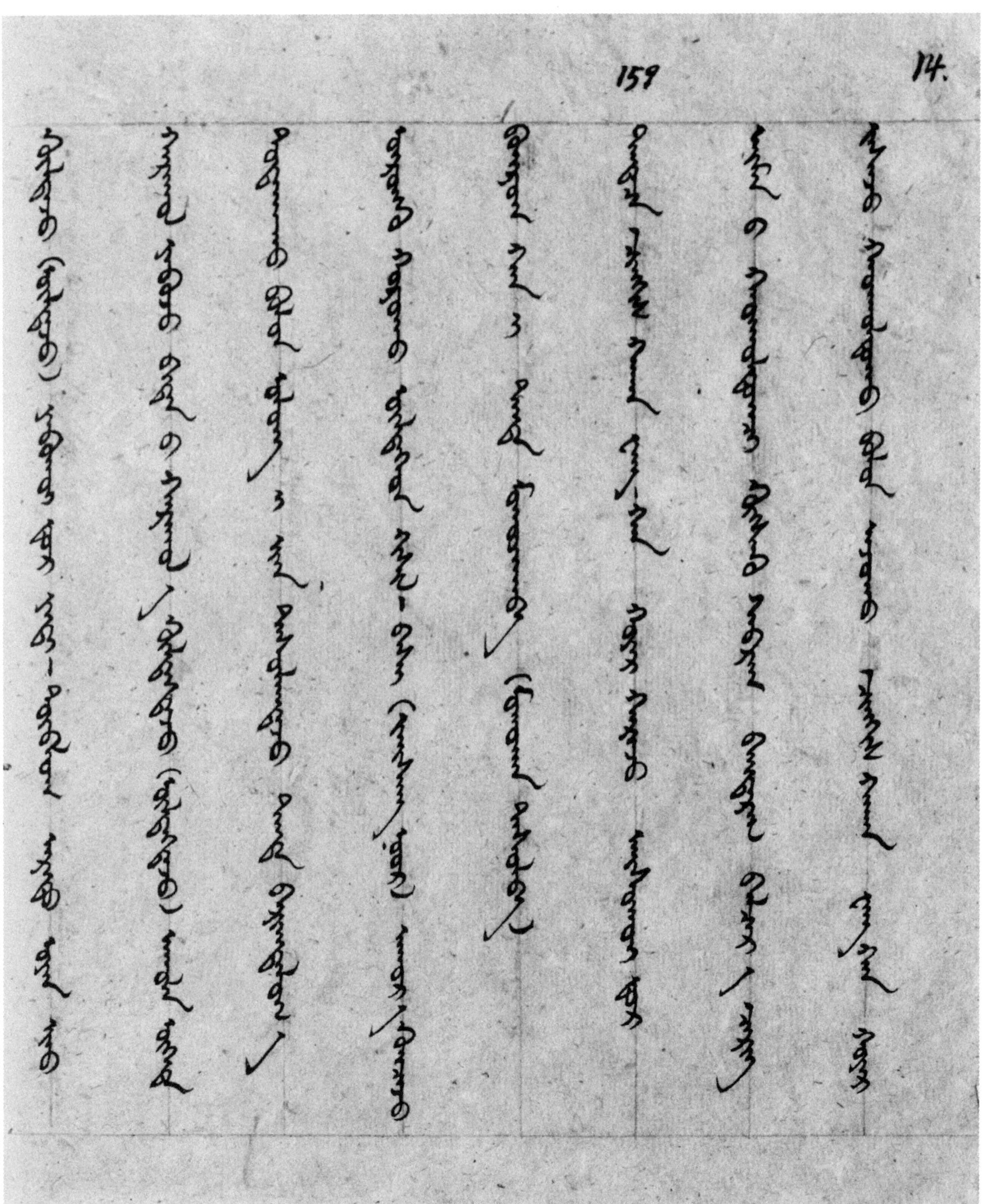

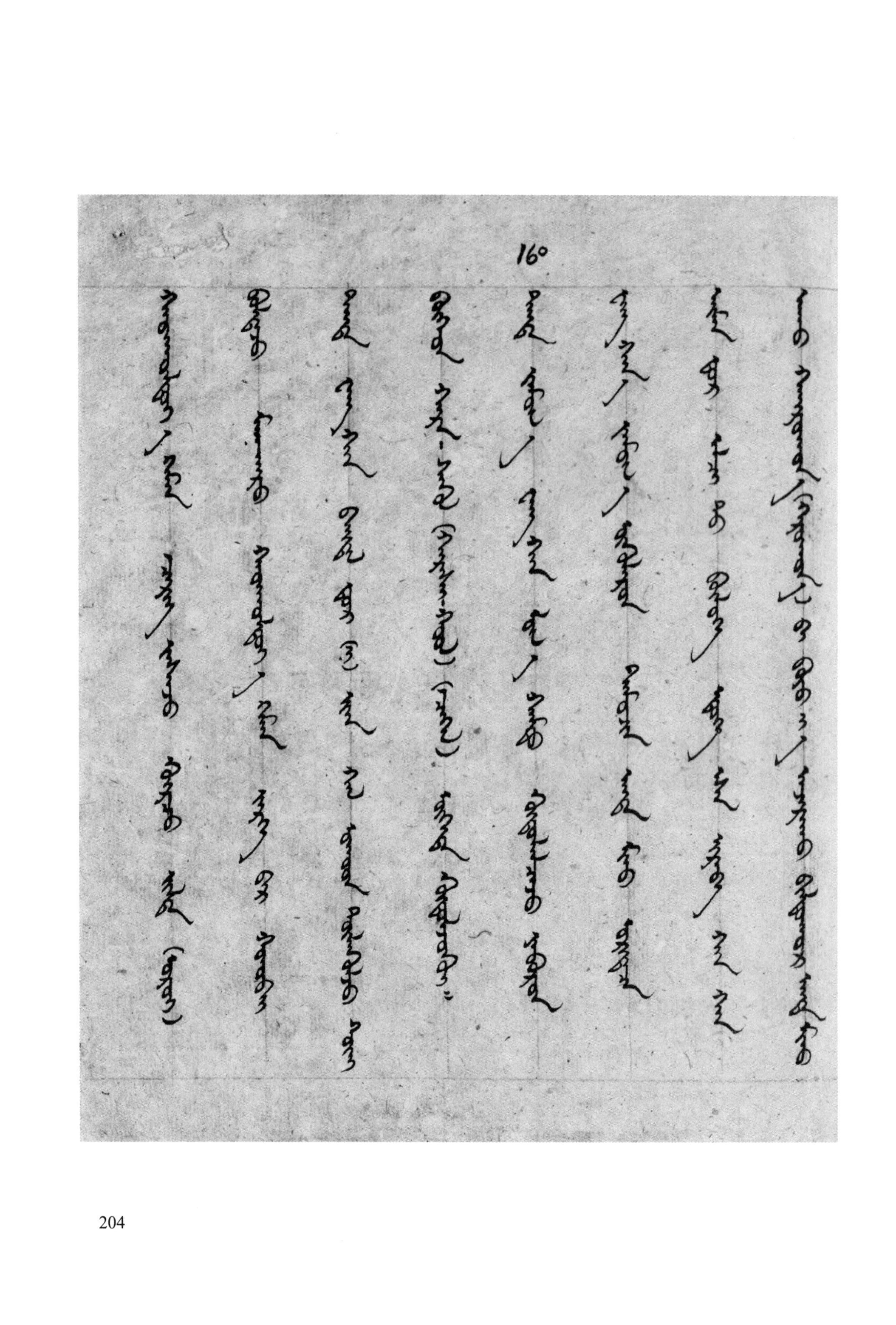

160

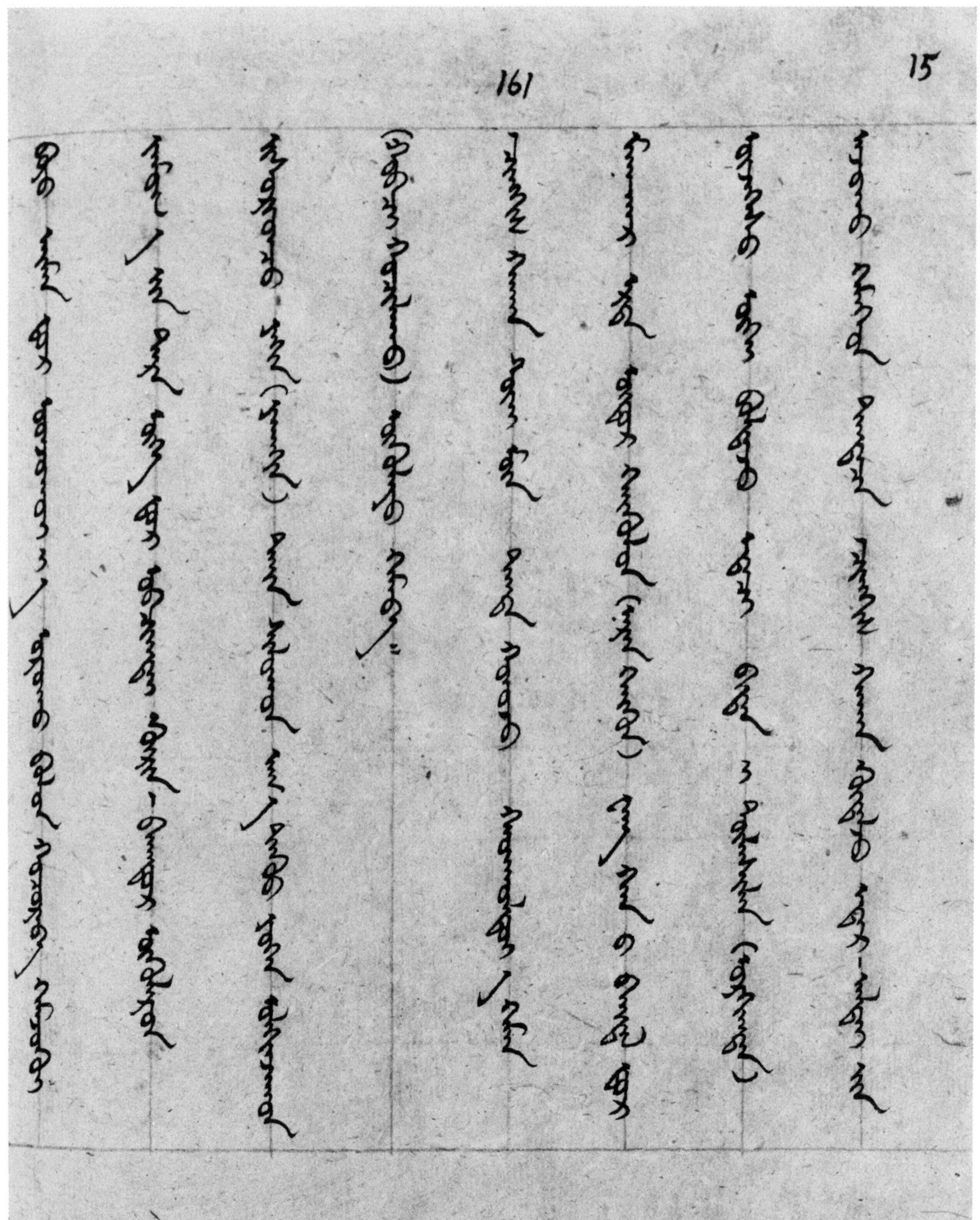
161
15

162

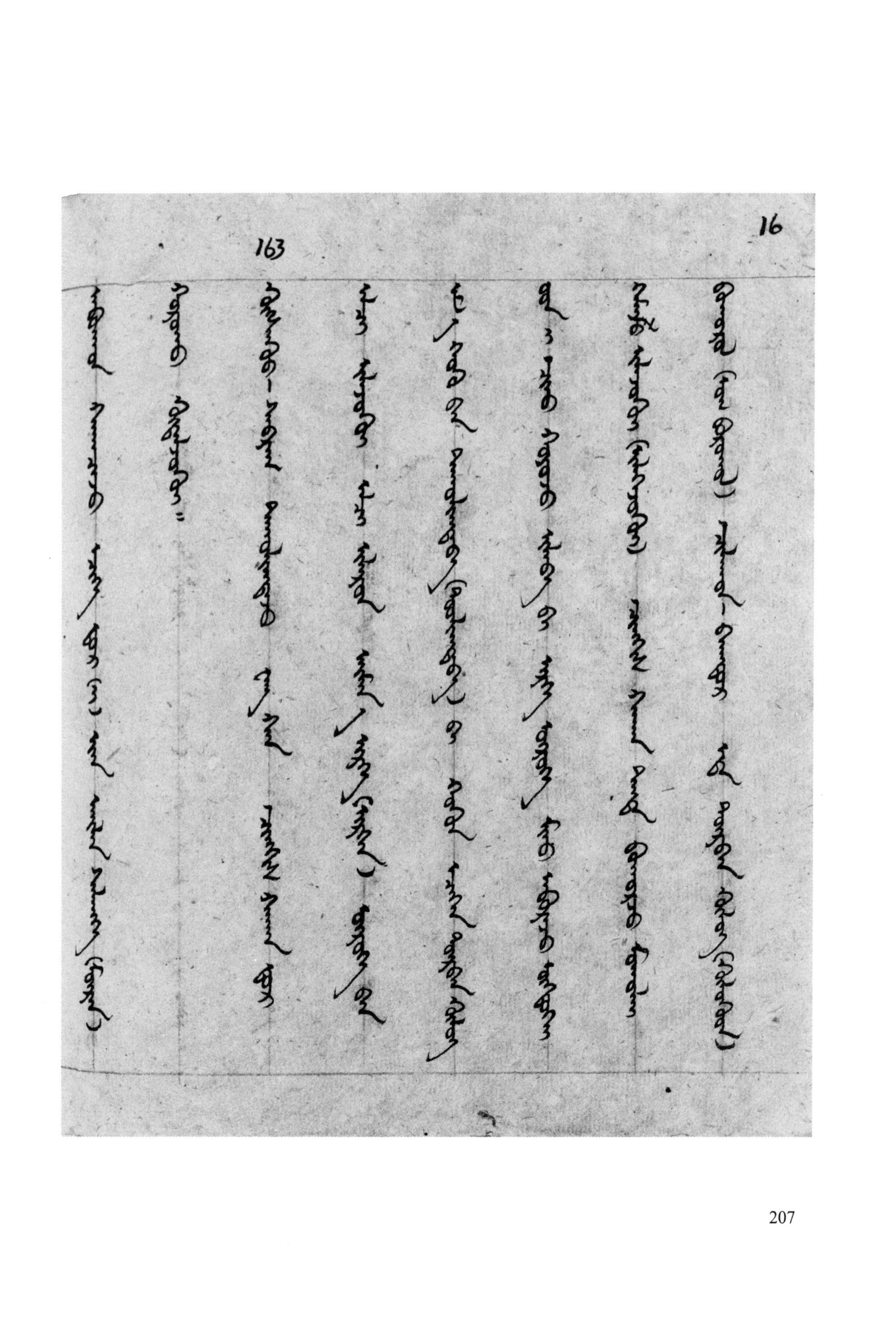

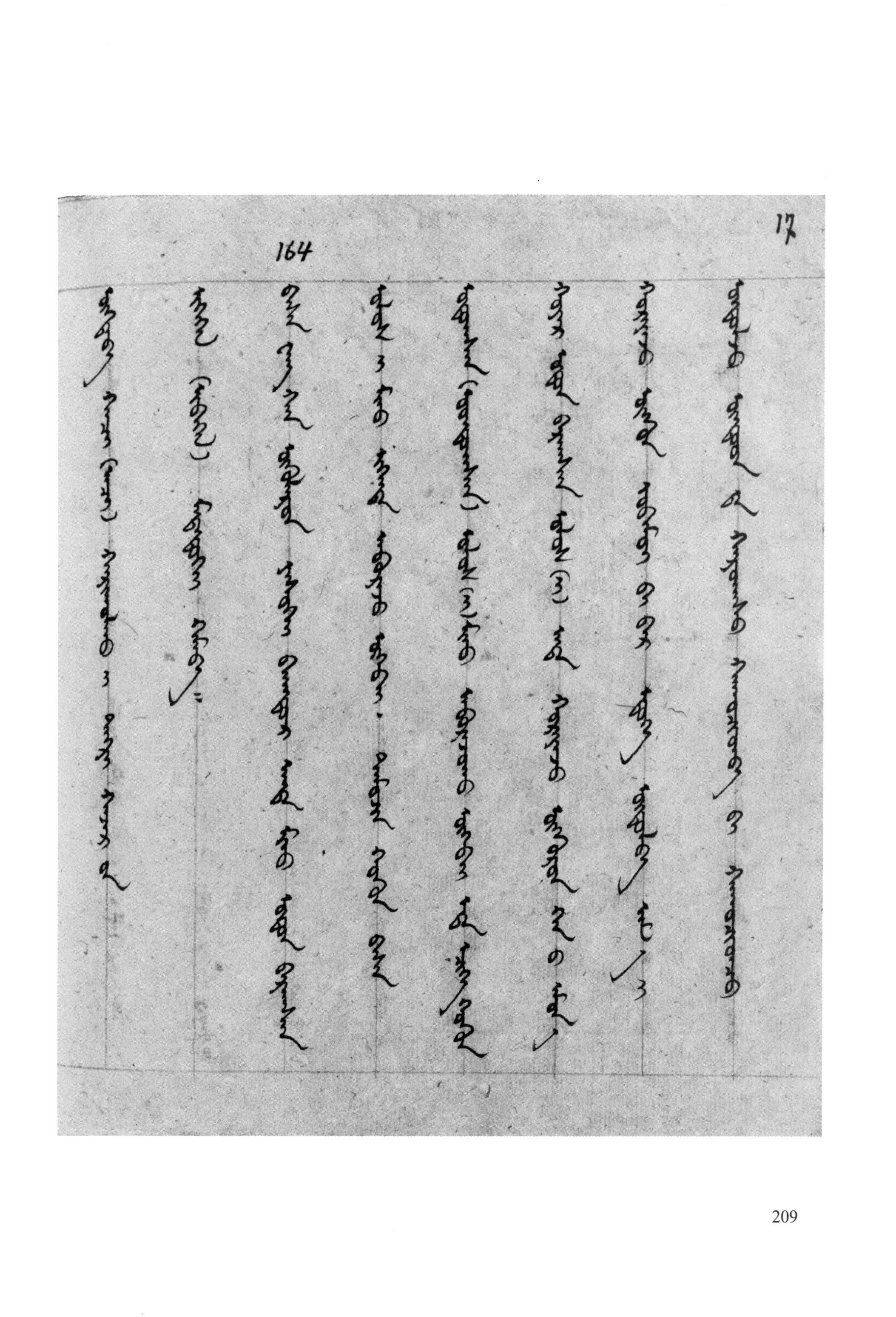

17

164

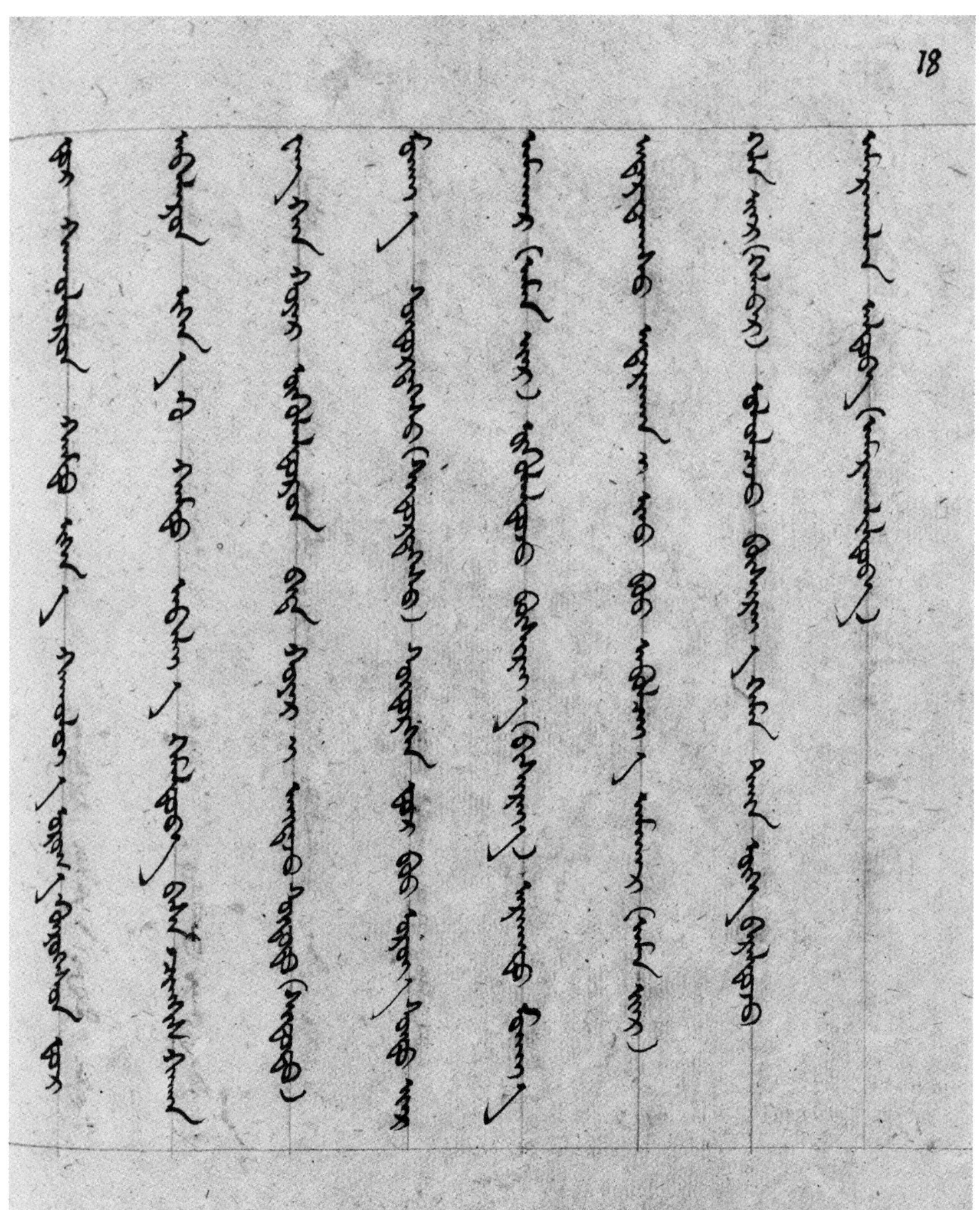

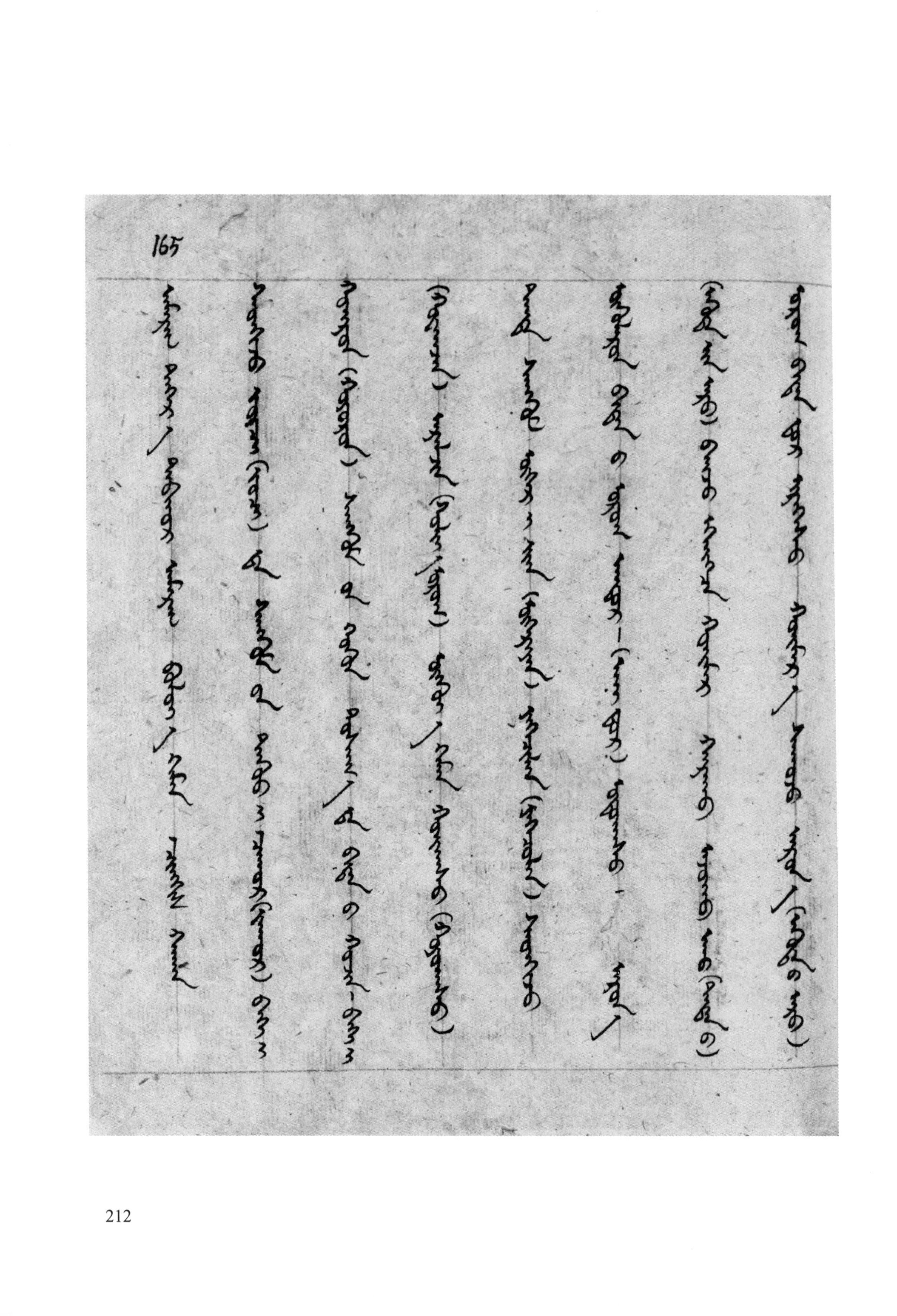

165

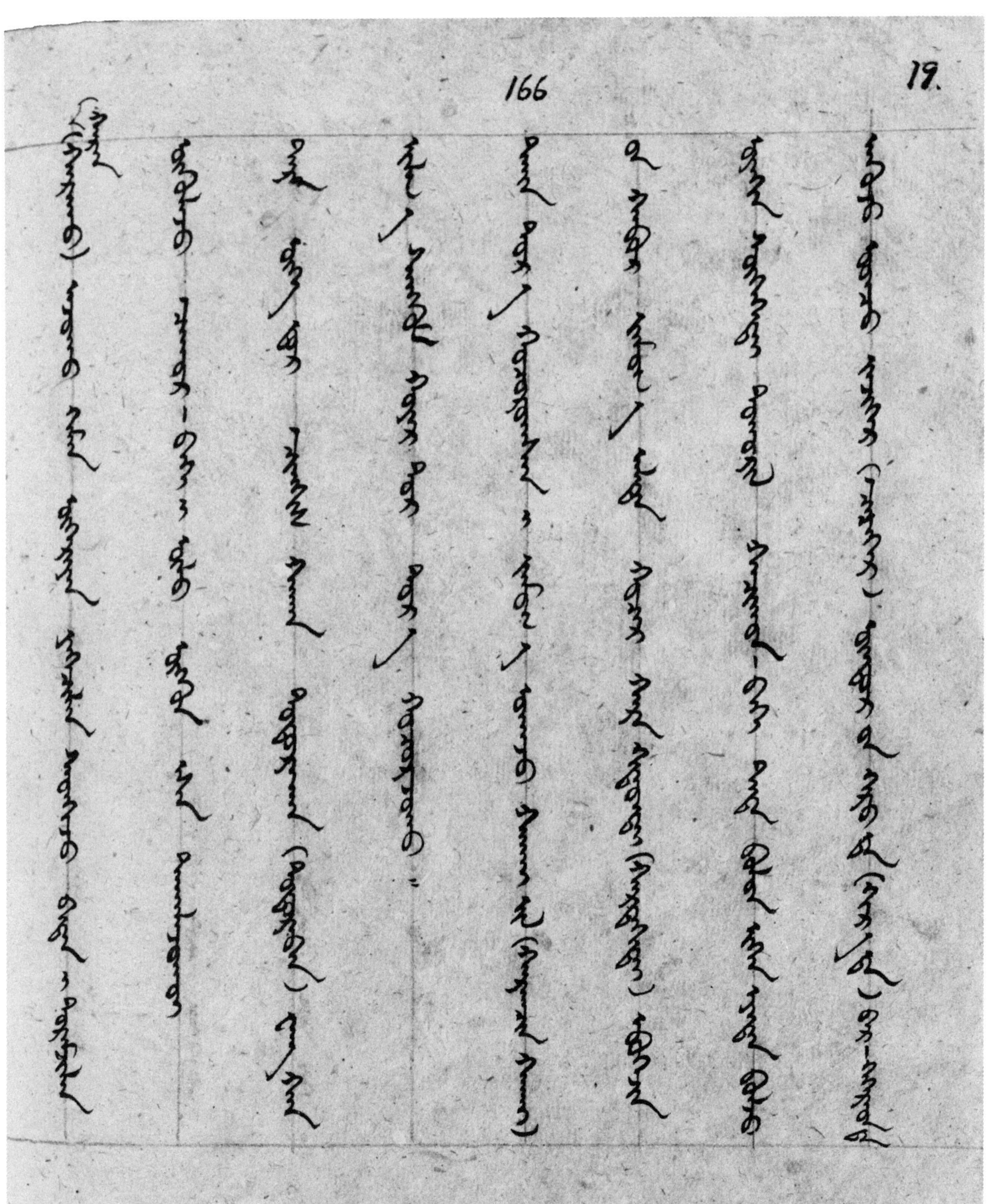

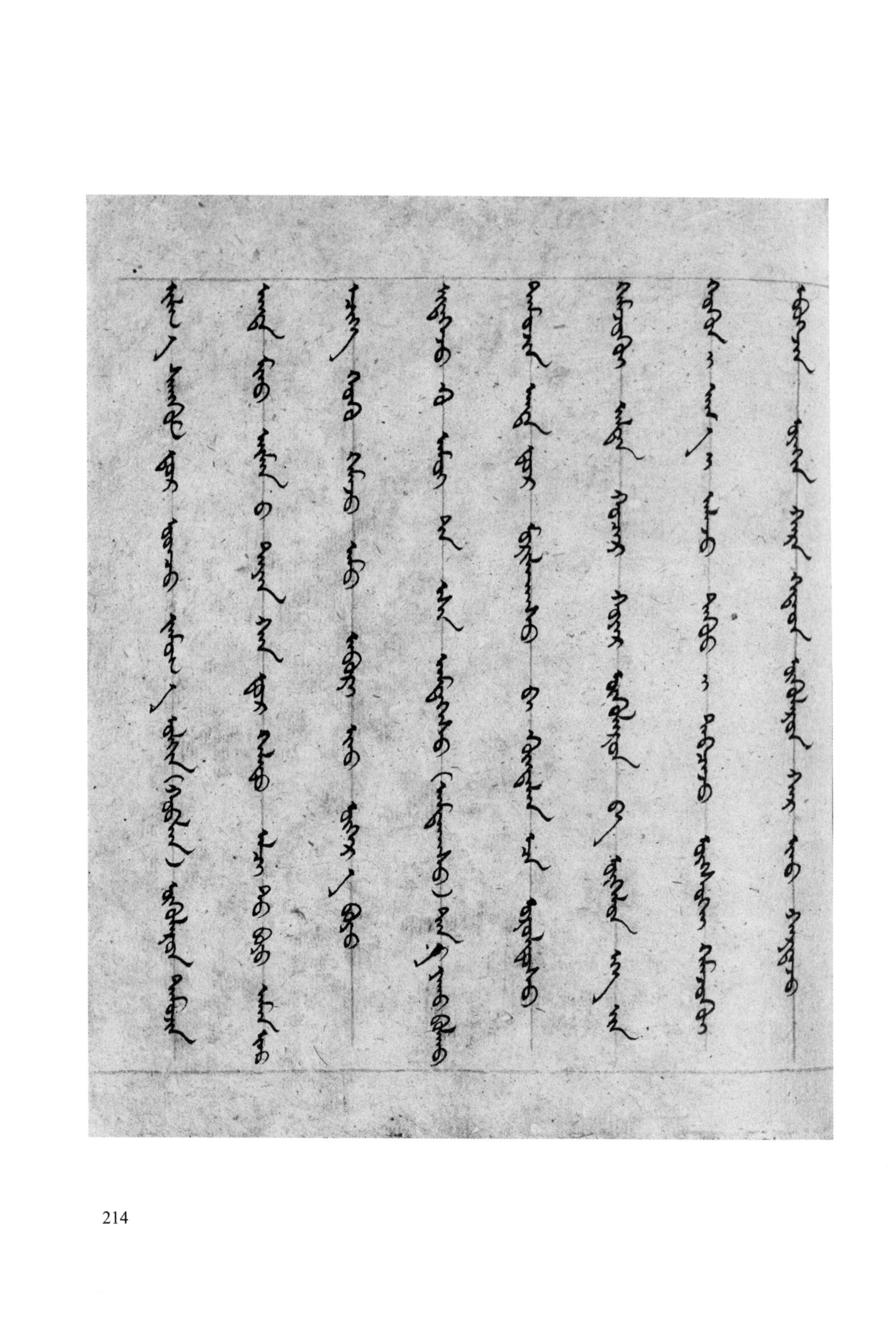

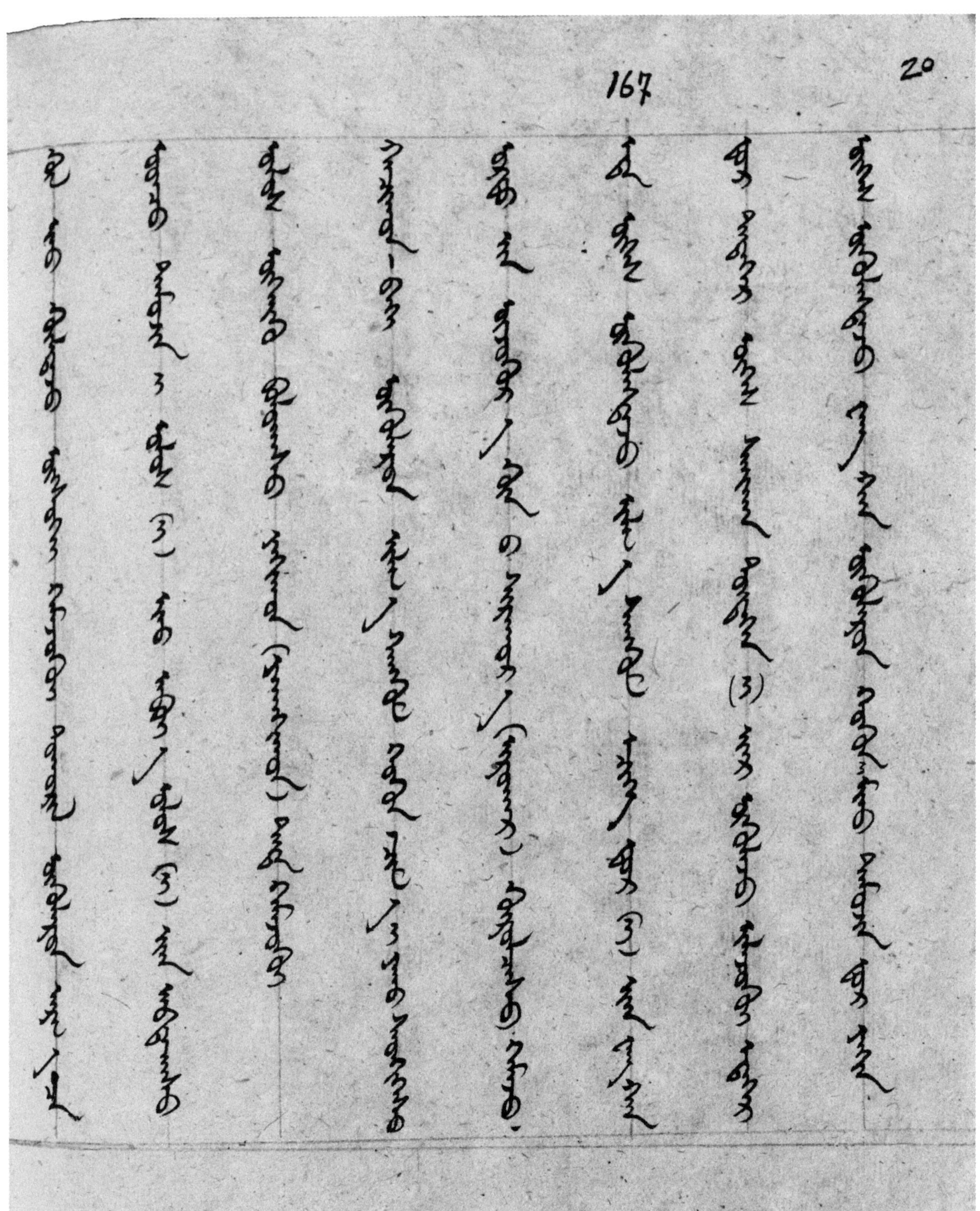

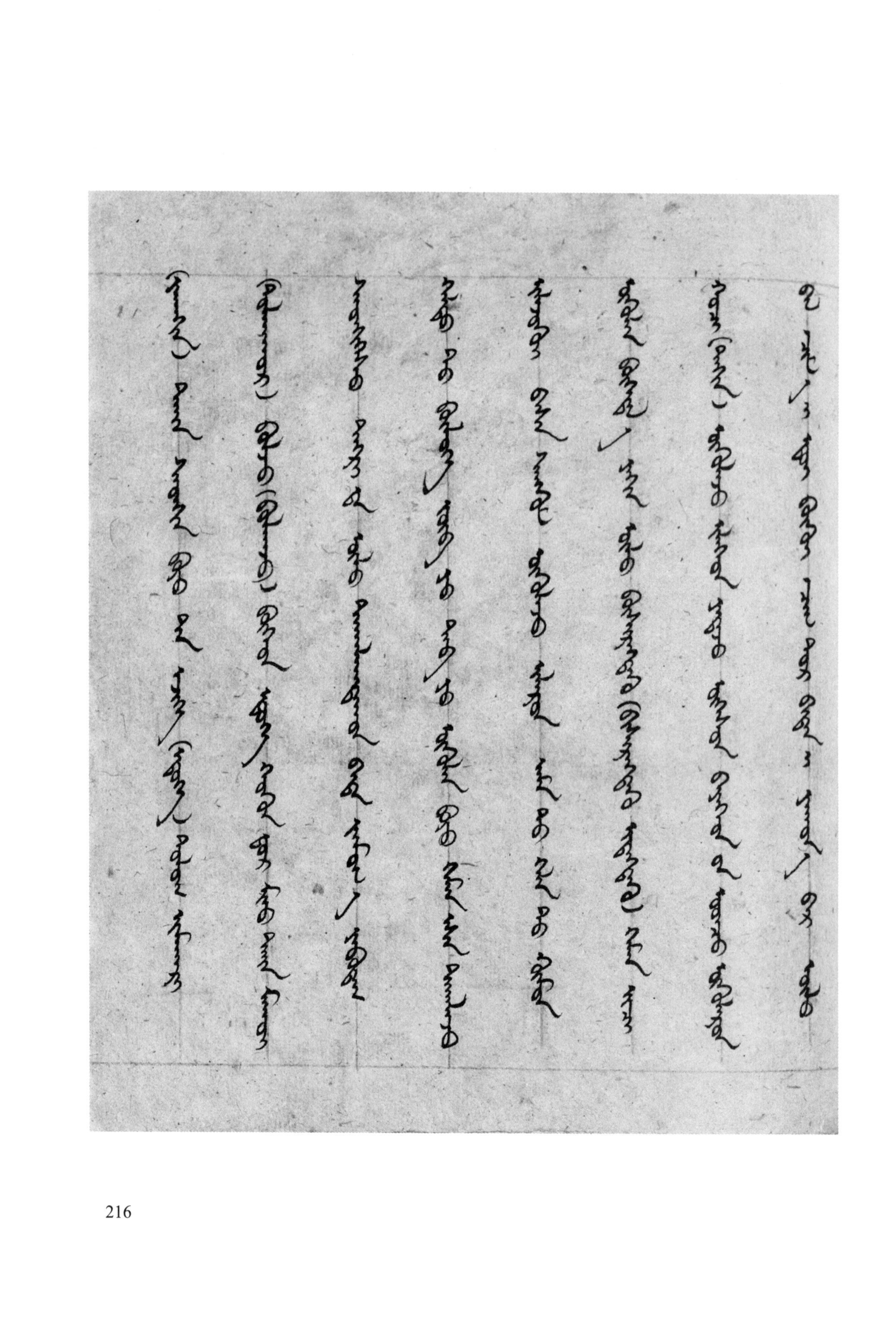

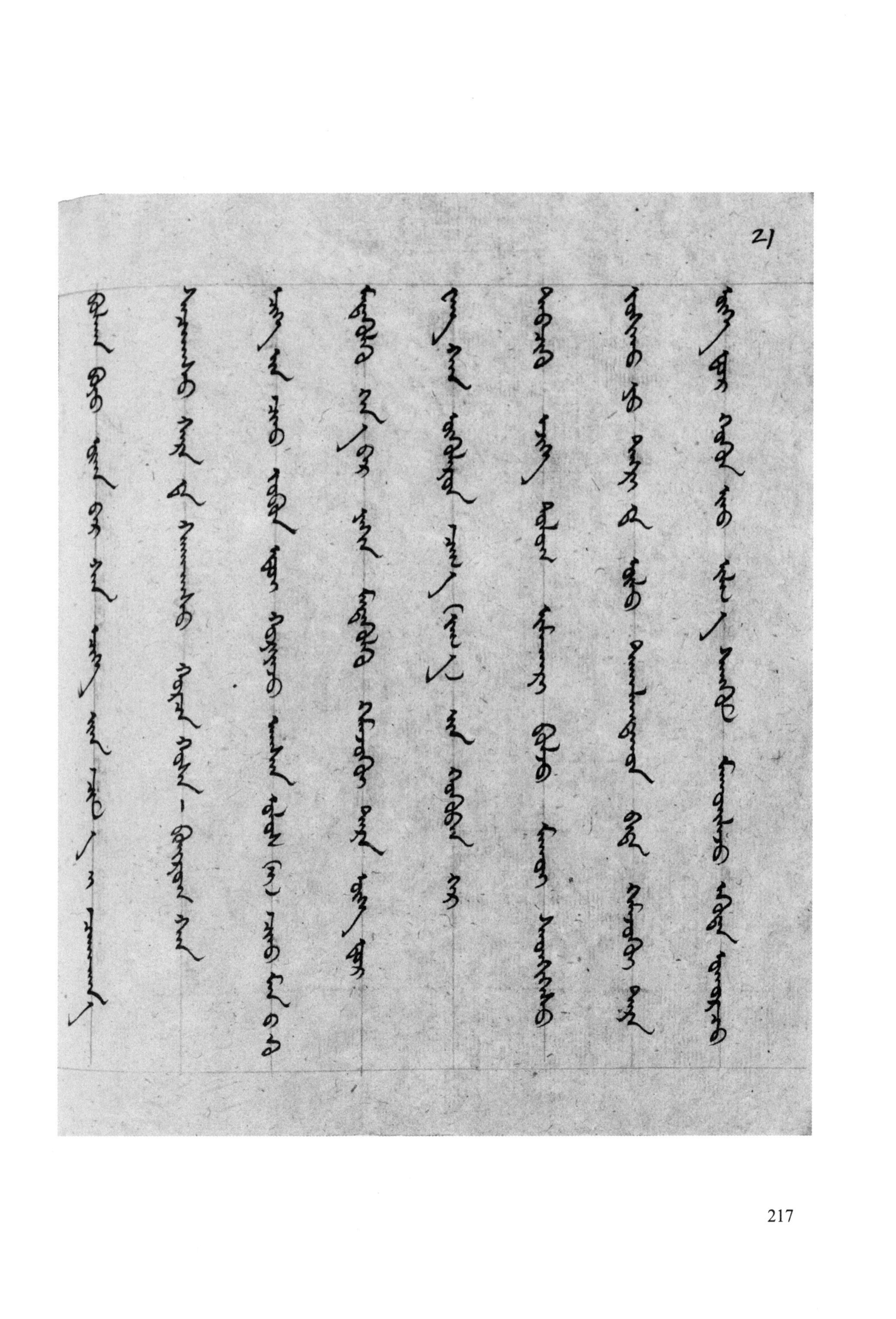

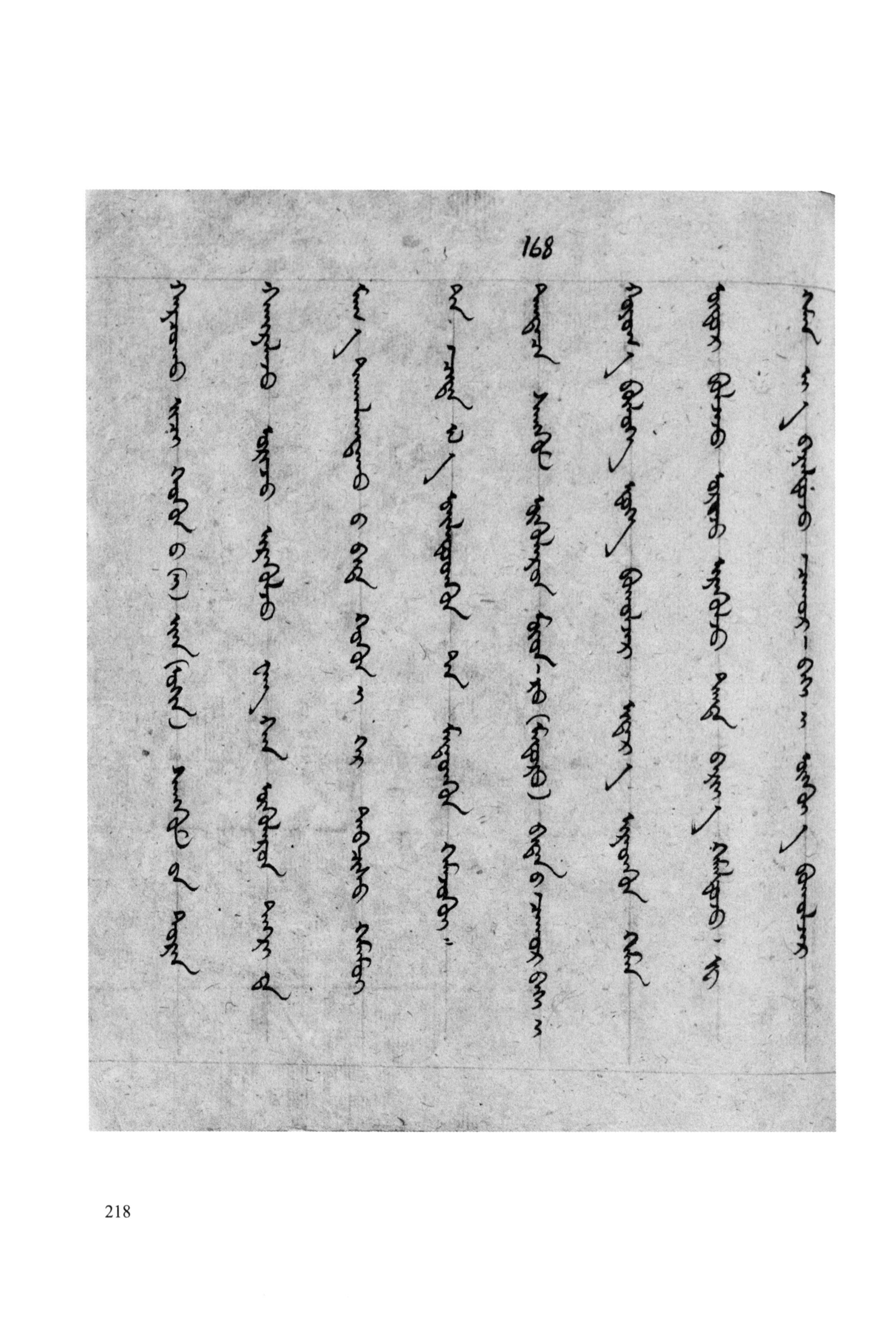

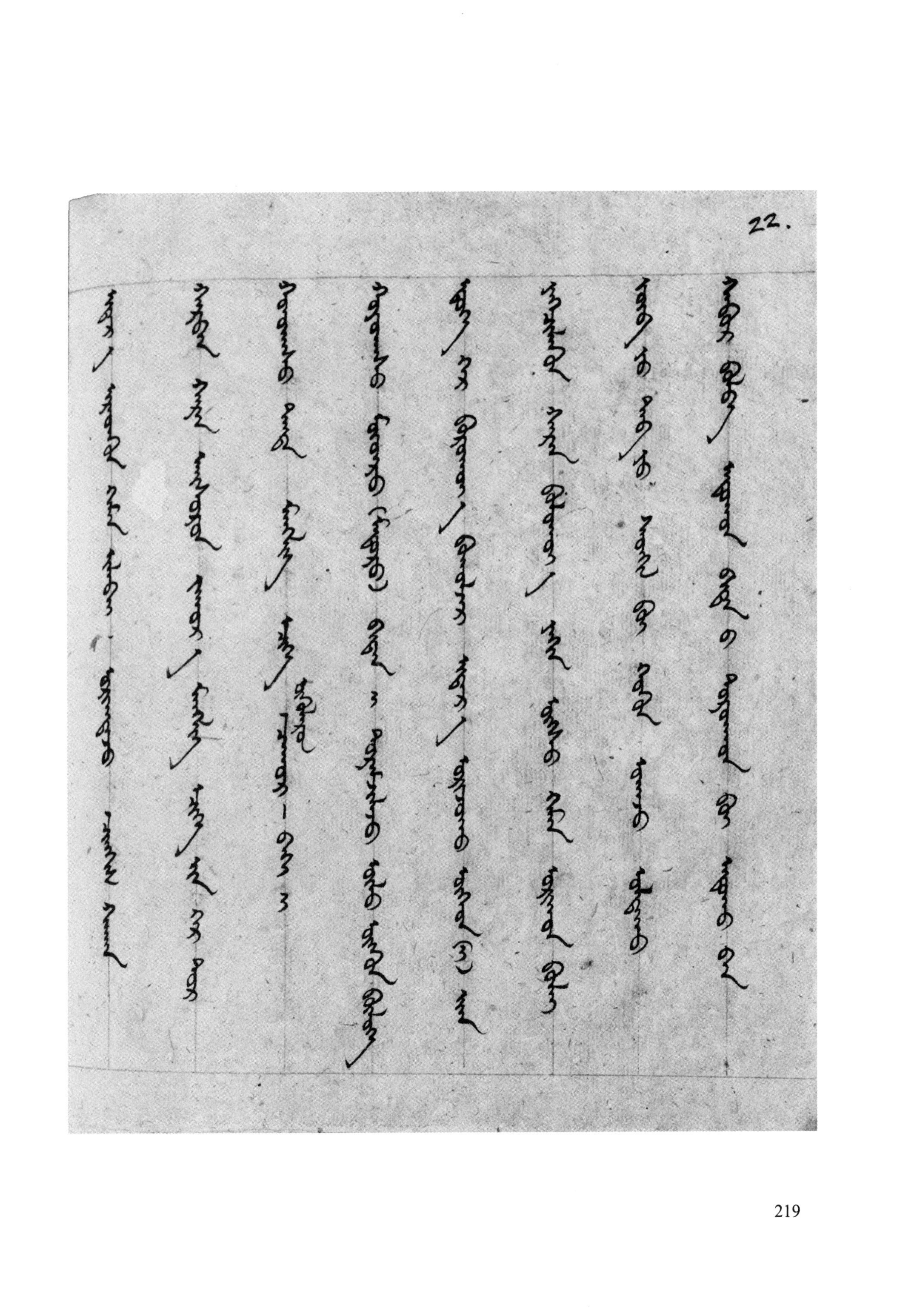

169

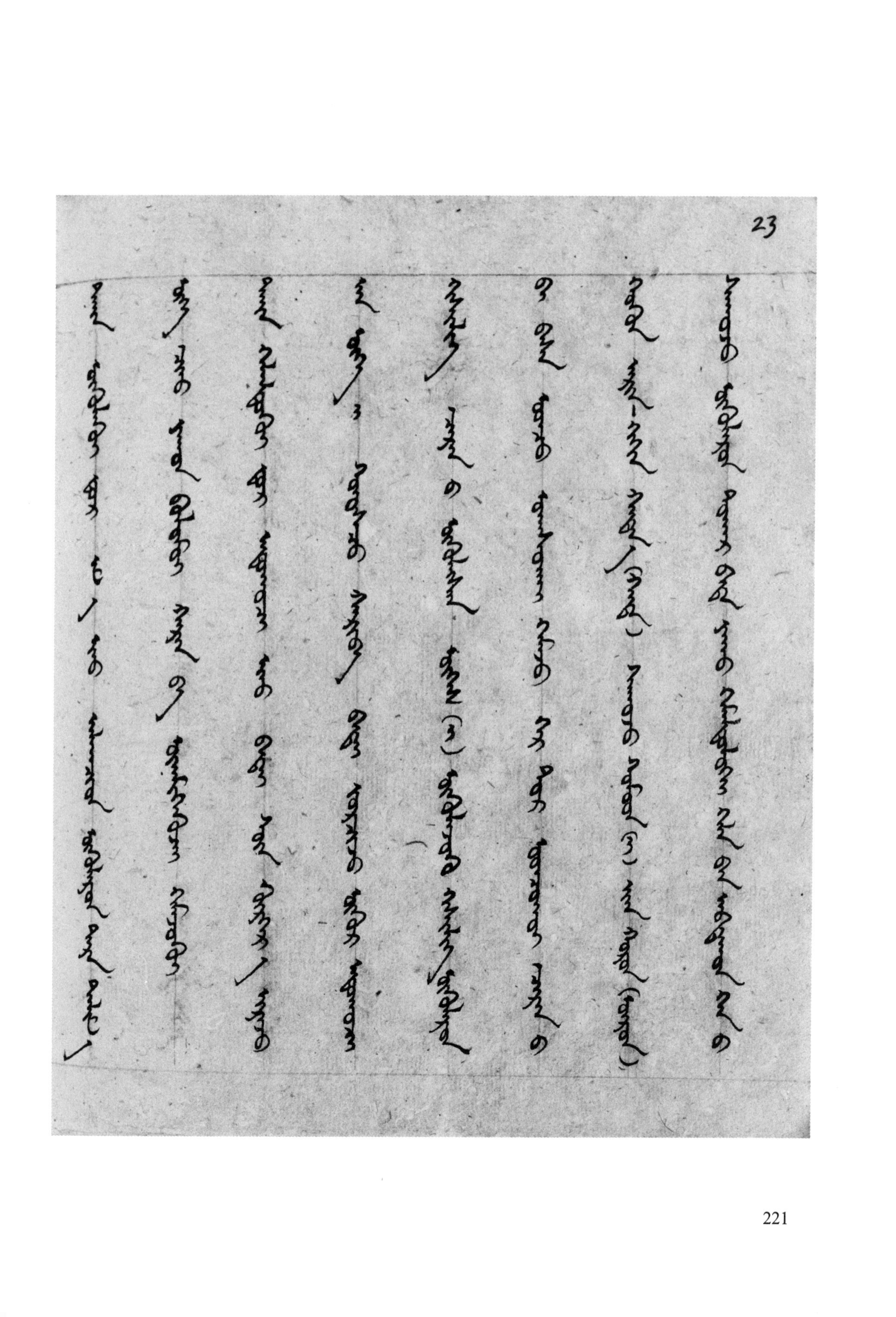

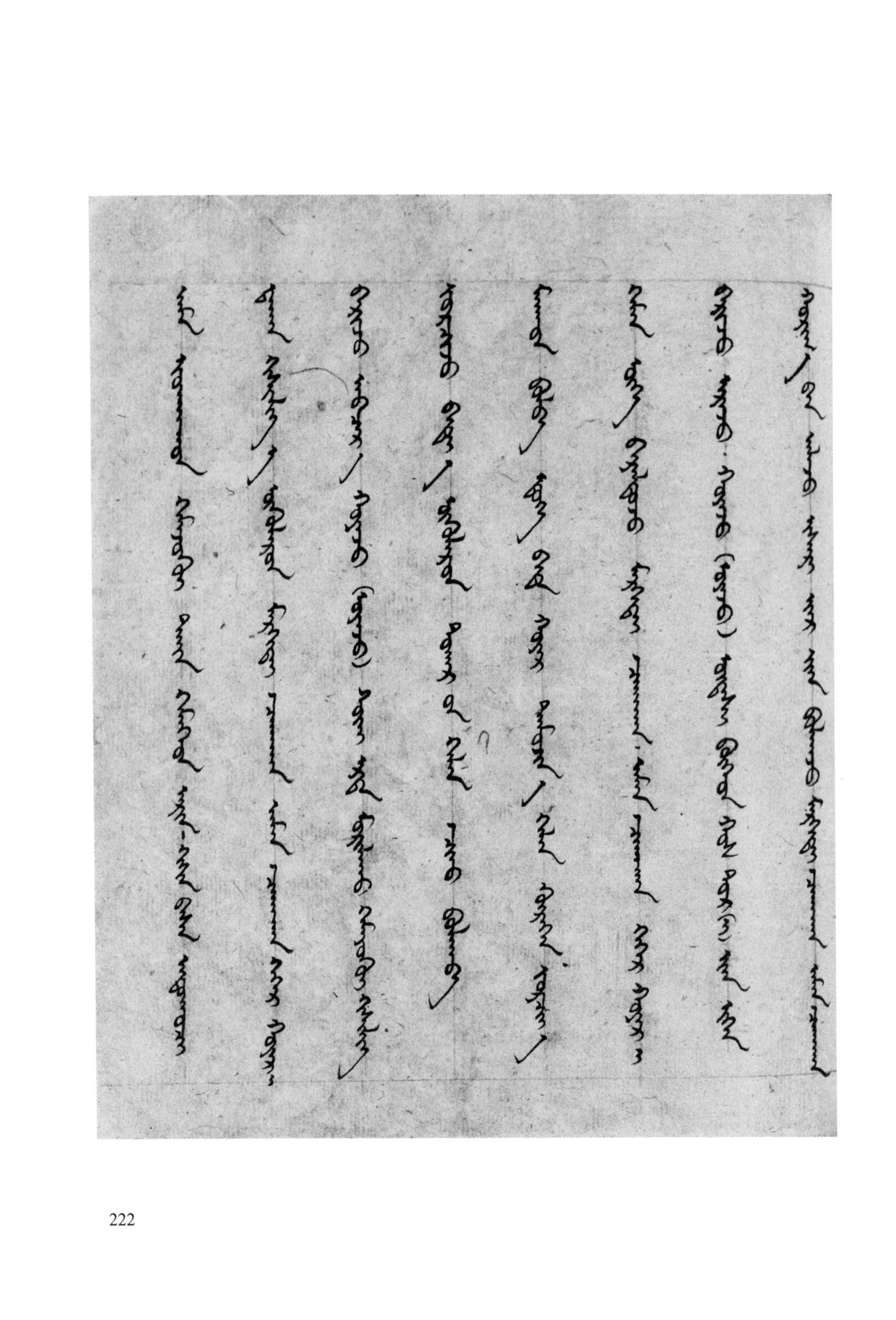

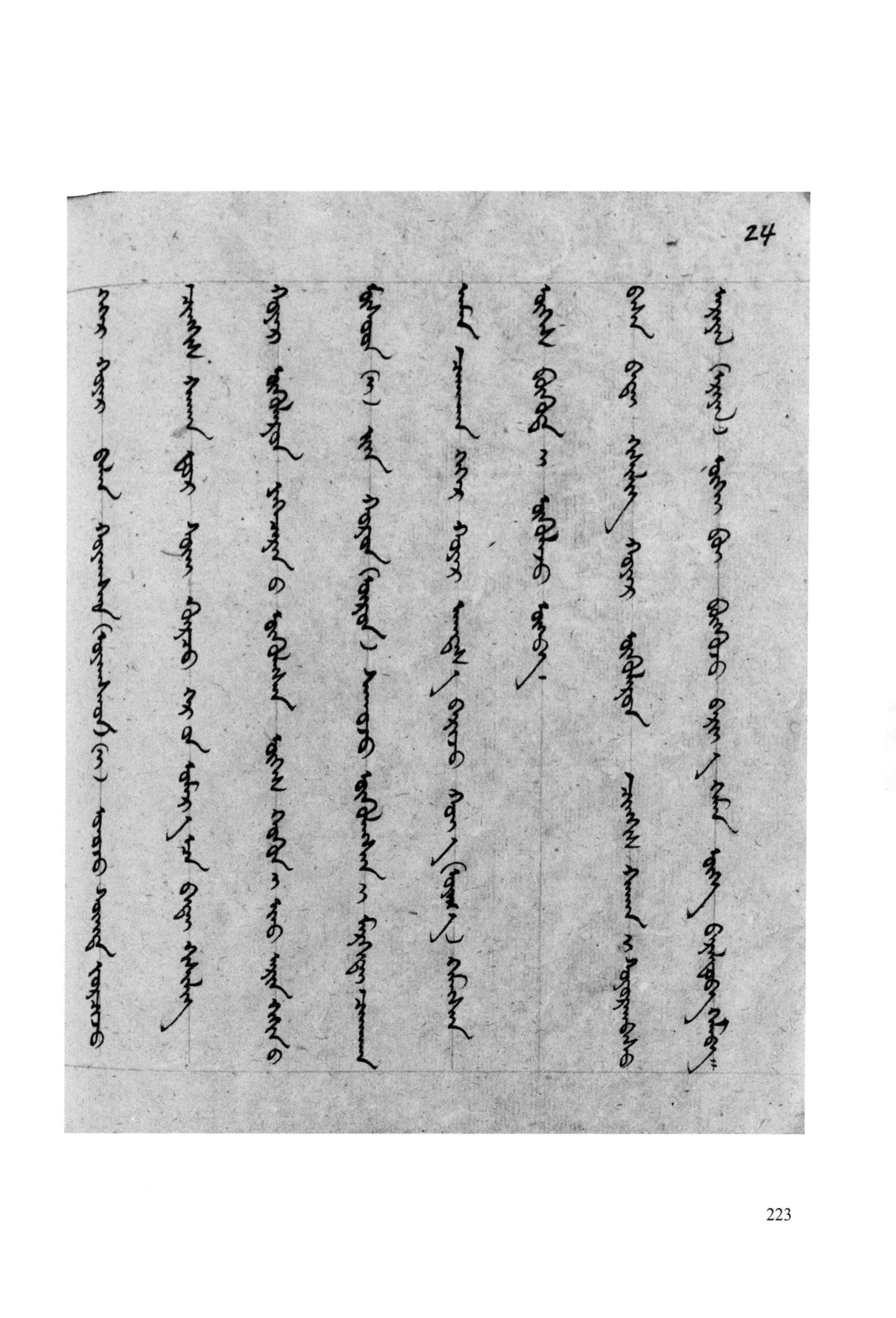

[illegible]

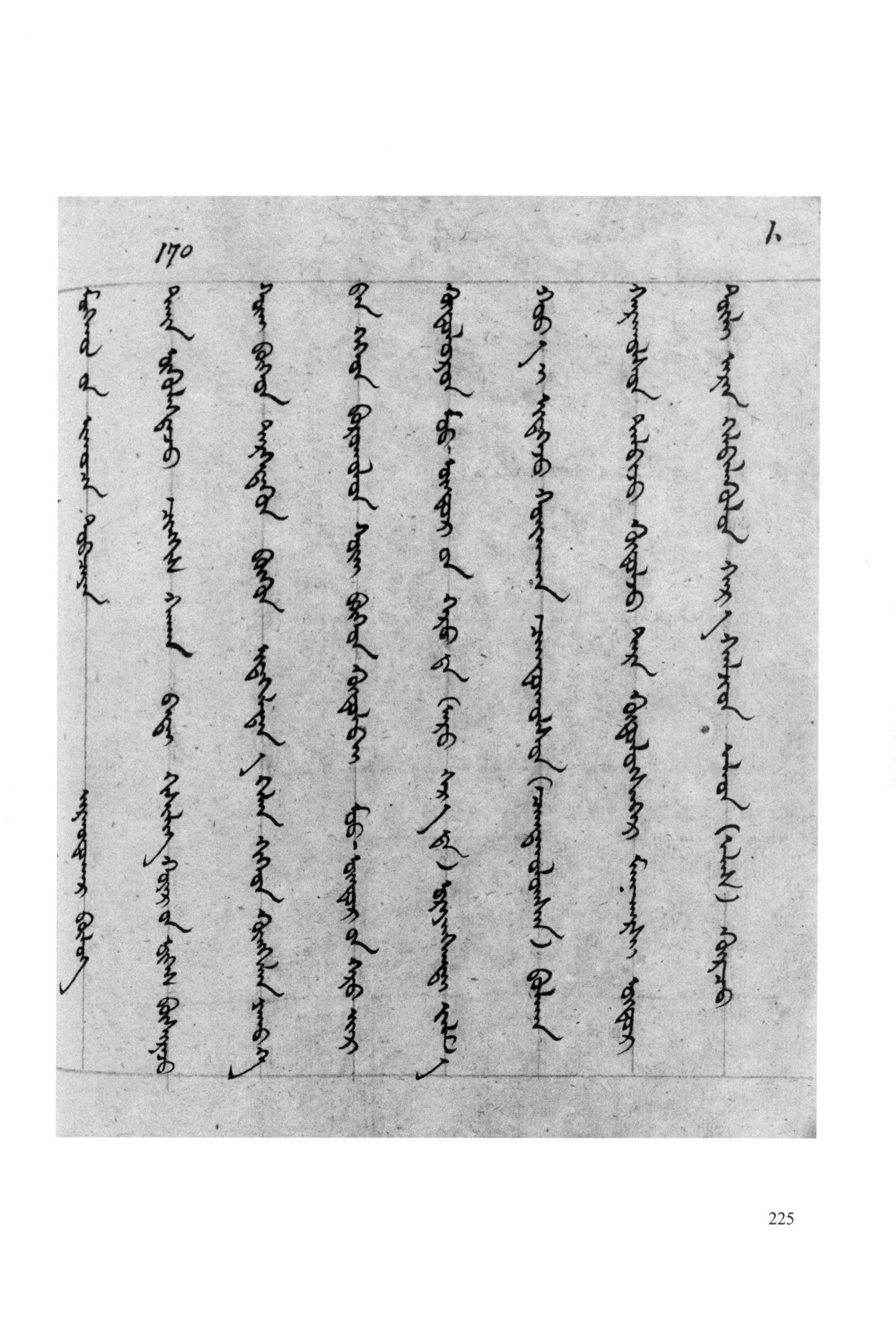

170

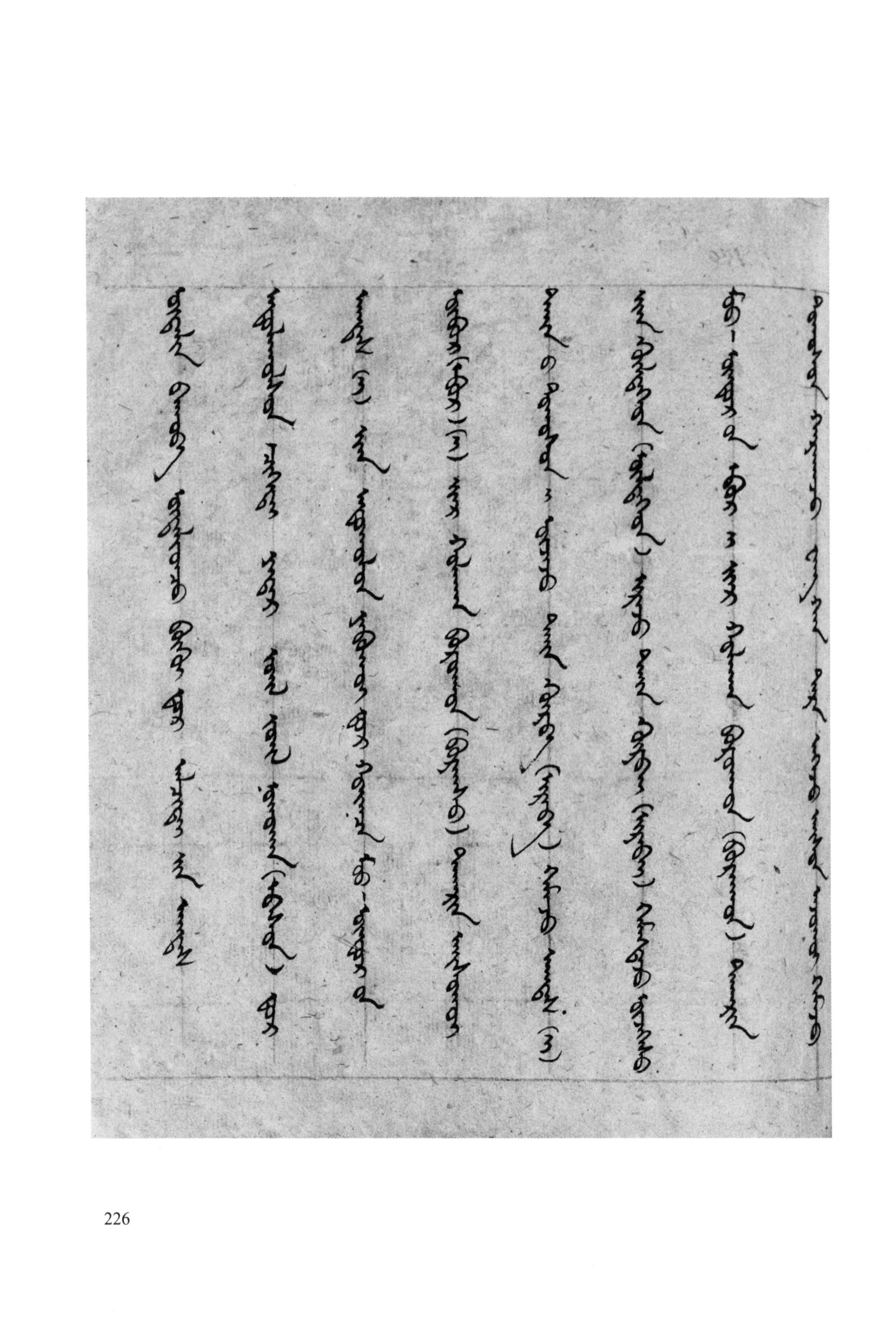

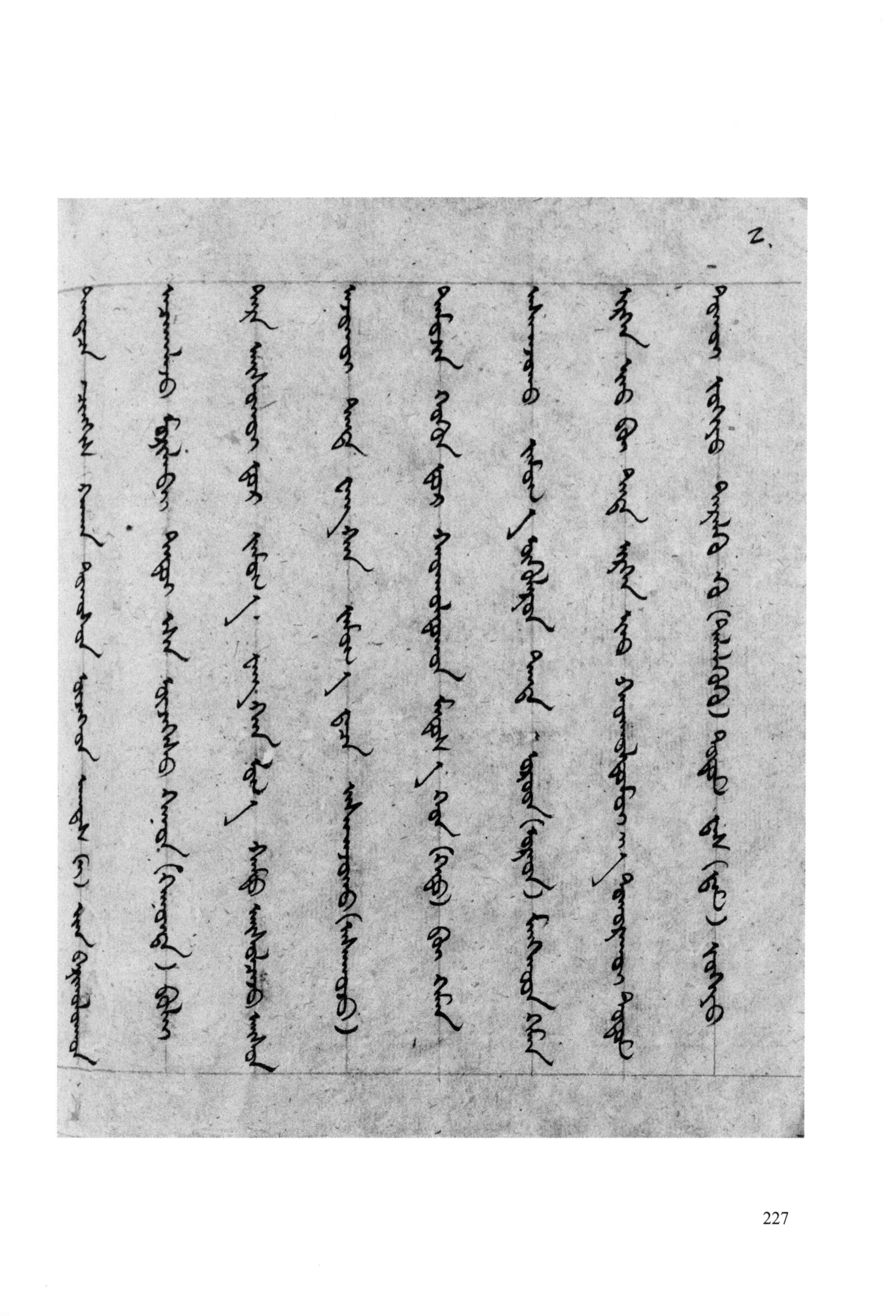

2.

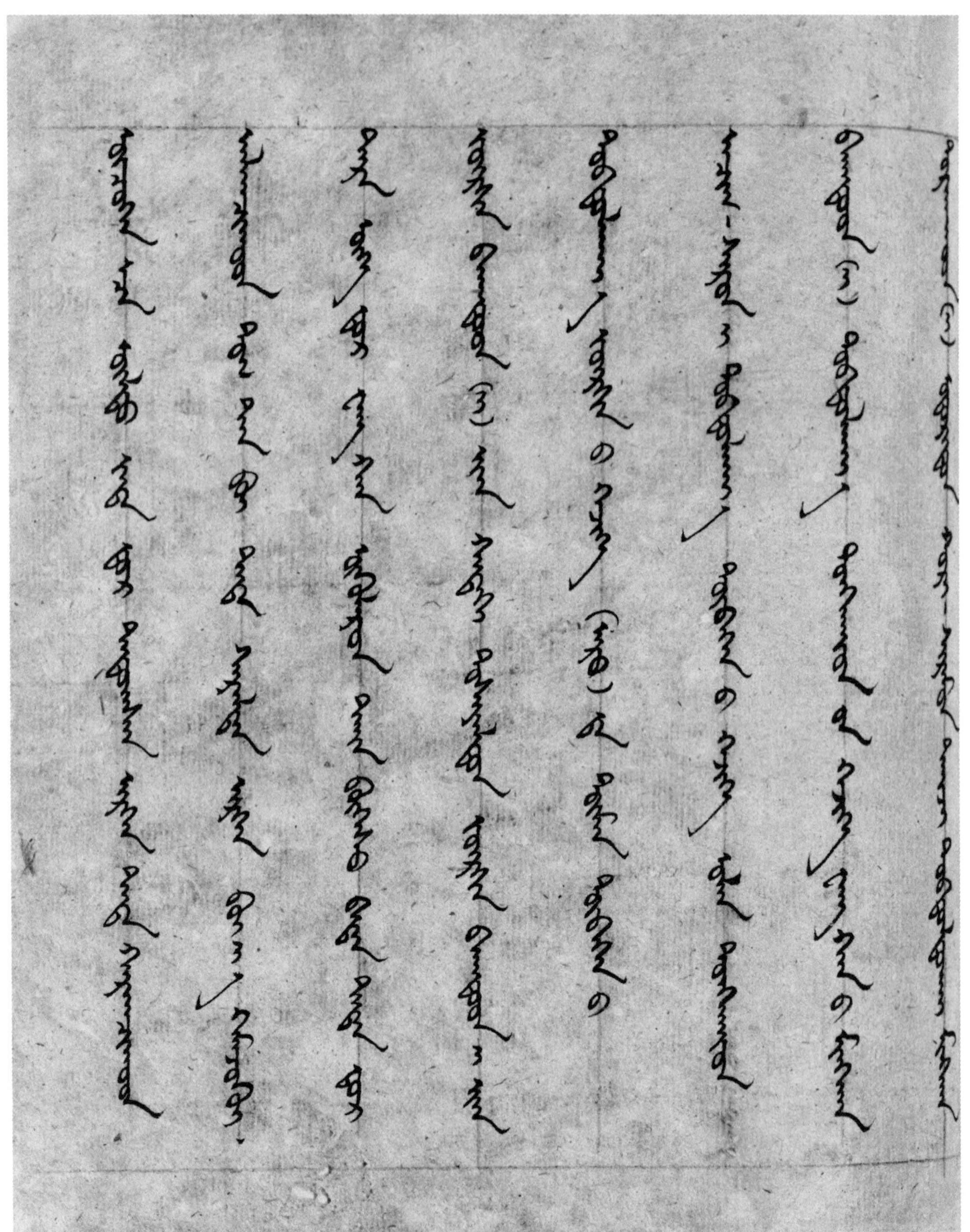

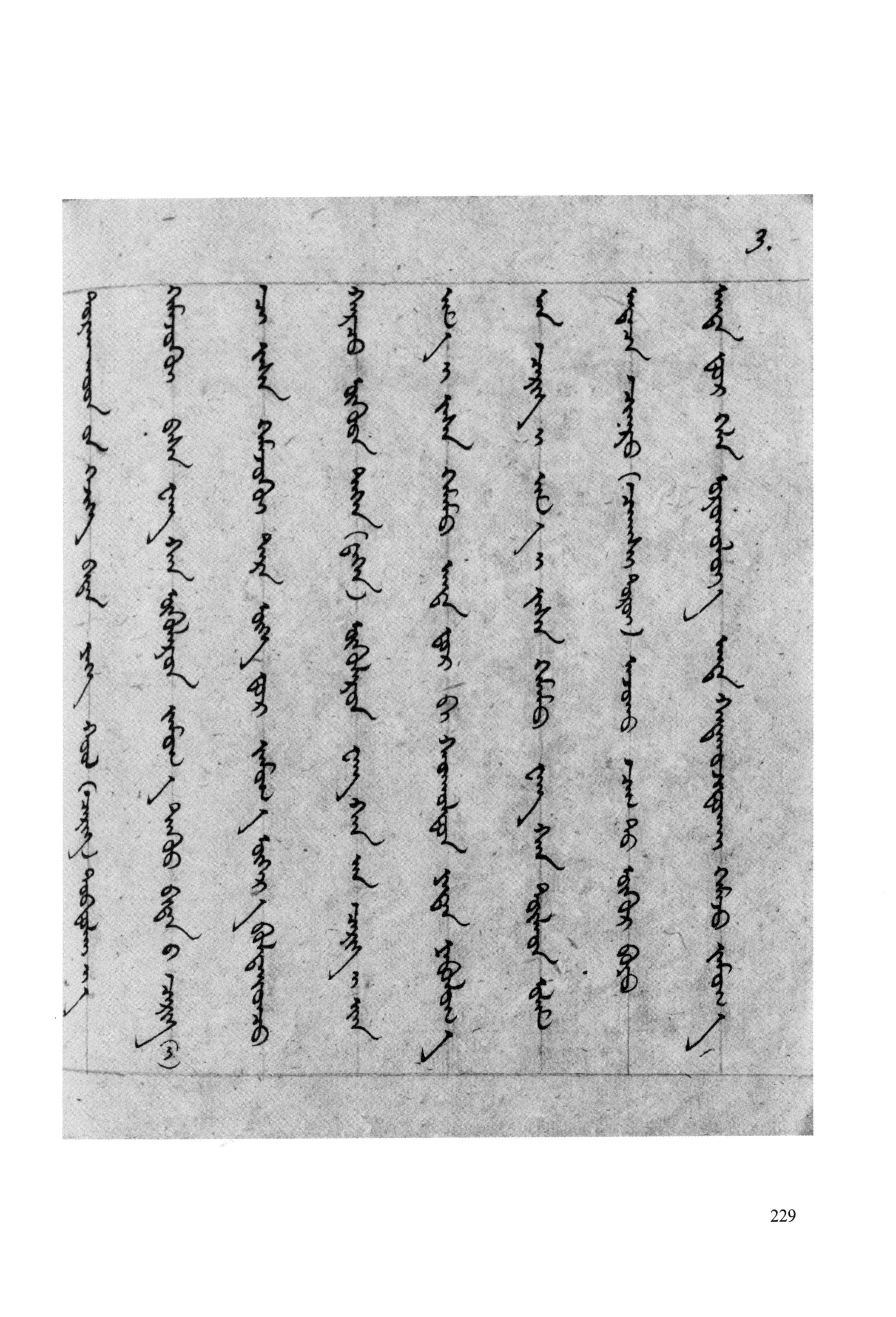

3.

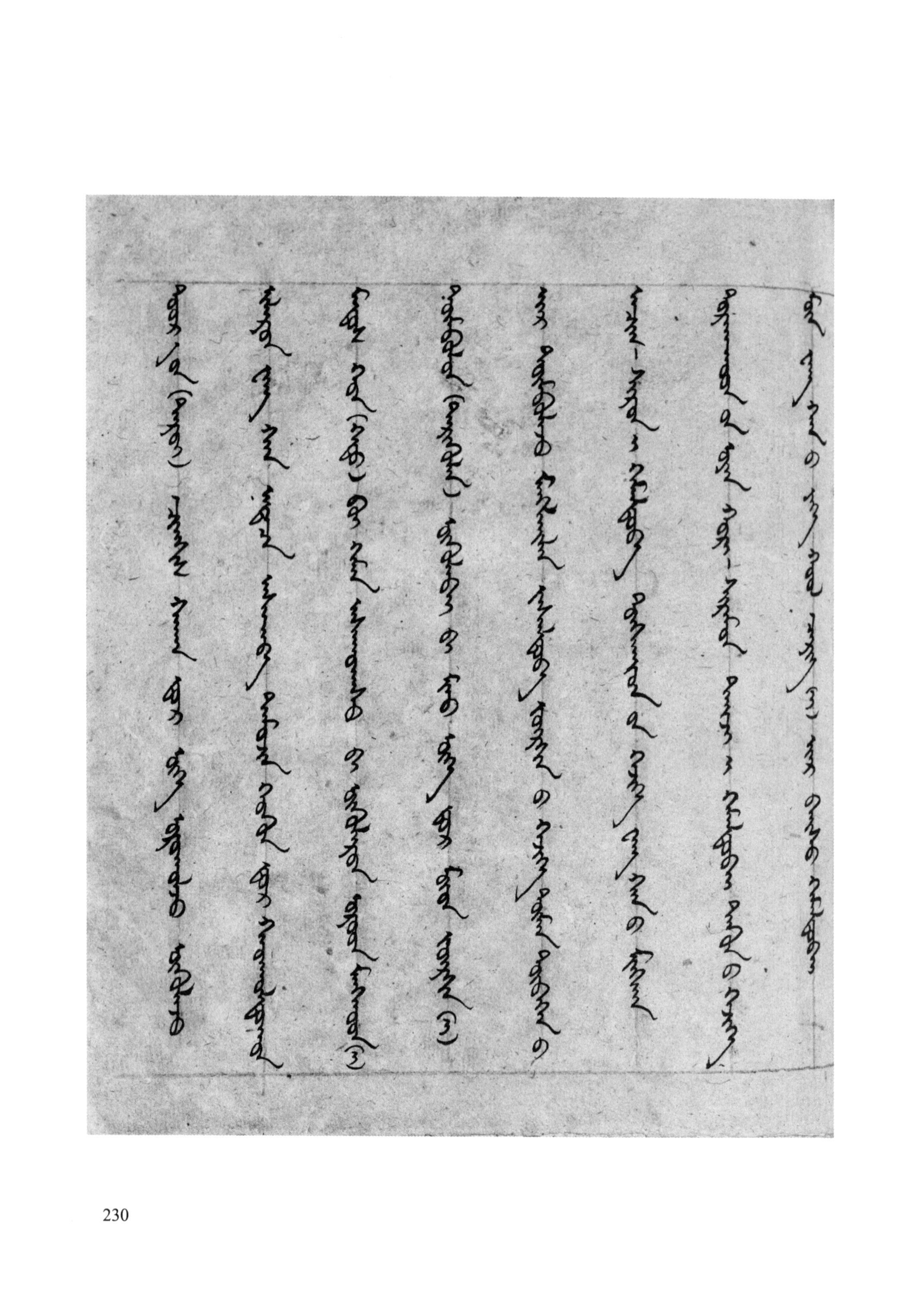

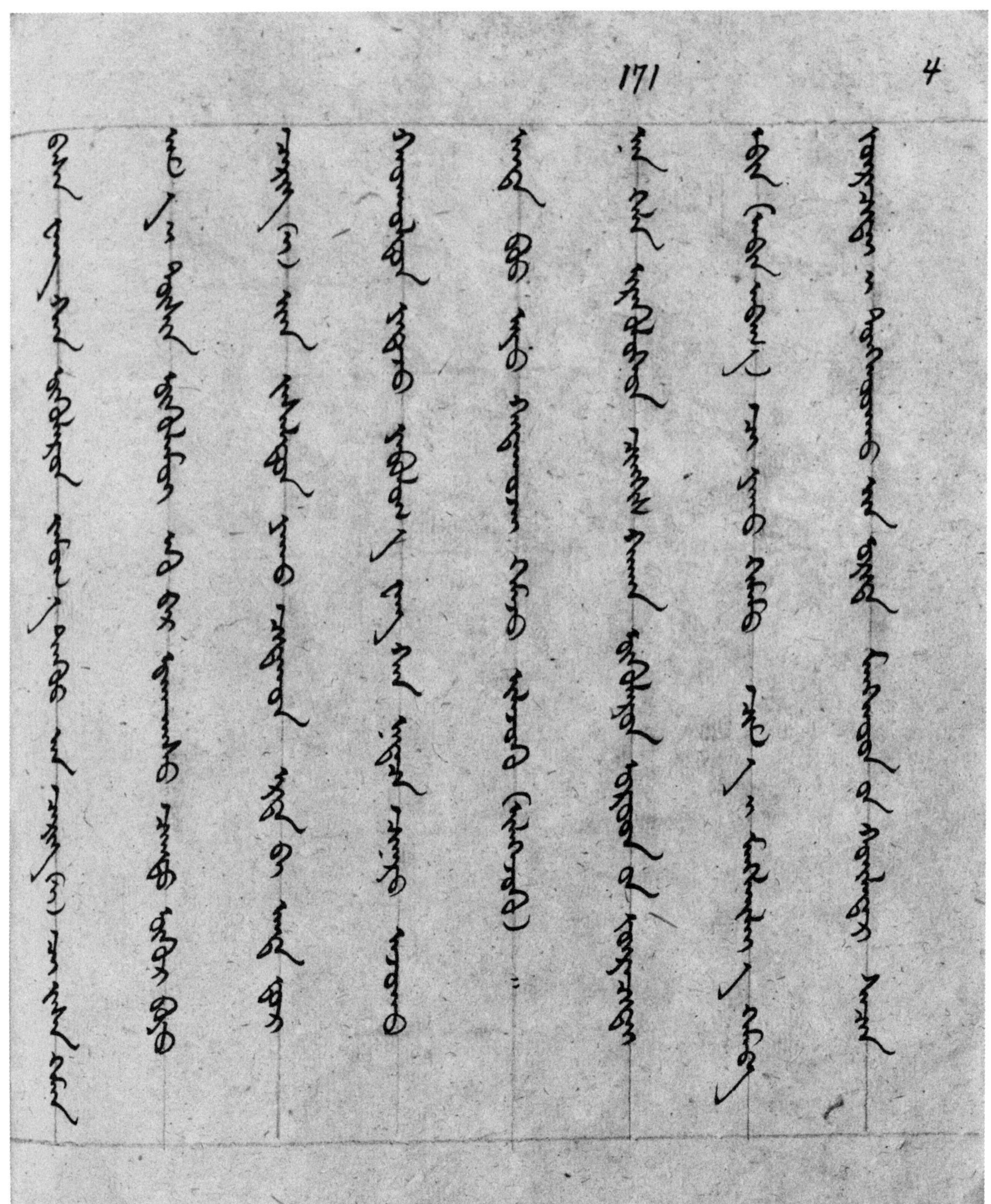

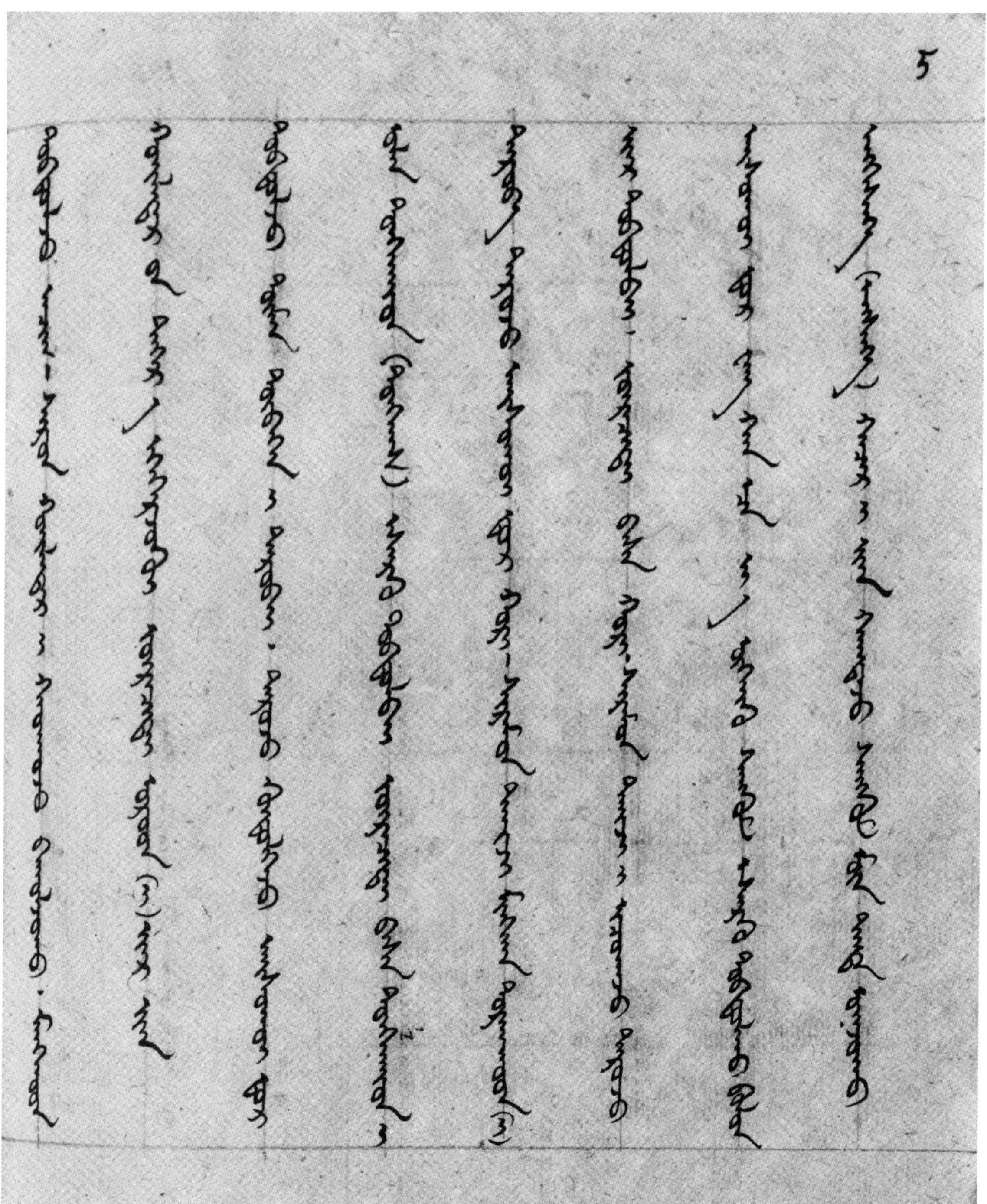

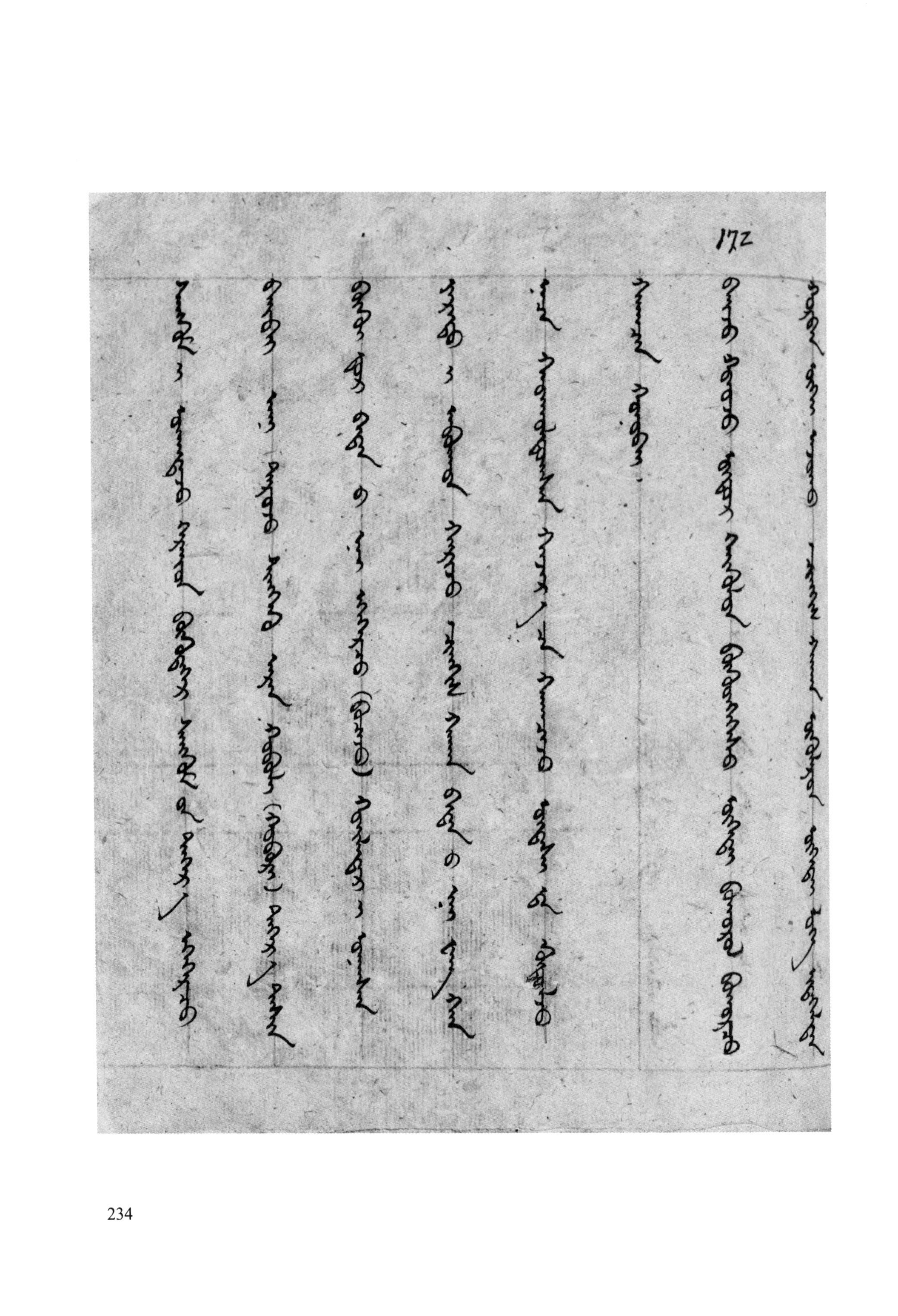

172

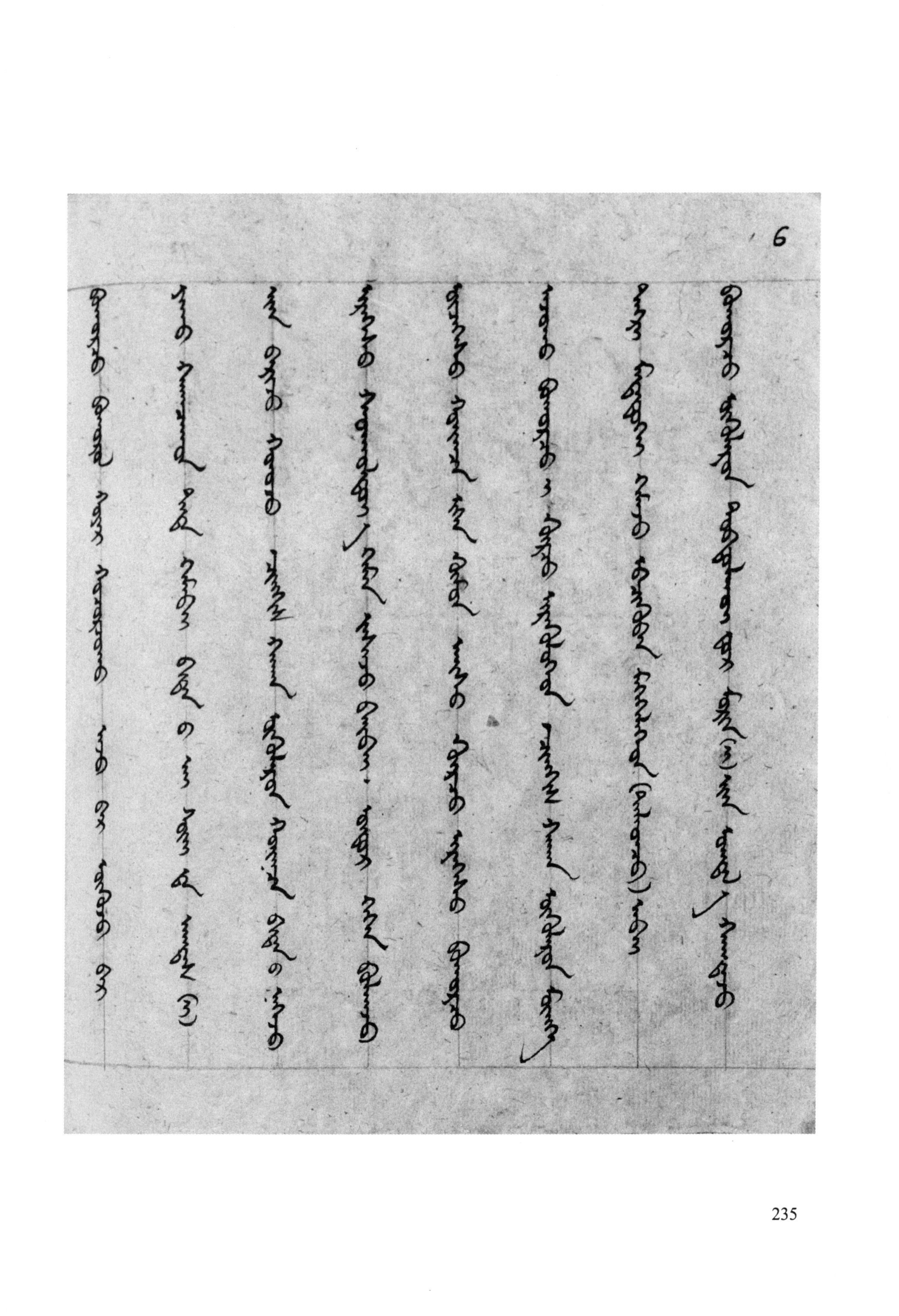

6

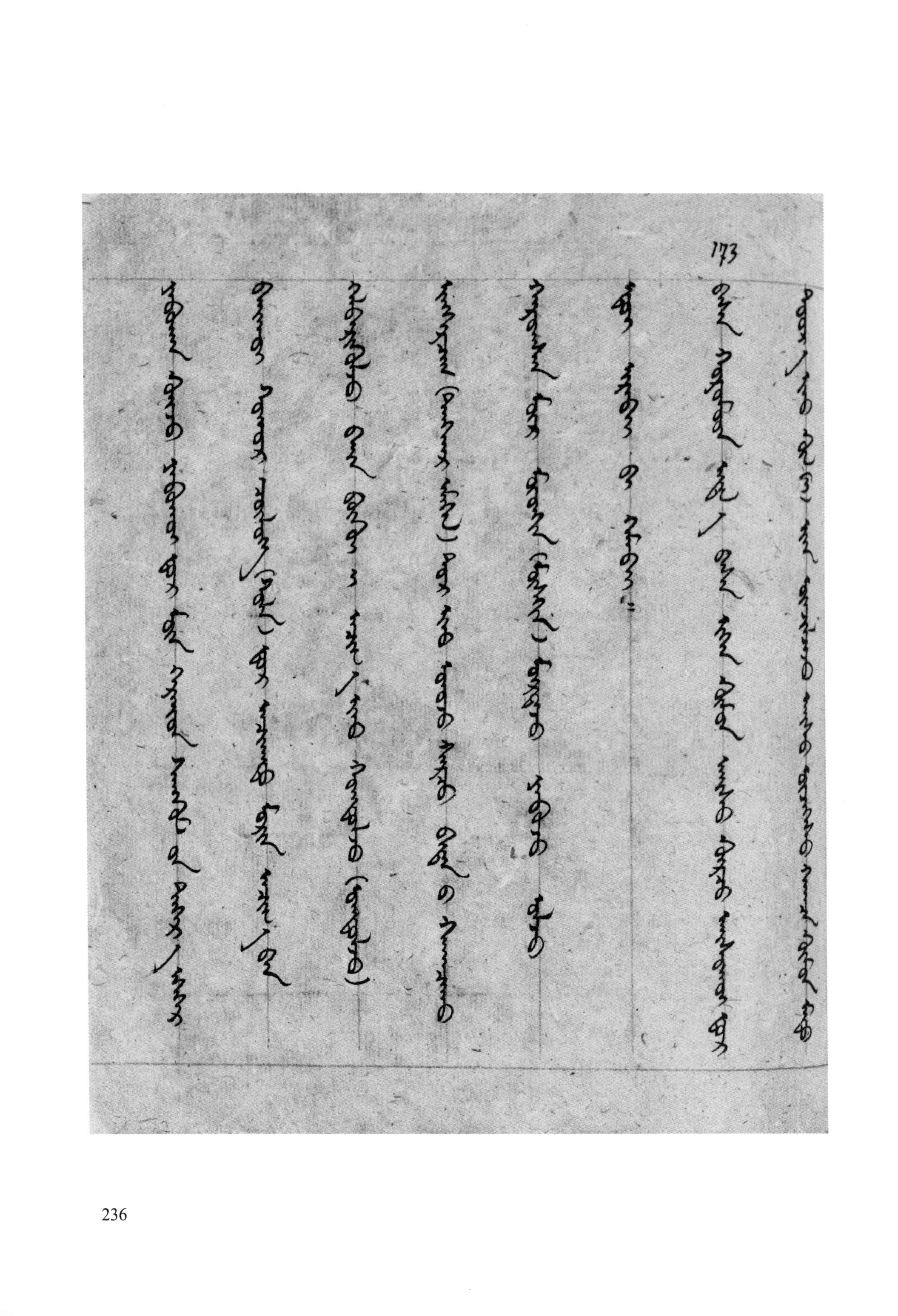

173

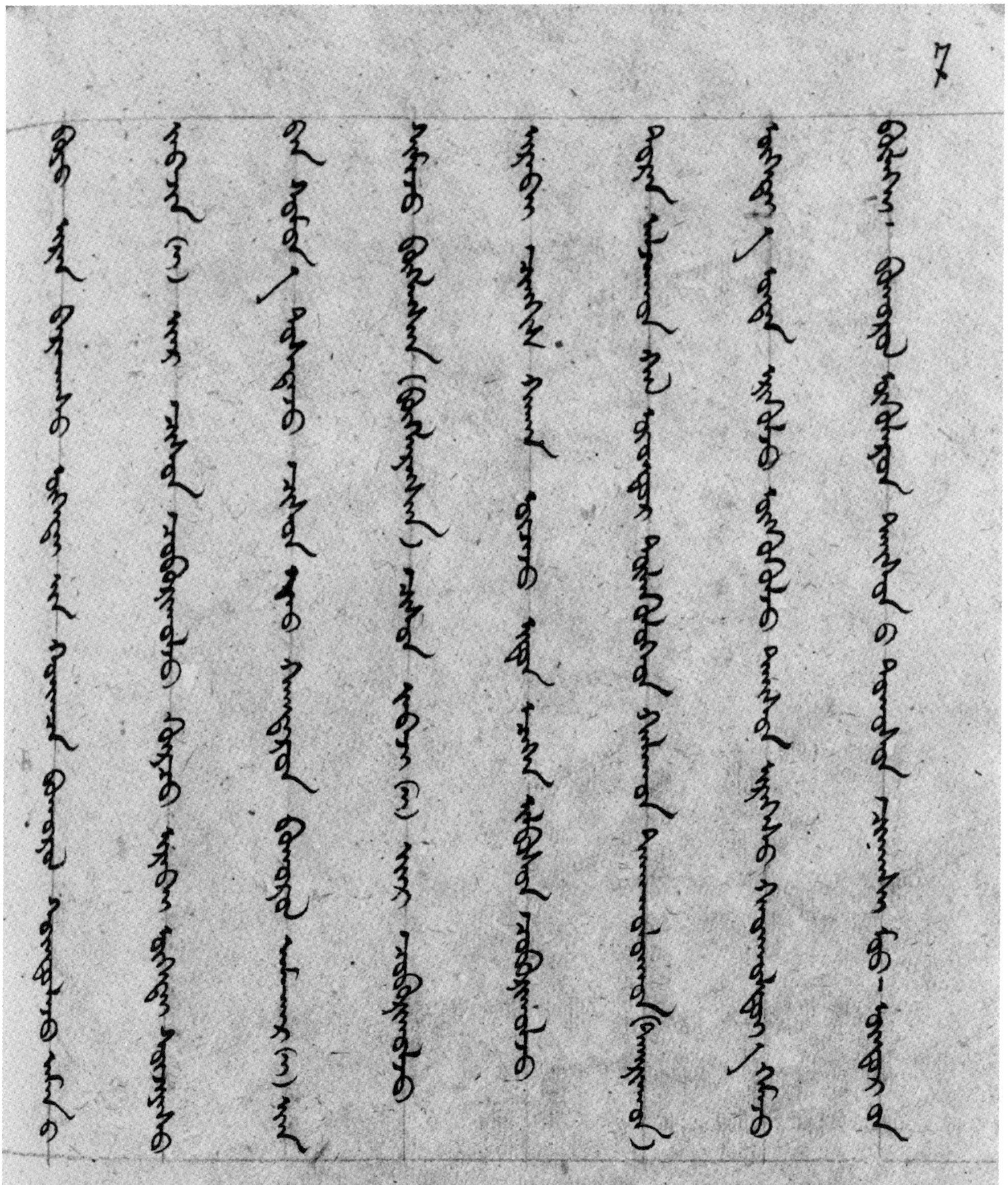

7

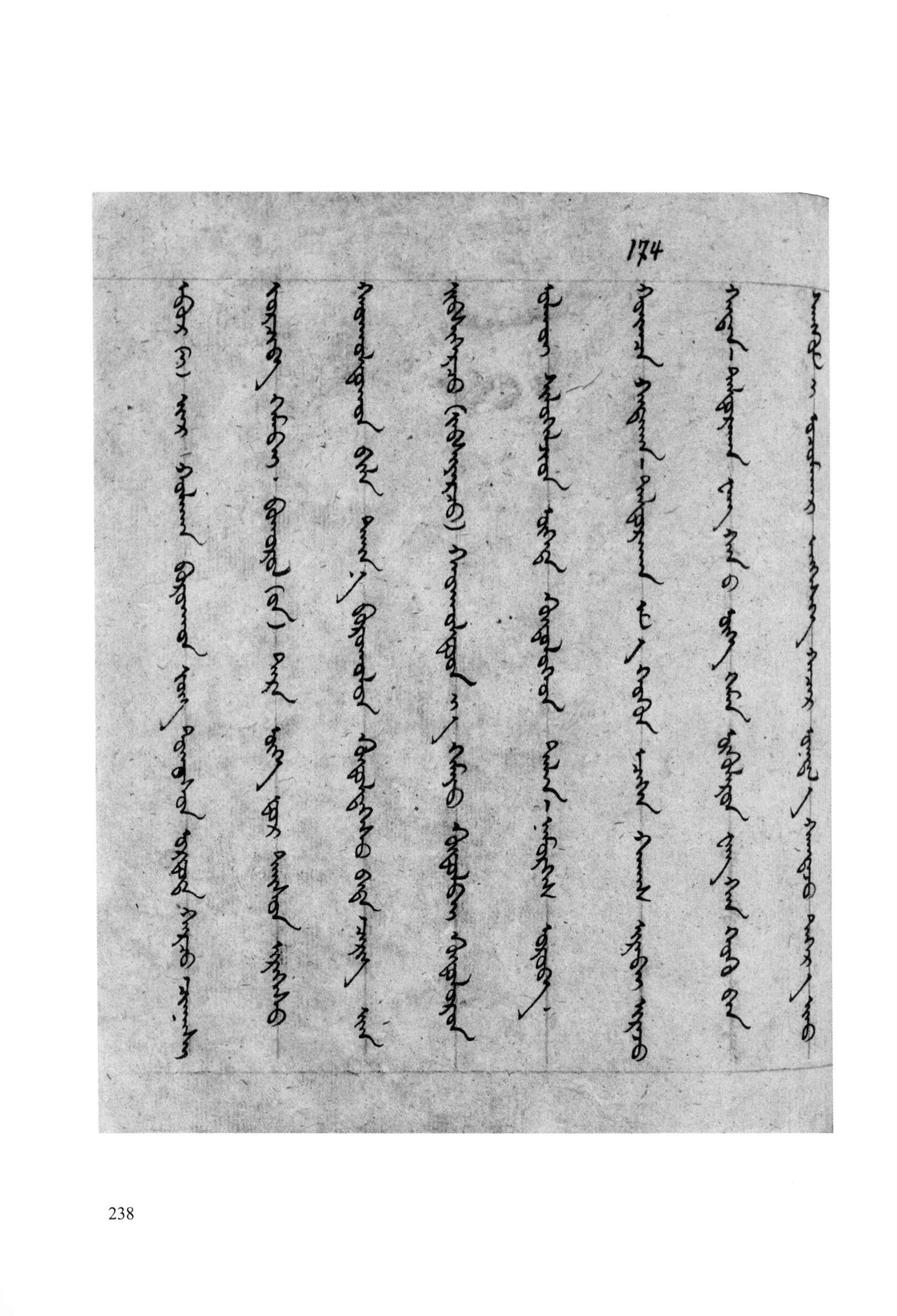

174

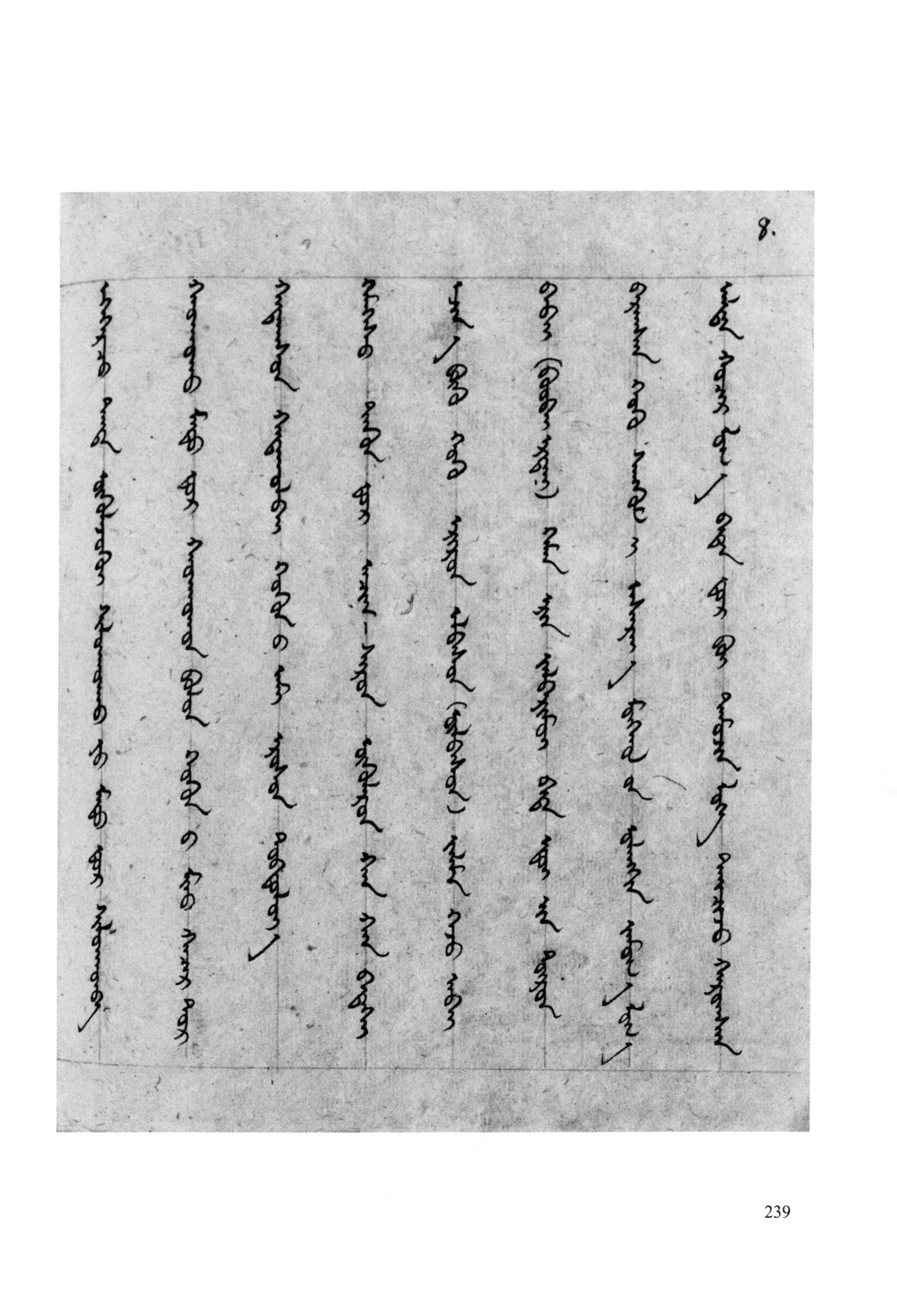

8.

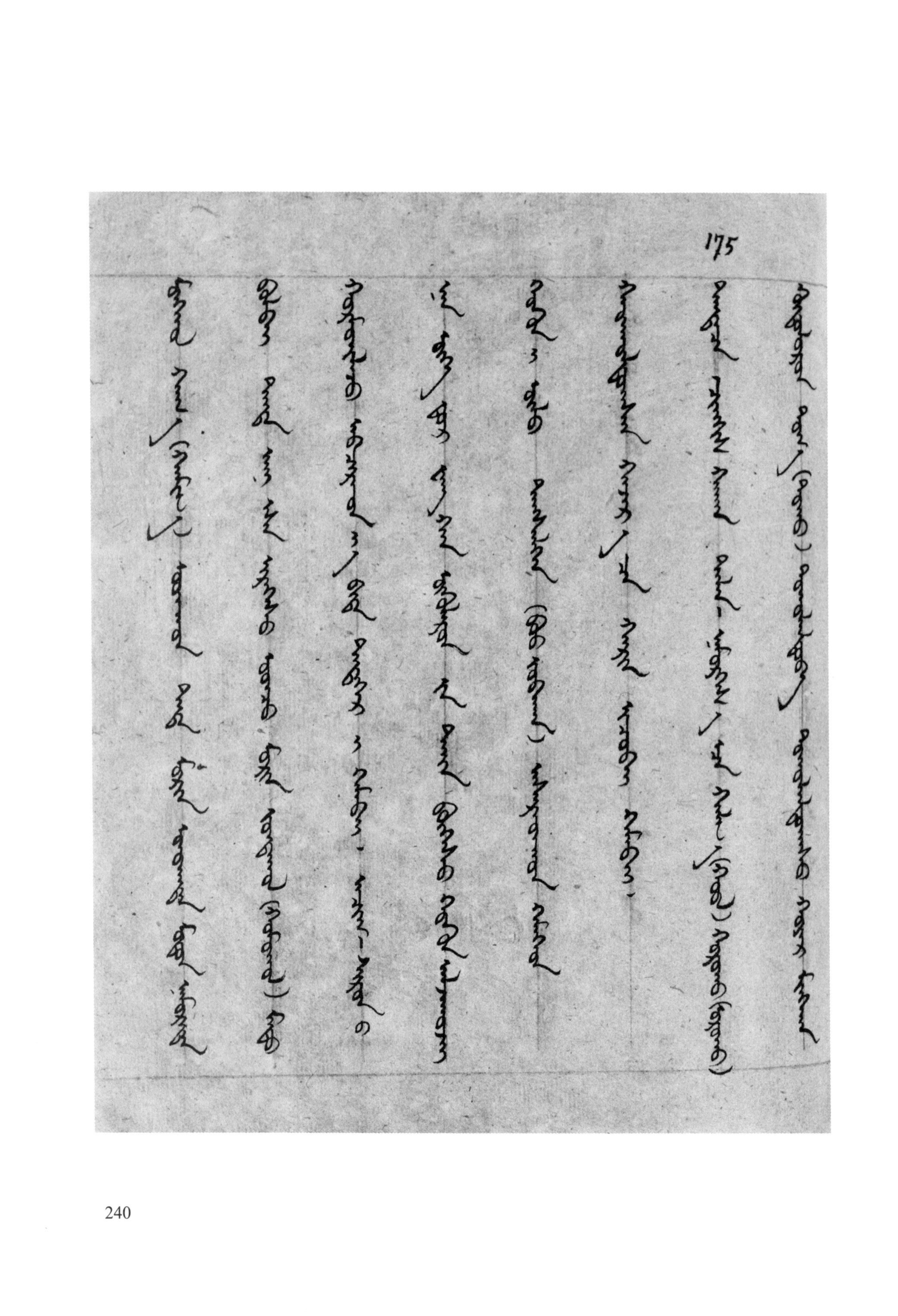

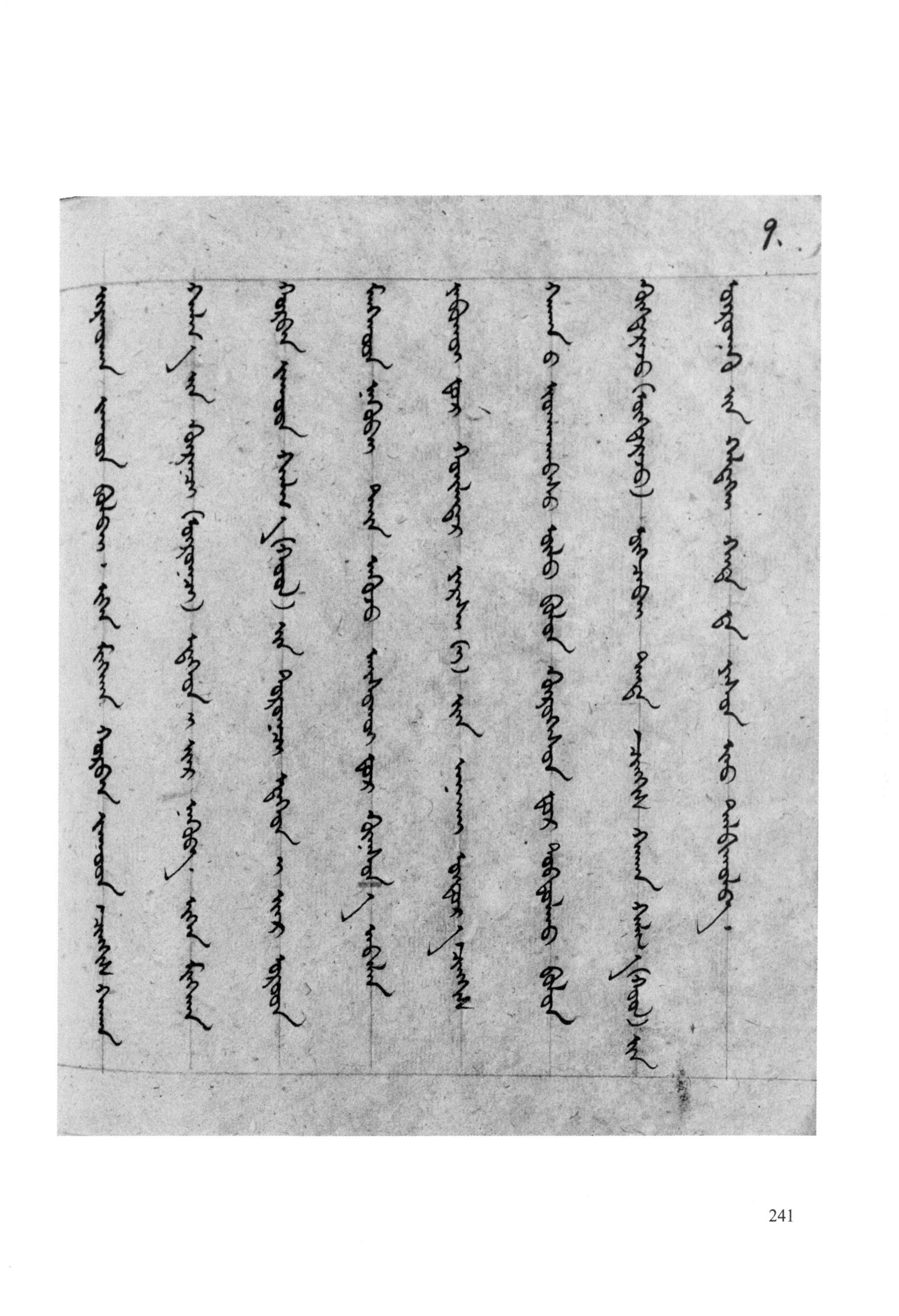

9.

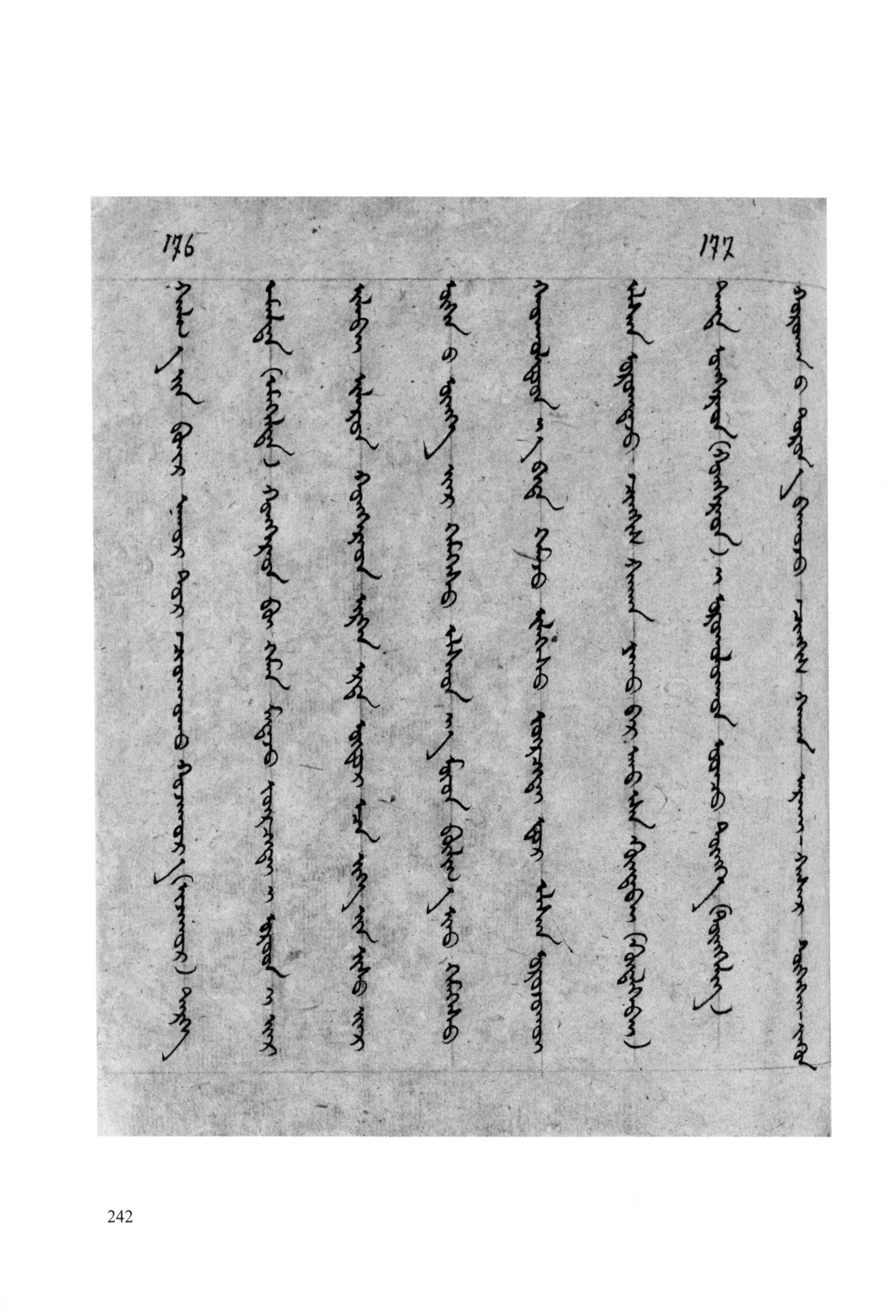

176

177

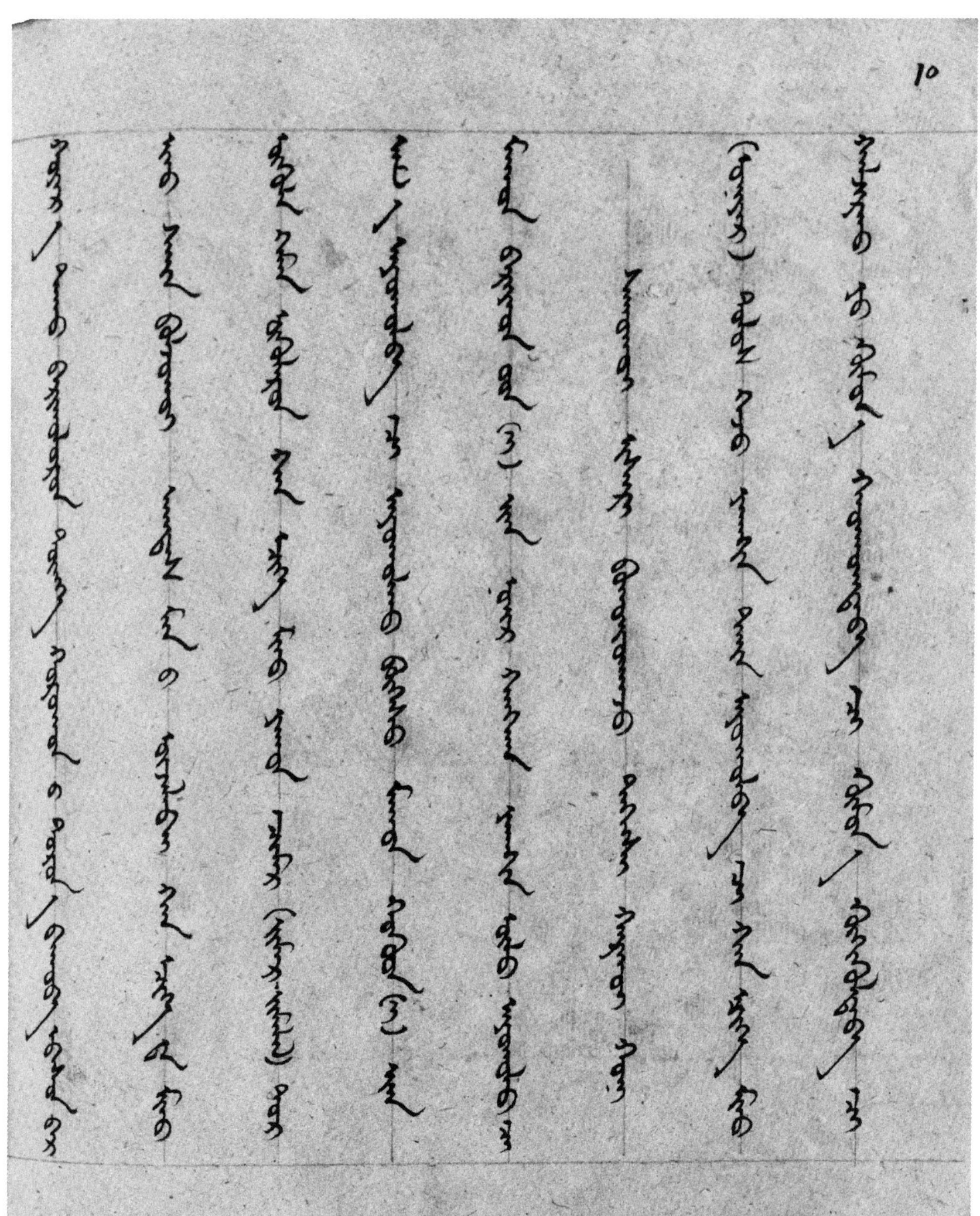

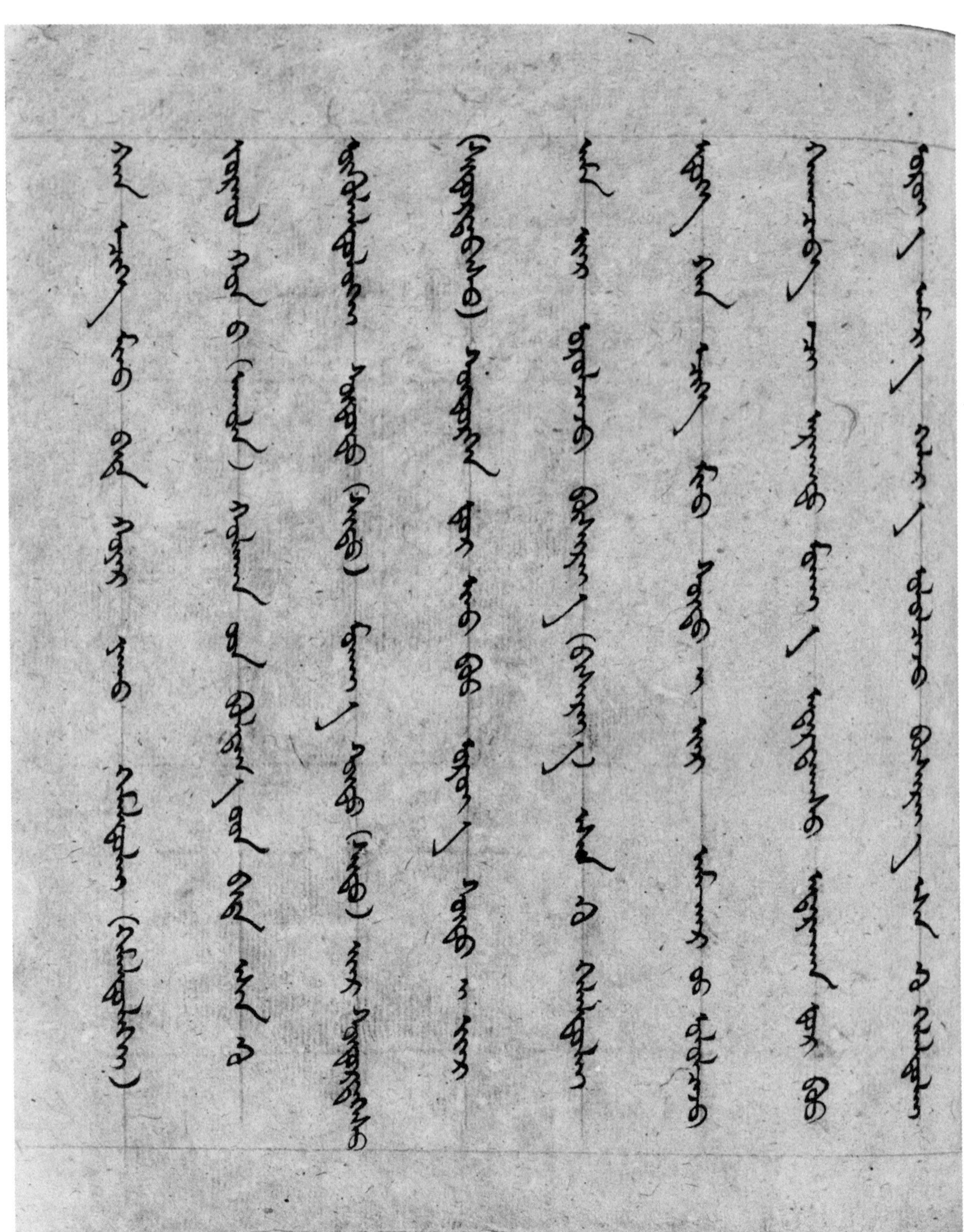

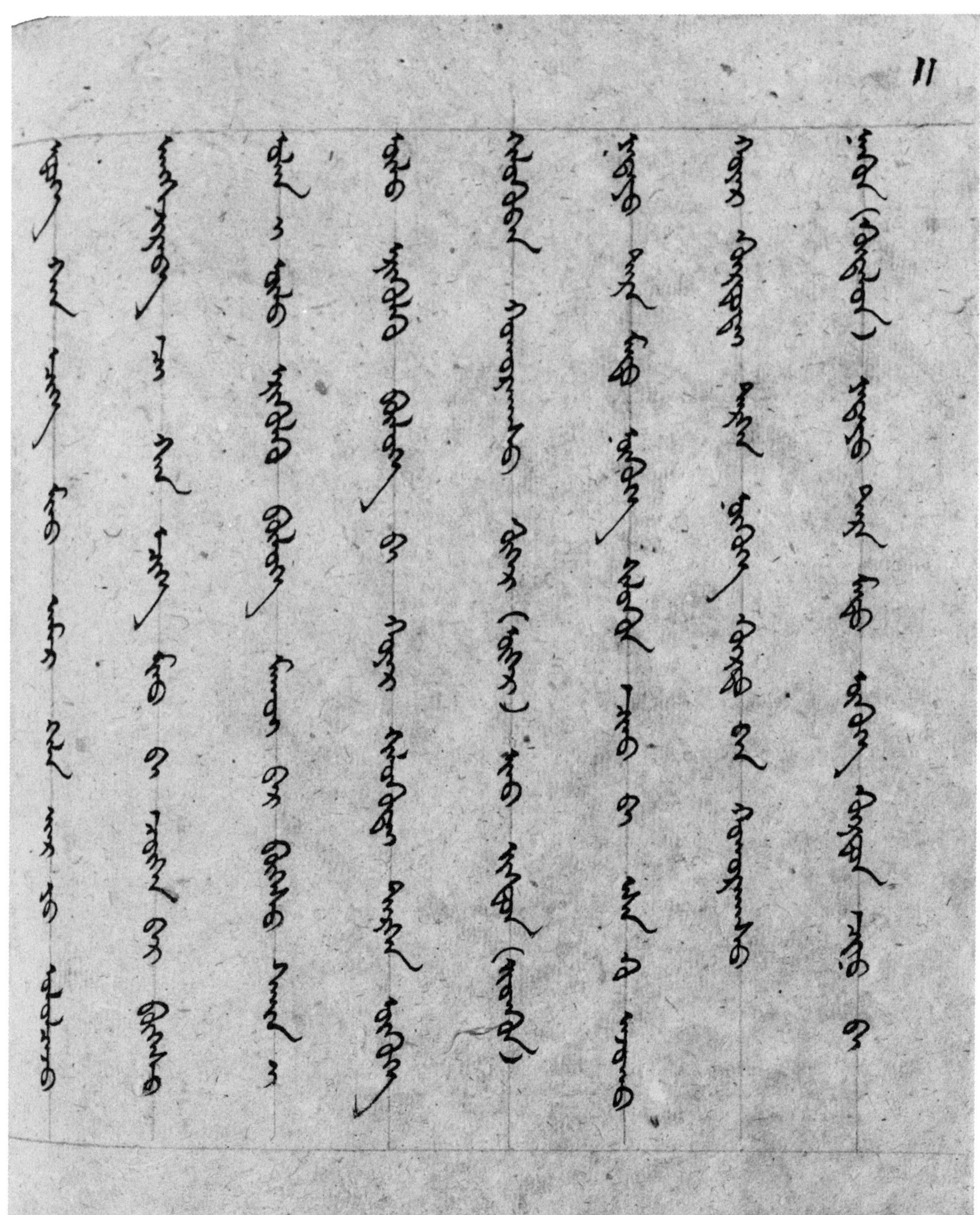

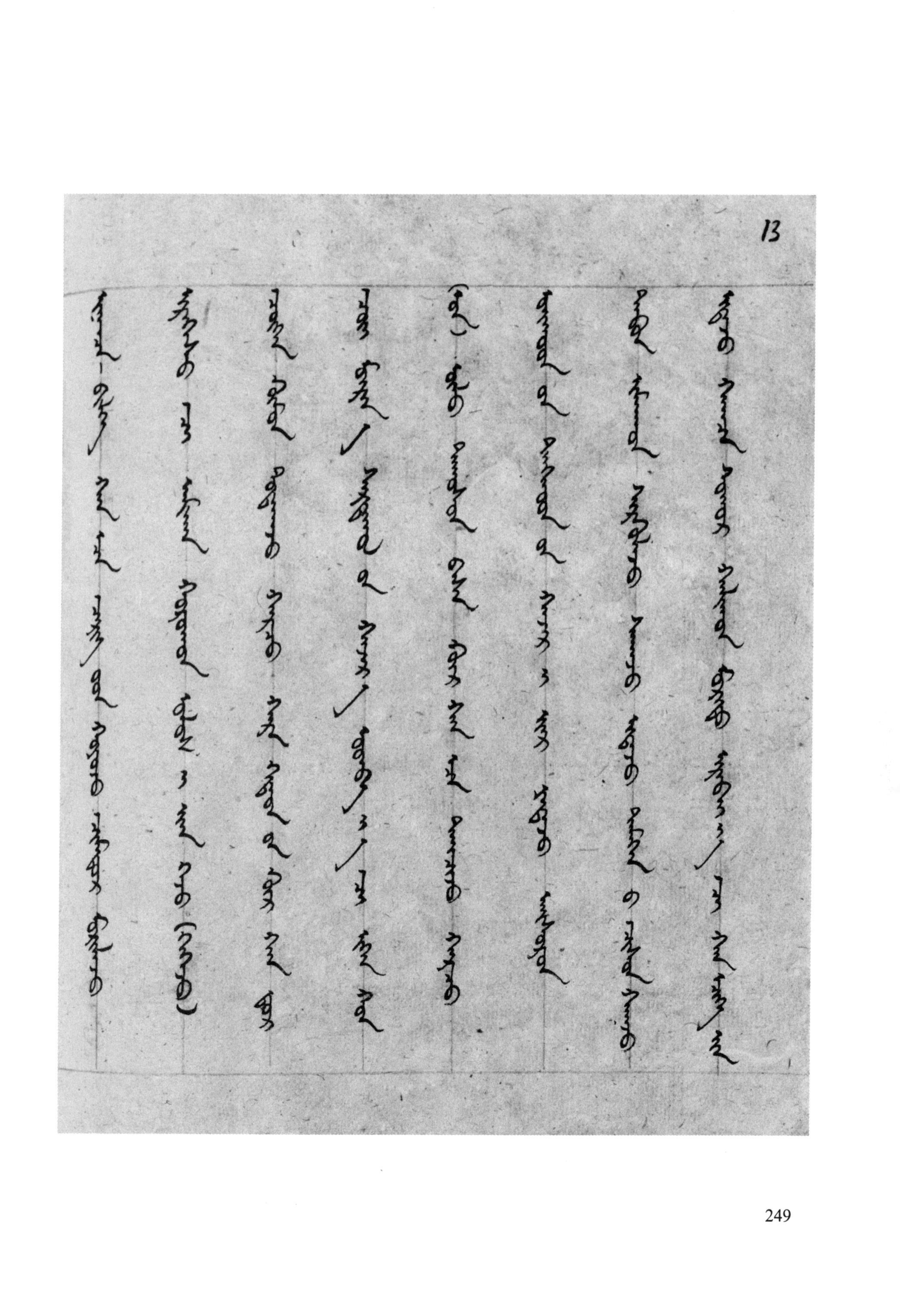

13

[illegible]

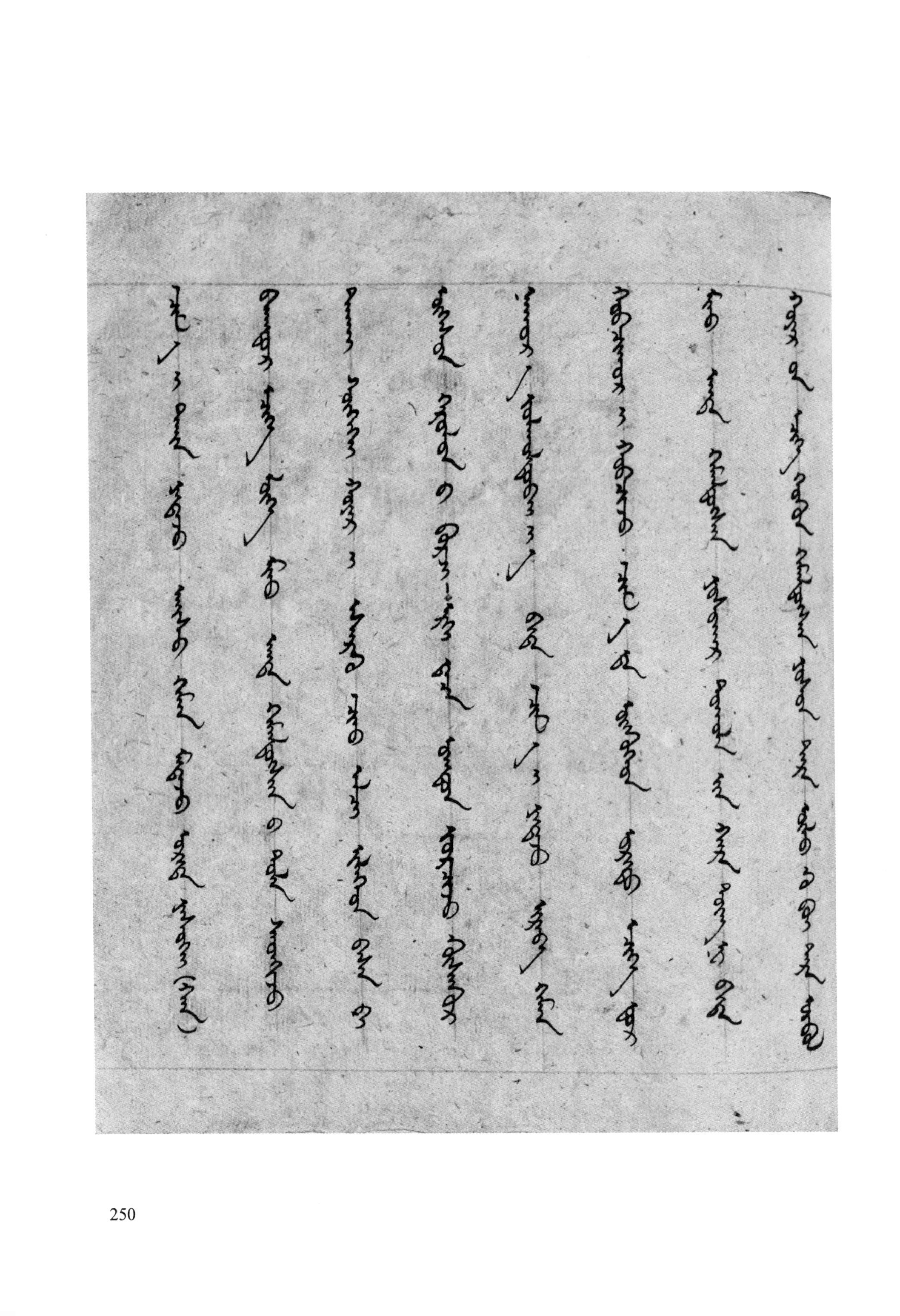

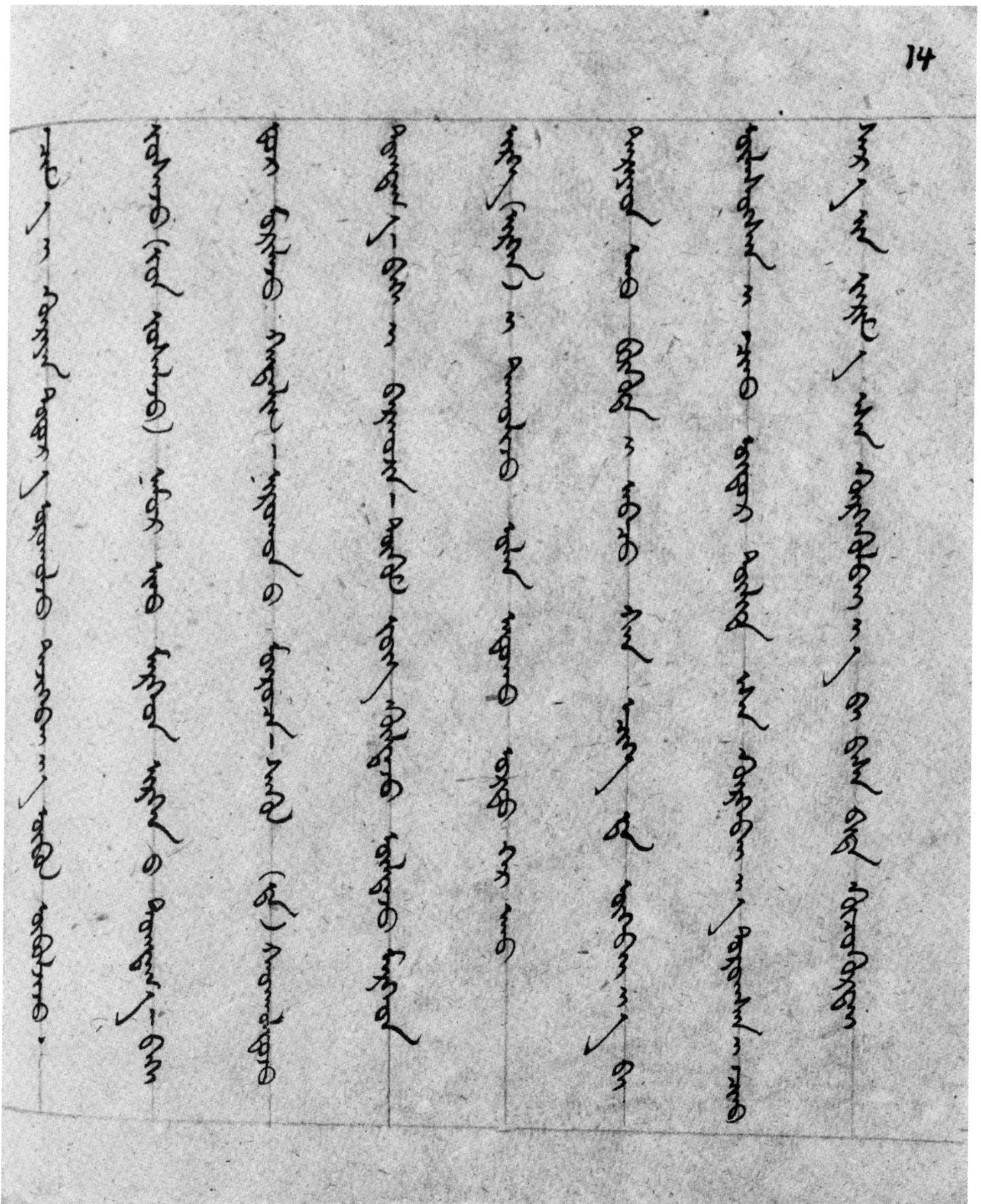

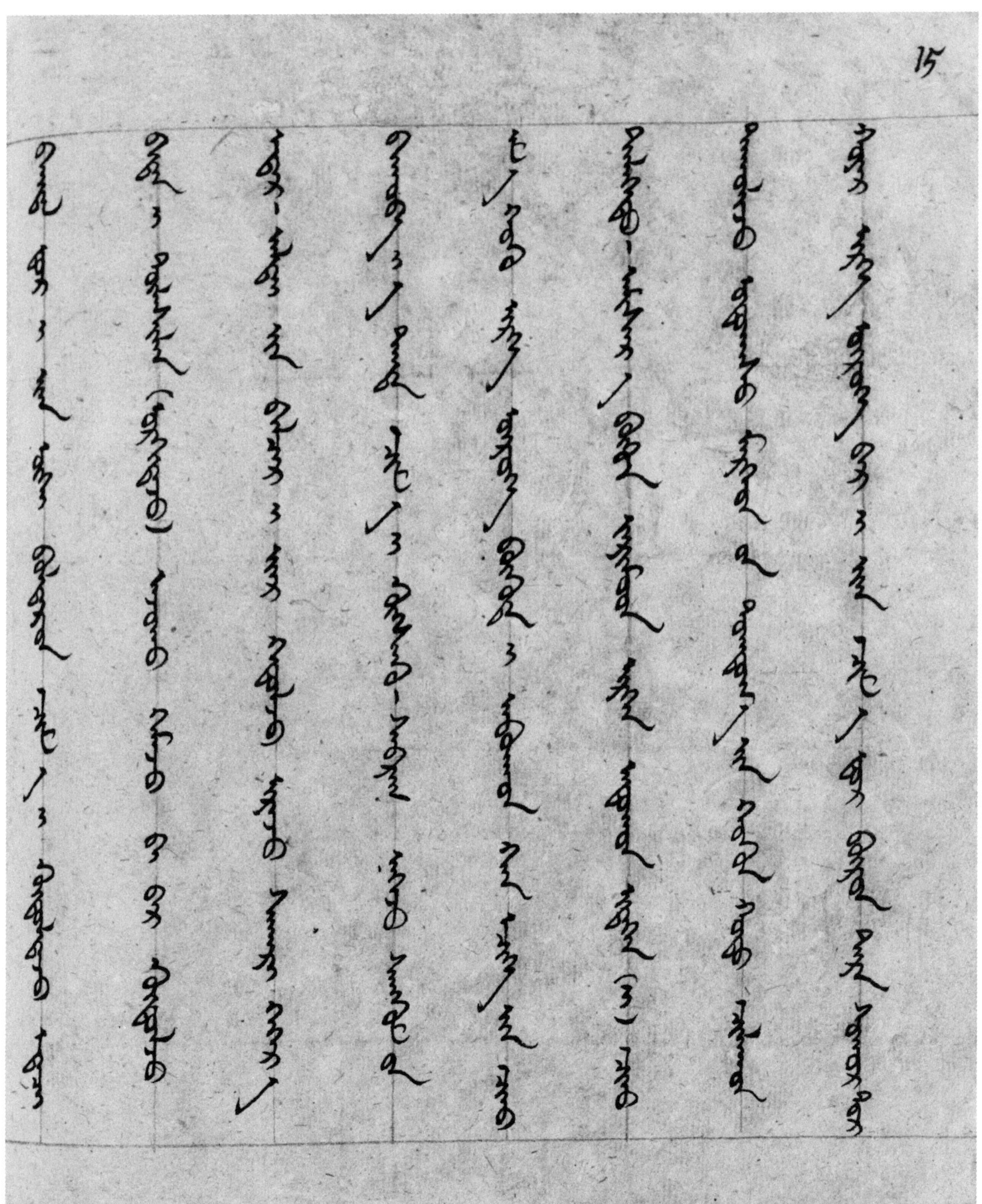

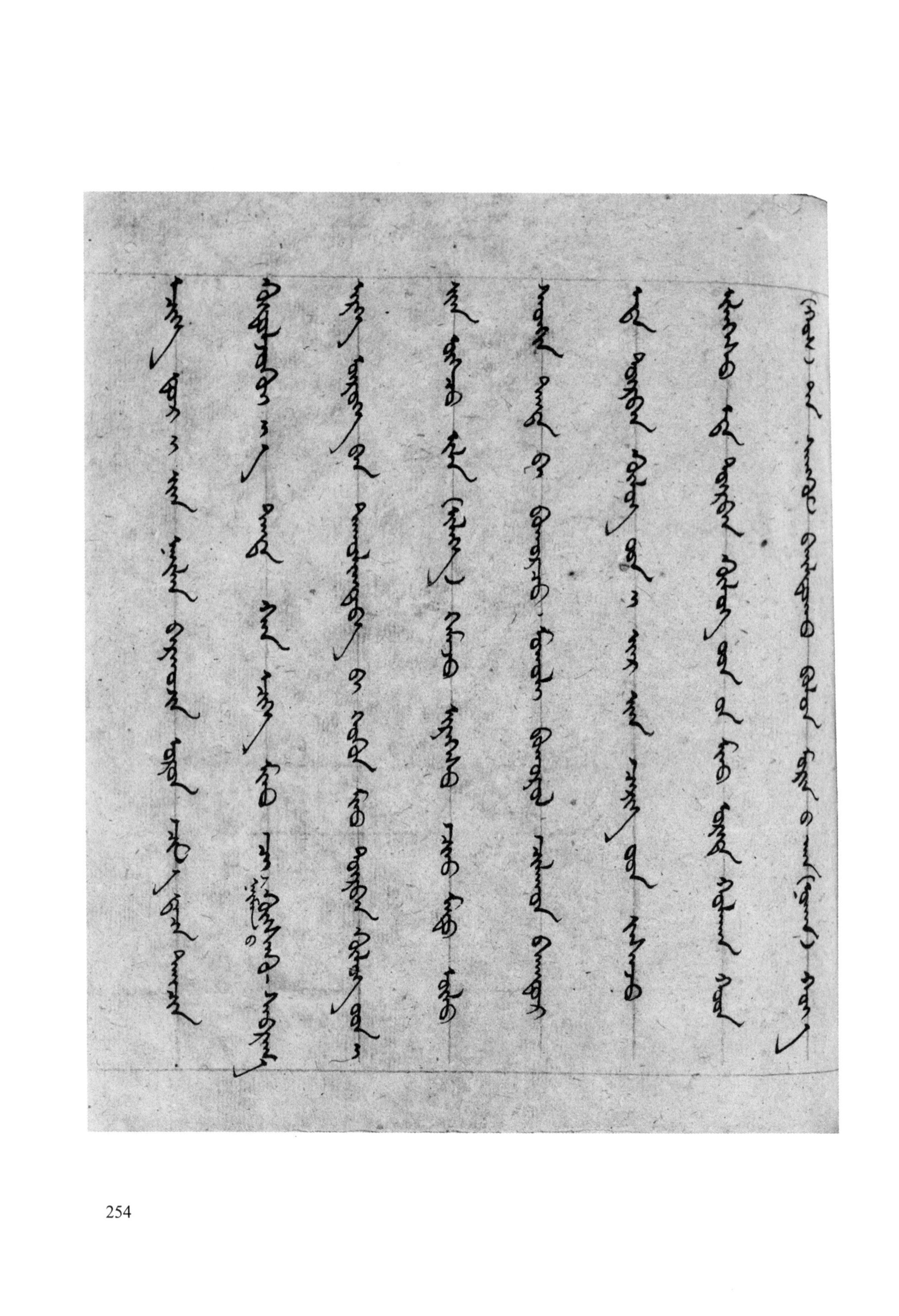

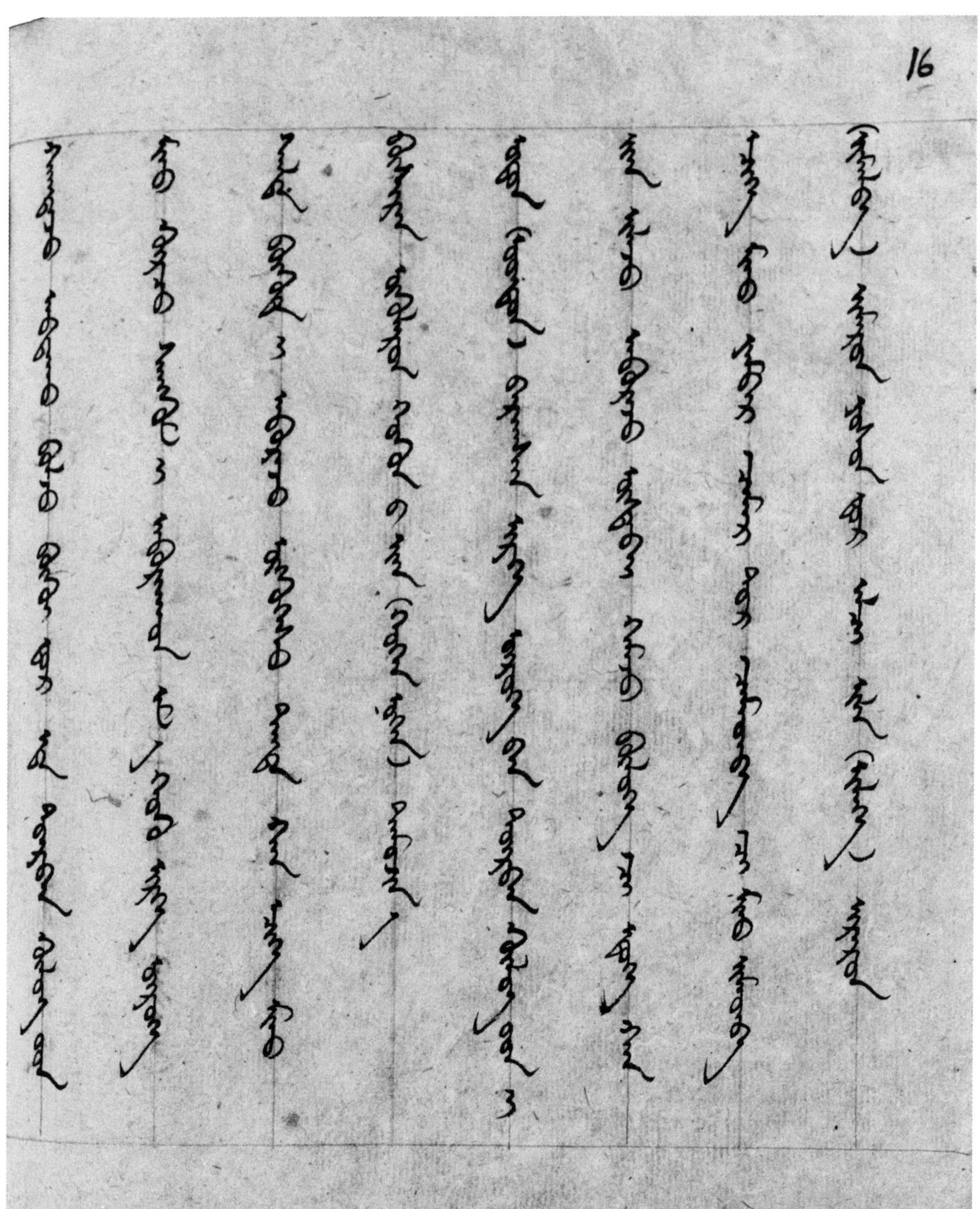

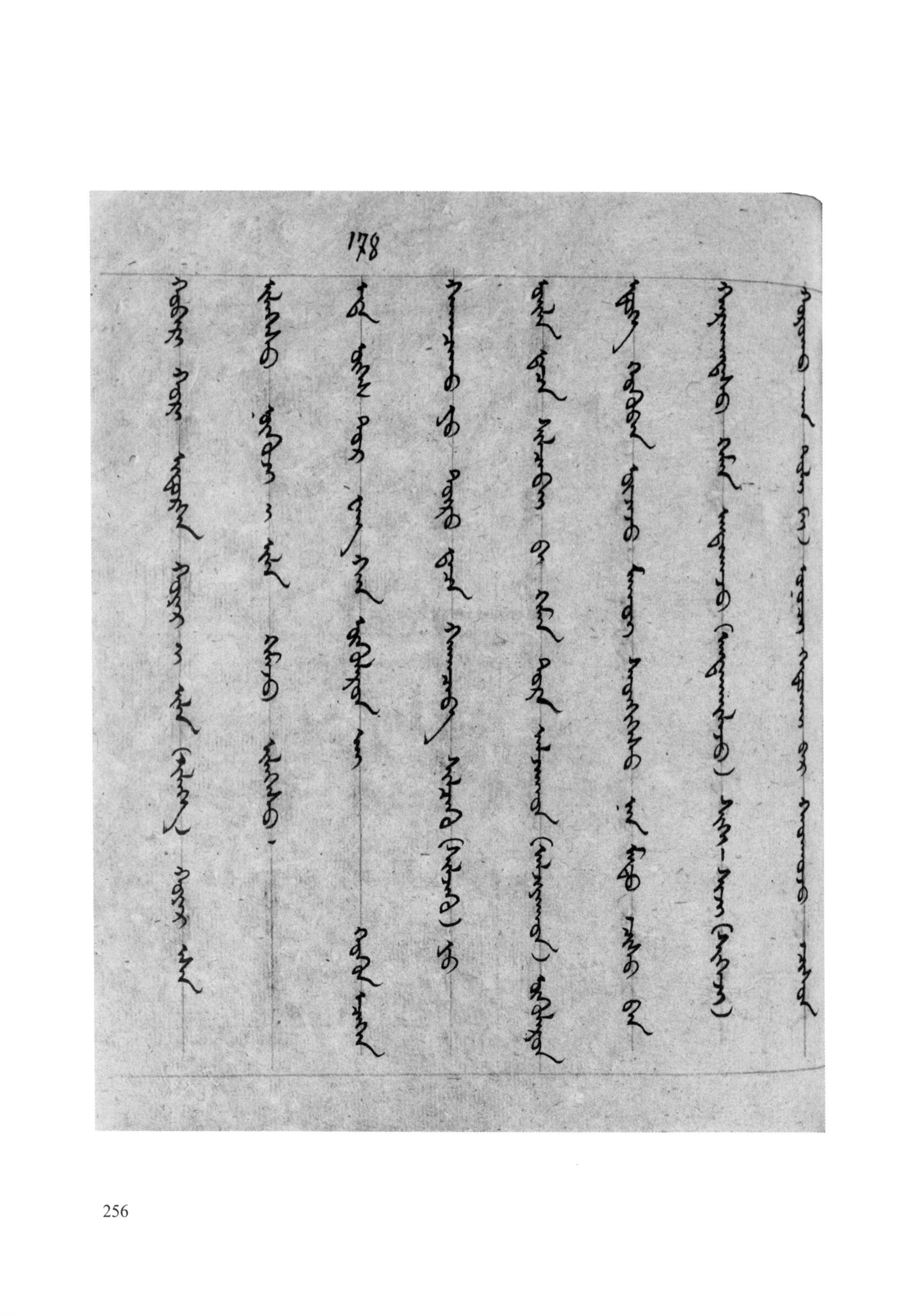

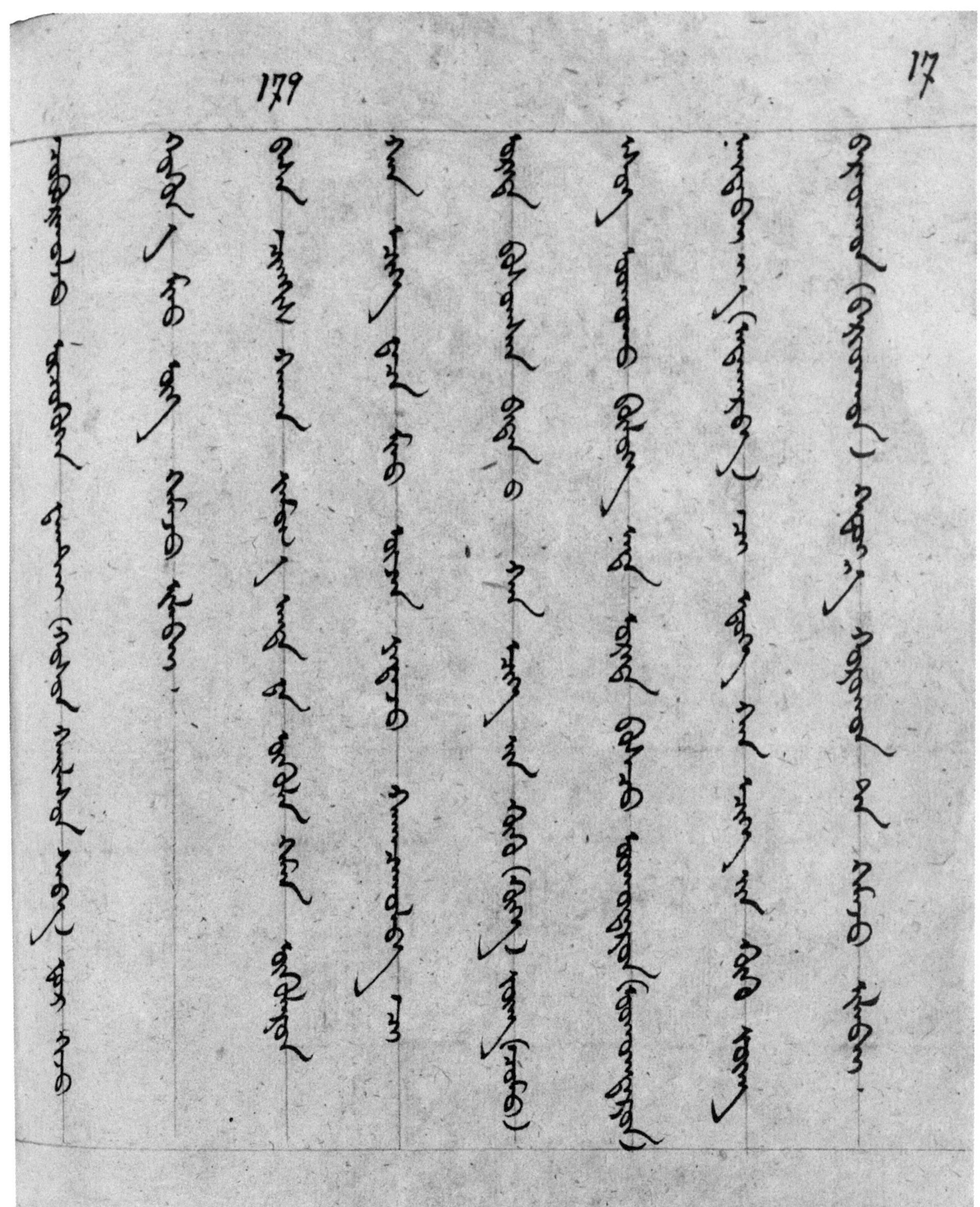

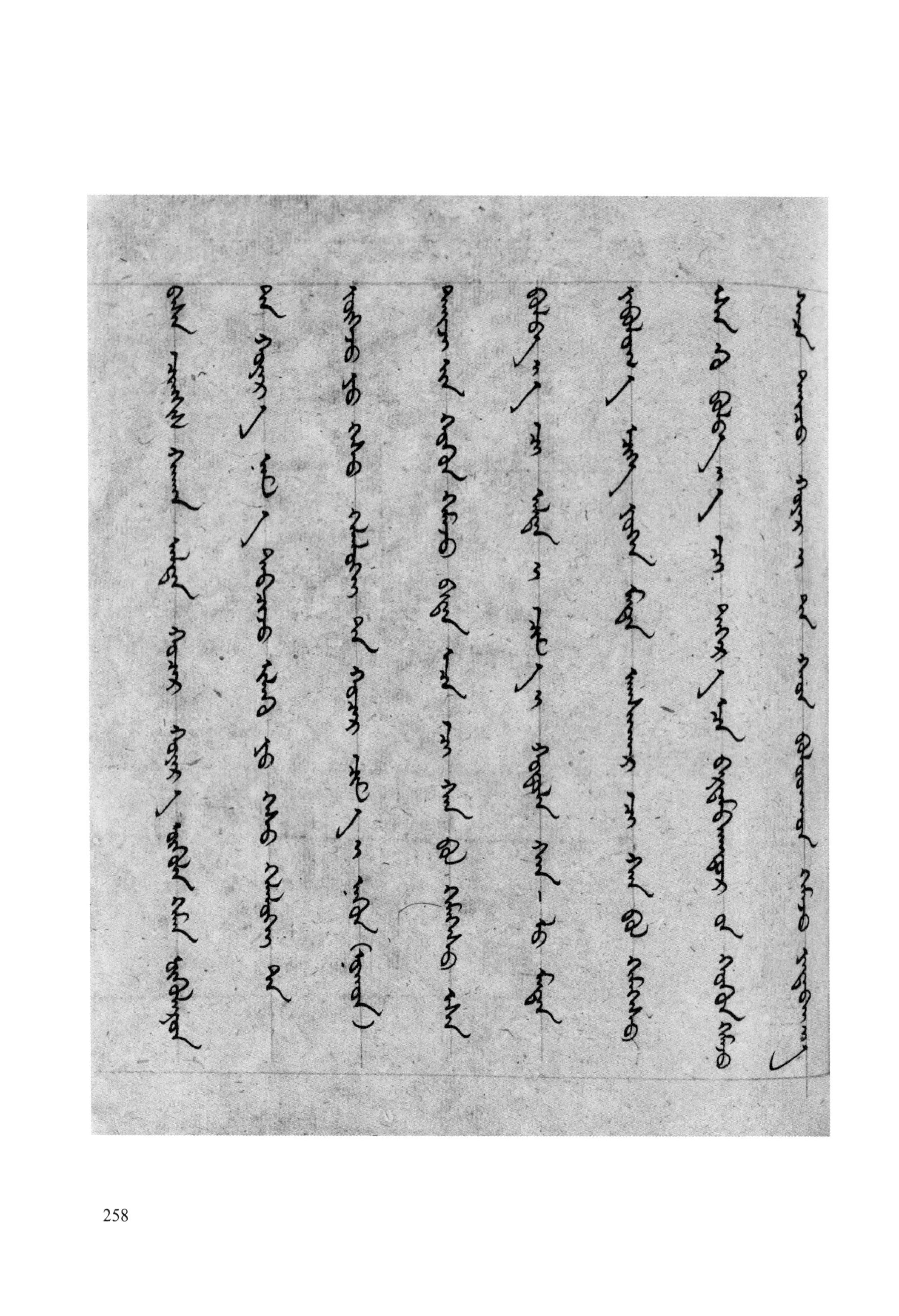

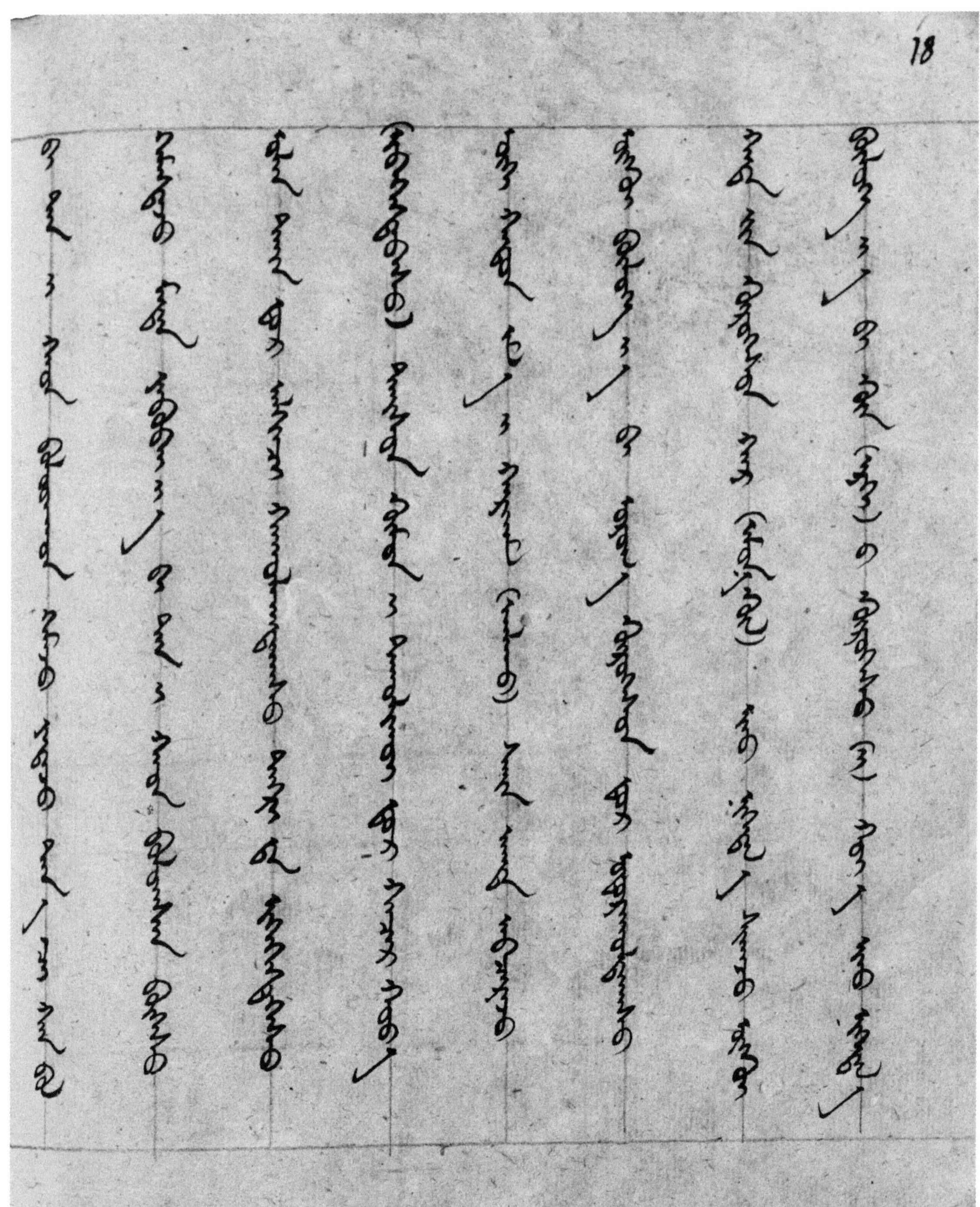

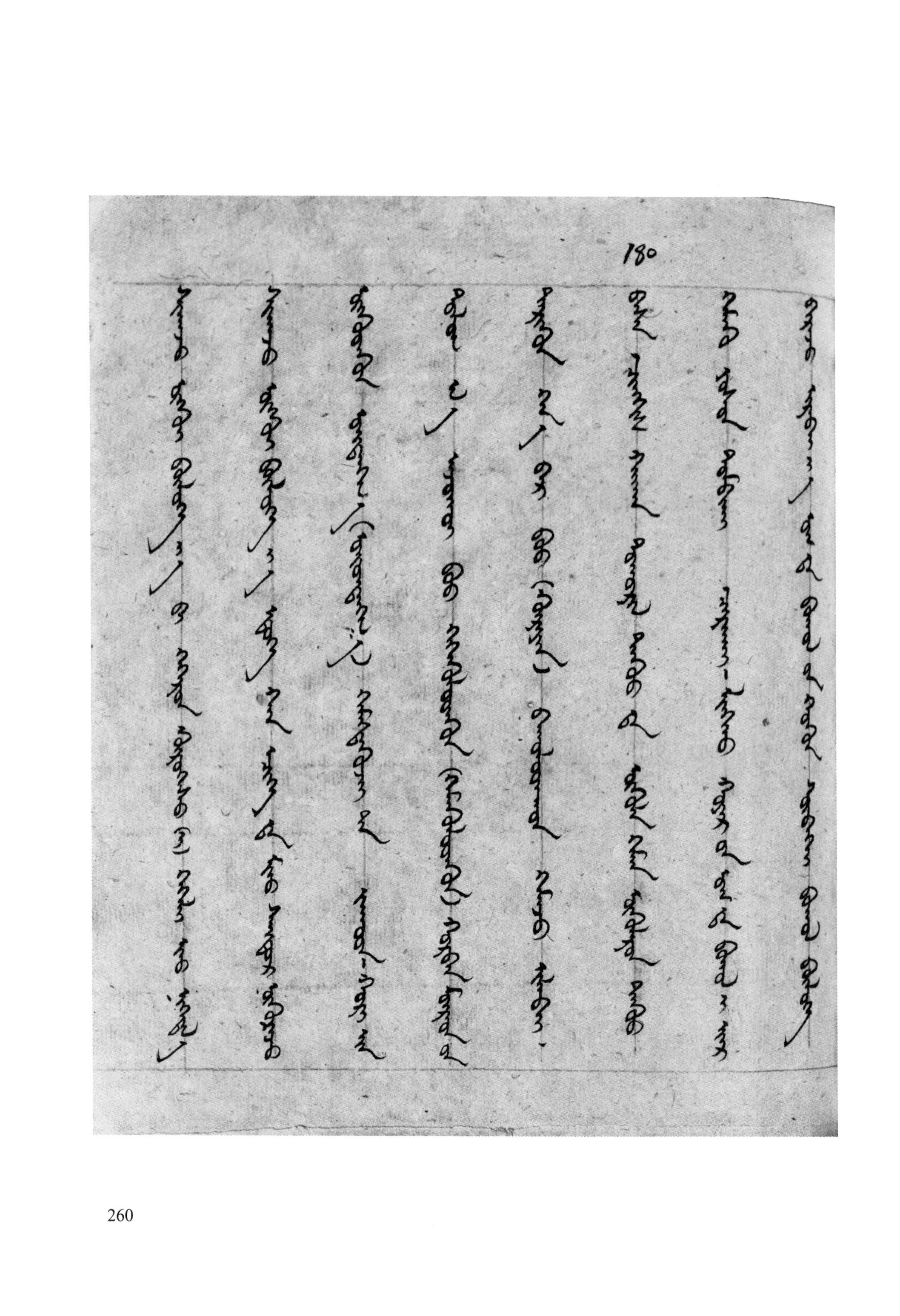

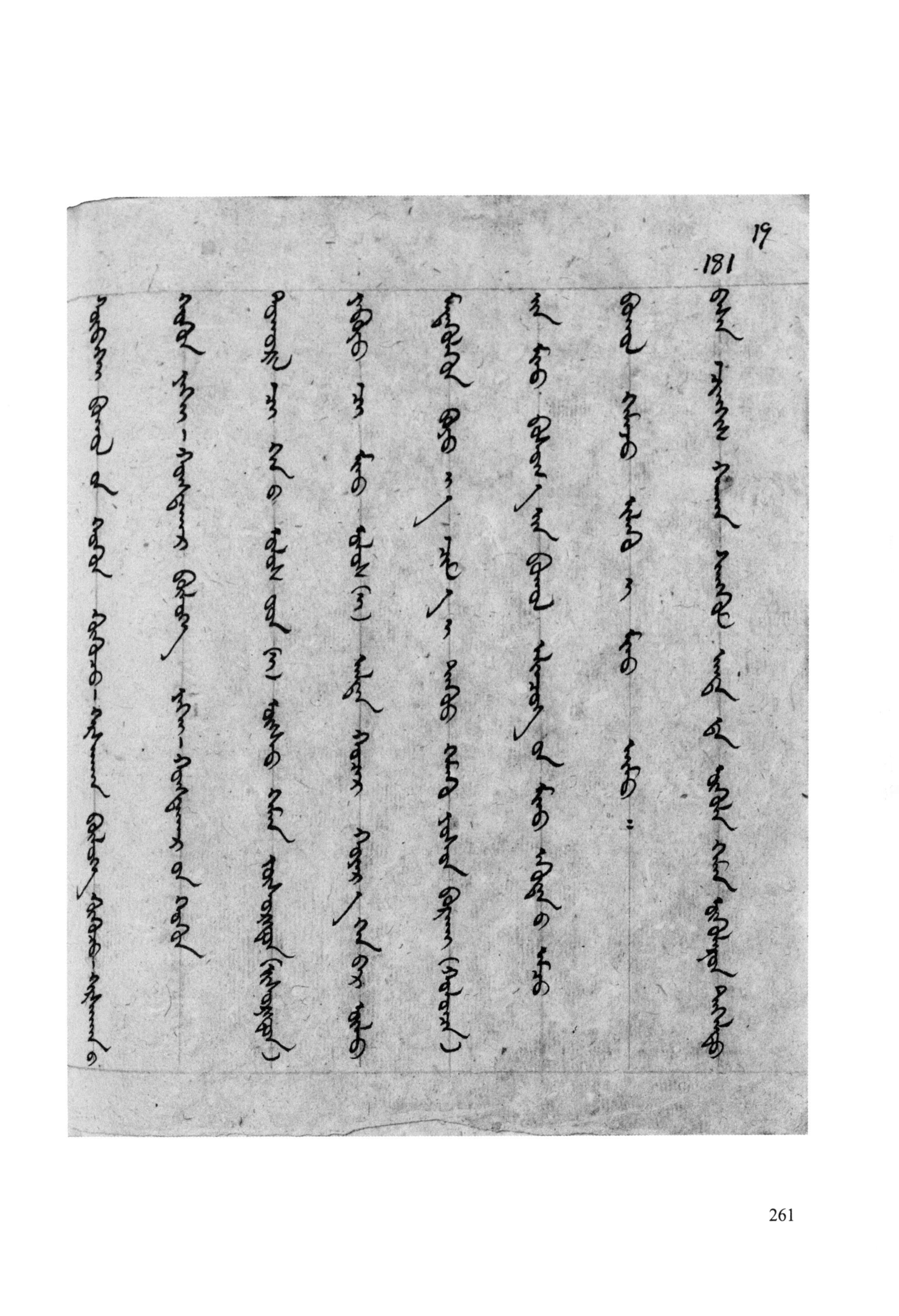

19

181

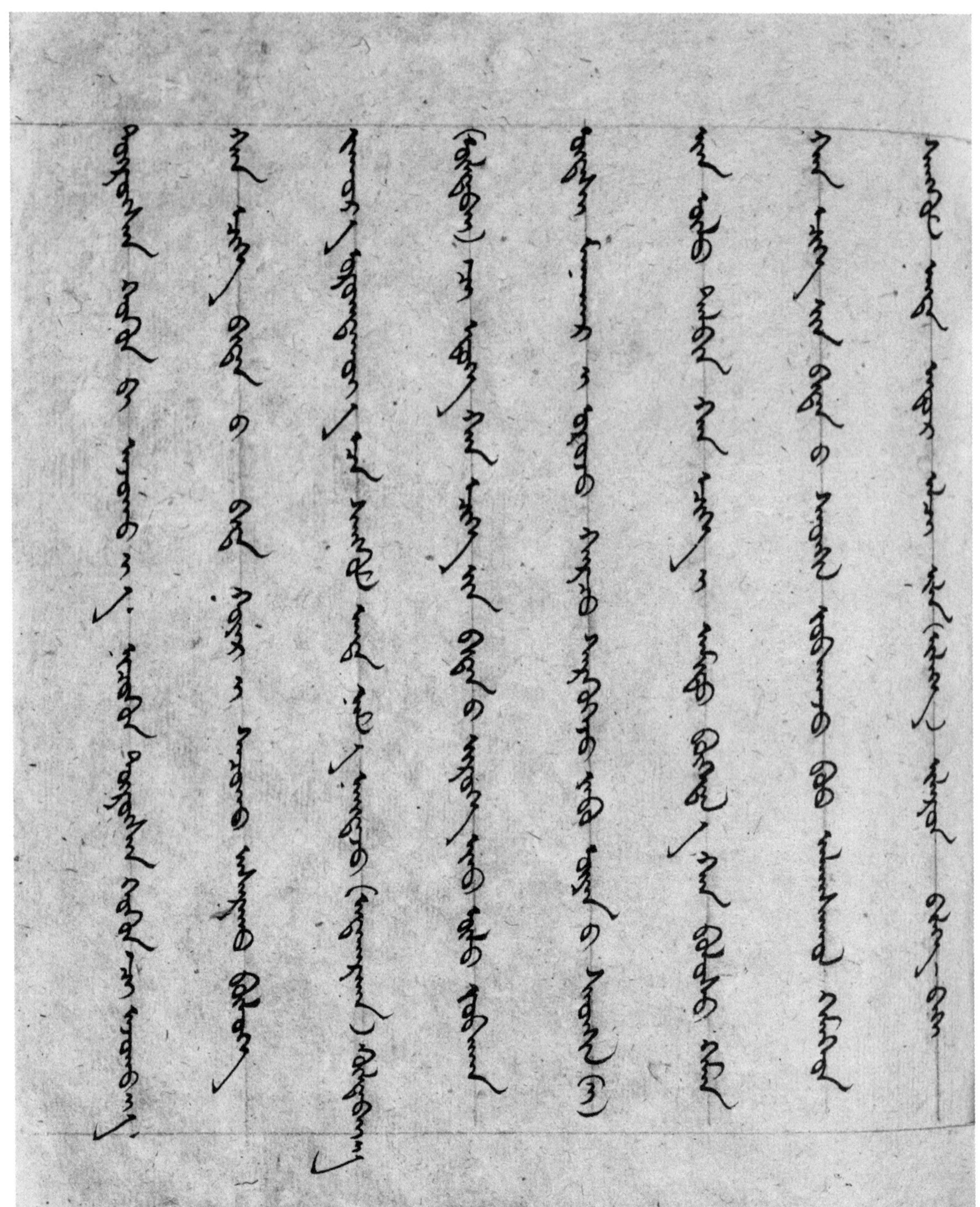

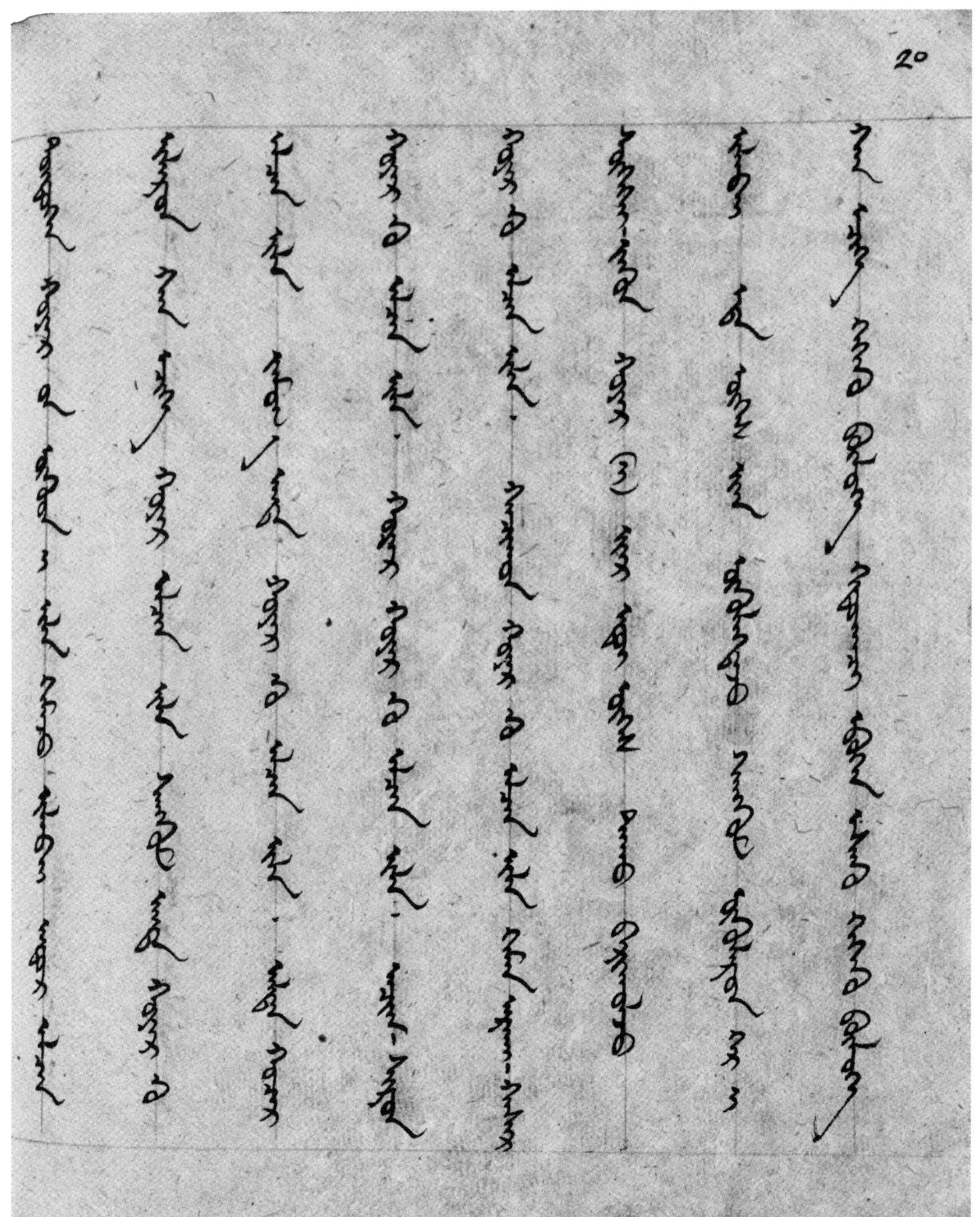

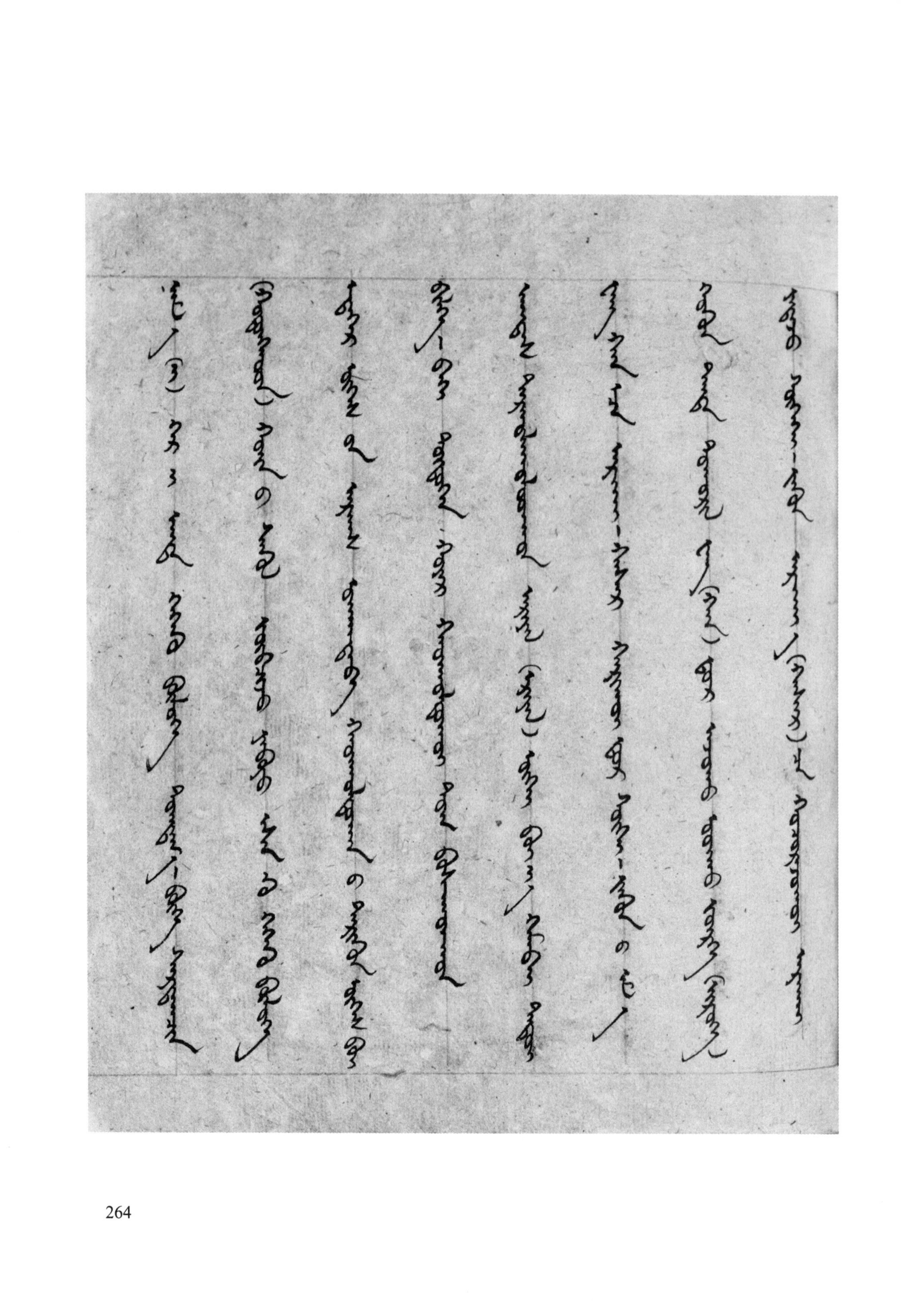

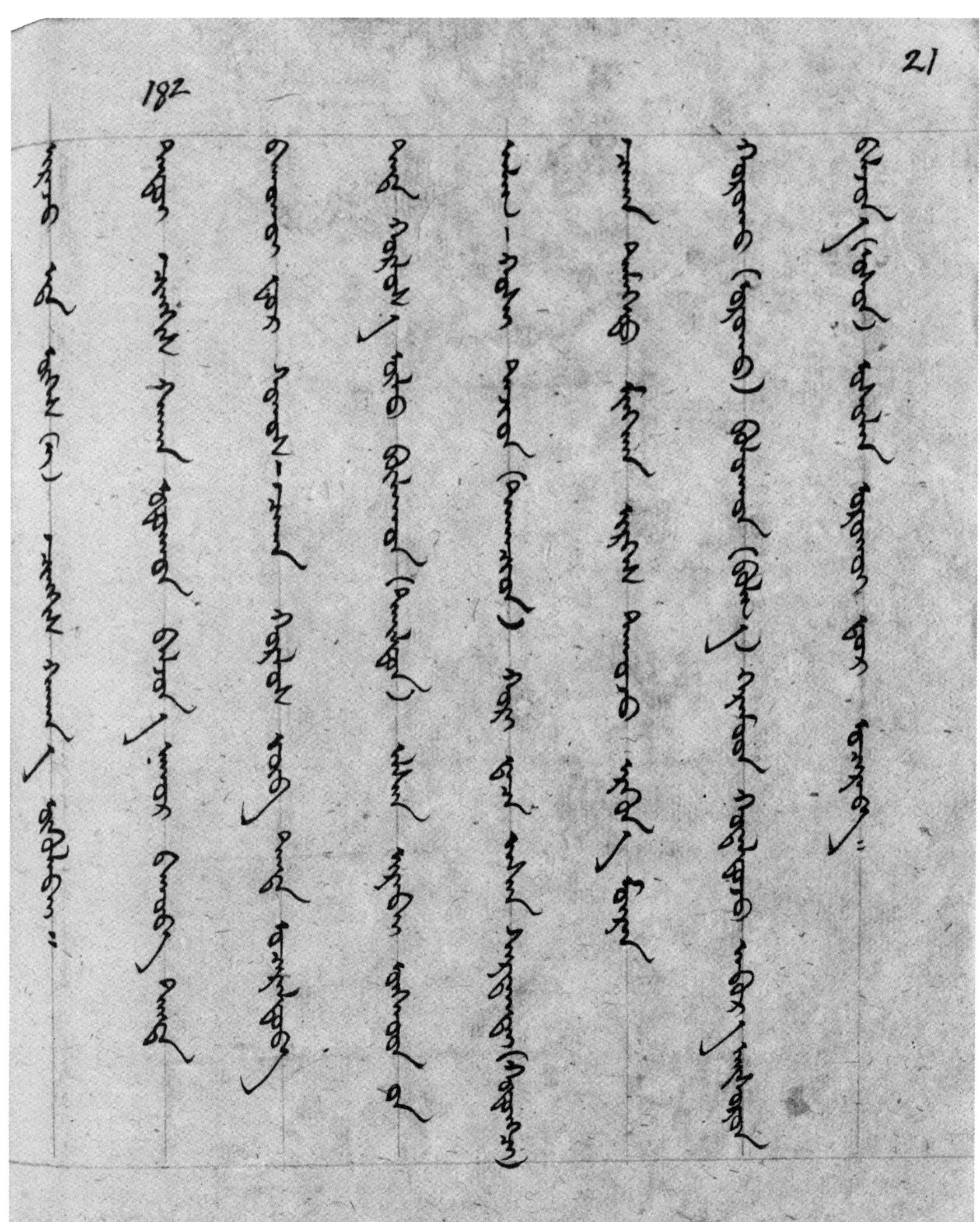

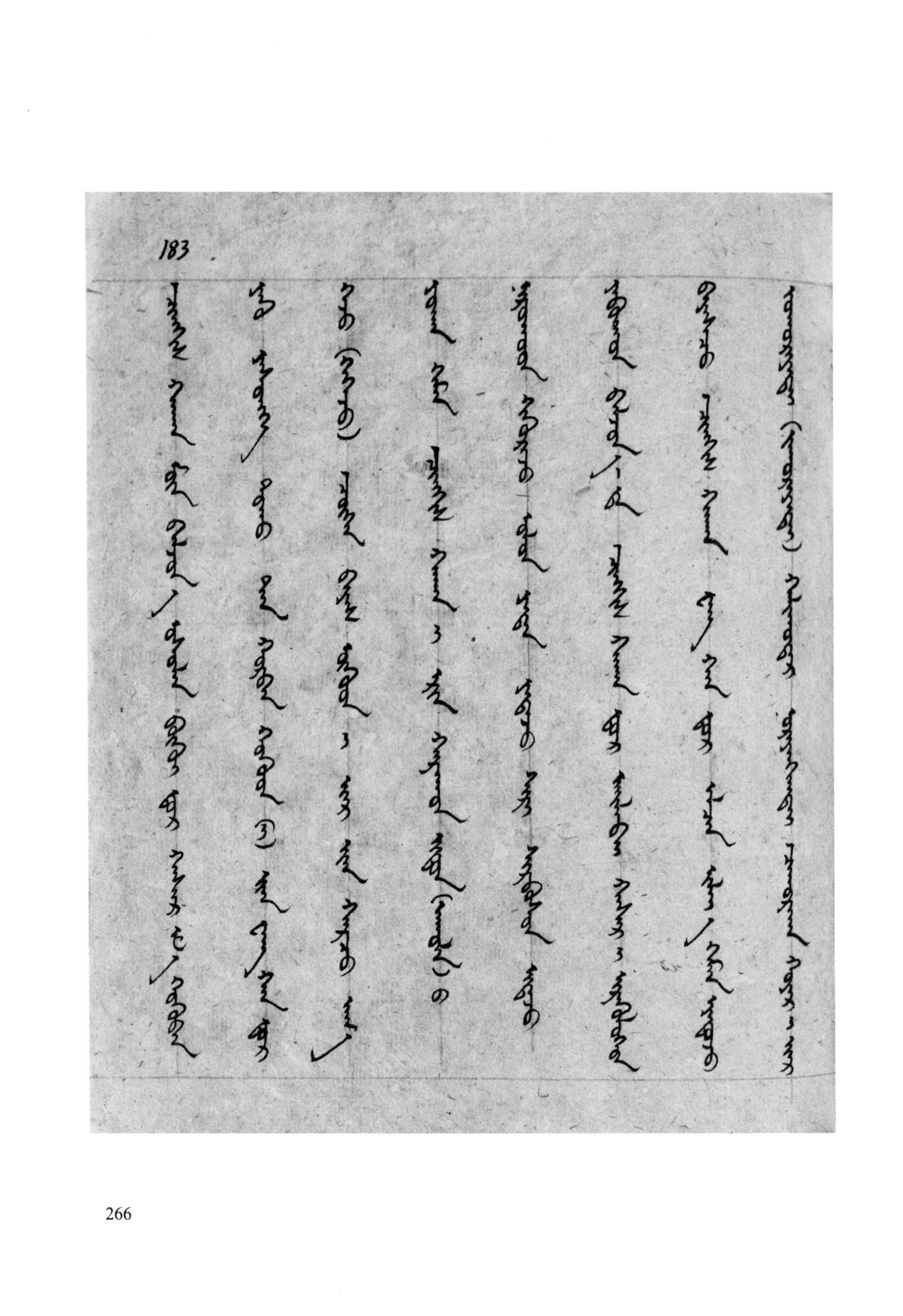

183

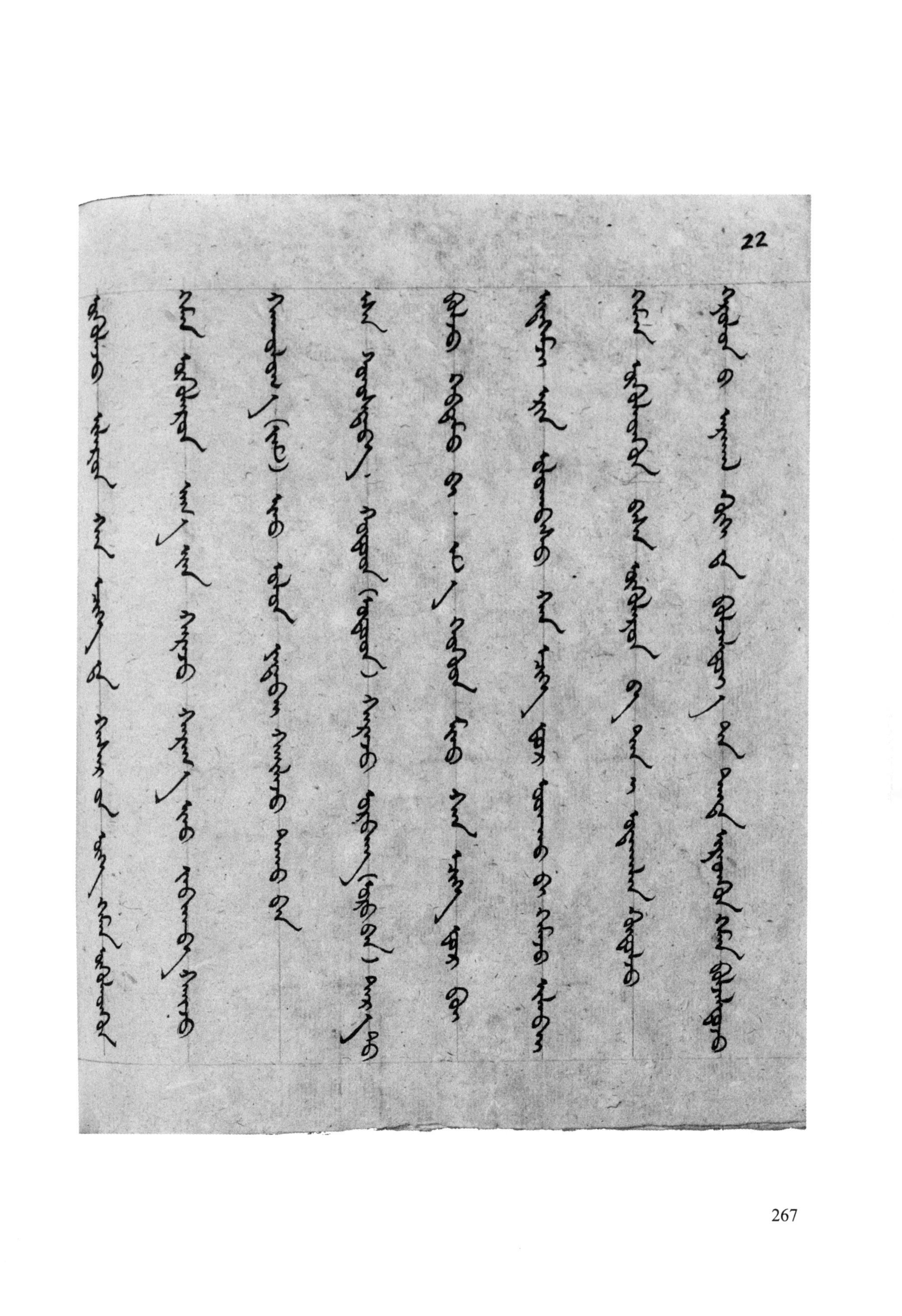

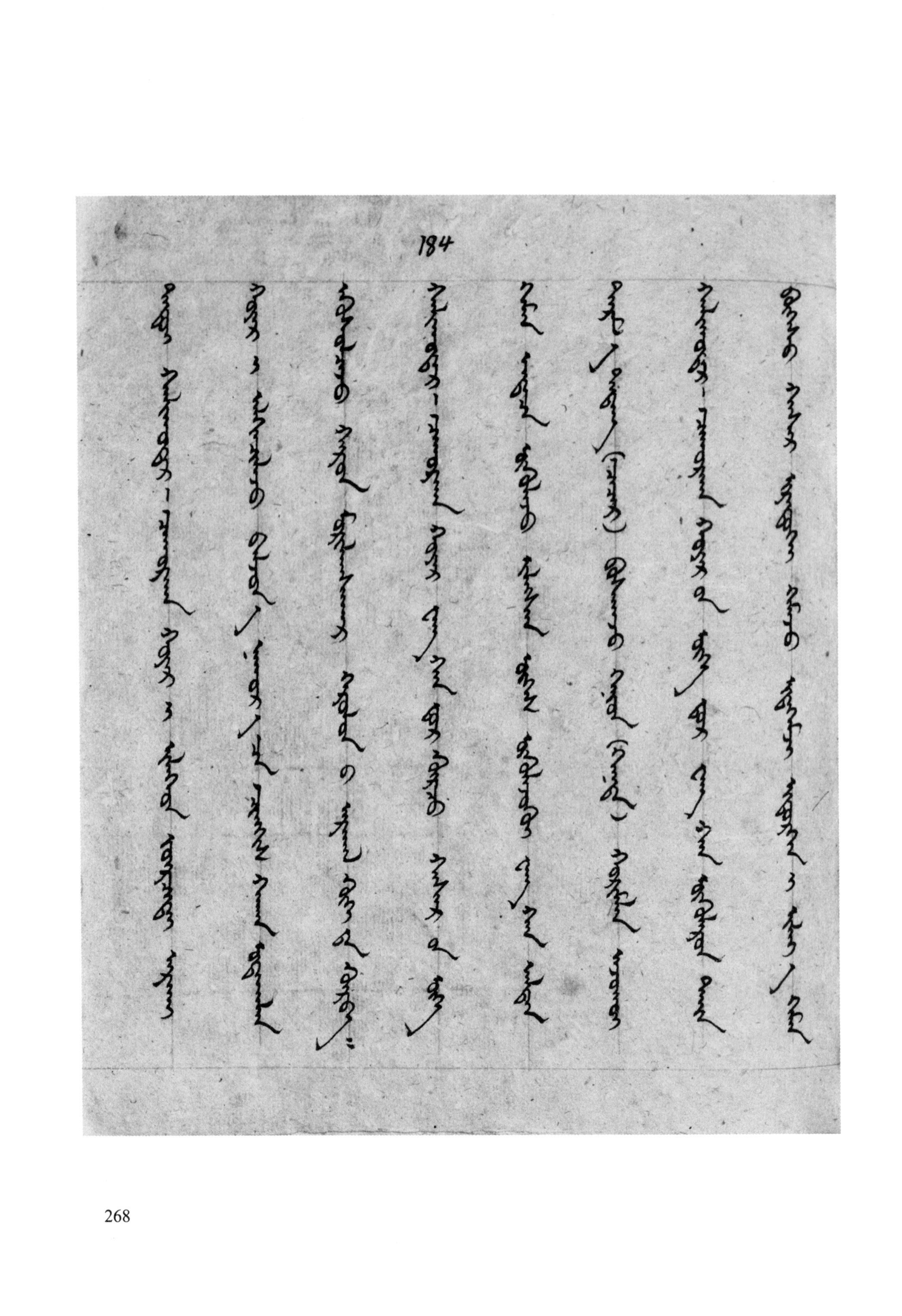

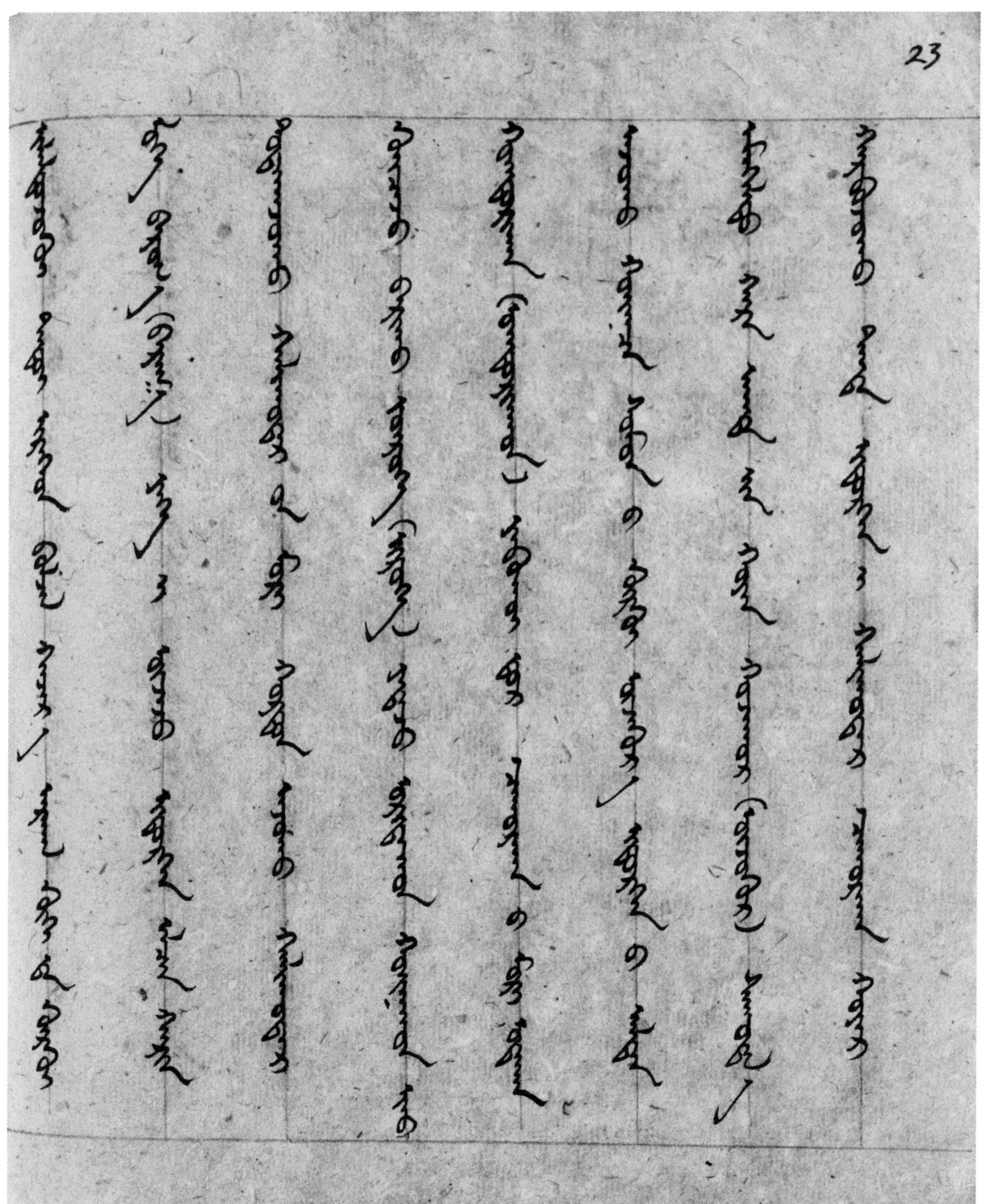

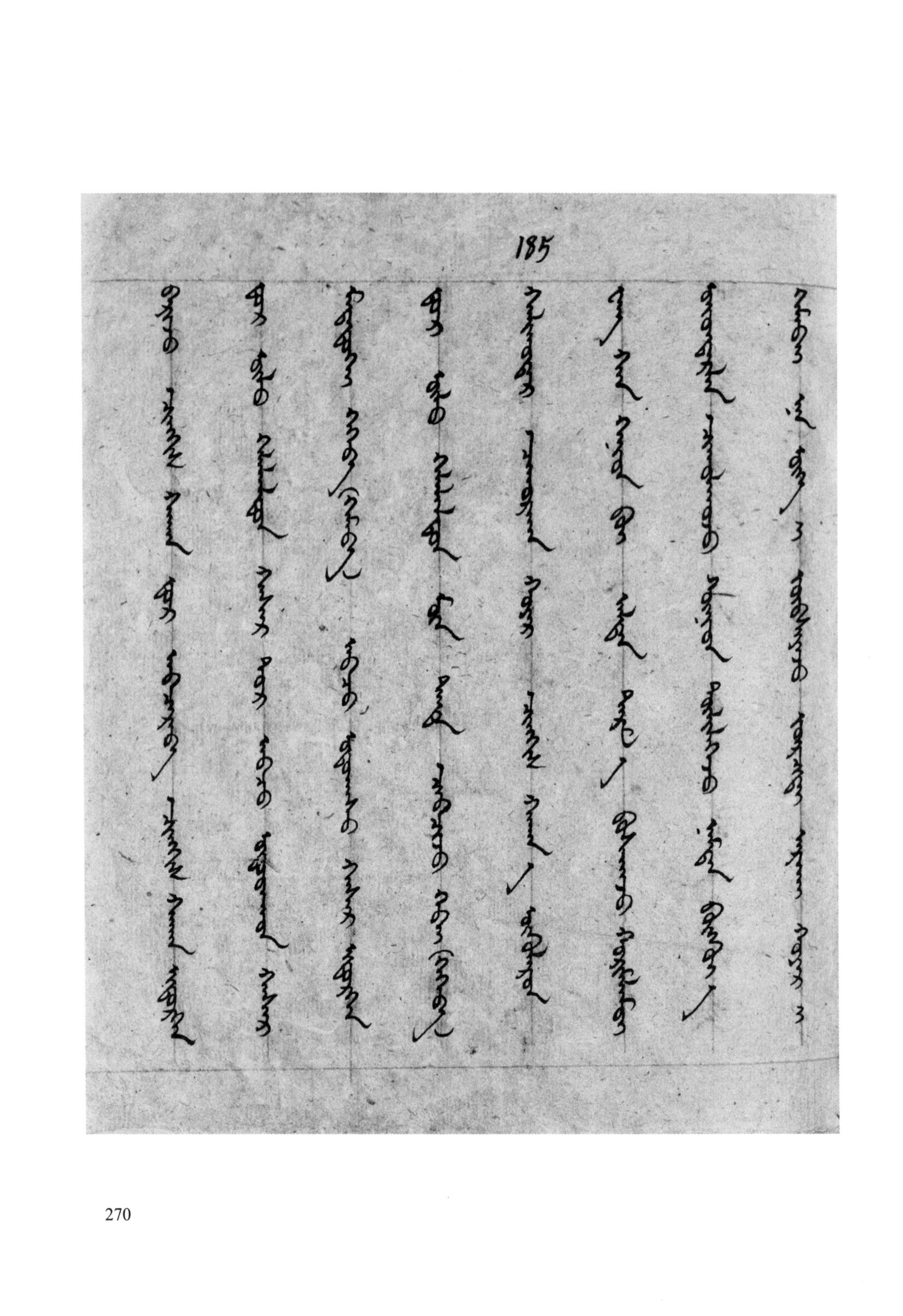

185

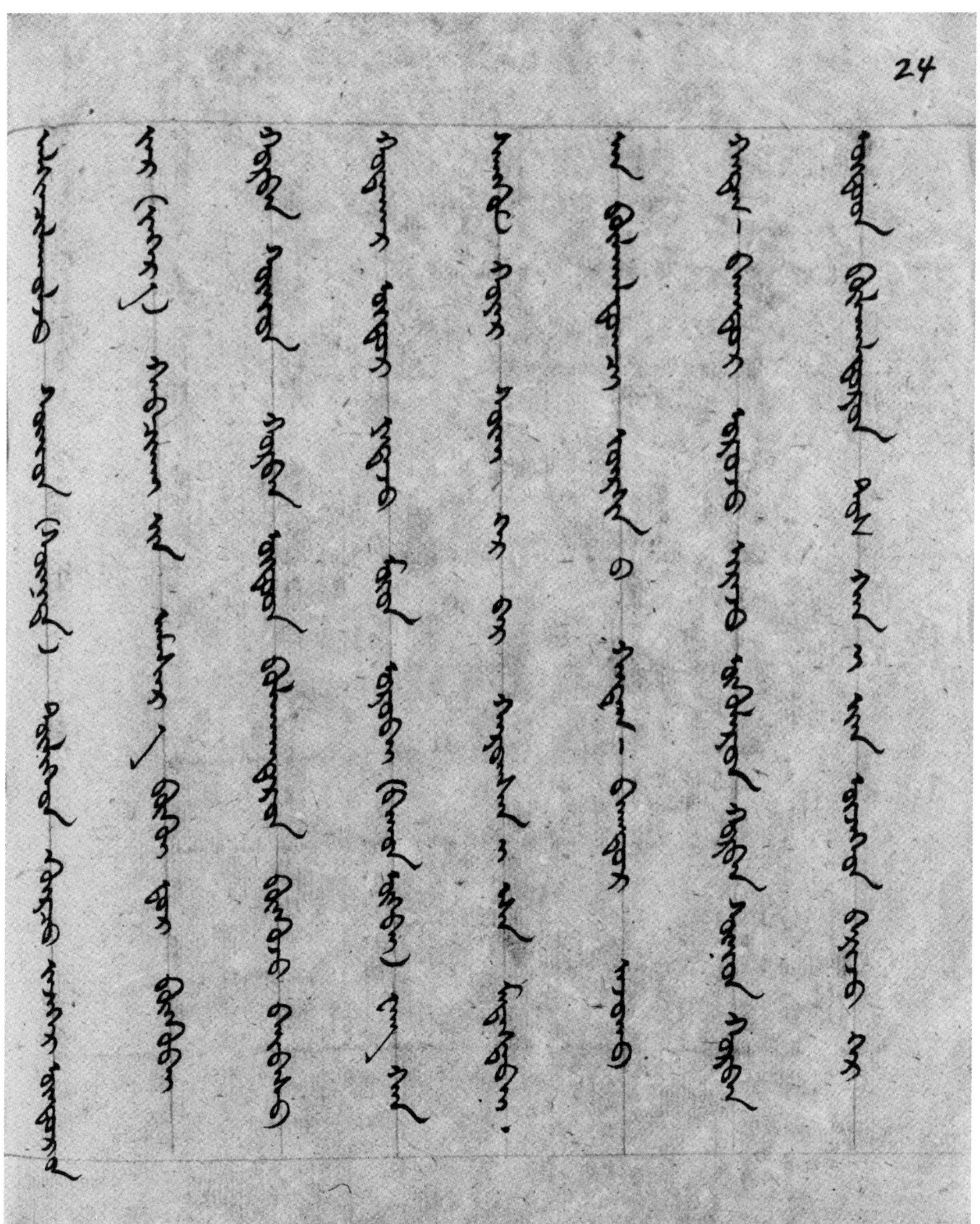

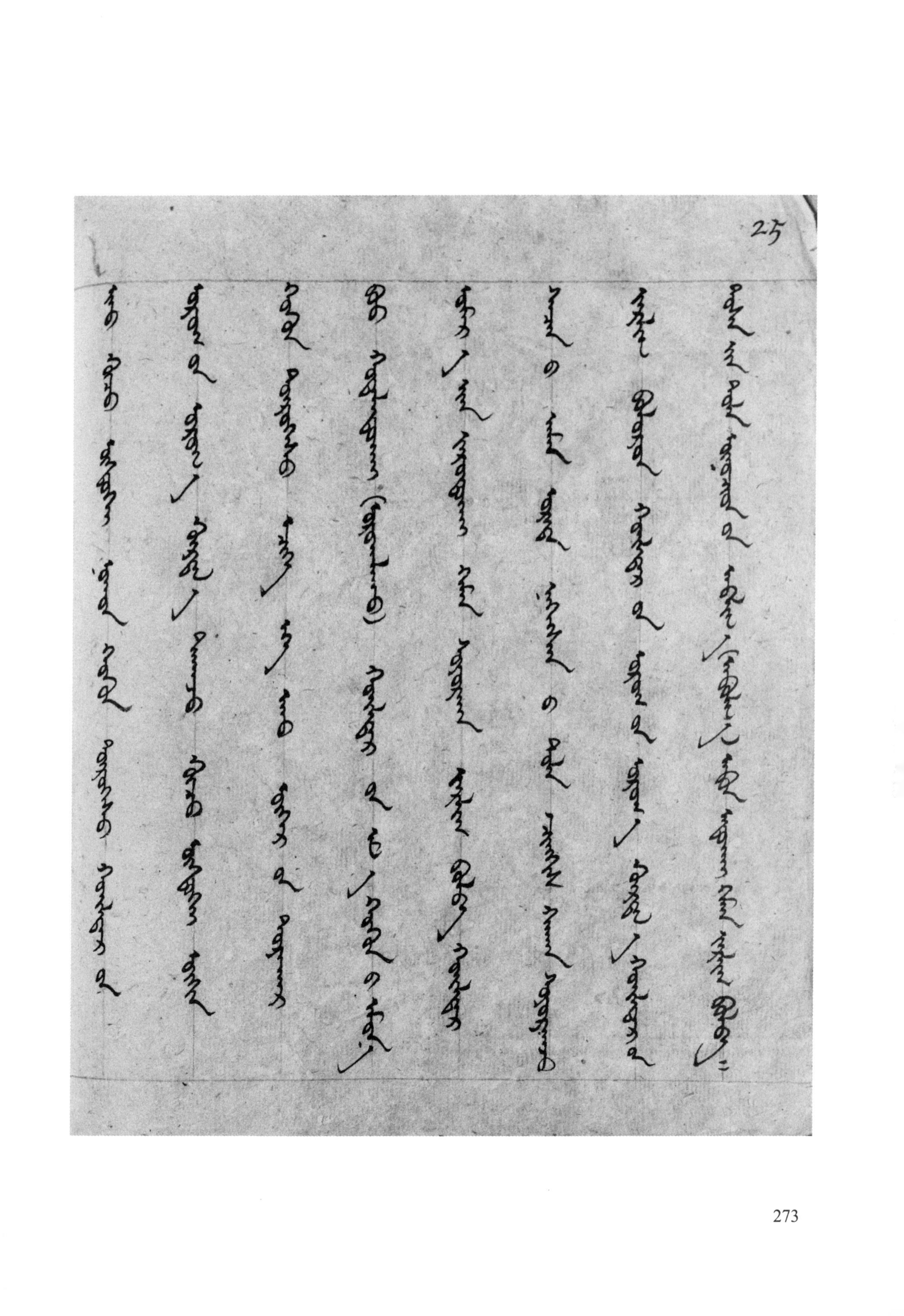

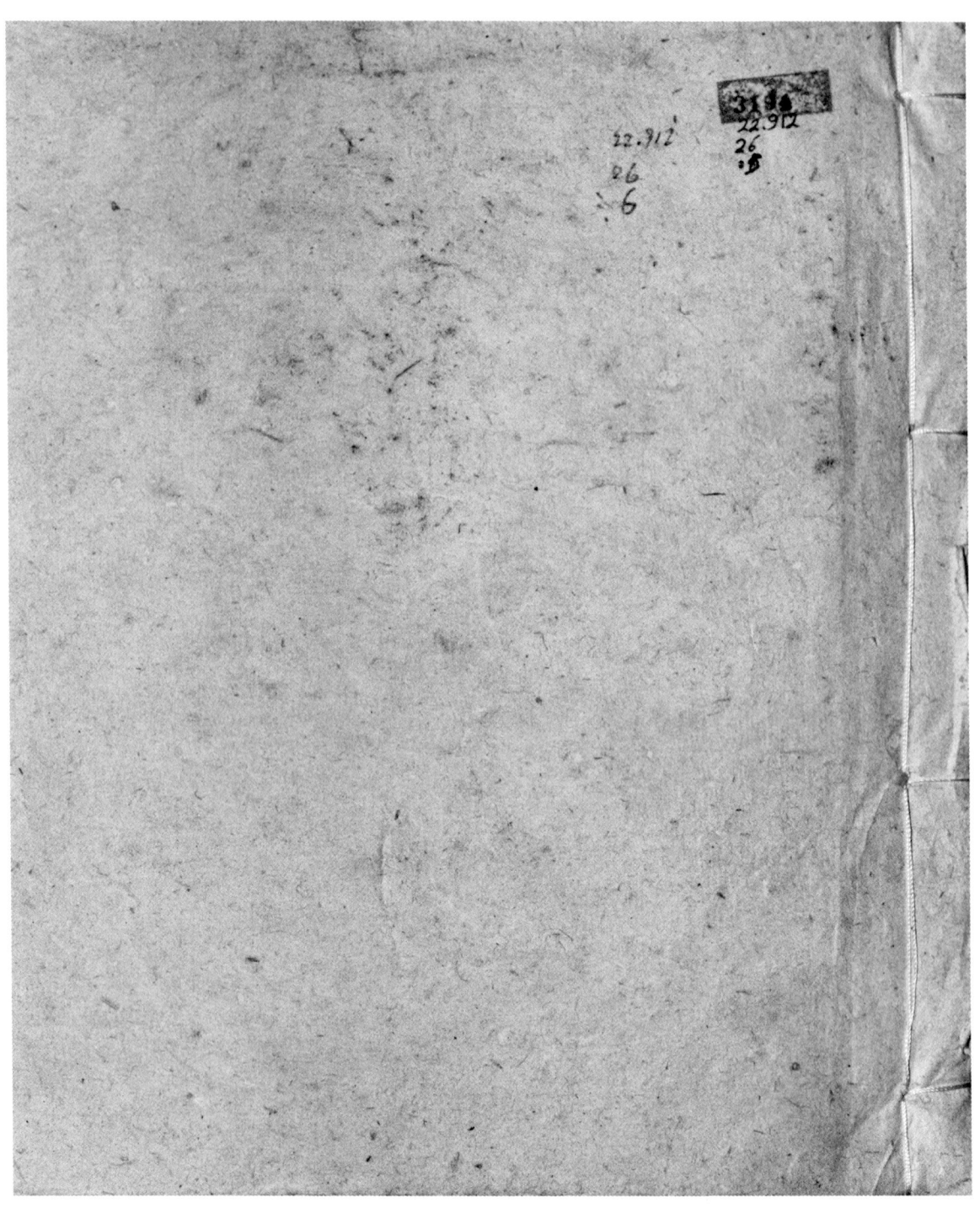